이순신
수국프로젝트

이순신 수국 프로젝트

경제를 일으켜 조선을 구하다

水國

장한식 지음

이순신은
경제전문가

전 매경비즈 대표이사
윤형식

산수야

이순신
수국프로젝트

초판 1쇄 발행 2018년 11월 16일
개정 1쇄 발행 2025년 5월 12일

지은이 장한식
발행인 권윤삼
발행처 도서출판 산수야

등록번호 제2002-000278호
주 소 서울시 마포구 월드컵로 165-4
전 화 02-332-9655
팩 스 02-335-0674

ISBN 978-89-8097-617-1 03910

값은 뒤표지에 있습니다. 잘못된 책은 바꿔드립니다.

www.sansuyabooks.com
sansuyabooks@gmail.com
도서출판 산수야는 독자 여러분의 의견에 항상 귀 기울입니다.

이순신을 경제전문가로 재조명한 책

이순신을 알고 있는 사람들은 대부분 '성웅 이순신'의 이미지를 떠올립니다. 최근에는 이순신의 인간적인 면을 강조하고 있는데, 그 중의 하나가 2004년부터 2005년까지 KBS에서 방송된 '불멸의 이순신'이었다고 할 수 있습니다. 저도 이 드라마를 보면서 감동을 받기도 하고, 이순신의 어려웠던 상황을 조금이나마 이해할 수 있게 되었습니다.

이순신은 '이순신=장군'이라는 등식이 성립될 정도로 우리나라에서 대표적인 명장(名將)에 속합니다. 흔히 이순신을 영국의 넬슨 제독과 비교하는 경우가 많습니다. 하지만 저는 이에 동의하지 않습니다. 그 이유는 넬슨 제독은 영국 정부의 든든한 지원을 받은 상태에서 '프랑스와 에스파냐의 연합함대'를 격멸시킬 수 있었지만, 조선의 이순신에게는 조정의 지원을 받을 수 없는 상태에서 7년전쟁을 치러야 했기 때문입니다. 즉, 넬슨 제독과 이순신은 '비교' 대상이 아닙니다.

제가 이순신에 관련된 서적을 볼 때마다 들었던 생각은 '이순신은 어떻게 7년전쟁을 승리로 이끌 수 있었을까?'라는 것이었습니다. 이 책을 읽는 순간 저의 궁금증은 하나둘씩 풀려나갔습니다.

이 책의 저자는 7년전쟁에서 승리할 수 있었던 원동력이 '수국'에 있다고 강조합니다. 이 책에서는 '한산수국'이 만들어진 후 이순신이 어떻게 경제기반을 만들었으며, 전쟁 비용을 마련하기 위해 얼마나 고군분투했는지를 살펴볼 수 있습니다. 경기가 어려워질수록 CEO의 역할이 중요하다고 말합니다. 그런 의미에서 이순신은 CEO로서의 면모를 두루 갖춘 사람이었습니다. 이순신을 경제전문가로 보는 저자의 탁월한 안목을 느껴보고 싶다면, '제2부 한산수국에서 경제기반을 확립하다' 부분을 반드시 읽어보기를 권합니다.

이 책에서 저자는 지금까지 출간된 이순신에 관련된 서적에서 관심을 가지지 않았던 '경제전쟁'으로서의 7년전쟁에 대해 서술하고 있으며, 이 과정에서 이순신이 어떻게 경제전문가, CEO의 면모를 보였는지를 분석하고 있습니다.

지금 한국을 비롯한 전 세계는 경제위기에 직면해 있습니다. 경제위기의 시대에 '위기관리 리더십'의 전형을 보여 준 이순신에게서 위기극복의 해법을 찾아보는 것은 어떨까요? 이 책은 그 해답을 제시해 주고 있습니다.

　이 책을 통해 나는 지금까지 '군사전문가'로만 알려졌던 이순신의 '경제전문가'적 자질을 재조명해 볼 수 있었을 뿐만 아니라 '이순신의 죽음과 관련한 저자의 의혹 제기' 부분과 『난중일기』를 비롯한 실록의 기록들이 실제로 어떤 의미를 담고 있는지를 저자 나름의 시각으로 재해석한 부분 등에서 오랜만에 '책을 읽는 재미'를 만끽할 수 있었습니다.

전 매경비즈 대표이사 윤형식

개정판에 부쳐

『이순신 수국(水國) 프로젝트』는 '경제를 일으켜 조선을 구하다'라는 부재를 달고 2009년 '행복한나무'에서 처음 발간한 책이다. 충무공과 관련한 수많은 서적 가운데서 이순신을 경제인으로 묘사한 새로운 시각을 제시하였다 하여 여러 언론의 관심을 끌었고 독자들로부터 약간의 찬사도 받았다. 특히 2014년 영화 「명량」의 성공과 함께 『이순신 수국 프로젝트』가 재조명되면서 EBS북카페에 방송되기도 하였다.

그러던 중 2018년 도서출판 산수야에서 이 책의 속편이라고 할 『바다 지킨 용(龍)의 도시 삼도수군통제영』 발간작업이 이뤄지면서 전편인 『이순신 수국 프로젝트』를 재검토할 필요성이 제기되었다. 전편이 조일전쟁 시기 이순신의 활약과 삼도수군통제영의 설치를 주로 다뤘다면 속편은 통제영 300년이 조선의 역사와 문화에 끼친 영향에

방점을 두었다. 전편을 읽은 뒤라야 속편에 대한 흥미와 이해도가 높아질 뿐만 아니라 조선후기의 해양문화에 대한 온전한 그림을 그릴 수 있다는 점에서 '수국'의 가치를 새로이 조명하게 되었다.

더욱이 출간된 지 10년의 세월이 흐른 만큼 『이순신 수국 프로젝트』를 손보지 않을 수 없다는 판단에서 개정판을 내기에 이르렀다. 새로 선보이는 『이순신 수국 프로젝트』는 내용적으로 2009년의 초판과 거의 일치하지만 관련 사진과 지도를 많이 추가하여 가독성을 높이고 독자들의 이해를 도운 것이 특징이다. 그리고 고어풍의 용어들을 현대식 표현으로 바꾸기도 하였다. 속편인 『바다 지킨 용의 도시 삼도수군통제영』이 함께 출간되는 만큼 조선왕조 해양사의 전체적인 맥락을 오롯이 담았다고 자부한다. 필자는 '수국'과 '삼도수군통제영' 두 책을 통해 다음과 같은 '역사적 사유체계'를 제시하였다.

> "조일전쟁이라는 국난을 맞아 이순신은 버려진 바다와 해변에 군산정(軍産政) 복합의 수국체제(水國體制)를 건설한다. 수국에서 이룩한 경제적 성과를 기반으로 이순신은 백성을 살리고 적과 싸울 역량을 확보하였다. 이순신이 남보다 성공한 비결은 수국 건설에서 찾을 수 있다. 이순신이 세운 수국은 종전 이후 삼도수군통제영으로 계승되었고, 통제영 300년은 '바다를 버린 나라 조선'에서 해양문화의 소멸을 막은 불씨가 되었다. 궁극적으로 '수국'과 '삼도수군통제영'은 대한민국의 해양화의 요람으로 기능하였다."

전편과 속편 가운데 어느 책을 먼저 읽어도 무방하지만 가능한 『이순신 수국 프로젝트』를 먼저 읽어보기를 권유한다. '수국'은 조일

전쟁 시기를 집중적으로 다뤘고 '삼도수군통제영'은 종전 이후를 중시한 만큼, 시간의 순류(順流)에 올라타서 조감할 경우 수국에서 통제영으로 이어지는 역사의 큰 그림을 보다 용이하게 포착할 수 있을 것이다.

거듭 강조하건대 『이순신 수국 프로젝트』는 어려운 시대환경에 꺾이지 않은 인물의 위대한 스토리에 주목한 글이다. 인내와 집요함, 그리고 창의성……. 이순신이 크게 성공할 수 있었던 배경을 충실히 담고자 노력하였다. 아울러 '이순신 수국'의 해양사적 가치와 함께 한반도 역사의 고비마다 바다가 어떤 비중과 의미를 지니고 있었는지도 상세히 기술하였다. 우리의 해양사와 해양문화의 발전에 작은 도움이 될 수 있기를 기대하며 또다시 부족한 글을 세상 밖으로 보낸다.

장한식

이순신을 보는 새로운 시각

'물 위에 뜬 나라'가 있었다. 한반도에 역사가 생겨난 이후 가장 엄혹했던 시절, 버려진 해변과 섬, 바다 위로 쫓겨난 백성들로서 이룩한, 작지만 굳센 공동체였다. 조선국 안의 또 다른 나라, 가칭하여 '수국(水國)'이었다. 7년전쟁이라는 일대 혼란기에 불꽃처럼 생겨났다가 종전과 함께 왕조체제 안으로 녹아들어간 '군·산·정(軍·産·政)복합체'가 곧 수국이다.

수국을 세운 사람은 이순신이다. 이순신이 강한 적과 싸워 언제나 이길 수 있었던 비결 역시 수국, 즉 전쟁의 물적 기반을 튼튼히 구축했다는 데서 찾을 수 있다. 수국이라는 명칭은 필자가 즉흥적으로 지은 것이 아니라 이순신이 평소 사용했던 표현을 인용한 것이다. 다음은 이순신이 한산도 군영을 '수국'에 비유한 한시(漢詩)이다.

閑山島夜吟(한산도야음)   한산도의 밤에 읊다

水國秋光暮(수국추광모)   수국(한산도)에 가을 햇살 저무니
驚寒雁陣高(경한안진고)   찬바람에 놀란 기러기 군진 높이 날아가네
憂心轉輾夜(우심전전야)   가슴에 근심 가득, 잠 못 드는 밤
殘月照弓刀(잔월조궁도)   새벽달은 활과 칼을 비추는구나

결론부터 말하면 이 책은 '수국'의 건국과 명멸을 담은 역사서이다. 즉, 이순신이 역사의 주역으로 등장한 순간부터 죽음에 이르기까지의 과정과 그가 이룩한 수국의 성과가 훗날 어떤 모양새로 계승되는지를 시대의 흐름에 따라 추적해 본 것이다.

혹자는 '수국도 좋지만, 또 이순신이냐?'라는 의문을 가질 것이다. 이순신이라면 지겹다는 생각이 들 정도로 낡은 주제이기 때문이다. 하지만 필자가 이순신을 고집하는 이유는 분명하다. 이순신이 살았던 치열한 삶의 여운(餘韻)이 과거종결형이 아니라 현재진행형이기 때문이다. 끊임없는 방략(方略) 탐구로 언제나 승리했던 불패(不敗)의 리더십, 인습이나 전통에 매몰되지 않는 현상 변경의 지도력, 창조적 상황 대처 능력은 21세기인 오늘날까지도 면면히 살아 숨 쉬고 있다. 특히, 타인을 위해 스스로를 던진 고독한 사나이의 일생, 보람과 슬픔, 고통과 자기절제의 삶은 후인(後人)의 심금을 울리기에 충분하다. 아울러 전시에 장수의 몸으로 산업을 일으켜 백성들의 살 길을 열었던 이순신의 웅략(雄略)에서 오늘의 위기에 대한 해법도 시사받을 수 있을 것이다.

한 취업 포털 사이트에서 2007년 4월 22일~24일까지 직장인

1,188명을 대상으로 실시한 설문조사에서 '가장 존경하는 역사적 인물은 누구인가?'라는 질문에 31.2%에 해당하는 직장인들이 이순신을 1위로 꼽았다고 한다. 세종대왕은 15.5%로 2위에 올랐고, 그 다음으로는 박정희 전 대통령(14.0%), 김구(9.0%), 광개토대왕(4.7%), 신사임당(3.7%), 유관순(3.4%), 정약용(3.0%), 연개소문(2.6%), 안중근(2.3%) 등의 순이었다. 이순신 장군을 존경하는 이유로는 '희생정신과 애국심'(27.3%), '큰 업적'(27.1%), '뛰어난 능력'(19.7%) 때문이라고 답하였다(문화일보 2007년 4월 25일 수요일 35면 참고).

그런데 지금까지 이순신과 관련된 텍스트들은 대부분 개인적 측면에 치우쳐 있다고 해도 과언이 아니다. 성웅으로 묘사한 경우는 물론, '실수가 많았던 인간'으로 묘사하고 있는 최근의 책들도 마찬가지이다. 하지만 이순신 담론(談論)은 개인사로 멈춰서는 안 되며, 당대 조선과 명, 일본이라는 동아시아 3국의 긴박한 정치 질서 속에서 이루어져야 한다는 것이 나의 소견이다.

이순신의 삶과 죽음은 동아시아 해금체제(海禁體制)를 타파하려는 일본의 몸부림, 속방의 정치질서를 바꾸어서라도 화이(華夷) 책봉체계의 모순을 풀어 보려던 명의 의지, 조선왕조의 체제 유지 본능이 씨줄과 날줄로 교차하는 와중에 명암이 엇갈렸다. 결국 이순신을 제대로 이해하기 위해서는 한·중·일 3국의 역학관계를 숙지할 수밖에 없고, 그런 과정을 통해 지금껏 잘 알려지지 않았고 해석하기 힘들었던 역사적 진실에 우리는 좀 더 다가갈 수 있을 것이다. 미리 밝혀 두지만 이순신의 최후 역시 조선 조정과 명의 갈등선상에서 파악해 볼 필요가 있다는 것이 필자의 판단이다.

이순신은 분명 싸움을 잘한 명장이다. 7년이라는 전쟁 기간 동안 일본군과 스물세 번 싸워 모두 이겼다는 설(23전 23승)이 정설처럼 통한다. 이순신은 탁월한 전략 전술로 한산·명량·노량해전에서 승리함으로써 나라를 망국의 위기에서 구해 냈다고 칭송한다. 그러나 이순신을 단순히 '전쟁 기술이 좋은 무장(武將)'으로만 규정한다면 그의 진가를, 그의 삶이 지닌 역사적 무게를 제대로 알 수 없다. 이제는 이순신을 바라보는 눈을 한 단계 높여야 한다. 당시 일본은 이순신의 함대보다 몇 배나 많고, 몇 배나 부유한 상대였다. 그런 강력한 적과 싸워 결코 패배하지 않았던 근본적 배경을 탐색하는 일이 더 의미가 있지 않을까? 삼도수군통제사 이순신이 이룩한 공적은 참으로 웅장하였지만, 알려진 것보다는 알려지지 않은 부분이 더 많다. 이순신의 성과는 시대의 흐름과 함께 새로운 시각에서 해석되어야 한다. 이 책의 본질적인 의미도 여기에 있다.

이 책은 '상승장군(常勝將軍)' 이순신의 진정한 힘이 어디에 있는지를 독자들에게 알려 주고 싶은 생각에서 비롯되었다. 나는 이순신을 전투에 능한 군신(軍神)이라기보다는 버려진 해변의 빈 땅에 '새로운 삶의 터전'을 세운 대(大)경제인이자 건국영웅으로 자리매김하고자 한다. 단순한 장수가 아니라 창업군주에 가까웠던 이순신…… 스스로도 인식하지 못했던 바닷가의 어리고 작은 나라 수국은 장군의 죽음과 함께 체제 안으로 소멸되었지만 한국과 동양의 역사에 긴 여운을 남겼다.

이순신은 '바다를 버린 왕국' 조선에 해양의 가치를 일깨워 주었다. 그가 세우고 아꼈던 '물나라, 수국'은 종전 이후 삼도수군통제영으로 계승되며 우리 해양문화의 명맥을 유지할 수 있도록 해주었고, 훗날 식민지로 조락했던 그의 조국이 해양강국으로 재기하는 데 있어 정신적 자부심의 원천이 되었다.

개인적으로 말한다면 이순신은 필자에게 '채권자' 같은 존재였다. 나는 언제부터인가 '이순신의 이야기를 남겨야 한다.'는 부채의식을 가지기 시작하였다. 견내량과 한산도, 이순신이 싸운 바다를 바라보며 자란 탓이리라.

부족하지만 이 책은 제법 긴 사색의 결과물이다. 생각이 떠오를 때마다 휘갈겼던 메모들을 바탕으로 본격적인 글을 쓰기 시작한 것만 해도 족히 2년여의 시간이 소요되었다. 바쁜 일상에 쫓기다보니 글은 늘 진척 없이 제자리를 맴돌곤 하였다. 다행히 책을 완성함으로써 스스로의 약속을 지킨 셈이다. 오랜 채무를 청산하였다는 해방감마저 느껴진다. 그러나 마음 한 구석에 아쉬움도 없지 않다. 느린 글을 써가면서 스스로 누렸던 작은 즐거움이 이제 책의 출간과 함께 사라지게 되었기 때문이다. 책을 완성하기까지 여러 사람의 도움이 있었다.

개인적으로 시작한 글이 책으로 나올 수 있었던 것은 전적으로 홍종남 팀장의 결단 덕분이다. 그의 혜안이 없었다면 이 글은 빛을 보지 못했거나, 보다 옹색한 모습으로 세상에 나왔을 것이다. 원고를 꼼꼼하게 보아 준 안형준 님과 지도와 그림을 그려 준 조창배 님, '행복한 나무'의 직원들에게도 깊이 감사드린다. KBS드라마 '불멸의 이순신'의 열렬한 팬으로서 필자의 글쓰기를 적극 응원해 주었던 우리 가족(아내 성지와 해림, 철훈)에게도 고마운 마음을 전한다.

장한식

차례

추천사 이순신을 경제전문가로 재조명한 책 _ 5

개정판에 부쳐 _ 8

프롤로그 이순신을 보는 새로운 시각 _ 11

🐢 제1부 이순신, 7년전쟁의 중심에 서다

1장. 7년전쟁의 재구성 _ 23

'통보된 기습' 1592년 4월 13일 부산포 | '정보의 빈곤' 바다를 버린 대가 | 도요토미의 실수, 일본의 착각 | 2단계 전쟁-일본, 수륙병진을 시도하다 | 침략군의 비극 "조선 수군을 몰랐다"

2장. 이순신과 한산대첩 _ 54

제법 용맹하나 국량은 부족한 장수, 원균 | 주도면밀한 선비형 무장, 이

순신 | '조선의 살라미스' 견내량과 한산바다 | 한산대첩의 '숨겨진 진상'

3장. '원균의 역설' 이순신, 삼도수군통제사에 취임하다 _ 85

이순신과 원균의 갈등, 불화 | 이순신 함대의 한산도 이진(移陣) | 제2차
진주성전투와 수군통제사직 신설

제2부 한산수국에서 경제기반을 확립하다

4장. 한산수국의 '건국'-영역확보와 해변의 대개간(大開墾) _ 113

경제적 자립의 필요성 | 수군 군정체제(軍政體制) 수립-수국의 영역을
확보하다 | 둔전책(屯田策)-버려진 땅을 일궈 백성과 군사를 먹이다

5장. 한산수국의 경제전쟁-말업(末業)을 키워 전비를 조달하다 _ 149

'바다 농사'를 본격화하다 | 국내외 해상무역에 나서다 | 공업 생산력
을 확충하다

6장. 한산수국 독자행보 3년 6개월 _ 173

강력한 인재풀을 갖추다 | 독자적 상벌체제를 확립하다 | 한산수국 '조
선의 3분의 1'

제3부 1597년 이순신, 역사의 전면에 서다

7장. 정유재란과 한산수국의 붕괴 _ 221

선조, 이순신을 불신하다 | 조정과 일본군의 '이순신 죽이기' 공모 | 체
포당하는 이순신, 한산수국의 몰락 | 백의종군하며 재기를 준비하다

8장. 청해진 옛터에서 수국을 재건하다 _ 264

원균의 몰락과 이순신의 재기 | '기적의 싸움' 명량대첩 | 보화도에 기지를 건설하다 | '제2의 수국' 고금도 군영

9장. 정치적 도약-이순신, 대명(大明) 수군도독에 제수되다 _ 308

인재들의 운집 | 이순신, 명군의 신망을 얻다 | 명나라 수군도독(水軍都督)에 오르다 | 대명 수군도독 이순신의 '꿈'

🪲 제4부 이순신은 죽고 조선은 살아남다

10장. 이순신의 죽음과 수국의 체제 편입 _ 335

이순신 '도독' 제수와 조정의 불안감 증폭 | 머리 좋은 선조의 '자객 활용론' | 수수께끼의 인물 '손문욱(孫文彧)' | 홀중비환(忽中飛丸), '갑자기 날아든 탄환에 맞다' | 왕의 승리, 수국의 체제 편입

11장. 수국의 계승-'해변의 총독부' 삼도수군통제영 _ 370

종전 후 최대 논쟁-해방 본영(海防 本營)의 위치 선정 | 두룡포에 통제영을 건설하다 | 통제사 '해상 총독(海上總督)'으로 격상되다 | '3만 6,009 장졸, 548함대'의 병권을 쥐다

에필로그 이순신 수국 프로젝트의 현재적 의미 _ 396

📖 책속의 책 '바다를 버린 나라 조선'

포상팔국에서 삼별초까지-한반도 해상왕국의 전설 _ 405

공도정책(空島政策)과 해금령(海禁令) | 기말이반본(棄末而反本)-이데올로기가 된 해양 천시 | 조선은 왜 대마도를 지키지 못했나? | "해변은 2등 백성의 땅"

참고문헌 _ 429
그림과 사진, 도움주신 분들 _ 431

제 1 부

이순신, 7년전쟁의 중심에 서다

1장

7년전쟁의 재구성

이순신의 '수국'을 이해하기 위해서는 수국 탄생의 배경이 된 7년전쟁, 1592년 봄부터 1598년 말까지 7년간 지속된 동아시아 국제전(임진왜란과 정유재란을 종합한 개념이다.)을 제대로 이해하여야 한다.

사실 7년전쟁은 매우 식상한 주제이지만 이순신이 그 주인공이었고, 수국의 출범을 가져다준 시대상황이라는 점에서 세밀하게 따져보지 않을 수 없다. 이순신이 이룩한 성과와 그의 힘이 닿지 못했던 한계사항 등을 정확히 파악하기 위해서도 그러하다.

미리 말해 두거니와 필자는 전사(戰史)를 새로 쓸 정도로 7년전쟁에 대한 획기적인 기술을 할 생각이 없고 능력 또한 없다. 다만, 이순신의 역할과 한계를 명확히 하자는 뜻에서 기존의 7년전쟁사의 서술과 다른 분석틀을 제시해 보고자 한다. 구체적으로는 전쟁 발발 시점에서부터 종료 시점까지의 시간적 흐름을 잘게 나누어 시기별 성격을 구분해 보도록 하겠다.

지금껏 7년전쟁은 대체로 2개의 전란으로 여겨져 왔다. 즉, 일본이 명나라 침공을 염두에 두고 임진년(1592)에 조선으로 출병한 것이 임진왜란이요, 명군의 참전 이후 중일 간에 강화협상이 진행되다가 파국에 이르자 일본이 다시 정유년(1597)에 제2차 침공을 한 것이 정유재란이라는 것이다.

하지만 일본과 조명 연합군의 전쟁 목표와 성격에 따라 구분한다면 7년전쟁은 두 차례의 전란이 아니라 5단계 전쟁이라는 생각이 든다.

> **제1단계**: 조선 임금의 항복을 목표로 한 전격전 기간(1592년 4월 13일 일본군 침공~5월 4일 한양 점령)
>
> **제2단계**: 조선 영토 점령전쟁 시기(1592년 5월 16일~1593년 1월 평양성전투)
>
> **제3단계**: 중일 외교전 시기(1593년 1월 일본군 한양 후퇴~1596년 12월)
>
> **제4단계**: 정유재란 발발기(1597년 1월~1597년 9월 명량해전)
>
> **제5단계**: 전선교착 및 일본군 철군기(1597년 9월~1598년 11월)

5단계로 나눈다고 해서 전체 전쟁사를 시기별로 상세히 기술하려는 의도는 아니다. 다만, 1단계와 2단계를 구분해야 한다는 점을 강조하고자 할 뿐이다. 왜냐하면 1단계와 2단계는 일본의 전쟁 목표가 완전히 달라지는 결정적 차이가 있음에도 불구하고 별로 주목받지 못했기 때문이다. 1단계가 시기적으로 너무 짧았기 때문인지도 모른다. 하지만 이순신의 공적을 객관적으로 평가하기 위해서는 1단계와

2단계는 반드시 구분되어야 한다. 이순신과 조선 수군이 결정적 역할을 했던 시기는 1단계가 아닌 2단계이기 때문이다. 만약 전쟁이 1단계에서 종결되었다면 이순신도 망국의 무장으로 고달픈 생애를 보냈을 개연성이 높다. 이순신은 2단계에서 그 성가를 높였고, 3단계(외교전 시기)에 통제사에 올라 '한산도 수국'을 건국한 셈이다.

조선이 군사적으로는 약했고 준비가 되지 못했지만 국가의 총체적 경영능력은 일본의 전격전(1단계 전쟁)에 소멸되지 않을 수준이었고, 이순신도 살아남아 새로운 빛을 발할 수가 있었던 것이다. 거듭 말하지만 7년전쟁의 1단계와 2단계는 전쟁 목표나 성격이 전혀 다르다. 이런 숨겨진 진상을 정확하게 파악하여야만 이순신이 부상하게 된 배경을 제대로 이해할 수 있게 된다. 이 장에서 다룰 내용도 1, 2단계에 한정된다.

'통보된 기습' 1592년 4월 13일 부산포

임진년(1592, 선조 25년) 음력 4월 13일(양력 5월 23일)은 동남풍이 적당히 부는 맑고 상쾌한 날씨였다. 경상좌수영 산하 부산진(釜山鎭) 첨절제사 정발(鄭撥) 장군은 이날 수하들과 절영도(絶影島)에서 사냥을 즐기고 있었다. 당시 사람이 살지 않던 절영도는 울창한 밀림으로 뒤덮여 있었고, 꿩과 멧돼지 등과 같은 야생동물의 천국이었다. 사냥이 끝나가던 오후 5시쯤, 정발 일행은 바다를 뒤덮은 채 달려드는 대규모 함대를 발견하였다. 이날 오전 대마도에서 돛을 올려 북으로 달려온 700여 척의 일본군 수송선단이었다. 순풍에 기대 온종일 항해한 끝에 부산포 앞바다에 모습을 드러낸 참이었다. 형형색색의 깃발 군

(群)이 해풍에 어지러이 휘날리고 있었다. 고니시 유키나가(小西行長)가 이끄는 일본군 제1군 1만 8,700명의 병사들이 타고 있었다.

정발은 한눈에 적선임을 알아차렸다. 대마도에서 정기적으로 오는 세견선(歲遣船)으로 보기에는 배의 숫자가 너무 많았다. 세견선은 1년에 25척으로 제한되어 있었다. 정발은 즉시 사냥을 중단하고 본진으로 귀대하였다. 그러고는 부산성의 문을 걸어 잠갔다. 정발보다 조금 앞서 가덕도 응봉(鷹峰)의 봉수대에서도 수백 척의 함대가 대마도에서 부산포로 향하고 있는 것을 발견하고는 봉화를 올렸다.

정체가 드러난 불청객들은 저녁까지는 모두 부산포만 안에 들어와 닻을 내렸다. 고니시 유키나가의 막료인 소오 요시토시(宗義智, 대마도 도주이자 고니시의 사위)가 약간의 군사를 이끌고 상륙하여 부산성의 경비 상황을 정탐하고는 휘하 장수를 시켜 요구사항을 적은 목판을 내걸었다. '정명가도(征明假道, 명나라를 정복하려 하니 길을 빌려 달라.)'라는 네 글자가 적혀 있었다. 그러나 명나라는 왕보다 더 높은 사대(事大)의 나라, 당연히 응할 수 없었다. 이튿날인 4월 14일 아침 1만 8,000여 군단이 일제히 상륙하여 부산성을 공격하기 시작하였다. 삼천리 강토를 피로 물들인 7년전쟁은 이렇게 시작되었다.

4월 14일 부산성을 함락한 일본군은 불과 20일 뒤인 5월 3일 한양성을 점령하였다. 대를 쪼개는 기세(破竹之勢) 그대로였다. 부산에서 서울은 부지런히 걸어도 족히 보름은 걸리는 거리이다. 보병 위주의 일본군이 20일 만에 한양성에 도달하였다는 것은 조선 측에서 침략군의 속도를 늦출 만한 의미 있는 저항을 하지 못하였다는 뜻이다.

익히 알려진 7년전쟁의 전개 과정을 다시 묘사할 생각은 없다. 다만, 조선 측의 전쟁 인지(認知) 시점과 초기 대응 양상의 문제점은 지

부산진순절도(釜山鎭殉節圖) 1592년 4월 13일과 14일 이틀에 걸쳐 부산진에서 조선군이 왜군과 벌인 치열한 공방전을 그린 그림으로, 육군사관학교 박물관이 소장하고 있는 보물 391호이다.

적할 필요가 있다. 조선은 700여 척의 적선이 부산포 앞바다에 출현했을 때에야 비로소 침공 사실을 알았다. 또 상륙한 적군은 경부선 축을 무인지경처럼 달렸다. 적의 침공을 인지한 시점과 개전 초기의 무기력한 대응으로 볼 때 조선의 입장에서 7년전쟁은 기습적으로 당한 전쟁이라 할 만하였다.

그렇다면 7년전쟁은 과연 기습이었는가? 그렇게 볼 수 없다는 것이 희극이자 비극이다. 분명 '통보된' 전쟁이었기 때문이다. 도요토미 히데요시(豊臣秀吉)는 일본을 통일한 직후인 1587년 대마도주를 통해 조선 침공의 뜻을 피력하였다. 7년전쟁 발발 1년 전에는 더욱 분명하게 침략 의도를 알렸다. 1591년 3월, 일본에 사신으로 갔던 황윤길과 김성일 등이 귀국하면서 가져온 도요토미의 '서계(書契, 외교문서)'에는 명나라를 침공할 것이라는 결심을 통보하는 한편 조선은 중국과 일본, 어느 줄에 설 것인지를 결정하라는 협박이 들어 있었다. 이 가

동래부순절도(東萊府殉節圖) 조일전쟁 때 동래성에서 왜군의 침략을 받아 싸우다 순절한 부사 송상현 이하 군민들의 항전 내용을 그린 것으로 육군사관학교 박물관이 소장하고 있는 보물 392호이다.

운데 중요한 부분을 인용해 본다.

"사람의 한평생이 100년을 넘지 못하는데 어찌 답답하게 이곳(일본)에만 오래도록 있을 수 있겠습니까? 국가가 멀고 산하가 막혀 있음에 관계없이 한 번 뛰어서 곧바로 대명국(大明國)에 들어가 우리나라(일본)의 풍속을 400여 주에 바꾸어 놓고 제도(帝都)의 정화(政化)를 억만 년 동안 시행하고자 하는 것이 나의 마음입니다. 귀국이 선구(先驅)가 되어 입조한다면 원려(遠慮)가 있음으로 해서 근우(近憂)가 없게 되는 것이 아니겠습니까? 먼 지방 작은 섬도 늦게 입조하는 무리는 허용하지 않을 것입니다. 내가 대명에 들어가는 날 사졸을 거느리고 군영(軍營)에 임한다면 이웃으로서의 맹약을 더욱 굳게 할 것입니다. 나의 소원은 삼국(조선, 중국, 일본)에 아름다운 명성을 떨치고자 하는 것뿐입니다."

한마디로 명나라를 정복하여 일본 땅으로 만들 생각이니 조선은 일본에 입조(入朝, 항복)해서 명나라 침공의 선구(先驅, 길잡이)가 되어 달라, 그렇지 않다면 조선부터 침공하겠다는 통보였다. 선전포고에 다름 아니다.

이웃나라의 최고 권력자가 험악한 말로 협박을 해왔다면 조선은 두 가지 카드 중 한 가지를 선택해야 하였다. 하나는 일본에 굴복해서 명나라 침공에 협조하는 것이요, 다른 하나는 열심히 전쟁 준비를 하는 것이었다. 그러나 어떤 경우에도 첫 번째 선택은 할 수 없다. 조선은 국시가 사대(事大)인 나라, 명나라는 부모와 같은 나라였다. 설령 임금이 도요토미의 협박에 넘어가 명나라를 배신하려 한다 해도 문무 관료들은 결코 따르지 않을 터였고, 임금은 단 하루도 권좌를 유지할 수 없는 체제가 바로 조선이었다.

일본에 항복해서 명나라 침공의 앞잡이가 될 수 없는 일이라면 조선은 당연히 전쟁을 각오해야 하였다. 혼자서 일본을 막기 힘들다고 판단하였다면 명나라와 연합 방위 태세를 구축해야 마땅하였다. 싸우기 위해서는 일본 각지에 첩자를 보내 진짜로 전쟁 준비를 하는 것인지, 적의 무장력은 어느 정도인지 염탐하는 것이 국사(國事)의 최고 급선무였다. 그러나 조선 조정은 현실을 애써 회피하였다. 전쟁은 없을 것이라는 '요행'을 기대하였던 것이다.

'일본이 정말로 침공할까?'를 두고 조정은 두 패로 나누어 논쟁을 벌였다. 서인(西人)인 정사(正使) 황윤길은 도요토미의 눈매가 보통이 아니었다면서 침략할 것으로 본다고 하였고, 동인(東人)인 부사(副使) 김성일은 그의 눈매는 쥐새끼와 닮았다며 전쟁을 벌일 만한 인물이 못 된다고 주장하였다. 유명한 당파싸움 이야기이다. 사람은 흔히 자기가 바라는 대로 믿는다. 전쟁이 없기를 희망했던 조정의 중론은 미련하게도 김성일의 '쥐새끼론'에 손을 들어주었다. 결과적으로는 황윤길이 옳았지만 근거 있는 정보가 아니라 '관상'으로 전쟁 발발 여부를 다퉜다는 점에서 그 역시 높은 점수를 받기는 힘들다.

조선도 행여나 싶어 전쟁 준비를 시늉내기는 하였다. 명나라에 문제의 서계 내용을 통보하는 한편 영·호남의 성곽을 새로 고치고, 지방 수령들에게 무기와 군량미를 점검하도록 (약간) 독려하였다. 그러나 일본은 해전에는 강하지만 육전에는 약하다는 '사실과 다른 정보'에 기초한 전쟁 준비였기 때문에 막상 전쟁이 터지자 별 도움이 되지 못하였다. 그나마의 전쟁 대비도 공연히 민심을 소란케 하고 백성들에게 수고만 끼친다는 반발로 곧 중단되었다. 결국 아무런 준비 없이 전쟁을 맞은 셈이었다.

선전포고나 다름없는 협박을 했음에도 조선의 반응이 미지근하자 성질 급한 도요토미는 곧 전쟁 준비에 돌입하였다. 각 주에 명령을 내려 병사를 수송할 전선 2,000여 척을 만들 것을 지시하였다. 일본 전역은 병선을 만드느라 나무를 베고 못을 박는 도끼소리, 망치소리가 드높았다. 또 쥐어짜듯이 군사를 징집하였다. 아들, 남편, 아버지와 이별하는 슬픈 울음소리가 열도를 뒤덮었다. 1591년 10월에는 규슈의 나고야(名護屋)에 대규모 성을 쌓기 시작하였다. 나고야성은 조선 침공의 대본영으로 건설한 신도시이다. 물경 30만 명 이상이 동원된 나고야성 공사는 이듬해 4월, 조선 침공 직전에 완성되었는데, 무려 6개월 만에 전광석화와 같이 진행된 셈이다. 48만 명이 1년 동안 먹을 군량미를 비롯하여 각종 군수물자가 저장되었다고 한다.

여기서 일본의 전쟁 준비 장면을 찬찬히 들여다보자. 우선 조선의

나고야성 표지석

나고야 성터

눈을 의식해서 은밀히 움직였다는 증거를 찾을 수가 없다. 한꺼번에 전선을 만든답시고 일본 전역을 떠들썩하게 했는가 하면 부산과 마주하는 해안에 침공기지를 보란 듯이 건설하였다. 드러내 놓고 전쟁을 준비하였다는 말이다.

왜 그랬을까? 두 가지 가능성이 짐작된다. 하나는 조선의 정보 수집 능력이 한심하다는 점을 알았기 때문일 수 있다. 당시 일본 본토로 드나드는 조선인은 없었고, 조선 정부에서도 간첩을 보낸 적이 없었다. 조선의 정보 촉수가 대마도를 넘지 못하는 상황이었으므로 굳이 숨어서 일을 진행할 필요가 없다.

다른 하나는 일본의 전쟁 의지를 조선 측이 알아주기를 희망하였을 가능성이다. 도요토미가 '전쟁을 못해 안달이 날 정도'로 호전적인 인물임에는 틀림없지만 그도 나름대로 전략을 구사할 줄 아는 역전(歷戰)의 정치 지도자였다. 조선과의 전쟁에 힘을 쏟기보다는 명나라와의 일전에 전력을 기울이고자 했던 것이 당연하였다. 적당한 공갈로 조선을 굴복시킨 다음, 조선군을 길잡이 삼아 중원을 들이치는 것이 그로서는 최선이었다. 서계(書契)를 이용한 협박이 통하지 않으므로, 다음 단계는 '무위(武威)'를 과시하는 것이었다. 일본이 진짜로 전쟁 준비를 하고 있다는 점, 그리고 일본의 무력이 막강하다는 점을 조선 측에 알려 줄 필요가 있었다. 따라서 전국에서 군함을 건조하고 나고야에 대규모 침공기지를 건설하는 모습을 굳이 감출 이유가 없다.

필자 개인의 생각을 말한다면 도요토미는 두 번째 이유로 호들갑을 떨며 침공준비를 하지 않았을까 싶다. 그러나 어느 쪽이든 별로 중요하지 않은 것이 조선은 일본의 움직임에 무지하였고, 또 무심하였다는 사실이다. 도요토미의 공갈을 일축해 버리고 열도에서 무슨 일이 벌어지고 있는지 알아볼 생각도 하지 않았다. 일본군은 조총(鳥銃)이라는 신무기로 무장하고 있었지만 관심 밖의 일이었다. 상대를 모르니 겁낼 이유가 없었을 것이다.

조선이 항복할 것 같지 않다고 여긴 도요토미 히데요시는 임진년(1592) 4월 3일 휘하 장수들에게 조선으로의 출병을 명령하였다. 15만 8,000여 명의 대군은 수백 척의 배에 나누어 타고 대마도로 건너와 좋은 바람을 기다린 끝에 4월 13일부터 차례차례 부산포로 들이닥치기 시작한 것이다.

도요토미가 사전에 침공 의사를 알렸다고 해서 그 죄가 가벼워지는 것은 아니지만 7년전쟁이 예고된 전쟁이었다는 것만은 인정할 수 있다. 조선 측이 '우리는 전혀 예상도 못한 상태에서 전란을 겪었다.'라고 말한다면 도요토미는 아마도 어이없다는 표정을 지을 것이다. 한쪽(일본)은 개전(開戰) 의지를 통보한 반면, 다른 쪽(조선)은 기습을 당해 버린 희한한 장면이 1592년 4월 13일 부산포에서부터 벌어졌던 것이다.

'정보의 빈곤' 바다를 버린 대가

조선이 기습이나 다름없이 전쟁에 빠져든 배경은 무엇일까? 이 책의 주제 의식과도 관련된 부분이므로 자세히 들여다보자.

전쟁이 일어나기 1년 전, 일본 전역에서는 전선 건조와 징집령으로 대소란이 일었다. 나고야에 침공기지를 건설하였고, 부산에서 빤히 건너다보이는 대마도에서 15만 명의 군대와 수천 척의 병선이 수일 동안 대기하였다. 그런데도 조선 땅에서는 아무도 이를 몰랐다. 아무리 전통시대라고 하지만 어떻게 가능한 일일까?

반대로 조선군이 바다를 건너 일본 본토를 공격하려 하였다면 어떻게 되었을까? 결론부터 말한다면 일본의 눈을 속이기는 어려웠을 터였다. 일본은 당시 조선의 정세를 훤히 알고 있었기 때문이다. 이즈음 조선 땅에는 수천 명의 일본 거류민이 체류하고 있었고, 일본의 어선들은 수시로 조선의 바다로 몰려와 물고기를 잡고 있었다.

왜관(倭館)이라는 것이 있었다. 조선 시대 일본인의 입국과 교역을 위해 설치했던 장소로서 상관(商館)이자 영사관(領事館) 기능을 수행했던 것으로 보면 된다. 조선은 건국 직후부터 왜구

왜관도

대마도 전경

를 '평화로운 이웃'으로 전환시키기 위해 여러 가지 회유책을 썼다. 왜관의 설치가 대표적인 사례이다. 왜구의 침탈 원인이 경제적인 데 있다고 보아 교역을 허가해 줌으로써 그들의 요구를 채워 주겠다는 의도였다. 특히 부산포와 제포, 염포 등 삼포에 왜관을 설치하고는 항거(恒居, 상주)왜인을 거주하도록 해주었다. 항거왜인은 조선인과 별 다름없는 대우를 받으며 장사나 어로행위에 종사하였다. 심지어 불법으로 땅을 사들여 농사를 짓기도 하였다. 이즈음 조선 땅에 상주하는 왜인의 숫자는 최대 5,000명에 이르게 되었다.

조선 땅에 왜관이 있는 반면 일본에는 조선 상관이 존재하지 않았던 사실이 양국 간의 심각한 정보 불균형을 불러왔고, 이는 7년전쟁 발발의 주요한 원인으로 작용하였다. 당나라 해안에 자리 잡고 있었던 신라방(新羅坊)처럼 일본의 혼슈나 규슈, 대마도 등지에 조선인들이 수백 명씩 거주하는 상관이 존재하고 있었더라면 소규모 기습은 몰라도 7년전쟁과 같은 '대규모 기습 공격'(?)은 애초에 일어나지 않았을 것이다. 조선의 상선들이 현해탄을 항해하고 있었다면 규슈의 북쪽 해안에 침공기지가 건설되고 있었다는 사실을 모를 리 없었을 것이다. 또 15만 대병을 실은 전함들이 아무런 제지 없이 부산포로 들어오기란 쉽지 않았을 것이다.

이때 중국은 일본에 대해 조선보다는 많은 정보를 가지고 있었다. 복건성 사람으로 일본 땅에 살고 있던 허의후(許儀後)라는 인물이 친분이 있던 상인을 통해 도요토미가 조선을 향도로 삼아 명나라를 침공하려 한다는 정보를 중국 측에 전달하였다. 또 일본을 드나들던 진신(陳申)이라는 상인도 일본의 관백이 명나라를 침공하려 하는데 조선을 선봉으로 삼으려 한다는 보고를 하였다. 중국에서는 이때쯤 해금정책이 느슨해지면서 소수의 남방 상인들이 일본을 드나들고 있었기 때문에 상당량의 대일정보를 획득하고 있었던 것이다.

조선이 일본 본토까지는 아니어도 대마도만이라도 잘 챙겼더라면 일방적인 피습은 피할 수 있지 않았을까 싶다. 대마도는 7년전쟁 전까지만 하더라도 자치권을 지닌 섬으로써 조선과 일본의 중립지대에 가까웠다. 대마도 사람들은 일본말도 했지만 조선말을 구사하는 사람도 많았다. 조선 조정으로부터 관직을 제수받은 사람이 상당수일 정도로 조선 정보에 밝았다.

만약 조선이 대마도에 주재하는 관리를 두고 있었더라면 대마도의 종씨(宗氏) 측이 일본의 앞잡이가 되어 조선 땅을 침공하는 일은 막았을 가능성이 높다. 더 양보해서 조선이 일본의 침공사실을 육지에 도달하기 이전에만 인지했더라도, 그리하여 부산 앞바다에서 해상전을 벌였더라면 일본군의 상륙을 완전 저지하지는 못하였다 하더라도 적의 예봉이 크게 둔화되었을 것이다. 이는 필자의 주장이 아니라 일찍이 이순신 장군이 지적했던 대목이다.

"지난날 부산과 동래 연해안 여러 장수들로서 전함을 잘 정비하여 바다에 가득 진을 치고 습격할 위세를 보이면서 정세를 보아 힘에 알맞게 병법대로 진퇴하여 육로로 기어오르지 못하게 했더라면, 나라를 욕되게 한 환란이 이렇게까지는 되지 않았을 것입니다."(1592. 4. 30. 장계, 참고로 이순신은 이 장계로 인해 정유년 초에 큰 곤욕을 치른다. 자세한 내용은 뒤에서 다룬다.)

충무공의 이런 언급은 당위적으로는 옳지만 당시 조선의 실상에 비추어 보면 현실성은 그리 높지 않아 보인다. 일본이 규슈 나고야에 대륙 침공을 위한 새로운 군사기지를 건설하였다는 사실은 물론이고 부산에서 빤히 바라보이는 대마도에 수십만의 대군이 몰려 있다는 원초적인 정보조차 알지 못했던 나라에서 '전함을 잘 정비해 바다 가득히 진을 치기'는 애당초 기대할 수 없는 일이었다. 조선은 바다를 버린 나라였다. 자기 손으로 바다 건너편 사람들과 통교하기를 포기한 조선이었기에 일본열도에서 일어나는 대소란(大騷亂)에 대해 최소한의 정보도 가질 수 없었다.

실제로 조선은 북으로의 국력 확산을 포기하고 들어선 왕조이다. 고려 말 최영이 추진한 요동 정벌에 반대한 이성계는 위화도에서 군사를 되돌림으로써 역성혁명(易姓革命)을 달성하였다. 한번 포기한 북방 진출은 쉽게 이루어지지 않았다. 명나라 세력이 조선의 북쪽 국경까지 뿌리를 내렸기 때문이다. 극성기였던 세종 때 압록강과 두만강까지 국경선을 밀고 올라갔지만 그것이 한계였다.

조선이 제대로 된 나라였다면 이때 방향을 남으로 틀어 해양진출을 시도했어야 마땅하다. 나라를 부강케 할 방안이 해상에 널려 있었던 것이다. 하지만 농본주의(農本主義)를 국가 지도이념으로 내건 조선의 지도부는 해상무역이나 어업 등을 말업(末業)으로 치부하며 억압하였다. 더욱이 고려 말 이후 왜구(倭寇)가 동아시아 해상을 주름잡게 되면서 바다로 나가려는 시도는 해적집단과 결탁할 가능성이 높은 불온한 움직임으로 간주되었다. 나라에서 바다를 버렸으니 해민(海民)들의 삶을 고달프기 짝이 없었다. 해변은 양반이 살만 한 땅이 되지 못했으므로 바닷가에 거주한다는 이유만으로 천시당하고 홀대당하였다. 해변 사람들은 통상 '뱃놈'으로 통용되었다. 큰 배를 띄워 수평선 너머 먼 바다로, 중국과 일본, 유구, 동남아로 나가보겠다는 야심찬 시도는 조선왕조 500년 내내 억제되었다.(이런 사정에 대한 자세한 내용은 '책속의 책-바다를 버린 나라 조선'에서 다루고 있다.)

그러나 조선왕조는 해양포기의 대가를 톡톡히 감수해야 하였다. 최대의 국란 7년전쟁은 바다를 버린 데 따른 1차 시련이었을 뿐이고, 마침내는 바다를 건너온 자본주의의 물결에 휘말려 국권을 상실하기에 이른다. 자국을 침공하겠다는 적국 지도자의 협박편지를 두고서도 '정보의 창'이 막혀 있었기에 조정에서는 사신들이 한순간에 보았던 관상과 느낌으로 점을 칠 수밖에 없었다. 조선이 7년전쟁이라는 최대의 국난을 준비 없이 맞게 된 결정적인 원인은 해상의 문호를 스스로 닫아버린 데 따른 반대 급부였다.

도요토미의 실수, 일본의 착각

이번에는 일본 측의 사정을 살펴볼 차례이다. 도요토미는 왜 조선에 싸움을 걸었는가? 도요토미가 조선을 침공한 이유는 호전광이라

도요토미 히데요시 초상화

는 개인적 자질이 한몫을 하였다. 평생을 전장에서 보낸 도요토미였기 때문에 열도 전역을 석권한 뒤에 적수를 찾지 못하게 되자 몸에 병이 날 정도였다고 한다. 그래서 눈을 밖으로 돌려 이웃 나라를 침공하기를 학수고대하였다. 수시로 세계지도를 펴놓고는 조선과 유구(琉球, 현재의 오키나와 제도), 대만(당시에는 高山國이라 불렀다.), 필리핀(呂宋)을 공략한 다음 명나라와 천축(天竺, 인도)까지 정복하여 '일대통국(一大統國)'을 세운다는 꿈을 밝히곤 하였다. 터무니없는 일대통국의 꿈을 실천하기 위한 첫 단계가 조선 침공이었다. 도요토미의 일대통국 구상과 관련해서는 일본 내에서도 평가가 엇갈리고 있다. '천하의 효웅(梟雄)'이라는 시각이 있는가 하면 광인(狂人)에 가깝다는 지적도 있다.

　그러나 도요토미가 전단을 열게 된 더 큰 요인은 당대 일본과 동아시아의 정치·경제적 상황에 있다. 일본 열도를 통일했지만 강력한 군대를 지닌 다이묘(大名)들은 여전히 무력을 과시하고 있었고, '실업

(失業)' 위기에 빠진 무장 세력의 불만은 폭발 일보 직전이었다. 내전으로 비대해진 군대를 어떻게 처리할 것인가 하는 문제는 도요토미의 최대 고민이었다. 결론은 외국과의 전쟁이었다. 잠재적인 경쟁자들을 모조리 숙청하기가 불가능하다면 차라리 해외로 내보내는 것이 최선이다. 성공하면 그들에게 해외 봉지를 마련해 줄 수 있고, 실패해도 그 힘을 약화시킬 수 있으니 국정의 안정을 기하는 데는 이 방안이 최고라고 생각하였다. 도요토미 정권의 체질로 볼 때 당연한 결론이었을 것이다.

여기에다 당대 동아시아 체제를 살펴보면 도요토미가 군사를 나라 밖으로 내보낸 이유가 좀 더 분명하게 설명된다. 100년 동안의 내전은 일본의 군사력만 키운 것이 아니라 상업을 활성화시키고 상인 집단의 힘을 부쩍 키워 주었다. 좁은 국내시장에만 만족할 수 없었던 상인 세력은 해외시장을 개척하는 데 열심이었다. 당시 일본은 조선과 대만, 필리핀은 물론이고 인도네시아 자바 섬에 이르기까지 거류민단을 형성시킬 정도로 국제무역으로 거대한 부를 쌓아 올리고 있었다. 특히 16세기 초부터 유럽인들의 아시아 진출이 본격화되면서 일본은 그들과 손잡고 해상교역에 적극 참여하였다. 그러나 조선은 물론이고 최대시장인 중국(명나라)은 해금정책(海禁政策)의 기조 위에 국제무역에는 극히 소극적이었다. 조공책봉체제를 유지하기 위한 약간의 주인선(朱印船, 중국 입항을 허가하는 붉은 도장을 받은 선박) 무역 외에 일본이 원하는 자유무역은 허용하지 않고 있었다. 일본 입장에서 볼 때 '부조리한 동아시아 체제'를 시정할 수 있는 길은 무력 말고는 없었다. 그들로서는 '전 국력을 기울여 당입(唐入, 중국 침공)을 시도한 동아시아 체제 변혁 전쟁'의 서전이 바로 7년전쟁이다. 당대 일본의 총체적인 국력은 도요토미의 '일대통국 구상'을 뒷받침할 만하였다. 일본의 30만 대군은 최신 병기인 조총(鳥銃, 16세기 말, 세계에서 가장 많은 조총을 보유한 나라가 일본이었다.)으로 무장하였고 수많은 전투경험까지 가지고 있었으니 군사력은 세계 최강 수준이었다.

당시 일본의 인구는 2천만 명에 육박하고 있었으며, 전국시대를 겪으면서 상업경제가 활성화되고 사회 전체 분위기는 강한 역동성을 가지고 있었다. 불과 100~200만 명의 인구에 기반하여 유라시아 대륙을 정복한 칭기즈칸(몽골)이나 중원을 석권한 누르하치, 홍타이지(만주족) 등과 비교할 때 불리할 것도 없었다. 다만, 도요토미의 인물됨이나 전략이 이들 대정복자에 못 미친 데다 섬나라라는 지리적 입지의 불리함, 이순신이 이끄는 조선 수군의 선전 등으로 해서 '일대통국 구상'이 저지되었을 뿐이다.

일본군이 부산성을 공격한 명분이 정명가도(征明假道)였듯이 도요토미의 당초 목표는 '당입(唐入)'이 분명해 보인다. 그런 만큼 일본군의 조선 침공 목표는 간단하였다. 서둘러 한양으로 북상해 조선의 임금을 굴복시키는 데 있었다. 그 다음 조선을 병참기지로 삼고는 조선군을 향도 삼아 중원을 침공한다는 계산이었다. 도요토미의 '망상'은 20세기 들어 군국주의 일본의 대륙침공 과정에서 그대로 재연된다는 점에 주목할 필요가 있다. 대륙으로 향한 일본의 야심은 뿌리가 깊다.

그렇지만 도요토미는 분명 지나치게 서둘렀다. 그가 일본을 완전 석권한 것이 1590년이고, 불과 2년 뒤에 전단을 열었으니 말이다. 전국시대를 마감하고 출범한 신정권의 과도한 혈기가 느껴지는 대목이다. 조선에 첩자들을 보내 정보를 수집하였다고는 하지만 짧은 간첩활동이 완벽할 리 없었다. 그런 만큼 결정적인 전략상 실수를 피할 수 없었다. 하나는 조선의 전쟁 수행 방법을 알지 못하였다는 점이고, 또 하나는 조선 수군(水軍)의 역량을 제대로 파악하지 못하였다는 점이다.

사람은 종종 자기 기준으로 판단을 하고 이 때문에 실패를 거듭한다. 당시 일본 지도부는 조선의 전쟁 방식이 자신들과 유사할 것으로 간주하였다. 일본군이 경부선 축을 따라 한양으로 진공하면 조선 임금은 왕성을 걸어 잠근 채 농성전을 펼치거나 정예군을 내보내 맞설 것으로 예상하였다. 한양성 공방전이나 한양 인근에서 벌어질 일대 회전에서 전쟁의 승패가 결정될 것으로 생각하였다. 공성전이든 야전이든 종국적으로는 일본군이 승리할 것이고, 그럴 경우 조선의 왕은 항복하든지 자결하리라는 것이 도요토미 등 일본 지도부가 머릿속에 어렴풋이 그렸던 7년전쟁의 결말('일본이 생각한 전쟁의 큰 그림'은 수년 전에 인터넷에서 한 네티즌이 올린 글이 참고가 되었다. 현재는 그 글과 필자를 추적할 길이 없어 밝히지 못한다.)이었다.

즉, 한양까지 쳐들어가 도성을 깨뜨리고 왕을 죽이든지 굴복시키기만 하면 전쟁은 끝이라는 계산이었다. 병자호란 때 청나라 군대가 남한산성을 포위하여 결국 인조의 항복을 받았던 사실을 생각하면 일본의 당초 의도를 쉽게 이해할 수 있다. 한마디로 도요토미는 '병자호란식 결말'을 꿈꾸며 전단을 열었던 것이다.

1592년(선조 25년) 음력 4월 14일 부산에 상륙한 일본군은 서둘러 북상 길에 올라 20일 만에 한양에 입성한다. 그들로서는 최대한의 속도전인 셈이다. 병자호란과 차이가 있다면 청의 기병부대는 속도가 워낙 빨라 조선 왕이 미처 피할 틈도 없이 한양으로 들이닥친 반면, 보병 위주의 일본군은 한양까지 진격하는 데 보름 이상이 걸렸던 탓에 선조 임금이 전황을 보아가며 궁궐을 떠날 여유가 있었다는 점이다.(1636년 12월 9일에 압록강을 넘은 청나라 기병대는 불과 닷새 뒤인 12월 14일 경기도 고양에 당도하여 한양을 압박할 정도였다. 이런 상황은 조선의 운명을 좌우할 수 있는 큰 차이가 되었다.)

어쨌든 일본은 봄에 일으킨 조선 전역(戰役)이 여름을 넘기지 않는 단기전이 될 것으로 보아 병사들은 얇은 옷만 준비하였다. 따라서 일본군의 초기 전략은 가능한 빨리 한양으로 진격해 조선 왕의 친위군과 결판을 내는 데만 초점이 맞추어져 있었다. 중로(中路, 부산-대구-조령-충주-용인-한양), 동로(東路, 울산-경주-죽령-원주-여주-한양), 서로(西路, 김해-성주-김천-추풍령-청주-한양)의 세 길로 나누어 뒤도 돌아보지 않고 진격해 갔던 까닭에 후방의 점령지 관리는 소홀한 편이었다. 조선의 의병이 활동할 공간은 이렇게 해서 마련된 것이다.

일본의 작전계획은 다분히 내전과정에서 반복적으로 경험했던 전투양상을 염두에 둔 것이다. 일본의 영주들은 자신의 영지(領地)를 떠나서는 열도 안에서 숨을 곳도 없고 재기할 장소도 없다. 그러므로 자신의 성에서 필사적으로 승부를 거는 법이다. 일본군은 조선의 왕도 당연히 그렇게 대응할 것으로 착각하였다. 그러나 선조 임금은 그들의 기대를 저버렸다. 일본군이 한양에 도착하기도 전에 멀리 서북쪽 국경지대로 달아나 버린 것이다. 여차하면 압록강을 건너 명나라로 망명할 태세였다. 삼십육계 가운데 줄행랑이 최고(三十六計 走爲上策)임을 잘 보여 주었지만 일본군으로서는 이렇게 '비겁한'(?) 행위는 예견하지 못하였다. 선조가 서울을 버리고 평안도로 도주한 데 대해 군주의 의무를 다하지 못하였다는 비난도 없지 않지만, 일본군에게 큰 타격이 된 것은 사실이다. 무능한 선조의 최대 공로가 잡히지 않고 달아난 점이 아닐까 하는 생각마저 든다.

선조가 항복 대신 도주를 선택할 수 있었던 것은 조선왕조 개창이래 200년 동안 중국에 부지런히 조공을 바치고 책봉을 받은 '사대(事大)'의 성과가 축적된 덕분이기도 하다. 명나라에게 있어 조선은 대표적인 '순이(順夷, 말 잘 듣는 오랑캐)'였고, 양국은 '입술이 없어지면 이빨이 시린(脣亡齒寒)' 관계였다. 한마디로 200년간 착실히 보험을 들어둔 덕분에 결정적 국난을 맞아 명나라의 도움을 얻을 수 있었던 것이다.

만약 선조 임금이 도주하지 못한 채 한양성에 포위되었다면, 조선군이 일본의 공격을 격퇴하기는 쉽지 않았을 것으로 여겨진다. 그렇게 되었다면 조선은 병자호란에 앞서 이때 망했거나 일본의 속국이 되었을 것이다. 천하의 이순신도 싸워 볼 기회조차 가지지 못한 채 망국의 무장이 되어 사해(四海)를 떠돌았을 가능성을 배제할 수 없다.

어쨌든 4월 14일 부산에 상륙하여 불과 20일 만인 5월 3일 한양성으로 무혈입성하는 그 순간부터 일본군은 '닭 쫓던 개 신세'가 되었다. 예상하지 못한 상황에 당황한 일본군 지휘부는 서둘러 나고야 성에 머무르고 있던 도요토미에게 사태를 보고한다. "궁궐을 지켜야 할 조선 왕은 이미 한양성을 빠져나가고 없습니다. 앞으로 어떻게 할까요?" 대강 이런 내용이었을 것이다.

보고서를 보낸 다음, 일본군은 관백의 지침을 기다리느라 보름 이상 한양에서 머무는 커다란 전략상의 실수를 저지른다. 5월 3일 한양성에 입성한 일본군은 5월 10일 임진강 방면을 정찰했을 뿐 한동안 군사행동을 취하지 않은 채 시간을 보냈다. 일본군이 한양성에 보름 이상 머물렀던 사실과 그 이유에 대해서는 지금껏 별로 주목받지 않았다. 하지만 이는 당초 일본의 전쟁 목표가 한양을 점령하고 왕의 항복을 받는데 초점 맞춰져 있었음을 보여 주는 강력한 증거이다. 어쨌든 조선으로서는 불행 중 다행이었다.

2단계 전쟁-일본, 수륙병진을 시도하다

규슈의 나고야 대본영에 머물고 있던 도요토미가 한양의 상황을 접한 시기는 당시의 커뮤니케이션 수준을 감안할 때 5월 중순으로 여겨진다. "조선 왕이 한양성을 버리고 달아났다. 서북쪽 조명 국경지대로 피해 있으며, 여차하면 명나라로 망명할 태세이다."라는 보고를 받았으니 왕성을 포위하여 임금의 항복을 받으려던 애초의 작전계획은 버려야 한다.

5월 16일 도요토미는 조선 땅을 전부 점령하라는 새로운 작전명령을 하달하였다. 왕을 잡고 조선을 속국으로 만든 다음, 명나라 공격의 향도로 삼는다는 당초의 목표는 이제 폐기되었다. 대신 조선 전역을 확보해 직접 통치하는 방향으로 바뀐 셈이다. 전쟁은 한층 어렵고 길어질 수밖에 없게 되었다.

우선 대마도에 머무르고 있던 제9군과 5,000명의 증원군을 부산에 파견하여 후방의 치안을 담당하게 하였다. 그런 다음, 고니시 유키나가가 거느린 제1군을 평안도로, 가토 기요마사의 제2군을 함경도로, 쿠로다 나가마사의 제3군을 황해도로 보내 전쟁을 계속하게 하고는 나머지 후방 군대에게도 점령지에서 군정을 실시하고 현물 납세를 받게 하였다.

도요토미의 지시를 받은 일본군은 본격적인 북상길에 올랐다. 고니시의 제1군은 5월 27일 임진강 방어선을 무너뜨렸고, 이어 6월 14일 대동강을 넘어 다음날 평양성에 입성하였다. 4월 14일 부산에 상륙한 지 20일 만인 5월 3일에 한양에 입성했지만 한양에서 지척인 임진강을 넘기까지는 24일이나 걸린 셈이다. 일본이 낭비한 이 시일이야말로 조선과 명이 전열을 정비해 반격을 준비할 수 있는 결정적 기간이 되었다. 함경도로 진출한 가토의 제2군도 7월 23일 두만강변 회령까지 진출해서 왕자 임해군(臨海君)과 순화군(順和君)을 생포해 기세를 올리는 듯하였다.

그러나 이때부터 전선은 교착상태에 빠져들었다. 한양 이북으로까지 길게 늘어진 전선을 뒷받침할 보급로가 제대로 가동되지 않은 데다가 명나라 군대가 참전했기 때문이다. 특히 이여송이 이끄는 4만명의 명군은 불랑기포 등 서양식 대포로 무장하고 있었기 때문에 고니시의 조총부대가 대적하기가 쉽지 않았다.

굶주림에 시달리던 일본군은 계사년(1593) 1월 9일 조명 연합군에게 평양성을 빼앗기며 전쟁의 주도권을 상실한다. 만약 일본군이 처음부터 한양 함락이 목표가 아니라 조선 전역을 점령하는 작전으로 나왔다면 아마도 명군이 참전하기 이전에 나라가 결딴났을 것이다. 적어도 남부지방은 일본 차지가 되었을 가능성이 있다. 이순신의 조선 수군이 있었지만 육지가 함몰되는 상황에서 힘을 쓰기가 어려웠을 터였다. 결과론이지만 일본군의 한양성 체류는 조선으로서는 행운이었고, 도요토미로서는 최대의 패착이었다.

조선 전역을 확보하기로 전쟁의 방향을 틀었지만 작전 차질은 곳곳에서 빚어졌다. 조선이 비록 넓은 땅은 아니지만 22만㎢에 달한다.

15만 일본군을 조선 전역에 포진시킨다면 사방 1㎞에 한 명을 배치하기에도 모자란다. 따라서 일본군은 주요 도시(點)를 잇는 선(線)만을 점령했을 뿐 면(面)으로 확대하지는 못하는 형편이 되었다. 비점령지(非占領地)는 상대적으로 넓었고 곳곳에서 의병이 나타나 점령선을 차단하기 시작하였다. 군의 보급선이 위협받기 시작한 것이다. 특히 한양에서 황해도를 거쳐 평양을 잇는 서북축 제1군의 보급선 확보가 급선무로 대두되었다. 육로는 너무 길고 조선의 관군이나 의병에게 잘릴 위험이 있다. 그런 만큼 해로를 이용하는 것은 극히 당연한 작전이다. 일본의 수륙병진책이 구체화되는 것은 이때부터이다. 물자와 병력을 육로가 아니라 해로로 운송하는 전략이다.(당시 배 한 척이 나를 수 있는 물자는 말 500마리가 수송하는 양과 같았다고 하니 일본이 해상보급로를 뚫기로 한 것은 필연이었다고 하겠다.)

그러나 여기서 일본의 두 번째, 그러나 더 결정적인 실수가 부각된다. 조선의 남·서해안을 돌아 군수물자와 병력을 평양에 제공하고자 했지만 뜻밖에도 조선에 강력한 수군이 버티고 있었기 때문이다. 2단계 전쟁의 주인공은 이순신을 중심으로 한 조선 수군이다.

침략군의 비극 "조선 수군을 몰랐다"

조선의 남·서해안을 돌아 평안도로 진격한 제1군에게 군수품을 조달하고 해안에 새로운 전선을 구축하기 위해서는 무엇보다 강력한 해군이 필요하였다. 하지만 일본의 첩자들은 조선 수군의 역량을 제대로 파악하지 못하였다.

한양을 점령하면 끝나는 전쟁이라고 보았던 만큼 해안의 포구 곳

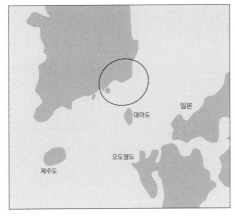

전쟁 초기 일본의 수군 공격 범위

곳에 산재한 조선 수군의 전력에 대해서는 신경을 쓸 이유가 없었다는 편이 옳을 것이다. 따라서 전쟁 초기 일본군(육군)의 조선 수군에 대한 공격은 부산-동래-울산 일대의 경상좌수영 관할지역과 가덕도와 웅천, 진해, 거제도 동해안 등 경상우수영의 동부지역에 한정되었다.

일본 수군이 1592년 4월 13일 개전 직후부터 서해로 진출하려는 작전을 구사하였다는 상식은 고쳐져야 한다. 전쟁 초기 일본의 해군에 대한 기대는 소박한 편이었고 해전 대책은 허술하였다. 우선 조선 침공군 15만 8천여 명 가운데 수군은 불과 9천 명만 참전하였다. 9천 명이라 해도 노꾼을 제외하면 실제 전투인원은 절반이 채 되지 않으므로 많은 병력이 아니다. 더욱이 오랫동안 조선을 왕래하면서 어로 행위를 하거나 노략질을 함으로써 조선의 해안 지리와 수군의 방어 체계에 밝았던 대마도와 규슈 일대의 다이묘(大名)들은 육군으로 참전하였다. 해군대장 와키자카 야스하루만 하더라도 육지 깊숙이 용인전투에 참가할 정도였다. 대신 일본의 내해(內海)인 세토나이카이 일대에서 해적질을 하던 무리가 해군의 주력이 되었다. 일본이 조선 수군과의 본격적인 해전을 염두에 두지 않았음을 거듭 보여 주는 대목이다.

전쟁 초기 일본 수군의 임무는 규슈와 대마도, 부산을 오가는 수송선을 운항하는 한편 이 해로를 안전하게 지키는 일, 그리고 부산을 비롯한 경상도 동·남부 해역을 장악하고 방비하는 것 등으로 한정되어 있었다. 9천 명의 해군으로서 할 수 있는 일은 이 정도였을 것이다.

더욱이 경상도 동남부 해안의 수군기지에 대한 공격도 일본 수군보다는 육군이 주로 맡았다. 굳이 해상전을 벌일 이유가 없었기 때문이다. 당시의 수군은 현대의 해군과는 다르다. 수군이라고 장기간 바다에 머물며 해상전을 수행하는 것이 아니고 수시로 육상기지에 의지할 수밖에 없다. 만약 육상 진지, 즉 항구가 무너지면 전혀 힘을 쓸 수 없는 상황이었다. 가장 중요한 것이 전투원보다 더 많이 필요한 격군(格軍, 노를 젓는 사람들)을 충원하는 일이었다. 그런데 격군은 늘 함선에 탑승하는 상비군이 아니라 평시에는 농사를 짓거나 고기를 잡던 장정들이다. 유사시 이들을 징집하여 노를 젓게 해야만 전선(戰船)을 운용할 수 있었다. 그런데 육상기지(水營, 鎭, 만호영 등)가 함락되면 '인간 엔진'이라 할 격군들이 적을 피해 달아나 버리므로 전선이 수십 척이 있다고 하더라도 부릴 수가 없는 것이다. 『선조실록』 곳곳에서 격군이 없어 배를 운용하지 못한다는 기록을 수도 없이 찾아볼 수 있다. 또 전선의 크기에 비해 탑승인력(길이 30m쯤 되는 전선에는 격군과 전투원을 포함하여 130명 이상이 승선하였다.)이 많았던 만큼 보급품 부담도 만만치 않았다.

배에 실을 수 있는 군량미와 식수, 땔감의 양은 제한적이기 때문에 장기간 해상에 머물 수가 없었다. 모든 전선은 수시로 육상기지로 귀환하여 보급을 받아야 하였다. 따라서 육상기지를 잃게 되면 보급품을 채울 수 없어서라도 전선을 운용하기 어렵다.

경상도 수군이 전쟁 초기에 제대로 힘 한번 써보지 못하고 괴멸된 것은 해전에서 패배한 결과가 아니다. 일본 육군의 공격으로 수군의 존립기반이 되는 육상기지가 함몰되었기 때문이다. 정유재란 때의 일이긴 하지만 도요토미는 부하 장수들이 조선의 수군이 강력하여 문제라고 말하자 "전라, 경상, 충청도를 짓밟으면 수군의 형세도 저절로 무너질 것인데 무엇을 두려워하는가?"라고 질타한다(『선조실록』, 선조 30년 6월 14일). 육지를 점령하면 수군은 저절로 붕괴된다는 지론이니 도요토미가 당시 수군의 약점을 정확하게 파악하고 있었음을 알 수 있다.

만약 경상도 수군이 일본의 침공을 사전에 인지하고 대비했더라면 해상에서 적의 수송선을 요격하여 상륙을 저지하거나 피해를 입혔을 수 있다. 하지만 적의 함대가 부산포에 밀어닥친 뒤에 이를 인지한 탓에 격군을 모으는 등의 해상전을 준비할 시간이 없었다. 참고로 이순신 장군이 경상도 해역으로 진출해 달라는 원균의 요청을 받고 20일 만에 출동했던 데서도 이런 사정을 알 수 있다. 전쟁 초기 경상도 수군이 녹아난 것과 관련하여 경상좌수사 박홍(朴泓)과 경상우수사 원균(元均) '개인'에 책임을 묻는 기왕의 해석은 당시 수군의 실상을 감안해 볼 때 다소 가혹해 보인다.

부산진성과 동래성, 김해성, 웅천성 등 육상기지가 떨어짐과 동시에 경상도 동남해안의 수군 방비 체계가 붕괴되었기 때문에 전쟁 초기 일본 수군은 굳이 조선 수군과 해전을 벌일 이유가 없었다. 다만, 조일 간의 수송선 운항을 위한 항로를 지키는 한편 부산을 비롯한 경상도 동남부 해안 지역을 장악하고 방비하는 것에 만족하고 있었다. 이순신과 원균의 연합함대가 일본 수군을 처음으로 깨뜨린 해전이 5월 7일에, 부산과 불과 40㎞ 밖에 떨어져 있지 않은 거제도 동쪽 옥포(玉浦)에서 이루어진 사실에서도 이런 사정을 이해할 수 있다.

조선 수군 함대는 그 전날 지금의 통영시 미륵도에 위치한 당포에서 출항하여 옥포로 진격했는데, 이는 적어도 통영 해역까지는 일본 함대가 없었다는 증거가 된다. 연합함대의 첫 출동 때 이루어진 전투 지역은 옥포(5월 7일)와 합포(7일)와 고성 동쪽 적진포(8일) 등이었다는 점에서 보면 당시까지 일본 수군의 활동무대가 진해만 동쪽에 한정되었음을 알 수 있다.

또 5월 7일이라면 일본군이 부산에 상륙한 4월 14일부터 3주가 지났고 일본 육군이 한양성에 입성한 지 4일이나 지난 시점으로 일본군 지휘부가 도요토미의 다음 지시를 기다리고 있는 시점이었다.

애초 일본군의 작전계획에 따르면 이때(5월 초)쯤이면 조선 임금은 항복을 했거나 한양성에 포위되어 있을 시기로, 전쟁 막바지에 해당된다. 일본의 당초 예상대로라면 전쟁이 끝났을 시점에 비로소 조선 수군이 해상전을 시작하였다는 말이다. 거듭 말하지만, 전쟁 발발 3주일이나 지난 시점에도 일본 수군의 작전범위가 진해만 이동(以東)에 한정되었다는 사실은 이때까지는 해상을 통한 서진(西進)을 본격화하지 않았다는 뚜렷한 증거가 된다. 이 역시 전라도의 조선 수군이 격군을 모집하고 배를 손질하며 군량미와 화약무기를 '준비'할 수 있는 시간을 제공하였다는 점에서 일본에게는 치명적인 시간이었고, 조선의 입장에서는 하늘이 준 호기였다.

일본 수군이 서쪽의 조선 수군 진지와 해안 포구를 폭넓게 공격해 온 것은 한양을 점령하고 해상 보급선 확보가 급선무로 부각된 이후의 일이다. 실제로 5월 29일 이순신 함대의 2차 출동 때는 첫 전투가 사천에서 이루어진다. 이때는 일본 수군이 본격적으로 서진한 것을 알 수 있다.

일본 육군이 텅 빈 한양성에 입성하고 전쟁의 목표가 조선 전역을 점령하는 쪽으로 바뀌면서 일본 수군도 바빠지기 시작한다. 일본 수군은 남해안과 서해를 돌아 북상하기 위한 '해상 전선'을 열기 시작했고, 이때부터 조선 수군과의 한판 대결이 불가피해졌다. 그러나 일본은 강력한 화포로 무장한 '준비된 조선 수군'이 버티고 있다는 사실을 알지 못하고 있었다. 일본군은 애초부터 조선 수군에 대한 대책 없이 전쟁을 시작하였다. 조선 수군의 힘을 알지 못하기는 일본 지휘부뿐만 아니라 조선 조정도 마찬가지였다. 어쩌면 이순신을 비롯한 조선 수군의 장수들 역시 자신들의 역량을 제대로 인식하지 못하고 있었다고 해야 할 것이다. 조선 수군의 강한 전투력은 침략군과의 첫 전투(1592년 5월 7일 옥포해전을 말한다.)에서부터 곧바로 확인된다.

사실 육지와 가까운 내해에서 해적질을 한 것이 경력의 전부인 일본 수군은 애초부터 조선의 정규 수군에 적수가 될 수 없었으니 일본으로서는 '비극'이었다. 해적은 상대방 배에 화공이나 포격을 가하는 법이 없다. 배에 실린 물자나 인명이 손상되어서는 안 되기 때문이다. 대신 상대방 배에 올라타서는 단병접전(短兵接戰), 즉 상대를 칼로 제압한 다음, 인명과 재물을 확보하는 습성을 가지고 있다. 이런 해적질

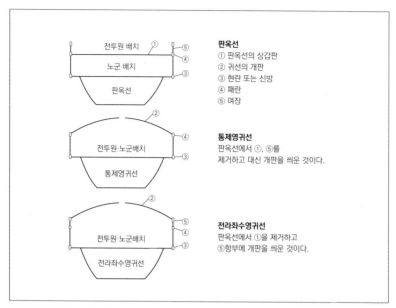

전투원 배치 ①
노군 배치
판옥선

⑤
④
③

판옥선
① 판옥선의 상갑판
② 귀선의 개판
③ 현란 또는 신방
④ 패란
⑤ 여장

②
전투원·노군배치
통제영귀선

④
③

통제영귀선
판옥선에서 ①, ⑤를
제거하고 대신 개판을 씌운 것이다.

②
전투원·노군배치
전라좌수영귀선

⑤
④
③

전라좌수영귀선
판옥선에서 ①을 제거하고
⑤항부에 개판을 씌운 것이다.

거북선과 판옥선의 단면 비교

에 익숙했던 일본 수군은 군선의 구조 자체부터 상대선에 가까이 접근해 쉽게 올라탈 수 있도록 되어 있었다. 군선의 양쪽 측면에는 원래 방패구실을 하는 목재 판벽(이를 일컬어 '방패판'이라고 한다.)이 있는데 일본 군선은 상대 배에 접근하면 이를 바깥쪽으로 넘어뜨릴 수 있도록 바닥 쪽에 경첩이 달려 있었다. 일종의 여닫이문이라고 보면 된다. 상대편 배에 밀착한 뒤 판벽을 밖으로 밀어 사다리로 삼고서는 병사들이 앞다투어 적선으로 건너가 칼을 휘두르는 것이 해적들의 싸움 수법인 것이다.

이에 대해 조선의 수군은 접근전을 피하고 멀리서 함포사격을 하는 근대 해전술을 구사하고 있었다. 특히 주력 전선이던 판옥선은 그 규모가 장대하여 일본의 함선에서 올라타기가 쉽지 않았고 가까이 접근할 틈도 없이 대포를 쏘아대니 단병접전이 애당초 불가능하였다. 일본의 자랑인 조총 역시 배 자체가 거대한 방패가 되는 해상전에서는 위력이 반감될 수밖에 없었고 조선 수군의 함포사격에 상대가 되지 못하였다. 더욱이 삼나무로 만든 일본 배에 비해 소나무로 만든 조선의 전선은 훨씬 튼튼하여 서로 부딪혔을 때에 부서지는 것은 일본의 배였다.

바다를 버린 '해금(海禁)의 나라' 조선 수군이 일본을 압도한 것은 역설적이다. 왜구들에게 200년 이상을 시달려 온 결과 전선의 건조술과 운용방식에서 일정한 진보가 이루어진 덕분이다. 특히 1555년 을묘왜변(乙卯倭變) 이후 조선 정부에서 일본 해적에 대항하기 위해서는 대형함선이 필요하다는 판단을 하고 판옥선을 새로 건조하여 투입하였다. 이는 7년전쟁을 겪으면서 온당한 결정이었음이 확인되었으니 판옥선의 취항은 조선왕조의 명줄을 수백 년 늘려 준 셈이었다. 일본에서 신무기 조총이 개발되었을 시기 조선에서는 판옥선이라는 새로운 전함을 개발하여 대응했던 셈이다.

어쨌든 임금이 서울을 버리고 달아나 버린 상황에서 서·남해 해상을 통해 조선의 서북국경까지 진격하고자 했던 도요토미의 제2차 작전구상도 조선 수군의 보급로 차단으로 결정적 차질을 빚게 된다.

2장

이순신과 한산대첩

1592년 5월 23일, 일본군에 쫓겨 국경도시 의주에서 풀이 죽어 지내던 조정에 한 장의 장계가 도착하였다. 전라좌수사 이순신이 5월 10일에 보낸 승전 보고서였다.

"삼가 적을 무찌른 일로 아뢰나이다. (5월)초이레 새벽에 일제히 출발하여 정오쯤에 옥포 앞바다에 이르니 척후장이 신기전을 쏘아 사변을 알리므로 적선이 있는 줄을 알고 여러 장수들에게 망령되이 움직이지 말고 산과 같이 정중하라고 전령한 후, 그 포구 앞바다로 열을 지어 들어간즉 왜선 30여 척이 옥포 선창에 정박했는데 (중략) 서로 에워싸고 대어들며 대포를 놓고 화살과 실탄을 쏘기를 바람과 우레와 같이 하자 적들도 탄환과 화살을 쏘다가 기운이 지쳐서는 배에 싣고 있던 물건을 바다에 내어던지기에 정신이 없는데 화살에 맞은 자가 얼마인지 알 수 없고, 헤엄치는 놈도 얼마인지 모르며 대번에 흩어져서 바위 언덕으로 기어오르며 서로 뒤떨어질까 겁내는 것이었습니다. (중략) 모두 합하여 왜선 26척을 총통으로 쏘아 맞춰 깨뜨리고 불태우니 온 바다에 불꽃과 연기가 하늘을 덮었습니다. (중략) 멀지 않은 바다에 또 왜의 큰 배 5척이 지나간다고 척후장이 보고하므로 여러 장수를 거느리고 쫓아서 웅천 땅 합포 앞바다에 이르니 왜적들이 배를 버리고 육지로 오르므로 남김없이 불태우고 (중략) 초여드레 이른 아침에 진해 땅에 머물러 있다는 기별을 듣고 곧 출발하여 섬들을 협공하고 수색하면서 고성 땅 적진포에 이르니 왜의 큰 배와 작은 배 13척이 바다 어귀에 정박했는데 왜인들이 포구 안 집들을 분탕질한 후에 우리 군사의 위세를 바라보고 겁내어 산으로 올라가므로 (중략) 모두 총을 쏘아 맞추어 깨뜨려 불태우고…"

날마다 패전 보고만 받던 상황에서 처음으로 받아보는 승전보였기에 왕과 대신들이 통곡을 하며 읽었다는 「옥포파왜병장(玉浦破倭兵狀, 옥포에서 왜병을 격파한 장계)」이다.

해전 장면과 승전 경위를 파노라마처럼 생생히 담은 이 장계를 시작으로 전라좌수사 이순신과 경상우수사 원균은 평범한 외직무관(外職武官)에서 일약 전국(戰局)의 주역으로 급부상하였다.

사실 일본군과 부딪친 최초의 조선군은 박홍이 거느린 경상좌수영 수군이었지만 전쟁 초기에 이미 괴멸되어 버렸다. 일본군의 상륙과 동시에 수군의 육상기지들이 점령되었기 때문이다. 부산진첨사

옥포만 전경

정발이 부산진성에서, 다대포첨사 윤흥신(尹興信)이 다대포에서 싸우다 전사한 이후 경상좌수영 수군은 형체도 없이 사라졌다. 병사도 배도 없이 무군지장(無軍之將)이 된 경상좌수사 박홍은 제 한 몸 챙기기 바빠 북으로 달아난다. 왕이 있는 평양으로 달려가 대동강을 방어하는 장수가 되지만 여기서도 패배한다. 박홍은 왜란 내내 줄기차게 패전을 거듭하지만 그때마다 용서받아 재기용되었다.(훗날 선조는 패전한 박홍을 용서하여 재기용했던 것을 두고두고 후회하였다. 조선군의 기강이 흐트러진 것이 박홍의 패전 책임을 묻지 않은 데서 비롯되었다는 생각 때문이다.)

동래에 본영을 두고 있던 경상좌도 수군은 7년전쟁이 끝나도록 일본군의 점령 상태가 계속된 탓에 제 기능을 거의 수행하지 못한다. 7년전쟁 둘째 해인 계사년(1593) 7월 24일자에 경상좌수사 이수일이 적선 4척을 나포하였다는 장계가 『선조실록』에 실려 있는 것이 거의 유일한 공적이다. 경상좌수군은 동래 수영을 적에게 뺏긴 채 울산 이북에서 소규모로 활동할 수밖에 없었고, 따라서 전쟁 기간 내내 경상우수영 수군이나 전라도 수군 등과 연계작전을 펴지 못하여 고립된 형편이었다. 그런 만큼 일본 수군의 공격을 방어할 조선 수군은 원균의 경상우수영과 이순신의 전라좌수영, 이억기의 전라우수영 수군이 사실상 전부(가끔씩 충청수군이 조력을 보탰다.)였다.

전쟁이 없었다면 무난히 임기를 채우고 또 다른 임지로 떠나가는 평범한 삶을 살았을 세 사람은 이제 대전쟁의 회오리 한가운데로 뛰어들게 되었고, 결국은 모두 전장(戰場), 즉 남해 바다에서 생을 마감하게 된다.(이억기는 이순신과 원균에 비해 역사 기술에서 상대적으로 소외된 면이 없지 않다. 이억기는 30대 초반의 나이에 전라우수사라는 중책을 맡은 엘리트 장교로서, 50대의 이순신, 원균과 어깨를 나란히 했지만 1597년 칠천량해전에서 전사하면서 삼도수군통제사가 될 기회를 잡지 못하였다. 그가 조금 더 오래 살았더라면 이순신과 원균의 뒤를 잇는 조선 수군의 최고 지휘관이 되었을 것이다.)

이제 임진년의 중심인물로 부각된 이순신과 원균이 어떤 인물인지부터 살펴볼 차례이다. 적을 먼저 맞이한 원균부터 알아보자.

제법 용맹하나 국량(局量)은 부족한 장수, 원균

원균은 이순신보다 5년 앞선 1540년에 출생하였다. 경기도 평택시 도일동에서 태어났고, 그곳에 묻혔다. 한 끼에 한 말 밥을 먹었다는 기록이 있을 정도로 몸집이 컸고 성격도 억센 편이었다.

무과에 급제하고 선전관(宣傳官)을 거쳐 조산만호로 봉직하다가 여진족을 무찌르는 데 공을 세웠다. 조산만호에서 부령부사(富寧府使)로 특진하는 기쁨도 맛보았다. 뒤에 종성(鐘城)으로 옮겨 함경북병사 이일(李鎰)의 휘하에서 여진족 시전부락을 격파하는 데 참가하였다.

원균 초상

원균은 이때부터 제법 이름을 떨쳤다. 이즈음 이순신과도 만났던 것으로 알려져 있는데 두 사람의 첫 대면은 그리 나쁘지 않았던 것으로 알려져 있다. 하지만 무관(武官)으로서의 위상에서 원균이 까마득히 앞서 있고, 이순신은 한참 뒤쳐져 있었다는 사실에 주목할 필요가 있다. 훗날 두 사람의 관계가 역전되면서 큰 갈등요인이 되기 때문이다.

7년전쟁이 터졌을 때만 하더라도 두 사람 사이는 나쁘지 않았던 것으로 보인다. 이는 원균이 서둘러 이순신의 도움을 요청한 데서 짐작할 수 있다.

임진년에 들어서면서 불길한 예감을 느낀 조정은 일본의 침공로인 경상우수영에 원균을 배치했다. 전쟁 발발 두 달 전(1592년 2월)의 일이었다. 전쟁 준비는 물론이고 관내 순시도 제대로 못한 상태에서 적을 맞이하게 된 셈이다. 이순신이 전쟁 발발 1년 전에 전라좌수사로 임명되어 충실한 준비를 할 수 있었던 데 비해 원균은 부임부터 운이 좋지 못하였다.

일본 수군의 1차 상대는 원균이 지휘하는 경상우수영 수군이었다. 앞서 언급한 것처럼 부산-동래 일대의 경상좌수영 수군은 적이 육지에 상륙하는 순간 괴멸되어 버렸던 터였다. 경상우수영도 김해와 가덕도, 웅천, 진해 등 동부 지역은 일본군이 물밀듯이 밀려들면서 경상좌수영과 마찬가지로 수군의 기반이 절반 이상 녹아내린 상태였다. 경상우수영은 조선 수군 가운데 가장 많은 병력과 함대를 보유한 최강의 수영이었지만 15만 대군 앞에는 힘을 쓸 수 없었다. 고성과 사천, 거제, 남해 등 서부의 수군기지는 아직 적에게 점령되지 않았지만 상당수의 격군들이 난리 소식을 듣고 달아난 탓에 운용할 수 있는 배는 그리 많지 않았을 것이다.

갑작스럽게 맞은 전란이지만 원균은 비교적 차분히 대처하였다. 전쟁 발발 소식을 각 도의 병영과 수영, 감영 등지로 전달하는 한편 경상우수영 관내의 각 장수들을 가배량 본영으로 불러들였다. 그런 다음, 거제와 고성, 사천, 곤양, 남해 등 적의 침공을 받지 않은 지역을 두루 돌아다니며 장정들을 징집해서 수군을 정비해 나갔던 것으로 여겨진다.

당시 원균과 행동을 같이한 부하는 우후(虞侯, 수사 다음 가는 수영의 2인자) 우응진(禹應辰)과 옥포만호 이운룡(李雲龍), 영등포만호 우치적(禹致績, 이운룡과 우치적은 훗날 전공을 많이 세워 각각 7대와 10대 삼도수군통제사에 오른다.), 지세포만호 한백록(韓百祿), 남해현령 기효근, 미조항첨사 김승룡(金勝龍), 평산포권관 김축(金軸), 사량도만호 이여활(李汝活), 소비포권관 이영남(李英男) 등이었다. 옥포와 영등포, 지세포의 만호는 거제도에 위치한 포구의 책임자들이고, 나머지도 고성과 남해 등 경상우수영 서쪽 기지의 장수들이다. 진해와 웅천, 가덕도 등 경상우수영 동부기지의 장수 이름은 보이지 않는다. 부산에 가까운 동쪽은 일찌감치 일본 육군 수중에 떨어졌기 때문이다.

일본군이 적극적으로 서진(西進)에 나서지 않은 탓도 있고 해서 5월 초순까지 자신의 관할 영역을 절반 이상 지켜낼 수 있었다.

하지만 무너진 수군으로 넓은 해역을 방어하기에는 역부족이었

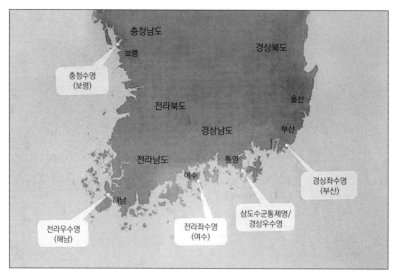

조선 후기 수군영 지도

다. 원균은 조정과 전라좌수영에 연락하여 전라도 수군의 경상도 해역 진출을 요청한다. 이는 진관체제의 한계를 뛰어넘는 적절한 조치였다고 할 것이다. 조정은 전라도 수군의 경상도 해역진출을 승낙하였다. 온전한 전력을 보전하였던 이순신과 이억기의 전라도 수군이 경상도 해역으로 진출하여 연합작전을 펴게 되면서 일본 수군의 서진은 저지되고 해상보급로의 구상은 좌절된다. 따라서 원균의 초기 대응을 평한다면 탁월하지는 못했지만 그리 나무랄 정도는 아니라고 하겠다.

이순신이 거느린 함대는 5월 5일 오전 8시쯤 지금의 통영시 산양읍(미륵도) 당포(唐浦) 앞바다에 이르렀고, 다음날(5월 6일) 오전 8시쯤 원균의 함대와 만났다. 이순신은 장계에서 이때 원균이 단 한 척의 판옥선만을 타고 왔고, 그 뒤에 3척의 판옥선과 협선 2척이 더 도착하였다고 적고 있다. 훗날의 사가들은 이 기록을 토대로 원균이 거느린 전선은 보잘것없었다고 폄하하고는 하였다. 그러나 원균의 함대가 이 뿐이었다고 해석하기는 어렵다. 지원 나온 이순신으로서는 휘하의 전선을 한꺼번에 이끌고 나왔겠지만 원균은 관할 구역이 모두 전장이므로 적잖은 전선을 주요 해역에 포진시켜 적의 동태를 감시하고 있었다고 보아야 옳다.

나중의 일이지만 이순신의 또 다른 장계에는 원균이 7척의 전선(판옥선)을 끌고 다니고 있는 것으로 묘사되어 있고, 이듬해에는 25척의 전선을 거느리고 있다고 언급하는 것으로 볼 때 원균의 총 전선은 이때도 최소 7척은 되었다고 보아야 옳다(이정일, 「임진왜란 연구」, 중앙대학교 박사학위 논문, 1989, pp16~19).

원균은 이순신과의 합동작전 때도 몸을 사리지 않았다. 원균의 트레이드마크는 '전어선등(戰於先登)', 즉 전투에서 앞장선다는 뜻이다. 전공에서 남에게 지기 싫어하는 성격에다가 관할지역을 제대로 지키지 못하고 타도의 병력을 요청하였다는 자책감이 겹쳤기 때문이리라. 원균의 장기는 당파(撞破)였다. 이는 배를 힘껏 저어서 적선의 옆구리를 들이받아 수장시키는 작전이다. 당시 일본 배는 삼나무로 만든 반면 조선 배는 소나무로 만들어 강도가 좋았다. 또 일본 배는 쇠못으로 고정한 탓에 바닷물에 녹이 슬어 오래 버티기 힘들었던 반면 조선 배는 나무못으로 만들었기에 부딪치기만 하면 깨어지는 쪽은 일본 군선들이었다. 이 때문에 원균이 지휘한 경상우수영 합선들은 걸핏하면 수리를 해야 하였다. 이순신의 『난중일기』에도 다음과 같은 구절이 나온다. "(임진년) 7월 6일에 함대를 거느리고 출항하여 곤양과 남해의 경계인 노량에 도착하니 경상우수사(원균)가 '파손된 것을 수리한 전선 7척'을 거느리고 그곳에 머물고 있었다." 원균의 함선들이 파손된 것은 당파작전의 결과로 풀이된다.

원균이 용감하다는 것은 천하가 다 아는 사실이었다. 지나치게 저돌적이고 부하들을 혹사하여 아랫사람들의 지지를 받지 못하는 것이 약점으로 지적될 정도였다. 이순신과 친한 유성룡도 "원균이 제 몸을 잊고 용감히 싸우는 것은 장점이나 지친 군졸을 어루만지는 것이라면 감당할 수 없을 것이니"라고 하면서 원균의 용맹성만은 인정하였다(『선조실록』, 1596년 11월 7일자). 다만, 강압적으로 부하들을 부려 진심으로 따르는 자가 적었으니 리더십에 문제가 있었다. 충청병사로서 청주 상당산성(上黨山城)을 쌓을 때 움막을 만들어 먹고 자면서 역사를 지휘하였지만 위력으로 감독했기 때문에 원망하는 사람이 많았다. 우의정 이원익은 "원균은 적과 싸울 때에나 쓸 만한 사람으로, 평상시에는 중책을 맡기기 힘들다."고 평가하였다. 원균의 행적을 종합적으로 살펴보면 이원익의 지적은 참으로 적절해 보인다. 원균은 전투에는 제법 용맹했지만 전쟁의 전모를 파악하여 전략적인 대응을 하기에는 국량(局量)이 부족한 사내였다. 또한 경쟁심과 출세욕이 강한 반면 감정절제력이 부족하여 이순신을 수없이 험담하고 공격한 사실은 훗날 그의 평가가 추락한 결정적 요인이다. 결론적으로 말해 원균의 '역사적 불행'은 전적으로 그의 인격 탓이었지 초기 전투에서 비겁했기 때문은 아니었다.(그러나 이순신을 몰아내고 2대 통제사로 취임한 정유재란 시기의 원균의 태도는 7년전쟁 초기와 달리 전투에 소극적인 모습을 보이는 것이 사실이다. 이 부분에 대해서는 뒤에서 재론한다.)

어쨌든 임진년 여러 해전의 승리는 이순신 혼자서 이룬 것이 아니라 원균 장군의 분투가 한몫을 한 것이 사실이다. 원균의 역량은 이순신에게는 분명 미치지 못했지만 그런대로 씩씩한 장수였음은 인정할 만하다. 원균에 대한 비판론자들도 그가 자신의 관할 해역을 결코 벗어나지 않았다는 사실 만큼은 인정해야 할 것이다. 이순신의 함대가 여수의 전라좌수영으로 귀환한 뒤에도 원균은 외롭게 전장을 지켰다. 최악의 경우 남해와 하동 사이 노량해협이나 사천해역으로 밀려나기도 했지만 경상우수영 관내를 벗어나 도피한 적이 없었으므로 이만하면 겁쟁이라고 말하기는 어렵다.

주도면밀한 선비형 무장, 이순신

이순신은 1545년 서울에서 출생했으며, 1592년 임진년에는 48살의 장년이었다. 1576년 32살의 늦은 나이에 무과에 급제하여 출사한 지 16년이 흘렀지만 경력은 크게 내세울 것이 없었다. 무과 성적은 병과(丙科) 4등이었다. 갑과 3명, 을과 5명에 이어 병과의 4등이니 전체 28명의 급제자 가운데 특출하다고 볼 수 없었다.(조선의 과거체계에서 장원(壯元), 즉 갑과(甲科) 1등을 하면 곧바로 종6품에 임용되는데 이를 승륙(昇六)이라 하였다. 갑과 2, 3등은 정7품을 제수받고 을과(乙科) 합격자들은 정8품을 받는다. 병과(丙科) 합격자들은 정9품에 임용되는데 이순신은 여기에 해당되었으므로 그리 좋은 성적이 아니다. 당초 문과를 목표로 공부하다 뒤늦게 무과로 바꾼 탓에 급제 성적이 시원치 않았던 것으로 여겨진다.)

급제한 그 해 초급장교인 권관(權管)으로 임명되어 함경도 동구비보(童仇非堡)에 부임하였다. 3년 동안 국경 경비에 임하다가 35살이 되어서야 종8품 훈련원봉사로 승진되어 서울로 들어왔다. 36살에 종

충무공 이순신 표준 영정(정형모 作)　　　이순신 초상화

4품인 전라도 발포만호(鉢浦萬戸)로 승진되어 수군의 경험을 쌓았다.

　이런 과정에서 규정대로 일처리를 하여 상사들과 갈등이 많았다. 35살 훈련원봉사 시절에는 상관인 병조좌랑 서익이 인사청탁을 하자 부당하다며 거절해 버렸다. 37살 발포만호 때는 직속상관인 전라좌수사가 발포진 뜰 앞의 오동나무를 베어서 거문고를 만들려 하자 나라의 재물이라며 반대하였다. 전라좌수사는 임지를 떠나면서 후임 수사에게 상관을 욕보인 놈에게 본보기를 보여야 한다며 포폄(襃貶, 고과성적)을 하(下)로 매겨 파직하게끔 공작을 하였다. 당시 관리는 포폄성적이 하(下)이면 즉시 파면이었고 중(中)도 2년 연속하여 받으면 파직당하였다. 다행히 이순신의 성품을 잘 아는 전라감영 도사 조헌(후일 의병장)이 좋게 해명하여 파직 위기를 넘겼다. 그러나 이듬해 1월 38살의 이순신은 발포만호에서 파직된다. 훈련원 시절의 상관 서익이 군기검열관으로 왔다가 트집을 잡았기 때문이다. 인사청탁을 거절하여 자신을 물 먹인 데 대한 보복이었다.

원리원칙을 중시했던 이순신이 파직과 복직을 되풀이하며 인사상 불이익을 충분히 받은 것은 유명하다. 당연히 그의 경력은 실력에 비해 초라하였다. 중앙군 경력이라고는 두 차례 훈련원봉사가 유일한 반면 거의 변방지대를 전전한 데다 잦은 파직을 겪었으니 엘리트 코스와는 거리가 멀었다. 무과 성적이 평범한 데다 고과도 나쁘다 보니 출세와는 담을 쌓고 지냈다.

45세가 되던 1589년 전라도 관찰사 이광의 군관이 되어 부장격인 조방장(助防將)에 이르렀다가 그 해 12월 정읍현감으로 임명되면서 형편이 조금 나아졌다. 2년 뒤인 1591년 전라좌수사로 발령이 나면서 정3품 당상관인 절충장군(折衝將軍)에 올랐는데, 이는 어린 시절 같은 동네에서 자란 탓에 그의 성품을 잘 아는 좌의정 유성룡의 천거 덕분이었다. 정6품 현감에서 정3품 좌수사로 무려 여섯 계단을 뛰어 넘는 파격인사였다. 사간원 등 언론이 반발했지만 선조 임금은 "지금은 인재가 모자라 상규에 구애될 수 없다."며 물리친다. 당시 왕의 절대적 신임을 받고 있던 유성룡의 강력한 보증 덕분이었을 것이다.

전라좌수사에 오른 이순신은 잘 알려진 대로 군사 훈련과 장비를 점검하고 거북선을 만드는 등 전쟁 준비를 철저히 하였다. 파격적인 승진에 따른 시비를 잠재우기 위해서라도 정말 열심히 일했을 것이다. 영·호남 4개 수영 가운데 전라좌수영은 관할 범위가 가장 좁고 병력과 군선도 적었지만 이순신이라는 탁월한 지휘관을 맞이한 탓에 가장 강력한 수영으로 발전하였고 7년전쟁 내내 주도적인 역할을 수행하였다.

이순신 장군의 전라좌수영 수군이 경상도 해역으로 출진한 것은 5월 4일 새벽 2시경, 원균을 통해 전쟁 발발을 인지한 날로부터 20일, 조정의 출동 명령을 접수하고 1주일이 흐른 뒤였다. 판옥선 24척에 협선 15척, 고기잡이용 포작선 46척의 함대였다. 제대로 전투를 할 수 있는 전선은 판옥선 24척이고 협선은 전투 보조함, 포작선은 군량미 등을 싣고 다녔다고 보아야 한다. 전장이 아닌 전라도에서 이 정도의 전투 준비에 보름 이상 걸렸으니 늦은 것이 아닌가 하는 생각도 할 수 있겠지만 당시 사정을 감안한다면 매우 신속한 편이다.

해변 마을들을 돌며 빗으로 훑듯이 장정들을 징집해서 격군으로 충당하고 관청은 물론이고 민간의 곳간까지 강제로 뒤지다시피 해서 군량미를 확보했을 것이다. 각 포구에 흩어져 있던 함선들을 여수 앞바다로 모은 뒤 일일이 수리하여 출동에 나섰다고 보아야 한다. 이순신 장군은 부임 이후 철저히 준비를 했기 때문에 이렇게나마 함대를 꾸릴 수 있었다고 보인다. 참고로 이억기(이억기는 5월 해전에 참전하지 못했던 탓에 전쟁이 끝난 뒤 공적심사를 할 때 이순신, 원균과 달리 선무공신 1등이 되지 못하고 2등이 된다.)의 전라우수영 수군도 비슷한 시기에 경상도로 갈 것을 명받았을 것인데도 6월에 들어서야 전투에 참가한 것은 이순신과 대비되는 대목이다.

5월 6일 오전 8시쯤 당포(唐浦) 앞바다에서 처음 만난 이순신과 원균의 연합함대는 다음날인 5월 7일 거제도 옥포에서 적선 26척을 깨뜨리며 조선의 희망이 되었다. 특히 이순신은 이때부터 적과 23번 싸워 23번 모두 이기는 기적 같은 전승행진을 이어간다. 원균이 용장(勇將)이었다면 이순신은 용기와 지혜를 함께 갖춘 장수였다. 시(詩)와 일기(日記)로 심사를 달랜 '칼찬 시인' '선비 장수'였기에 보통 무장들과는 전투방식도 사뭇 달랐다. 병법에 정통하고 천문지리에 밝았던 그는 지형과 기후 등을 종합적으로 검토하여 주도면밀한 작전을 세운 다음 전투에 임하였다. 아랫사람을 잘 다스려 마음으로부터 충성을 받고 있었는데, 이는 상벌이 분명했기 때문이다. 전투가 끝난 뒤 장계를 올릴 때에는 언제나 부하들의 공적을 일일이 거론하여 골고루 상을 받도록 배려하였다. 반면 군율을 어기거나 도주를 하는 자는 가차 없이 목을 베어 모든 부하 장졸들은 그를 존경하면서도 두려워하였다.

전쟁을 위해서는 경제력이 뒷받침되어야 한다는 점을 알고 있었기에 한산도와 고금도 등 그가 주둔했던 지역마다 백성들을 모아 산업을 일으켰다. 백성이 살 수 있도록 조처한 뒤 그들의 전폭적인 지지를 받아 전쟁을 수행해 나갔다. 훗날 금부도사에 잡혀갈 때나 전사했을 때 해변의 백성들은 진심으로 슬피 울었다. 이는 단순한 장수로서는 갖추기 힘든 덕목이라 할 수 있다. 이순신이야말로 평범한 무장(武將)이 아니라 일국을 경영할 도량을 구비하고 있었던 것이다. 이순신은 원균 등과는 동일선상에 놓고 비교할 수 없는 거인이었다.

이순신은 한마디로 '주도면밀'한 사람이다. 그는 승리할 수 있는 때와 장소를 골라 적과 싸웠고, 한번 싸움을 시작하면 반드시 물리쳤다. 이길 수 없다는 판단이 든다면 임금의 명령도 따르지 않았다. 전쟁이 소강국면에 접어들었던 계사년(1593)부터 정유년(1597) 초에 이르는 4년 동안 특히 그러하였다. 왕이 "이순신은 처음에는 힘껏 싸웠으나 그 뒤에는 작은 적일지라도 잡는 데 성실하지 않았다."고 비난했지만 이순신은 경솔하게 움직이지 않았다. 이순신은 싸움을 내켜하지는 않았지만 일단 전투에 임했을 때는 빈틈없이 작전을 구사하는 뛰어난 두뇌의 소유자였다.

　이순신과 원균은 훗날 크게 다투게 되지만 전란 초기 두 사람의 관계는 그리 나쁘지 않았다. 오히려 원균으로서는 이순신의 도움이 고마울 뿐이었다. 자신의 해역에서 한 달 가까이 일본군과 대적하느라 힘들고 고달팠던 상황에서 전라좌수영 함대의 합류는 형제를 만난 것보다 더 반가웠을 것이다. 두 장수는 조국의 적을 박살내기 위해 힘을 합쳤다. 이순신은 함대라는 '실력'이 있었고 원균은 경상도 해역의 물길과 적의 실체에 대한 '정보'가 있었다.

　일본군이 한양을 점령한 이후 새로운 작전 개념에 따라 바야흐로 수군을 서진(西進)시키려 할 즈음, 조선의 제일가는 무장 이순신과 원균이 합세하기 시작함으로써 일본의 일방적 승리로 끝날 것 같았던 전쟁의 양상은 사뭇 달라지기 시작하였다. 일곱 가지 천역(賤役) 가운데 하나로 치부되었던 수군은 조선왕조의 '미운 오리새끼'였다. 그러나 이순신과 원균의 지휘하에 적을 무찌르고 나라를 구한 일등공신이 되면서 조선 수군은 화려한 '백조'로 변신하게 된다. 굽은 나무가 선산을 지킨다는 말처럼, 천대받던 수군 홀대받던 해변 백성들이 나라를 구하였다. 조선왕조는 아직 명줄이 끊어질 때가 아니었다.

'조선의 살라미스' 견내량과 한산바다

　필자의 고향마을에서 해가 뜨는 동남쪽을 바라보면 바다 건너 거제도와 한산도가 손에 잡힐 듯 가깝게 느껴진다. 마을 앞바다는 견내량(見乃梁)에서 한산도(閑山島)로 이어지는 바닷길로 연결된다. 대첩의 현장에서 태어나고 자란 덕분에 한산싸움을 묘사한 각종 기록 가운데 누락되었거나 틀린 부분을 제법 눈치챌 수 있었다. 중요한 역사 기술에서 오류가 발견되는 사실이 불만스러웠다. 유명한 한산대첩 이야기를 다시 거론하는 이유는 잘못을 바로잡고 잘 알려지지 않은 대목을 부각시키기 위함이다.

흔히 견내량과 한산도 앞바다를 '한국의 살라미스'라고 부른다. 고종 황제의 미국인 고문 호머 헐버트가 한산대첩을 '조선의 살라미스 해전'이라고 지칭한 데서 비롯되었다. 한산대첩은 살라미스 해전(기원전 480년 9월 23일 테미스토클레스가 이끈 그리스 함대가 페르시아 함대를 살라미스 해협에서 맞아 격파한 전투로 페르시아 전쟁에서 그리스가 승리하는 결정적인 계기가 되었다.)과 비슷하면서도 조금 다르다. 수비군이 수적 열세에 있었던 것은 동일하지만 그리스 해군이 좁은 해협에서 싸우길 원했던 반면 조선 수군은 넓은 바다에서 싸우길 원하였다. 그렇지만 국운이 걸린 해전에서 방어 쪽이 대승을 거둔 점에서는 공통적이다.

이순신이 중심이 된 조선 수군은 1592년 5월과 6월 사이 남해안의 옥포와 합포 등지에서 노략질에 나선 일본 수군을 이 잡듯이 솎아 낸 상태였다. 나아가 부산을 압박하여 일본군의 보급로를 끊고자 시도하였다. 육지의 승리에 도취되어 바다에 방심했던 일본군은 눈엣가시 같은 조선 수군을 혼내 주기로 결심하고 해군력을 보강하여 반격에 나섰다. 내친 김에 평양까지 확장된 육군에게 군수물자를 보급하는 한편, 명나라 요동지방까지 압박할 수 있는 대군을 조선의 황해-평안도 해안으로 수송하고자 시도하였다. 이른바 수륙병진책이 본격화된 것이다. 이제 서·남해의 제해권을 놓고 조일 간에 일대 회전이 불가피하게 된 셈이었다.

당시 일본의 해군 지휘관은 39살의 젊은 장수 와키자카 야스하루(脇坂安治)였다. 용인전투에서 1,600명의 군사로 전라도와 충청도, 경상도에서 차출한 조선 근왕군 5만 명을 물리침으로써 이름을 떨쳤던 인물이다.(사실 조선 근왕군은 훈련되지 않은 농민들이었기에 수천발의 조총 소리를 듣자마자 제대로 싸워보지도 못한 채 녹아내렸다. 그렇지만 5만 명이라는 숫자는 와키자카의 명성을 높이기에 결코 부족하지 않았다.)

육전에서의 큰 승리에 반해 해상에서는 패전이 계속되자 도요토미는 해군을 재건하도록 명령하였다. 와키자카가 해군 제1군을 맡았고 쿠키 요시다카(九鬼嘉隆)가 제2군, 가토 요시아키(加藤嘉明)가 제3군을 지휘하였다. 육전에 참가했던 장군들을 대거 해군으로 투입하여 조선 수군을 공격하도록 한 것이다. 와키자카의 제1군은 대형전함 36척, 중형전함 34척, 소형함 12척 합계 82척의 배를 이끌고 웅천을 출발하여 견내량 방면으로 진격해 왔다. 그 뒤를 쿠키의 제2군 40여 척과 가토의 제3군 병선이 따랐다. 본격적인 해전을 겨냥한 대형 함대였다. 진해만은 각기 다른 색깔과 디자인으로 구분된 일본 병선들의 깃발로 뒤덮였고 병사들의 사기는 하늘을 찌를 기세였다.

한편 이순신은 전라우수사 이억기와 더불어 49척의 판옥 전선을 거느리고 남해도 노량에 이르러 경상우수사 원균이 거느린 7척의 전선과 합세하였다. 1592년 7월 7일 저녁 조선 수군 연합함대는 현재의 통영시 산양읍 당포에 정박하였다. 저녁을 짓기 위해 연료와 식수를 준비하고 있던 조선 함대는 일본 함대가 견내량에 정박해 있다는 정보를 입수하였다. 이 귀중한 정보를 전해 준 사람은 당포의 목동 김천손(金千孫)이었다. 당시 미륵도를 비롯한 섬들에는 말을 키우는 목장이 많았고 당연히 목동도 많았다.

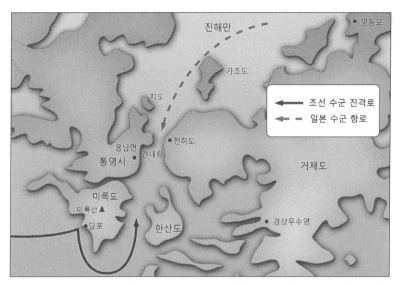

견내량과 당포 지도 1592년 7월 7일(음력), 이순신이 주도한 조선 수군은 미륵도 당포항에 도착하였고, 와키자카가 이끄는 일본 해군은 견내량 북쪽에 당도하였다. 양국의 최정예 함대는 다음날(7월 8일) 한산도 앞바다에서 나라의 운명을 건 한판 대결을 벌였다. 많은 섬들과 복잡한 해류가 승패의 결정적 변수가 된 한산도 싸움은 '정보' 면에서 한발 앞선 조선군의 일방적인 승리로 끝났다.

김천손이 전한 정보는 "오늘 미시(오후 1시에서 3시 사이)에 왜선 70여 척(견내량의 일본 전선은 다음날 73척으로 확인된다. 와키자카의 총 함선이 82척이었으므로 9척은 다른 곳에서 활동 중이었던 것으로 보인다.)이 영등포와 거제를 거쳐서 지금 견내량에 도착해 있다."는 것이었다.

오후 2시쯤 견내량 해협에 일본 함대가 들어와 있는 것을 목격한 김천손은 저녁 지을 무렵인 오후 6~7시경 조선 수군에 이를 전하고 있는 것이다. 견내량은 통영(당시는 고성)과 거제 사이에 위치한 폭 400~500m, 길이 3㎞ 가량의 좁은 해협이다. 지금 견내량에는 거제대교와 신거제대교 두 개의 다리가 연결되어 있지만 과거에는 육지

거제에서 통영 쪽으로 본 견내량과 구거제대교(左)와 신거제대교(右)

에서 거제로 가는 나룻배가 다니던 물목이다. 부산에서 남하하여 온 적은 견내량 북쪽 '전하도(殿下渡)' 입구에 머물고 있었을 것이다. 좁은 해협을 무턱대고 통과하기 전에 상황을 소상히 파악할 필요가 있었기 때문이다.

어쨌든 적군의 규모와 위치 등 귀중한 정보를 입수한 조선 수군은 출동에 앞서 충분한 시간을 가지고 다음날의 작전을 세울 수 있었다. 김천손의 제보를 받은 조선 수군은 정보싸움에서 이미 승리하고 있었다.

한산대첩의 숨은 공로자 김천손

김천손의 제보는 틀림없는 사실로 입증되었거니와, 일개 목동이 일본 수군의 항로와 전력을 정확히 파악하여 조선 수군에 알릴 수 있었던 경위를 따져 볼 필요가 있다. 왜냐하면 당포와 견내량은 육로로 50리(20㎞) 가량 떨어진 곳이기 때문이다.

교통과 통신이 불편했던 당시로서는 꽤나 먼 거리인데도 오후 2

시경의 사정을 저녁나절에 정확하게 알려 주고 있다는 점이 예사롭지 않다. 김천손이 배를 타고 접근하여 일본군의 동태를 살폈을 가능성도 있지만 시선이 낮은 바다에서는 멀리 떨어져 있는 곳에 몇 척의 배가 정박 중인지 헤아리기가 어렵다.

당시 일본 전선은 커다란 돛과 형형색색의 깃발들로 뒤덮여 있었을 터였다. 또 바다 가운데서는 적에게 들켜 붙잡히기 십상이다. 이순신의 장계에서 '피난하여 산으로 올랐던 목동 김천손'이라고 되어 있는 점으로 볼 때 김천손은 산등성이에 올라 일본 수군의 실상을 파악한 다음, 이를 조선 수군에 제보한 것으로 보아야 옳다. 그러나 김천손 혼자서 이 같은 정보를 모았다고 보기는 힘들다. 동료의 도움이 없지 않았을 것이다.

김천손(과 동무들)은 7일 낮 당포에서 가까운 미륵산 봉우리에 올랐다가 아스라이 떨어진 거제도 해상에서 일본 함대가 남진해 오는 것을 발견했을 것이다. 미륵산정에서 견내량은 직선으로 약 15km, 내가 예전에 미륵산 정상에 올라 확인해 본 결과 일기가 순탄하다면 시력이 좋은 사람은 적의 선단을 어렴풋이 파악할 수 있다고 여겨졌다. 해발 461m의 미륵산정을 흔히 '큰망'이라고 부르기도 하는데 고려시대부터 왜구의 침공에 대비하여 망을 보던 망대가 있었고, 후망군도 있었다고 한다. 이곳에 올라서면 거제도와 한산도, 욕지도 등 인근의 섬과 육지는 물론이고 날씨가 좋은 날에는 멀리 대마도까지 조망할 수 있다. 지금은 케이블카가 설치되어 편리하게 오르내릴 수 있다.

그러나 미륵산정에서 견내량까지는 거리가 멀어 적선의 숫자를 구체적으로 확인하기 어렵다. 70여 척이라는 근접도 높은 정보를

미륵산 전경

제공한 점을 감안할 때 김천손과 그 동무들은 일단 미륵산에서 하산한 다음 견내량에 가까운 통영시 용남면 쪽의 산에 다시 올라 적정을 살핀 뒤, 조선 수군에게 제보했지 않았나 싶다. 적을 오후 2시(미시)쯤 발견하여 7시경에 아군에 제보한 시간차를 감안하여 상상력을 보탠다면, 김천손 등은 몇 시간 동안 산등성이를 오르내리며 줄달음을 쳐서(목동이니 만큼 등산을 마치고 다시 길을 달릴 때는 말을 이용했을 가능성도 있겠다.) 적정을 살피고 이를 아군에게 보고한 것이 아닐까 싶다. 무더운 여름날 제 나라를 위해 짚신짝에 의지해 거친 산등성이를 오르내렸다가 먼지 나는 흙길을 달리기도 했을 목동(들)의 행위가 아름답게 느껴진다.

한산대첩의 '숨겨진 진상'

한산싸움은 다음날인 7월 8일(양력 8월 14일) 하루 종일 이루어졌지만 막상 전투기록은 그리 상세하지 못하다. 이순신의 「견내량파왜병장(見乃梁破倭兵狀)」이 전부인데, 전투의 시작부터 결말까지를 개략적으로만 적고 있다. 장계의 가장 많은 부분은 부하 장수 각각의 공적을 기록하는 데 할애하고 있다. 사실 장계는 전공(戰功)을 보고하는 것이 주목적인 만큼 구체적인 작전과 전투과정을 상술할 이유는 없다. 시시콜콜하게 보고한다고 하더라도 현지 사정에 어두운 조정의 반응은 신통치 않았을 것이다. 장계에서 담고 있는 작전이라고 해 봐야 '견내량은 좁고 얕아서 적이 도주할 우려가 있기에 넓은 바다로 유인한 다음, 학익진을 펼쳐 소탕하였다.'는 정도이다. 그러므로 장계에만 의존해서는 한산대첩의 '실상'을 파악하기가 쉽지 않다. 장계의 내용에다 견내량에서 한산 앞바다까지의 지리적 특성과 조류(潮流) 변화 등을 종합적으로 감안해야만 대첩의 참모습을 알 수 있을 것이다. 당시 해전에서는 조류가 가장 중요한 변수이므로, 장계에서는 구체적으로 언급하지 않고 있더라도 작전을 짜는 데 충분히 반영하였을 것이다.

7월 7일 밤의 작전 논의 때 이순신과 원균, 이억기 등은 견내량과 한산도 인근의 지도를 꺼내 놓고 적에게 싸움을 거는 시간과 유인할 장소를 미리 정하였다고 보아야 한다. 부근 지세와 수로의 특징, 물때 등을 세심히 고려했을 것이 분명하다. 적의 노꾼이 충분히 지치도록 멀리까지 끌어낸 다음 조류가 바뀔 때쯤 타격에 들어가고, 마지막에는 한산만에 몰아넣어 박살낸다는 것이 작전의 큰 줄기였을 것이다. 이런 점을 염두에 두고 한산싸움의 '진상'을 살펴보자.

전라좌우수군과 경상우수군 연합함대는 7월 8일 새벽에 당포를 출발하여 일찌감치 전 함대가 한산도 앞바다에 도착한다. 주력함대는 한산섬 북쪽 방화도와 화도(火島, 불섬), 죽도(竹島, 대섬) 등 여러 섬

뒤편에 숨긴 채 일부 전선들로만 견내량의 적에게로 접근했을 것이다. '지리' 면에서 조선군은 이미 승리하고 있었다. 이순신은 적군을 유인하기 위해 판옥선 5, 6척을 뽑아 일본 대선단이 정박해 있는 견내량 깊숙이 찔러 넣었다. 미리 정해진 작전에 따른 것임은 말할 나위가 없다.

견내량 북쪽에 도착한 일단의 조선 수군은 일본 수군의 선봉을 향해 화포를 내뿜었다. 초조하게 조선 수군을 찾고 있던 와키자카 야스하루는 적이 공격해 왔다는 소리를 듣자 즉시 전 함대에 전투 준비령을 내렸다. 화포를 발사하며 다가오는 조선 수군……. 선봉 5, 6척에 본함대도 그리 크지 않다고 보고를 받았던 터였다. 상대를 얕잡아 보면 방심을 하게 된다. 와키자카는 총공격령을 내리고 조선 함대 쪽으로 돌격하였다. 일본 함대는 육전에서 재미를 본 조총부대를 해전에서도 대거 투입시켜 총을 쏘며 공격하기 시작하였다. 그러자 조선군은 뱃머리를 돌려 견내량의 남쪽, 한산도 방면으로 달아나기 시작하였다. 와키자카는 이를 놓칠 새라 전군에게 적을 추격하라고 명령하였다. 와키자카는 용인전투 이후 조선군을 무시하고 있었다. 조선 수군을 하루 빨리 걷어내고 서해로 진격해야 한다는 조급한 마음에서 유인전술에 걸려들고 말았다.

조선 수군은 견내량에서 싸울 생각이 없었다. 견내량은 '바다의 문경 새재'라 할 정도로 적군의 진격을 저지하기에 좋은 요충지이지만 적 함대를 온전히 잡기에는 적당한 장소가 아니었다. 조선 수군의 전력이 약해서 일본군의 서진을 저지, 격퇴하는 데 목적이 있었다면 견내량을 굳게 지켰을 것이다. 명량해전을 떠올리면 이해가 빠르다. 명량해전 때는 조선 수군이 불과 12척으로 미약했기에 적군의 서해

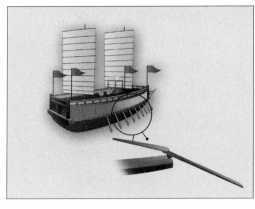

조선식 노

진출을 저지할 목적으로 험한 조류를 이용하여 해협을 지키는 작전을 펼쳤던 것이다. 하지만 이때는 조선 수군이 자신감이 넘치던 시기, 일본 수군의 주력을 온전히 잡아버릴 심산이었다.

폭이 좁은 만큼 견내량은 물살이 거셀 뿐 아니라 바닥에 암초가 많아 대형 전선이 활동하기에는 부적당한 지역이었다. 특히 조선의 배는 가운데가 구부러진 조선식 노(櫓)를 달고 있어 바닥이 낮을 경우 노를 젓기가 불편하였다.(선체 옆으로 곧게 뻗어나가는 서양이나 일본식 노와 달리, 중간이 꺾인 조선식 노는 선체 가까이에서 움직이는 대신 수심 깊숙이 박히는 특징이 있다. 그러므로 적선이나 아군 전선이 바로 곁에 다가왔을 때도 부딪히지 않고 기동을 할 수 있는 장점이 있는 반면 얕은 지역에서는 노가 땅에 닿아 배를 운용할 수 없는 단점이 있다. 조선의 전선은 평저선(바닥이 평평한 배)이어서 낮은 물에서도 기동할 수 있음에도 불구하고 썰물 때가 되면 포구에서의 해전을 포기하곤 했던 이유가 바로 여기에 있다.)

이날 아침 견내량은 썰물 때였기에 수심이 더욱 얕았을 것이고 더더욱 싸울 만한 장소가 못 되었다. 일본 측 기록에 바닷물이 남쪽 한

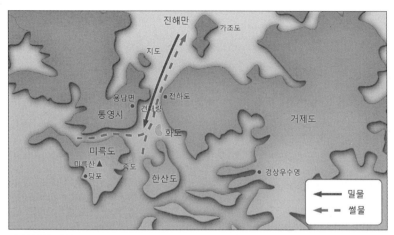

견내량 해류 흐름도 통영과 거제 사이 견내량 해협의 해류는 썰물 때는 남쪽에서 북쪽으로 흐르고 밀물 때는 반대로 움직인다. 일본 측의 기록에 의하면 한산싸움 직전, 바닷물이 남에서 북으로 흐르고 있었다고 기록되어 있으므로 수심이 낮아지는 썰물 때였음을 알 수 있다. 조선 수군은 바닥이 낮아 노가 닿는 견내량이 아니라 수심이 깊은 한산 앞바다로 적을 유인한 다음 해류 흐름이 바뀔 때 타격하는 정교한 작전을 미리부터 세웠다고 판단된다.

산도 방면에서 북쪽 진해만 쪽으로 흐르고 있는 것으로 되어 있는 데서 썰물임을 알 수 있다. 이곳의 해류는 썰물 때는 남에서 북으로 흐르고 밀물 때는 반대로 움직인다.

또 견내량은 적이 전세가 불리할 경우 언제든지 진해만 쪽으로 달아날 가능성이 있었다. 견내량 이북 진해만은 적의 수중 하에 있었던 것이다. 그러므로 조선군은 어떻게 해서든 일본 함대를 해역이 넓고 수심이 깊은 한산도 앞바다로 끌어들이려 했는데 조급했던 와키자카가 이에 걸려든 것이다. 한산도 앞바다의 섬과 섬 사이의 수로 가운데 견내량 방면을 제외한 나머지는 조선군에 의해 이미 차단된 상태였다. 결국 한산도 해역은 거대한 함정으로 변해 있었던 것이다. 정보와 해상 지리 활용에서 이미 패배한 일본군은 사지(死地)로 빨려들고 있었다.

조선의 전선들이 남쪽 한산도 방면으로 달아나자 일본군은 빠른 속도로 추격하였다. 조류는 북상하고 있어 양국 함선의 진행 방향과 반대였다. 음력 8일이면 '조금'이기에 '사리' 때의 홍수 같은 거센 조류는 아니었겠지만 달아나는 조선 함선과 뒤쫓는 일본 전선 모두 역류를 거슬러 힘들게 노를 젓고 있었다. 이순신의 장계를 보면 일본 배들이 '일제히 돛을 올리고 쫓아왔다.'고 하므로 북풍이 불었던 모양이지만 급한 추격전에 노를 쓰지 않았을 리가 없다.

여기서 한산대첩 관련 일부 기록들을 보면 양국 함선의 진행 경로를 해간도(海艮島) 서쪽으로 기술한 경우가 많은데 이는 옳지 않다. 해간도와 육지 사이 바다는 썰물 때는 사람이 걸어 건널 수 있을 정도로 얕아 작은 어선 외의 큰 배는 항해할 수 없는 곳이다. 현재의 공식 항로처럼 이때도 해간도와 거제도 사이 바닷길로 이동했을 것이다.

10㎞가 넘는 역류의 바닷길(와키자카가 남긴 기록(『脇坂記』)에는 조선의 배를 약 30리(12㎞) 추격한 것으로 나온다.)을 급히 쫓고 쫓기는 동안 조선 격군들도 지쳤겠지만 일본의 노꾼들은 팔뚝에 쥐가 날 정도였을 것이다. 당시 함선의 엔진은 노꾼으로, 일본 함대의 엔진이 과부하가 걸린 상태였다면 섬 뒤편에서 편히 쉬고 있던 조선 주력함대의 엔진들은 싱싱하기 짝이 없었다. 조선의 장수들이 바보가 아니라면 이 정도는 미리 계산해 두었다고 보아야 한다.

일본 수군의 주력이 방화도와 화도 사이의 수로를 지나 한산도 앞 바다에 이를 즈음 해류의 움직임은 점차 둔해졌을 것이다. 곧이어 '물자배기'(국어사전에는 '물자배기'라는 단어가 나오지 않는다. 일부 해변 사람들 만이 사용하는 제한적인 용어기 때문으로 보인다. 최근에는 정조(停

울돌목 물돌이

潮)라는 용어가 주로 쓰인다.)가 도래하였다고 생각된다. 물자배기란, 썰물에서 밀물로, 밀물에서 썰물로 바뀔 때 물살이 잠잠해지는 한순간을 말한다. 물자배기는 사리 때는 채 10분이 못되지만 조금 때는 20분 정도로 긴 편이다.

물자배기가 끝나면 조류 방향이 바뀌는 '물돌이'가 시작된다. 바닥에 있던 물고기가 위로 치솟기 때문에 낚시꾼들은 이 순간을 중시한다. 물자배기가 끝나갈 즈음, 앞서 달려가던 조선의 배들이 불화살을 쏘아 올리며 좌우로 갈라지는 것을 신호로 여러 섬 뒤에 매복해 있던 조선 함대의 주력이 갑자기 나타났다. 그러고는 부챗살 모양으로 함대를 배치하여(학익진) 일본 함대를 후미에서부터 포위공격하기 시작하였다. 기세 좋게 달려가던 일본 함대는 뒤늦게 속은 줄 알고 달아나고자 했지만 '독 안에 든 쥐 신세'였다. 물자배기가 끝나고 물돌이가 이루어지면서 조류는 정반대로 바뀌었다. 이제 북쪽 진해만에서부터 밀물이 밀려들기 시작했고 후미를 차단한 조선 수군의 주력함대는 조류에 올라탄 채 힘들이지 않고 적을 한산섬 쪽으로 밀어붙이기 시작하였다.

이때 조선 수군이 적 함대를 포위하여 공격한 방향이 중요하다. 지금까지의 한산해전도 그림들을 보면 조선군의 포위공격 방향이 견내량 쪽으로 되어 있는데 이는 사실이 아니다. 이순신의 장계를 세밀히 살펴보면 학익진의 포위 방향은 한산도 쪽이었음을 알 수 있다. 적이 견내량 쪽으로 도주하는 것을 방지하는 것은 물론이고 바뀐 조류를 활용

기존의 틀린 한산해전도 지금까지의 한산해전도를 보면 조일 수군의 이동 경로가 해간도 서쪽으로 되어 있는 경우가 많다. 또 조선 수군의 공격 방향도 북쪽(견내량 방향)으로 되어 있다. 그러나 이는 현장의 지리와 해류 흐름을 모르는 사람들이 그린 '상상도'일 뿐이다.

하기 위해서라도 한산만 방향으로 차근차근 몰고 가는 것이 올바른 작전이다. 당시 한산도는 무인도였기에 적이 배를 버리고 상륙을 한다고 하더라도 굶어 죽게 마련이었다.

일본군이 견내량으로 달아나려면 조선 수군의 학익진을 뚫어야 하는 데다 조류마저 역류였다. 조선군의 포위망도 문제였지만 '인간 엔진' 격군들이 지쳐 쓰러져버린 일본 수군으로서는 엄두를 낼 수 없었다. 치열하고도 치밀한 전투 끝에 조선 수군은 마침내 적 함대의 주력을 좁은 한산만으로 몰아넣는 데 성공하였다. 이순신과 원균, 이억

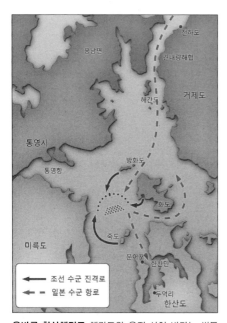

기 등이 '적의 무덤'으로 미리 점찍어 두었을 것으로 여겨진다. 적군은 뚫린 수로인줄 알고 달아났지만 '죽음의 독'이었다. 사방이 육지로 둘러싸인 한산만에 갇히면서 일본 수군은 완전히 녹아내렸다.(한산만에 위치한 두억리(頭億里)는 그 앞바다에 떨어진 일본군의 목이 억 개나 되었다고 해서 붙여진 이름이며, 두억리 입구인 문어포(問語浦)는 내빼던 왜병들이 길을 물었다고 해서 생겨난 지명이

올바른 한산해전도 해간도와 육지 사이 바다는 썰물 때는 사람이 걸어서 건널 정도로 얕아 큰 배는 다닐 수 없다. 현재의 공식 항로처럼 조일 수군도 해간도와 거제도 사이 바닷길을 이용했을 것이 틀림없다. 조선군의 공격 방향은 적이 견내량으로 도주하는 것을 막고 바뀐 조류를 활용하기 위해 남쪽 한산도로 몰아갔을 것이다.

다. 이로 미루어 볼 때 조선 수군이 한산만으로 적을 밀어붙였음을 알 수 있다. 배를 버리고 한산도로 상륙한 적병도 많았다. 그러나 이들을 감시할 책임이 있었던 원균이 포위망을 느슨히 하는 바람에 상당수가 며칠 뒤에 뗏목을 만들어 탈출한다.)

1592년 음력 7월 8일, 한산도 앞바다는 침략군의 죄를 묻는 심판장으로 바뀌어 있었다. 조선군은 대장군전과 장군전, 차대전 등 위력적인 함포들을 퍼부어 포위된 일본 함대를 무자비하게 살육하기 시작하였다. 오전에 시작한 전투는 땅거미가 질 때까지 계속되었다. 하

루 낮의 해전으로 59척의 일본 함선이 불에 타거나 조선 수군에 나포되었다. 일본 측 기록에는 약 9,000명의 병사들이 한산 앞바다에서 사살 또는 수장된 것으로 나온다. 빠른 배를 타고 있던 총사령관 와키자카는 겨우 전장을 빠져나가 멀리 김해로 도주하였다. 탈출에 성공한 적선은 14척에 불과하였다. 조선 수군의 피해는 언급할 필요가 없을 정도로 미미하였다. 양국의 정규 해군이 정면 대결한 이 전투는 조선 수군의 일방적인 승리, 말 그대로 대첩(大捷)이었다. 조선으로서는 나라의 운명이 걸렸고, 일본으로서는 전쟁의 승패가 걸렸던 '동양판 살라미스 해전'의 승리는 조선에게 돌아갔다.

조선 수군은 한산대첩의 여세를 몰아 진해만을 가로질러 가덕도 해상까지 진격하였다. 그때 웅천 땅 안골포에 쿠키 요시다카와 가토 요시아키가 거느린 일본 수군의 제2군과 제3군의 함선 40여 척이 정박 중이었지만 처절한 패전 소식에 기가 질려 싸울 의지를 상실한 상태였다. "괴물 같은 조선 배(거북선)가 불을 뿜어대면서 일본 군선을 닥치는 대로 파괴하였다."는 소문이 일본병사들 사이에 번졌던 것이다. 이들은 조선 수군을 피해 육지 깊숙이 얕은 포구로 도피해 있던 중이었다. 7월 10일과 11일 이틀 동안 조선 수군은 포격전으로 이 가운데 20척을 깨뜨렸다. 조선의 연합함대는 이어 부산 인근 몰운대까지 진격하여 무력시위를 벌임으로써 일본군의 간담을 서늘하게 만들었다.

유성룡은 『징비록(懲毖錄)』에서 "적들은 수륙 양면으로 군사를 합쳐 서쪽을 치려했으나 이 싸움으로 그들의 위세는 크게 꺾였다. 소서행장(고니시 유키나가)이 평양을 얻었으나 형세가 외로워 더 진격하지 못하였다. 우리나라가 보존된 것은 오로지 이(한산대첩) 때문이었다."

라고 적었다.(이때 한산도 인근 지역의 백성들은 불을 붙인 대나무를 나무 토막 위에 올려 바닷물에 띄웠다는 이야기가 전해오고 있다. 대나무 마디 사이의 빈 공간에는 공기가 들어차 있기 때문에 불이 붙으면 폭발음을 내며 터진다. 수천, 수만 개의 대나무 마디가 불에 타 터지는 소리는 마치 포성처럼 들렸고 일본군은 포구 곳곳마다 조선 수군이 주둔해 있는 것으로 착각해 공포감에 시달렸다는 것이다. 해변의 백성들이 어떤 식으로든 수군을 도왔다는 방증의 하나라고 하겠다. 불붙인 대나무를 바닷물에 띄우는 것은 훗날 삼도수군통제영에서 군점(軍點)을 실시할 때 백성들이 수군의 귀환을 환영하는 행사로 굳어진다.)

한산대첩으로 인해 조선의 서해안으로 진출하려는 도요토미의 전략은 견내량 좁은 해협을 건너지 못한 채 발이 묶일 수밖에 없었다. 견내량이 무너지기는 정유재란 때 원균의 함대가 칠천량해전에서 패배한 뒤였다. 한산대첩을 주도한 이순신은 라이벌 원균을 압도하면서 조선 수군의 중심이 되었고 나아가 새로운 시대를 열어가는 '해상 군주'로 부상하게 된다.

3장

'원균의 역설' 이순신,
삼도수군통제사에 취임하다

이순신이 '수국'을 세울 수 있었던 정치적 힘은 삼도수군통제사에 올라 조선 수군의 지휘권을 장악한 데서 비롯되었다. 그렇다면 이제는 통제사 취임의 전모를 살펴볼 단계이다. 과문한 탓이지만 이순신이 통제사에 오른 배경과 과정에 관심과 의문을 둔 연구는 별로 없었던 것 같다. '이순신=초대 수군통제사'라는 상식 때문으로 보인다. 하지만 변방의 병권이 1인에게 독점되는 것을 즐겨하지 않던 조선왕조가 삼도수군의 지휘권을 특정인에게 몰아준 경위는 파헤쳐 볼 가치가 충분하다.

미리 말하자면 이순신이 삼도수군통제사가 된 것은 라이벌 원균과의 갈등과 불화가 역설적으로 도움이 되었고, 영의정 유성룡의 판단과 지원이 결정적인 바탕이 되었다고 할 수 있다. 특히 유성룡과 이순신이 조선 수군의 지휘권을 일원화하기 위해 치밀하게 움직였다는 조짐들이 감지되어 흥미롭다.

조정에서 삼도수군통제사라는 새로운 직책을 신설하여 이순신을 임명(임금의 통제사 임명 교서(敎書)가 본인에게 통보된 것은 열흘 뒤인 8월 25일이다.)한 것은 계사년(1593) 추석날(8월 15일)이다. 결국 모든 결정은 계사년 여름 이전에 이루어졌다는 뜻이다.

이순신과 원균의 갈등, 불화

이순신과 원균의 갈등은 한국인이라면 모르는 사람이 없을 정도로 유명하다. 하지만 두 사람의 치열한 경쟁과 알력이야말로 삼도수군통제사직 신설의 배경으로 작용하였다는 사실은 주목받지 못했던 것 같다. 이순신과 원균이 '형님', '아우님'하면서 잘 어울리고 협력하였다면 조정에서 굳이 삼도수군통제사라는 옥상옥(屋上屋)의 기구를 설치하지 않았을 가능성이 높다. 그러나 양자 간의 갈등이 위험수위에 이르자 수군지휘권의 원활한 운용을 위해 통제사직을 새로 만들게 된 것이다. 그 과정을 차근차근 살펴보자.

두 사람의 불화는 첫 전투인 옥포해전을 치른 직후부터 시작되었다. 만나자마자 다툼이 일어났으므로 참으로 악연인 셈이다. 갈등의 원인 제공자를 놓고서는 의견이 엇갈린다. 일반적으로 원균이 이순신을 음해한 데서 비롯되었다고들 알고 있지만 실록의 기록은 이와 반대로 되어 있다.

이순신과 원균은 나라의 간성이었기에 두 사람의 갈등은 조정에서 조차 근심할 정도였다. 『선조수정실록』에 두 사람 불화의 단초가 설명되어 있는 것도 이 때문이다.

"싸움에서 이긴 보고가 올라가니 이순신에게 표창으로 자헌대부(資憲大夫)의 품계를 올려 주었다. 처음에 원균이 이순신에게 원병을 청하여 적을 패배시킨 뒤 연명(聯名)으로 보고를 올리고 싶어 하자 이순신이 '천천히 하자.'라고 해 놓고는 밤에 직접 보고서를 썼는데 '원균이 군사들을 잃고 의거할 바가 없으며 적을 치는 데 공로가 없었다는 사실을 모두 다 진술하였다.' 원균이 이 말을 듣고는 크게 유감을 가졌으며 이로부터 공로에 대한 보고서도 제각기 올렸다. 두 사람의 사이는 이때부터 벌어지기 시작하였다."

-『선조수정실록』, 임진년(1592) 6월자

『선조수정실록』은 이순신이 두 가지 점에서 불화의 단초를 제공하였다고 적은 셈이다. 첫째, 연명으로 장계를 쓰기로 하였다가 이순신이 단독으로 장계를 올렸다는 점이고, 둘째 장계의 내용이 원균에게 크게 불리하였다는 것이다. 그러나 실록의 언급은 표면적인 관찰일 뿐이고, 정황을 잘 살펴보면 사태를 먼저 악화시킨 쪽은 원균임을 알 수 있다. 이순신 단독장계(「옥포파왜병장」)의 문제된 부분을 통해 경위를 따져 보자.

"경상우수사 원균은 단지 3척의 수군만을 거느렸는데,(원균이 거느린 판옥선이 3척에 불과하였다는 의미이다. 이순신의 전라좌수영은 판옥선이 24척이었던 만큼 원균의 함대는 전투에 크게 기여한 바가 없다는 식으로 들릴 수 있다.) 신의 여러 장수들이 잡은 왜적의 배를 심지어 활을 쏘아대면서까지 빼앗으려 하였습니다. 그 통에 두 사람이 화살에 맞아 부상을 당했습니다.(적선을 서로 잡기 위해 경쟁하는 두 수영 장교들의 행동이 눈에 선히 보이는 듯하다. 전공이 걸린 문제이므로 양보가 없었을 것이고, 결국 우리 군사끼리 충돌하는 작은 불상사가 일어난 것이다. 범인 체포를 놓고 관할이 다른 경찰관끼리 다투는 최근 모습과 비슷하다.) 주장(主將)으로서 부하 단속을 하지 못함이 이보다 더 심한 경우는 없다고 할 것입니다. 또 같은 도 소속 거제현령 김준민은 멀지않은 바다에서 연일 싸움이 벌어지고 있고, 그 주장인 원균이 빨리 오라고 재촉하는 격문을 보냈는데도 끝내 나타나지 않았으니 그 소행이 심히 해괴합니다. 조정에서 조처해 주시기 바랍니다."

-「옥포파왜병장」, 임진년(1592) 5월 10일자

간단히 말해서 원균은 거느린 전선과 병력이 보잘것없으며, 공을 탐내 아군에게 활을 쏘았으니 장수의 자격이 없고 부하(거제현령 김준민)마저 제대로 단속하지 못하고 있다는 고발이다. 장계는 결국 조정에 공유되고 원균에게도 그 내용이 알려질 터였다. 그런데도 이런 민감한 내용들을 담은 것은 이순신이 작심하고 있었다는 뜻이다. 이순신이 '열'을 받은 가장 직접적인 이유는 원균이 전투에 열중하기보다는 전공을 챙기는 데 열심이었기 때문이다. 옥포해전뿐만 아니라 한산대첩을 보고하는 「견내량파왜병장」에서도 이순신은 원균의 '수급 챙기기' 행태를 신랄하게 고발하고 있다.

"신은 당초 여러 장졸들에게 약속하기를 전공을 올리려는 생각으로 다투어 왜적의 머리를 자르려다가는 도리어 해를 입고 죽거나 다치는 예가 많은데 이미 적을 죽였다면 비록 머리를 자르지 않더라도 전공을 평가할 때 힘껏 싸운 사람을 수공자(首功者)로 치겠노라고 거듭 타일렀기 때문에 목을 벤 숫자는 많지 않습니다. 그러나 전공을 세웠다는 경상도의 여러 장수들은 작은 배를 타고 뒤에서 바라보고 있다가 적선이 30여 척이나 깨지는 것을 보고는 구름같이 모여들어 왜적의 목을 잘랐습니다."

―「견내량파왜병장」, 임진년(1592) 7월 15일자

죽은 적군의 목이나 따는 저열한 행위에 실망해 있던 차에 원균이 연명장계를 제의하자 이순신은 '폭발'했을 것이다. 연명장계가 도대체 어떤 의미를 담고 있기에 이순신이 그렇게 흥분하였다는 말인가? 원균이 '장계를 연명으로 올리자'고 한 제의는 사실 간단한 문제가 아니다. 1592년 5월 7일과 8일 이틀 동안 옥포와 합포, 적진포에서 이룬 조선 수군의 첫 승리를 경상우수영과 전라좌수영의 공동성과로 보고하자는 주장이다. 쉽게 말해 전공을 50대 50으로 하자는 것이다. 이순신이 볼 때 전투를 이끈 주력군은 어디까지나 자신의 전라좌수영이요, 원균은 보조 역할에 불과하였다. 그런데도 전공을 절반씩 나누자고 하니 '뻔뻔스럽다'는 생각이 들었을 것이다. 옥포싸움만 해도 이순신의 전라좌수영이 적선 21척을 깨뜨린 반면 원균의 경상우수영은 5척을 부순 데 불과(판옥선이 24대 3인데 비해 적선 격파는 21대 5이니 원균 측의 분전이 상대적으로 돋보이지만 절대 수치로는 비교가 되지 않는다.)하였다.

원균이 작은 전공이나마 올린 것은 이순신 함대와 행동을 같이한 덕분이지 단독으로는 어림도 없었다. 양측의 공적은 굳이 따진다면 90대 10쯤 될 터였다. 그런데 공동장계를 올린다면 전공을 반반으로 해야 하니 애초부터 이순신으로서는 받아들일 수가 없는 제의를 한 셈이다.

원균이 조정에는 자신의 전공을 과장하여 보고할 수는 있어도 현장에 있던 이순신의 눈을 속일 수는 없다. 전투보다는 적의 수급 챙기기에 혈안이었던 '저질' 면모를 적나라하게 노출했기 때문이다. 이런 상황이라면 미안해서라도 "이 수사, 우리 장계는 어떻게 할까요?"라고 중립적으로 묻는 것이 맞다. 혹시 이순신이 "연명으로 공동장계를 올립시다."라고 말해 주면 고맙겠지만, "각자 올려야죠."라고 대답하면 어쩔 수 없다. 그것이 염치 있는 사람이 타인과 소통하는 정상적인 방식이다. 그런데도 원균은 넉살좋게 "(싸움을 같이 했으니) 장계는 연명으로 올립시다."라고 제의한 것이다. 자기 편리한대로 세상을 살아가는 사람들의 방식이 대개 이러하다.

그런 만큼 원균이 연명장계를 제의했을 때 이순신은 '이 양반, 진짜 몹쓸 사람이군.' 하는 생각이 들었을 것이다. 그러나 이순신은 속이 깊은 인물이다. "원 수사! 그것이 말이 됩니까? 두 수영 간에 전선 숫자가 현격히 차이가 나고, 전공 또한 판이한데 연명장계라니요? 아군에게 활까지 쏜 주제에 그런 말이 입에서 나옵니까?"라는 식으로 격하게 반응하지 않았다. 기분 나쁜 표정을 숨긴 채 "장계가 뭐 그리 급합니까. 천천히 생각합시다."라고 대답한다. 만약 원균이 타인의 반응을 세심하게 살필 수 있는 사람이었다면 이순신의 대답이 완곡한 (그러면서도 분명한) 거절 의사라는 것을 알아챘을 것이다. 그러나 원균은 '나중에 함께 장계를 올리자는 뜻이구나.'라고 자기에게 유리한대로 해석하였다.

이순신은 조용하지만 강단 있는 인물이다. 말은 점잖게 했지만 원균에 대해 크게 실망한 상태였다. 전투보다는 물에 뜬 적의 머리에 관심이 더 많은 자, 전공에 눈이 어두워 아군에 활을 쏘아 댄 그의 부하들, 불과 3척의 전선을 거느린 주제에 공동장계를 쓰자는 비양심의 극치…… 생각이 여기에 미치자 이순신은 처음부터 원균을 '확실히 길들이기로' 결심한다.「옥포파왜병장」에서 원균을 공개적으로 비난하고 조롱한 것은 이순신이 결코 호락호락하지 않은 사람임을 보여주는 좋은 사례이다.

「옥포파왜병장」에 대한 원균의 반응은 짐작하기 어렵지 않다. 전공의 절반을 인정받을 것으로 기대하였다가 이순신이 단독장계를 올린 줄 뒤늦게 알고는 배신감에 몸을 떨었을 것이다. 특히 장계의 내용이 자신의 치부를 속속들이 담고 있다는 사실을 알고서는 격분했을 것이다.

그러나 군사와 전선이 모자라 단독작전은 생각지도 못하는 만큼 이순신과 척을 질 수는 없는 노릇이었다. 전라좌수군과의 합동작전이 이루어지지 않는다면 날마다 일본군에게 쫓겨 다닐 신세이기 때문이다. 적어도 한산대첩 때까지는 원균도 이순신이 주도하는 '작전'에 협조적이었다. 물론 수시로 술을 마시고 행패를 부리는 등 질 낮은 방식으로 불만을 표한 것은 사실이다. 그러다가 1592년 7월 한산대첩으로 이순신이 정2품 정헌대부(正憲大夫)로 승차한 반면 자신은 종2품 가선대부(嘉善大夫)에 그치면서부터는 원균의 반발이 노골화된다.

'이순신이 처음부터 조금씩 양보해서 원균을 잘 구슬려 가며 대하였다면 적이 되는 것은 막을 수 있지 않았을 것 아닌가?' 하는 평가도 있을 수 있다. 조직 내에서 '적'을 만들지 말라는 것은 인간관계학의 상식이기도 하다. 사실 원균의 악담과 비난, 왜곡과 허위선전이 없었다면 이순신의 훗날 행보는 한결 수월하였을 것이 틀림없다. 그러나 이순신은 '좋은 것이 좋다.'며 둥글게 돌아가는 스타일이 아니다. 35살 훈련원 시절 상관인 병조좌랑 서익의 인사청탁을 냉정하게 거절하고, 37살 발포만호 시절 오동나무를 베어가려던 전라좌수사에 반대한 일, 43살 조산만호 시절 녹둔도 패전의 책임을 떠넘기려던 까마득한 상사(함경북병사 이일)에게 '증원군 파견 건의를 묵살한 책임을 지라.'며 정면으로 공박한 사례 등은 이순신의 인생관을 보여 주는 증거들이다. 7년전쟁 때는 정해진 기일 안에 징병 숫자를 채우지 못했다는 이유로 남원 등 세 고을의 병방을 처형한 강골이기도 했다. 원균 같은 '저열한 인물'에게는 쓴 맛을 보여 주어야 한다는 것이 이순신의 소신이요, 인생원칙이었다.(이순신의 삶의 궤적을 곰곰이 따져 보면 보통 사람으로서는 참으로 흉내 내기 힘들다. 더욱이 규정보다 정리(情理)를 중시하던 봉건사회에서 이런 행보를 보이기는 매우 어려웠다고 여겨진다. 원칙이 아니면 곧장 찌르는 인생철학이야말로 이순신의 성가를 높여 주는 요인이지만 정작 본인이 겪어야 했던 손해와 심적 고통은 작지 않았을 것이다.)

손뼉도 마주쳐야 소리가 난다는 말처럼 두 사람 사이의 불화는 양자 모두에게 원인과 책임이 있을 것이다. 즉, 갈등의 발단은 두 사람의 성격과 처지가 다른 데서 비롯된 공동책임이라고 볼 수 있다. 그러나 훗날 갈등이 증폭되고 심화된 데 있어서는 직설적인 성격에다 자기중심적인 원균에 더 큰 책임을 물어야 마땅하다. 갈등을 표출하는 방식에서 이순신과 원균은 전혀 달랐다. 자제력이 강했던 이순신은, 일기에서는 원균을 '원흉(元兇)'으로 적을 정도로 미워했지만 겉으로는 전혀 내색을 하지 않은 채 담담히 대하였다. 반면 원균은 노골적으로 앙앙불락하는 심경을 드러내며 틈만 나면 이순신(과 부하들)을 자극하였다. 제3자인 우의정 이원익은 "이순신은 스스로 변명하는 말이 별로 없었으나 원균은 기색이 늘 발끈하였습니다."라는 말로 두 사람의 성격을 묘사한 바 있다.

조정에서 이순신과 전라좌수영 장수들의 전공을 높이 평가(전라좌수영이 전선도 많고, 전공도 크다는 점에서 당연한 결과이다.)해 큰 보상을 내린 반면, 경상우수영은 상대적으로 소홀한 평가를 받게 되면서 두 사람의 불화는 이제 두 군영 간 갈등으로까지 비화된다.

계사년(1593)이 되면서 이순신과 원균의 갈등은 폭발지경으로 치닫고 있었다. 원균이 행패를 부리는 빈도가 늘었고, 이순신은 원균이 '흉계'를 가지고 자신을 대하는 것으로 파악할 정도였다. 양측의 갈등은 화해할 수 없는 수준에 도달하였다. 계사년의 『난중일기』 기록들을 보자.(『난중일기』는 임진년(1592) 6월 11일~8월 23일, 8월 29일~계사년(1593) 1월 30일, 계사년 3월 23일~4월 30일까지 빠져 있다. 이 때문에 이순신과 원균 갈등의 실상이 상당 부분 누락되어 있다고 보아야 한다.)

계사년(1593) 2월 23일 경상우수사 원균이 와서 보았다. 그 음흉함을 이를 길이 없다.

계사년(1593) 2월 28일 경상우수사 원균 군관의 배와 가덕첨사의 탐색선 등 2척이 섬(김해 인근의 작은 섬)에서 들락날락하는데 그 짓거리가 황당하였다. 두 배를 붙잡아 매어 경상우수사 원균에게 보냈던 바 수사(원균)가 크게 화를 냈다고 한다. 그 본래 뜻이 군관을 보내어 어부들의 머리를 베어 오는 데 있었기 때문이었다.(원균이 적군이 아닌 어부의 머리를 베어 전공을 과장하려 한다는 말이다. 원균의 이런 소행은 이미 알고 있었기에 이순신은 담담하게 기록하였다.)

계사년(1593) 5월 14일 술이 여러 배 돌자 경상우수사 원균이 왔는데 술주정이 심하기 이를 데 없었다. 그 망령된 짓을 차마 입에 올릴 수 없다.

계사년(1593) 5월 21일 원 수사가 거짓 내용으로 공문을 돌려 대군을 동요하게 하였다. 진중에서도 속임을 쓰는 것이 이럴 정도이니 그 흉악스러움이란 이루 말할 수가 없다. 밤새 미친 듯 바람이 불고 비가 왔다.

계사년(1593) 6월 5일 경상우수사(원균)가 웅천의 적이 감동포(甘同浦)로 들어갈지도 모른다면서 들어가서 치자는 공문을 보내 왔다. 그 흉계가 참으로 가소롭다.

계사년(1593) 6월 10일 4경(새벽 2시쯤)에 원 수사(원균)의 공문이 왔는데 '내일 새벽에 나가 싸우자.'라고 하였다. 그 음흉한 꾀와 시기심은 이루 말할 길이 없다. 그래서 이 밤 안으로는 대답하지 않았다.(이순신이 원균의 공문을 두고 음흉하다고 한 이유는 다음날(6월 11일) 『난중일기』를 통해 알 수 있다. "아침에 적을 토벌할 일에 대한 공문을 영남수사(원균)에게 보냈더니 술에 취하여 인사불성이더라고 하였다." 결국 6월 10일의 일기는 원균이 술에 취한 상태에서 그냥 떠보는 말로 적과 싸우자는 공문을 이순신에게 보냈고 이순신은 그런 정황을 정확히 파악하고 있었다는 말이다. 원균이 출동하자는 공문을 계속 보내는 이유는 조정에 올릴 장계에 '이순신에게 적과 싸우자고 재촉했지만 이순신이 몸을 사리는 통에 공격하지 못하였다.'는 식으로 꾸밀 생각이 아닌가 싶다. 이순신은 이런 의도를 간파하고는 '음흉한 꾀'라고 일기에 적고 있는 것이다.)

계사년(1593) 7월 21일 경상우수사(원균)와 정걸 충청수사가 한꺼번에 도착하여 적을 토벌할 일을 의논하는데 원 수사가 하는 말은 이루 말할 수 없을 정도로 극도로 흉측한 속임수들이었다. 이런 사람과 같이 일을 하고도 후환이 없을까?(이순신은 이즈음 원균이 도저히 더불어 일할 사람이 못 된다는 판단을 하면서 훗날 나쁜 일이 있을 것 같다는 예감을 가지게 된다. 그 예감은 불행히도 적중한다.)

계사년(1593) 8월 30일 원 수사(원균)가 와서 영등(永登, 거제도 북단)으로 출정 나가자고 독촉하는 데 음흉하기 짝이 없다. 자기가 거느리고 있는 배 25척은 모두 내어 보내고, 다만 7~8척만 가지고 와서 이런 말을 하니 그 마음 쓰고 일하는 것이 모두 이런 식이다.(이순신은 원균이 전선 일부만 대동한 채 나타나 합동작전을 제의하니 신뢰하지 않는 것이다. 한마디로 투자는 없이-전선의 상당 부분을 빼돌려 놓았으니 그러하다.- 전공만 노리거나, 진정성도 없으면서 출동을 권유하여 이순신의 반응을 떠보는 것으로 받아들이고 있다. 즉, 이순신이 출전을 하면 원균 자신도 함께 나가 전공을 올리게 되고, 출전을 안 하면 조정에 '이순신에게 출정을 권유해도 자꾸 꺼린다.'는 식의 왜곡보고를 할 의도라고 파악하고 있다.)

수군사회에서는 물론이고 조정에서도 이순신과 원균, 나아가 전라좌수영과 경상우수영 간의 알력이 큰 고민거리였다. 조선이 믿을 데라고는 수군 밖에 없는데 수군의 양대 장수가 힘을 합치지 못하니 무슨 낭패를 볼지 모른다는 생각들이 번져나갔다. 물론 전라우수사 이억기가 있었지만 30대의 젊은 나이였기 때문에 두 사람의 갈등을 조정하기에는 역부족이었다.

당시 영의정 유성룡은 이순신과 늘 편지를 주고받으며 바다의 사정을 소상히 알고 있었다. 유성룡은 이순신과 원균의 갈등을 근본적으로 해소할 수 있는 방안을 생각하지 않을 수 없었을 것이다. 이순신과 친밀했던 유성룡은 '불화'의 근원이 원균에게 있다고 믿고 있었다. 성난 황소처럼 날뛰는 원균을 묶지 않으면 천하의 이순신도 제대로 힘을 쓸 수 없다는 판단을 했을 것이다. 원균을 제어하기 위한 최선의 방안은 이순신을 수군의 1인자로 만드는 일이다.

비록 이순신이 나이도 적고 군 경력에서도 후배였지만, 원균의 윗자리에 앉을 자격은 충분하였다. 보유한 전선과 군사의 숫자가 월등히 많았고 임진년의 전공도 훨씬 앞섰기 때문이다. 이순신의 위상을 높여 원균과의 갈등을 해소함으로써 조선 수군의 지휘체계를 강화하고자 한 조치가 바로 삼도수군통제사직의 신설이다. 그 결과 삼도수군의 지휘체계는 기존의 연합지휘(이순신, 원균, 이억기 3자의 합동작전체계)에서 이순신 한 사람이 절제하는 단일체계로 귀착되었다. 이순신이 전라좌수사에서 조선 수군의 최고지휘관으로 도약하는 데는 라이벌 원균의 비난과 시기심, 그에 따른 전라좌수영-경상우수영 간 불화가 역설적으로 도움이 되었음을 부인할 수 없다.(그러나 조정의 기대와 달리 원균은 이순신이 통제사가 된 뒤에도 권위를 인정하지 않고 더욱 거세게 반발하며 이순신을 괴롭혔다. '이순신 체제'를 줄기차게 거부하던 원균은 1595년 2월 충청병사로 나가면서 한동안 수군을 떠난다. 원균은 이순신에게 많은 분노와 고민을 안겨 주기는 했지만 결코 적수가 될 수 없었다. 그의 지적 능력이나 정신적 자제력이 이순신에게 크게 밀렸기 때문이다. 정유년(1597) 초, 이순신이 임금에게 붙잡혀 간 것이 원균의 모함 때문이라는 주장이 있지만 과장된 느낌이다. 이순신이 체포된 것은 조정에서 그의 권력이 비대해졌다고 판단한 것이 근본 원인이요, 표면적으로는 가토의 상륙을 저지하라는 명령을 거부한 데 따른 것이다. 원균은 이순신을 파멸시킬 정도의 대단한 인물이 되지 못하였다. 그렇지만 원균은 이순신을 비난하고 공격했던 탓에 부산 앞바다로 무모하게 출동해야 했고, 치욕스런 패배를 당하였다. 더 나아가 역대 사가들의 붓에 의해 필주되었으니 참으로 어리석은 싸움을 벌인 셈이다. 결과적으로 원균은 이순신의 위대함을 드높여 주는 '역사적 악역'을 자임한 꼴이 되었다.)

이순신 함대의 한산도 이진(移陣)

전라좌수사 이순신을 삼도수군통제사로 임명한 결정은 이삼일(계사년(1593) 8월 15일을 말한다.) 사이에 갑자기 이루어지지 않았을 것이다. 원균의 반발을 감안해야 하고, 조정 내 친(親)원균 세력(윤두수, 윤근수 형제 등 서인)을 압도할 명분도 필요하였다. 계사년(1593) 7월 이순신 함대가 기지를 한산도로 옮긴 것은 그 예고편이라고 여겨진다.

한산도의 면적은 14.72㎢, 가로, 세로 4㎞쯤 되는 규모로 우리나라 4천개 섬 가운데 38번째로 크다. 최고봉은 섬의 남쪽에 위치한 해발 293.5m의 망산(望山)이다. 서북쪽 어귀에 오리발처럼 생긴 깊숙한 한산만이 자리 잡고 있으니 이순신이 전부터 눈여겨봐 둔 장소였을 것이다.

『경상도속찬지리지』에 '한산도 목장(牧場)'이라는 지명이 전하는 것에서 보듯, 조선 초기에는 말을 기르는 섬이었다. 완만한 산야에 초지가 넓었던 탓이다. 말이 뛰놀던 한산도가 역사의 전면에 부상한 것

한산도 지도

한산도 망산 해발 293.5m의 망산은 이 충무공 유적지가 산재하고 있어 등산과 유적 탐사를 겸할 수 있는 곳이다.

은 임진년(1592) 여름(7월 8일) 한산대첩에서부터이다. 위대한 승리를 지켜본 행운 덕분에, 무명(無名)의 목장 섬은 '대첩의 전적지'라는 역사성을 획득하며 그 위상이 승격되었다. 특정 지역의 가치는 그곳에서 축적된 '역사적 에피소드의 총량'에 의해 크게 좌우되게 마련이다. 같은 맥락에서 과거 천년 동안 정치적·문화적 변경지대였던 서·남해안과 섬 지역의 비중은 7년전쟁 시기에 이루어진 '역사적 사건들' 덕분에 그 '무게'가 다소 증가한 것이 사실이다.

한산양(閑山洋)에서 벌어진 조일 수군의 싸움은 앞에서 다루었으므로 재론할 이유가 없지만 당시 한산도는 공도령(空島令)으로 인해 인적이 끊긴 무인의 섬이었음을 상기할 필요가 있다. 버려졌던 섬 한산도에 사람(군사와 피난민)이 다시 살기 시작한 것은 계사년(1593) 7월 중순, 이순신이 진(陣)을 옮기면서부터이다. 삼도수군통제사직을 제수받기 불과 한 달 전의 일이다. 뒤에서 다루겠지만 이순신이 본영을 경상도로 옮긴 이유는 삼도수군통제사 취임과 무관하지 않아 보인다.

한산도로 진을 옮기기에 앞서 이순신 함대는 계사년(1593) 5월부터 경상도 해역으로 본격 진출한다. 제6차 경상도 출동이다. 일본군이 진주성과 호남을 노리고 수륙 양 방면에서 대대적인 공세를 펴자 이를 저지하라는 조정의 명령이 있었다. 이때 이순신은 경상도 해상을 이리저리 옮겨 다니며 새로운 기지를 탐색하느라 바쁘다. 『난중일기』 기록을 살펴보자.

계사년(1593) 5월 2일 선전관 이춘영이 임금의 분부를 가지고 왔다. "적의 퇴로를 차단하고 적을 섬멸하라."는 것이었다.

계사년(1593) 5월 7일 전라우수사(이억기)와 함께 (여수에서) 아침밥을 먹고 배를 타고 (남해도) 미조항으로 향하는데, 샛바람이 세게 불어 파도가 산 같아 간신히 이르렀다(이순신은 다시 경상도 해역으로 진입하였다.).

계사년(1593) 5월 8일 사량도를 출발하여 당포(통영시 미륵도)에 도착한다.

계사년(1593) 5월 9일 아침에 출항하여 걸망포(乞望浦, 통영시 용남면 지도)에 이르니…

계사년(1593) 5월 21일 새벽에 출발하여 거제 유자도(柚子島, 사등면) 바다에 이르니…

계사년(1593) 5월 24일 진을 거제 앞 칠천량(漆川梁, 거제시 하청면) 바다 어귀로 옮겼다.

계사년(1593) 6월 13일 저녁에 진을 거제도 세포(細浦, 사등면 성포리)로 옮겼다.

계사년(1593) 6월 19일 큰 바람이 그치지 않고 계속 불어서 진을 오양역(烏楊驛, 사등면 오량리) 앞으로 옮겼으나 바람 때문에 배를 정박할 수 없어서 다시 고성 역포(亦浦, 현재는 통영시 용남면)로 옮겨서 진을 쳤다.

계사년(1593) 6월 21일 새벽에 진을 한산도로 옮겼다.

계사년(1593) 6월 26일 적선이 (거제) 오양역 앞까지 왔다고 하였다. 호각을 불어 닻을 들어 올리게 하고 모든 배들이 적도(赤島, 한산도 북쪽 섬, 불섬)로 가서 진을 쳤다.

계사년(1593) 6월 27일 정오에 적선이 견내량에 나타났다고 하므로 진을 이끌고 나가보니 벌써 도망가고 없었다. 불을도(弗乙島, 현지어로 '불섬'을 말하는데 한자로는 '불 화'자 화도(火島)로 쓰기도 하고, '붉을 적'자 적도(赤島)로 적기도 한다. 하루 전인 26일 일기에서는 '적도'로 표현하였다.) 앞바다에 진을 쳤다.

계사년(1593) 6월 28일 모든 진이 출발하여 견내량에 이르니 적선들이 달아났다. 그대로 머물러 밤을 지내고 새벽 2시경에 불을도에 도착하였다.

계사년(1593) 7월 5일 견내량, 적도를 거쳐 걸망포(乞望浦, 통영시 용남면 지도)로 돌아와 진을 치고 밤을 지냈다.

계사년(1593) 7월 6일 한산도에서 새로 만든 배를 끌어오는 일로 중위장(권준)이 여러 장수들을 데리고 나갔다.(이순신이 한산도에다 목수를 모아 놓고 전선을 건조하고 있음을 알 수 있다. 한산도에 장기 주둔할 태세이다. 이때부터 이순신은 수년간 한산도에 진지를 둔 채 견내량 이북 해역으로 진출하지 않고 견내량 지키기에 주력한다.)

계사년(1593) 7월 10일 초저녁에 진을 한산도의 끝단에 있는 세포(細浦)로 옮겼다.

계사년(1593) 7월 14일 진을 한산도 둘포(豆乙浦, 한산면 두억리)로 옮겼다.

이순신 함대는 5월 9일 걸망포에서부터 5월 24일 칠천량, 6월 13일 세포, 7월 14일 한산도 둘포까지 견내량을 사이에 두고 넓지 않은 해역을 부지런히 기동한 셈이다. 마침내 기지를 견내량 북쪽이 아닌 남쪽(한산도)에 두기로 한 것은 좁은 견내량 해협 뒤편에서 적을 방어하는 것이 아무래도 유리하다는 판단으로 보인다. 특히 둘포를 최종 기지로 선택한 것은 깊숙한 내만이어서 배를 감추기가 유리하기 때문일 것이다. 이순신이 지평(持平) 벼슬을 하던 현덕승(玄德升)에게 보낸 편지에 한산도로 진을 옮긴 시기와 이유가 나온다.

"전하께서 쾌차하시게 된 것은 신하와 백성들의 경사이므로 기쁜 마음 어찌 다 말할 수 있겠습니까.(당시 사람들의 상투적인 표현이다.) 난리를 치른 뒤 그리운 마음 간절했는데 뜻밖에 이번 하인 편으로 이달 초에 띄워 보낸 편지를 받아 급히 뜯어서 읽어보고 위로받음이 평상시보다 배나 되었는데 하물며 종이에 실린 말씀이 정중하기까지 하니 오죽하겠습니까. (중략) 호남은 나라의 울타리이므로 만약 호남이 없다면 나라도 없을 것입니다[湖南國家之保

障, 若無湖南 是無國家]. 그래서 '어제' 한산도로 진을 옮겨서 치고 바닷길을 가로막을 계획을 하였습니다. 이런 난리 중에도 옛정을 잊지 않고 멀리까지 위로해 주고 또 겸하여 여러 가지 선물을 받고 보니 모두가 진중에서 진귀한 물건 아닌 것이 없어서 깊이 감사하지 않을 수 없습니다."

–「답지평현덕승서(答指平玄德升書)」, 계사년(1593) 7월 16일자

7월 16일자 편지에서 '어제' 진을 옮겼다고 했으므로 15일이다. 『난중일기』에서는 14일 '진을 한산도 두을포(豆乙浦)로 옮겼다.'고 했으므로 하루 차이가 난다. 아마도 14일 시작한 이진(移陣)작업이 이틀이 걸려 15일 완료된 때문으로 보인다. 어쨌든 이순신은 호남을 지키기 위해서는 호남으로 가는 바닷길을 미리 차단해야 한다는 생각에서 한산도로 본진을 옮겼다고 밝히고 있다. 이순신 사후 조카인 이분이 작성한 행록(行錄)의 설명도 이와 유사하다.

"공(이순신)은 본영이 전라도에 치우쳐 있기 때문에 해상을 막고 지휘하기가 어려우므로 마침내 진을 한산도로 옮기기를 청하여 조정에서도 이를 허락하였다. 그 섬은 거제 남쪽 30리에 있는데 산 하나가 바다 굽이를 껴안아 안에는 배를 감출 수 있고, 밖에서는 그 속을 들여다볼 수 없을 뿐만 아니라 또 왜선들이 전라도로 가자면 반드시 이 길을 거치게 되는 곳이라 공이 늘 요긴한 길목이라고 하더니 이때에 여기에다 진을 치게 된 것이다. 그 뒤에 명나라 장수 장홍유(張鴻儒)가 여기에 올라와 한참이나 바라보다가 '정말로 좋은 진터이다.'라고 하였다."

제승당 전경 1593년 8월 이순신이 한산도에 세운 한산수국의 중심지, 제승당 전경으로 지금은 한산도 이충무공 유적지로 보호되고 있다.

그런데 한산도 이진이 호남을 지키기 위한 단 한 가지 목적에서 이루어진 것이 아닐 것이라는 것이 필자의 생각이다. 한산도 이진의 배경에는 영의정이자 도체찰사로서 전쟁을 총지휘하던 유성룡과의 교감이 있었을 것으로 판단된다. 뒤에서 다루겠지만 이즈음 유성룡은 조선 수군의 지휘권을 통합해야 할 필요성을 느끼고 있었다. 그는 이순신과 원균의 갈등 와중에 수군의 연합작전에 차질이 빚어지고 있는 현실(이순신과 유성룡은 전쟁 기간 내내 끊임없이 편지를 통하고 있었다.)을 소상히 파악하고 있었다.

전쟁 수행의 총책임자로서 수군에 큰 기대를 걸고 있던 유성룡으로서는 대책을 진지하게 고심했을 것이다. 해답은 삼도수군을 통합 지휘할 직책(삼도수군통제사)을 신설하여 이순신을 그 자리에 앉히는 것이었다.

이순신이 통제사가 되기 위해서는 군 선배인 원균을 명분상으로도 능가할 필요가 있었다. 이순신의 전공은 원균과 비교할 수 없이 높았지만 약점이 없지 않았는데, 그것은 바로 주전장(主戰場)을 관할하는 장수가 아니라는 사실이었다.

한산만 입구의 거북 등대

이순신 함대는 임진년(1592) 5월 이후 옥포해전을 시작으로 사천 해전과 당포해전, 당항포 승첩, 안골포해전, 한산대첩, 부산포해전 등에서 연전연승의 신화를 이룬 주력군이다. 하지만 전장이 경상도 해역이다 보니 주장(主將)은 어디까지나 원균이고 이순신은 객장(客將)인 셈이었다. 이순신의 약점은 그의 본진이 전투해역 외곽에 위치해 있다는 점이었다. 라이벌 원균은 언제나 '주장인 자신'이 이순신을 불러왔다는 점을 내세우고 있었다.

이런 차에 이순신이 진을 한산도로 옮기니 객장이라는 단 한 가지 약점도 사라지게 된 셈이다. 전장의 한가운데 기지를 둔 주장이 되니 이순신의 위상은 더욱 높아지게 된다. 통제사직에 오르기 한 달 전에 이루어진 이순신의 기지 이전에는 적잖은 의미가 숨어 있다.

이순신이 경상도에 항구적인 진을 세우는 데 대해 경상해역을 관할하던 원균이 어떻게 받아들였는지도 흥밋거리이다. 계사년(1593) 7월 15일자 원균의 장계를 보면 "신이 이순신과 서로 약속하고서 한산도 등지에 진을 치고 있습니다."라고 적고 있다. 이순신을 극히 미워하고 싫어했던 원균이지만 막상 이순신이 본진을 경상도로 옮기는 데는 환영하고 있다. 일본군이 경상도 해역에 가득한 상황에서 전라 좌수군의 신속한 구원이 필요한 만큼, 자신의 관할 구역 내로의 이진 (移陣)에 기꺼이 동의했던 것으로 풀이된다. 용맹은 제법 갖추었지만 크게 슬기롭지 못했던 원균은 이순신 함대의 이동이 가진 '정치적 의미'를 제대로 해석하지 못하고 있었다.

본진을 동쪽 경상도로 옮기면서 한산도라는 '섬'에 기지를 두기로 한 것도 눈여겨보아야 한다. 당시 육지에서는 일본 육군이 주도권을 쥐고 있었던 만큼 언제든지 적의 공격을 받을 위험성이 다분하였다. 반면 해전에는 자신이 있었기 때문에 조선 수군의 기지는 당연히 육지가 아닌 바다에 건설되어야 했을 것이다. 특히 1년 전(1592)에 대첩을 이룬 '기분 좋은 현장'이라는 점도 한산도를 주목한 배경이 되었을 수 있다.

제2차 진주성전투와 수군통제사직 신설

전라좌수군 함대가 본진을 한산도로 옮기고 한 달이 흐른 8월 15일, 이순신을 삼도수군통제사로 임명한다는 임금의 교서가 발행된다. 거듭 말하지만 도체찰사이자 영의정인 유성룡의 심모원려가 작용했을 것이 분명하다. 조금 길지만 그대로 인용해 본다.

삼도수군통제사로 임명하는 교서[水三道統制使敎書]

왕은 이와 같이 이르노라. 삼군(三軍)의 명을 주관하는 것을 사기에서는 왕이 전차의 바퀴를 밀어 주면서 맡긴 중임이라고 하였는바, 군사를 부림에 있어서 소중이 여기는 바는 요령을 얻는 것이다. 주역에서는 패전의 흉측함을 기록해 두었는데 이치에는 필연이라는 것이 있지만 일에는 상례(常例)라는 것이 없기 때문이다. 그대는 일생 동안 고절(苦節)을 지켜 국가의 만리장성이 되었다. 뿔뿔이 흩어졌던 잔약한 병사들을 규합하여 전라도와 경상도의 요해처를 틀어잡고 강한 왜적들을 맞받아침으로써 한산도와 당항에서 기이한 전공을 보고하였다. 부지런히 애쓴 것이 모든 군영(軍營) 중에서 두드러졌으며, 세 번의 대첩으로 표창을 받고 승진함이 누차 빛났었다. 돌이켜보건대 병가(兵家)에서 가장 걱정하는 것은 통솔할 사람이 없는 것이라 하였다. 만약 각각 제 형편대로만 한다면 어찌 팔이 손가락 부리듯 한다고 말할 수 있을 것인가. 만약 서로 관할하고 통섭하는 일이 없다면 뒤늦게 온 자가 먼저 도망가는 일을 어찌 없도록 할 수 있겠는가. 그래서는 위급한 상황을 만났을 때 조처할 방도가 없을 것인데, 하물며 지금은 적의 세력이 아직 뿌리 뽑히지 않았고, 적들의 속이고 거짓말함이 갈수록 더해 가고 있는 상황임에랴.

적들은 한편으로는 겉으로 부산에서 창과 칼을 거두어 철병할 의사가 있는 것처럼 보이면서, 다른 한편으로는 바다에서 군량을 운반해 오는 등 다시 들고 일어날 음모를 속으로 꾸미고 있는 바, 이에 대응하여 계책을 세우기는 지난 때보다 더욱 어려운 실정이다. 그래서 그대에게 지금 맡고 있는 직책에다 전라, 충청, 경상의 삼도수군통제사의 직책을 겸하여 맡도록 하는 것이다.

아! 위엄은 사랑하는 마음을 억누를 수 있을 때 비로소 세워질 수 있으며, 공로는 자기 뜻대로 할 수 있을 때 비로소 값어치 있는 것이다. 그대 휘하 장수로서 명령을 따르지 않는 자는 그대가 군법대로 시행하도록 하고, 군사들 중에 고집 세고 아둔한 자가 있거든 그대가 충효의 도리로써 타일러 주도록 하라. 바다 밖의 적들을 끊어 막음으로써 사방에서 우리를 업신여기는 자가 없게 하는 일은 그대가 잘할 수 있는 일인즉, 우리의 잠자리 옆에서 코를 고는 자가 있어서 삼도의 백성들이 편히 쉴 수 없게 되는 것은 그대의 수치이니 그대는 힘쓰도록 하라.

아! 슬프구나. 버리고 갔던 옛 도성은 이제 저만큼 바라보이건만 도성에 남아 있던 백성들은 여전히 슬퍼하고 있구나. "흉노들을 소멸시키지 못했는데 어찌 내 집을 마련하랴."라고 하였다. 만약 그대가 적들을 크게 무찌르는 일에 전심전력해 준다면 나로서는 큰 다행일 것이다. "한 치의 땅이라도 수복하지 못한다면 나라 꼴이 아니다."라고 하였다. 나로서야 어찌 작은 성공에 만족할 수 있겠는가. 건국 초기의 좋은 의도를 따라서 나라를 중흥시킬 위대한 사업을 이룩하도록 힘쓰기를 바라면서 이에 교서를 내리는 바이니 그대는 헤아려 잘 알도록 하라.

이 교서는 열흘 뒤인 8월 25일 이순신에게 전달되었다. 많은 수군 장수들이 축하와 덕담을 건넸을 것이지만 원균과 그의 측근들은 크게 당황했을 것이다. 원균은 이때쯤에야 이순신의 한산도 이진에 담긴 숨겨진 의미를 어렴풋이 파악했을 것으로 보인다.

삼도수군통제사가 되면서 이순신은 전라, 충청, 경상도 수군의 지휘권을 장악하게 되었지만 분명 이례적이다. 조선을 비롯한 전통 왕조는 병권이 한 사람에게 집중되는 것을 즐기지 않았기 때문이다. 해전이 한창이던 임진년에도 전라좌우수군과 경상우수군은 통합된 지휘권이 아니라 연합함대로서 싸웠다. 그런데도 전쟁이 소강국면에 들어간 계사년(1593) 8월에 '뒤늦게' 수군의 지휘권을 일원화한 배경은 무엇일까? 직전에 있었던 제2차 진주성전투(1593년 6월 19일~29일)를 눈여겨보자.

임진년(1592) 10월 5일 진주에 당도한 일본군 2만여 명은 진주목사 김시민이 지휘한 3,800명의 조선군과 6일간 치열한 공방전을 벌인 끝에 패배하고 10월 10일 물러갔다. 이 싸움의 승리로 조선은 호남을 지킬 수 있었다. 1차 진주성전투에서의 패배로 위상이 손상된 도요토미는 이듬해(1593) 6월 특별 명령을 내려 가토 기요마사와 고니시 유키나가, 우키다 히데이에 등에게 복수전을 지시하였다. 한양을 내어 주고 경상도로 남하한 일본군은 6월 15일부터 작전을 개시하여 함안과 반성, 의령을 점령하고 19일부터 진주성을 공격하기 시작하였다. 제2차 진주성전투는 일본군이 1차 패배를 설욕하는 동시에 호남지방을 공취할 목적에서 시작한 큰 싸움이다. 전투에 참가한 일본군의 총수는 육군이 9만 3,000명, 해군이 8,000명에 이르렀다. 당시 진주성에는 창의사(倡義使) 김천일(金千鎰)과 경상우병사 최경회(崔慶會), 충청병사 황진(黃進), 진주목사 서예원(徐禮元), 진주판관 성수경(成守慶), 사천현감 장윤(張潤), 거제현령 김준민(金浚民), 김해부사 이종인(李宗仁), 의병장 고종후, 이계련, 민여운 등이 이끈 병력 3,400명뿐이었고 비무장 주민이 6~7만 명이었다.

싸움은 6월 22일부터 본격적으로 전개되어 치열한 공방 끝에 진주성의 거의 모든 장졸이 전사하고 29일 성이 함락되었다. 일본군도 2만 명이나 죽었다. 성이 무너지자 일본군은 성안에 남은 조선의 군관민 6만여 명을 사창(司倉)의 창고에 몰아넣어 불태워 학살하였을 뿐만 아니라 가축도 모두 도살하였다. 승리한 왜군이 촉석루에서 자축 연을 벌이던 중 논개가 왜장을 안고 남강으로 뛰어든 일은 유명하다. 제2차 진주성싸움은 7년전쟁 최대의 격전이자 가장 처절한 전투였 다. 전투가 끝난 뒤 조정에서는 패전원인에 대해 나름의 분석을 내놓 았다. 도체찰사 유성룡은 임금에게 이 같은 보고를 올린다.

"풍원부원군(豊原府院君) 유성룡이 치계하였다. 진주의 함락은 비 록 강대한 적들 때문이기는 하지만 우리 쪽 대응의 잘못도 개탄 스럽습니다. 신이 서울에 있을 적에 (진주) 목사 서예원이 명군 지 대차사원(明軍 支待差使員)으로 함창(경북 상주)에 와서 있기에 즉 시 이문하여 '진주가 곧 왜적의 공격을 받게 되었는데 성을 지키 는 관원이 어찌 멀리 나와 있어서야 되겠는가?' 하고 속히 돌아가 도록 하였습니다. 그러나 지체하고 돌아가지 않다가 적이 가까이 왔다는 것을 들은 뒤에 겨우 입성하여 방비 등의 일을 미리 조처 하지 못한 것이 잘못의 첫째이고, 또 여러 장수(諸將)들이 객병(客 兵)을 거느리고 한 성안에 많이 모였는데 통제하는 사람이 없어 각각 제 주장만 고집하여 분란을 면치 못했던 것이 잘못의 둘째 이며, 제장들이 당초에 사세를 헤아리지 못하고 경솔히 함안으로 나아가서 진을 치고 있다가 적병이 크게 이르자 낭패하고 돌아와 서 적으로 하여금 승세를 타게 한 것이 잘못의 셋째이며, 정진(鼎 津, 경남 의령)에 군사를 진열시키고 굳게 지켰다면 적이 사면에서 함께 진격하여 오지는 못했을 것인데 모두 버리고 떠났으므로 적 병이 수륙으로 함께 진격하였고 진주가 함락되기 전에 의령, 삼 가, 단성, 진해, 고성, 사천 등지에 적이 구름처럼 모여 원병의 길이 막힌 것이 잘못의 넷째입니다."

－『선조실록』, 계사년(1593) 7월 21일자

장계에서 보듯 유성룡은 진주성에 여러 장수가 모였지만 '통제하는 사람이 없어' 작전이 일사분란하지 못하였던 것이 패전의 중요한 원인으로 진단하였다. 실록에는 7월 21일자로 기록되었지만 유성룡과 비변사에서는 진주성싸움이 시작된 6월 하순부터 이미 조선군 지휘체계의 문제점을 파악하고 있었다고 보아야 한다. 이때 일본군은 8,000명의 해군으로 호남을 공격할 준비도 하고 있었다. 유성룡은 당연히 바다 사정을 떠올렸을 것이다. "이순신과 원균이 화합하지 못하고 제각기 작전을 펴고 있으므로 그냥 두었다가는 진주성 꼴이 나기 십상이다. 통제할 사람이 필요하다." 전쟁의 총책임자(도체찰사)인 영의정 유성룡은 진주성의 실패를 되풀이하지 않기 위해서라도 수군의 직제를 바꿀 필요성을 실감했을 것이다. 다시 말해 삼도수군통제사 신설과 이순신의 임명은 제2차 진주성싸움을 계기로 도체찰사 유성룡과 비변사에서 삼도수군을 절제하는 최고지휘관이 필요하다고 판단한 데 따른 것으로 해석된다. 이를 위해 전라좌수사 이순신으로 하여금 본진을 주전장인 경상도 해역의 한산도로 이전하게 하는 등 치밀한 계산을 한 징후도 감지된다.

경상, 전라, 충청도 수군이라면 사실상 조선 수군 전부이고, 조선군 전력의 절반이 넘는다. 이제 삼도통제사가 된 이순신, 조선의 해상 안전을 총책임지게 된 이순신은 한산도에서 자신의 의지대로 새로운 시대를 열어나간다. '한산도 수국'은 이순신이 삼도수군통제사라는 조선왕조 초유의 새 직제를 맡게 되면서 형성되기 시작하였다.

제 2 부

한산수국에서
경제기반을 확립하다

4장

한산수국의 '건국'-
영역 확보와 해변의 대개간(大開墾)

이순신이 삼도수군통제사에 올랐지만 조정의 지원은 사실상 전무
하였다. 병사를 모으고 먹이고 입히고, 함대와 무기를 만드는 전쟁 수
행의 모든 과정을 스스로 처리해야 하였다. 나라에서 물자를 주지 않
으면 백성들로부터 빼앗아 군량미와 병장기를 조달하는 것이 수천
년 동안 이어져 온 동양군대의 전통이었다. 그러나 이순신은 달랐다.
조정의 도움 없이도 완벽한 자급자족 체제를 만들어 대처하였다. 이
순신의 비범성과 위대함은 바로 이런 점에 있다. 전쟁하는 재주가 뛰
어났다고만 칭송하는 것은 피상적인 평가일 뿐이다. 같은 수군 장수
인 원균, 이억기는 물론이고 권율과 곽재우 등 여러 무장들이 7년전
쟁을 함께 맞았지만 백성을 살리고 군대를 기르기 위해 '산업'을 일으
킬 생각들은 하지 못하였다. 이순신이 남보다 크게 성공할 수 있었던
가장 핵심적인 배경은 그가 '경제'를 이해하였다는 데 있다.

이순신은 먼저 해변고을들을 수군 전속으로 돌림으로써 자신의 의지가 집행되는 영역을 확보한 다음, 해변의 버려진 땅에 광범위한 둔전(屯田)을 일구었다. 그러고는 바다와 육지의 산물을 대대적으로 개발하여 막대한 전비를 충당하였다. 수군통제사의 군정체제(軍政體制) 휘하에는 거대한 농장과 어장, 공작소가 속속 생겨났으며, 이같은 경제력은 한산도 군영을 뒷받침하는 튼튼한 물적 기반이었다. 이순신이 한산도를 중심으로 서·남해 여러 섬들과 해변에 이룩한 '군·산·정(軍·産·政) 복합체제'야말로 하나의 '나라[國]'에 비견할 만하였다. 가난한 조선 수군이 막강 일본군을 저지할 수 있었던 경제적 토대는 오롯이 이순신의 땀과 노력, 지혜로 쌓아 올린 것이었다.

경제적 자립의 중요성

동서고금을 막론하고 전쟁은 늘 경제적 출혈을 요한다. 전시 물자는 기본적으로 국가의 재정으로 충당하되, 일부는 전투 와중에 적국(군대와 민간을 포함)에게서 빼앗아 보충하기도 한다. '이순신의 적'은 이 같은 공식에 충실하였다. 일본에서 실어온 각종 군수품과 함께 조선군과 백성에게서 약탈한 물자로 7년전쟁을 치렀다. 하지만 이순신은 그런 사치를 누릴 수 없었다.

우선 조정의 지원을 기대하기 어려웠다. '전혀' 받지 못했거나 백번 양보하더라도 '거의' 받지 못하였다. 워낙에 가난했던 나라가 전쟁으로 결딴이 나자 군대를 돕기는커녕, 거꾸로 일선 군대에게 손을 내미는 처지였다. 이순신도 피난 조정에 수시로 종이 등 각종 물자를 올려 보내거나 군량미를 실어 보내야 하였다. 몇몇 사례를 보자.

"삼가 아뢰나이다. 행재소에서 소용되는 종이를 넉넉히 올려 보내라는 분부를 받았습니다. 그러나 장계를 받들고 가는 사람이 길이 멀어서 운반하기 어려우므로 우선 장지(壯紙) 10권만 봉하여 올려 보냅니다."

-「봉진지지장(封進紙地狀)」, 임진년(1592) 9월 18일자

"삼가 아뢰나이다. 순천에 사는 전 훈련봉사 정사준(鄭思竣)은 (중략) 왜적들이 감히 그 지역에 접근하지 못하게 했습니다. 그런 정사준이 의(義)를 떨쳐 일어난 순천부 사람 전 훈련봉사 이의남(李義男) 등과 상의하여 각각 의연곡(義捐穀)을 모아서 모두 한 배에 싣고는 행재소(임금이 머무는 장소)로 향하였습니다. 지난번 비변사 공문에서 분부하기를 화살용 대를 넉넉히 올려 보내라고 하였으나 부산에서의 승첩장계를 가지고 가는 사람은 육로로 먼 길을 가야 하기 때문에 형편상 가져가기가 어려워서 올려 보내지 못했습니다. 이번 정사준 등이 올라가는 편에 장편전 제조용 대와 종이 등 물건들을 같이 봉하여 한 배에 같이 실어 보냅니다. 물목(物目)은 따로 적어서 올려 보냅니다. (중략) 권준(權俊)은 원래 정해진 양 외에 쌓아 두었던 (비상용) 군량 1백 섬과 다른 물건들을 앞에서 말한 정사준 등의 의연곡 운반선에 함께 실어서 우선 올려 보냈습니다. 신호, 어영담, 배흥립 등이 올려 보내려는 군량과 무기 등 물건들은 각각 자기들의 배에 싣고 각 고을에서 모집한 지원자들에게 맡겨서 올려 보내면서 각각 물목을 작성해 보내 왔습니다."

-「장송전곡장(裝送戰穀狀)」, 임진년(1592) 9월 25일자

"일찌감치 김양간(이 상경하는) 편에 단오절 진상물을 보냈다."

-『난중일기』, 갑오년(1594) 6월 26일자

왕(조정)의 지원이 없었다면 적으로부터의 노획물은 혹 없었을까? 전혀 없지는 않았지만 의미 있는 물량은 결코 되지 못하였다. 당시 조선 수군은 함포로 적선을 깨뜨려 침몰시키거나 불태워 수장시키는 근대 해전술을 사용하였다. 배를 온전하게 보전하여 인명과 물자를 확보하는 해적(海賊)식 전법이 아니었기 때문에 전투가 끝난 뒤 적으로부터 얻을 수 있는 노획물은 '부스러기'에 불과하였다. 『난중일기』에 보면 그 편린만 남아 있다.

"좌부장인 낙안군수 신호가 왜의 큰 배 한 척을 깨뜨리고 머리 하나를 베었는데, 배 안에 있는 칼, 갑옷, 의관 등이 모두 왜장의 물건인 듯하였다."

-「옥포파왜병장(玉浦破倭兵狀)」, 계사년(1593) 5월 10일자

"명나라 관원 양보(楊甫)가 왜물(倭物)을 보고 크게 좋아하면서 말안장 하나를 가져가더라고 한다."

-『난중일기』, 계사년(1593) 6월 1일자

"왜적의 물건들은 별로 중요한 것이 없고, 다만 의복, 양식, 솥, 나무그릇 등의 잡물뿐이므로 수색해 온 장병들에게 골고루 나누어 주었습니다."

-장계, 갑오년(1594) 3월 10일자

"늦더위가 찌는 듯하다. 사수들의 활쏘기를 시험하고 적의 장물(臧物)을 나누어 주었다."

-『난중일기』, 갑오년(1594) 7월 2일자

　이순신 군대의 가난한 처지는 산과 들에서도 부지런히 산물을 구해야 하였던 기록에서 확인된다. 조선 수군은 배를 만들 목재를 구하고 불을 피울 장작을 산에서 얻는 것은 물론이고, 짐승을 잡아 부족한 단백질을 보충했는가 하면 칡과 과일을 구해 식량을 대용하기도 하였다. 허기진 배를 채우기 위해 부지런히 먹을거리를 구해야 했던 수군의 고단한 처지가 고스란히 『난중일기』에 담겨 있다. 일기에 사냥 기사가 자주 발견되지만 이는 장수들의 오락 기록이 아니라 일반 군졸들까지 참가한 '육류' 확보용 생계 수단으로 보아야 한다. 짐승을 사냥한 몇몇 기록들을 살펴보자.

계사년(1593) 2월 20일　날이 저물기 전에 소진포(蘇秦浦, 거제시 장목면 송진포리)에 도착해 물을 긷고 밤을 지냈다. 이날 사슴 떼가 동서로 달아나는데 순천(순천부사 권준)이 1마리를 잡아 보내왔다.(사냥은 장수들의 전유물이 아니었을 것이다. 당시에는 야산이나 섬에 야생동물이 적지 않았을 것이기 때문에 무기를 갖춘 일반 병졸들도 수시로 사냥을 하여 주린 배를 채웠다고 보는 것이 자연스럽다.)

계사년(1593) 5월 26일　순천이 노루고기를 차려 내놓아 광양과 우수사 영공이 와서 이야기를 하며 지냈다.

계사년(1593) 5월 27일　유자도(柚子島, 거제시 신현읍)로 진을 옮겼다. 협선 3척이 간 곳이 없더니 늦게야 들어왔다. 순천과 광양(어영담)이 와서 노루고기를 차렸다.

계사년(1593) 9월 8일 새벽에 송희립 등을 당포 산으로 보내어 사슴을 잡아오게 하였다.

갑오년(1594) 2월 8일 변존서가 당포에 가서 꿩 7마리를 사냥해 왔다.

갑오년(1594) 5월 19일 송희립이 회(이순신의 장남)와 같이 착량에 가서 노루 사냥을 할 때에 비바람이 치고 안개가 잔뜩 끼었다. 이들은 초저녁에 돌아왔지만 날씨는 아직 활짝 개지 않았다.

갑오년(1594) 9월 7일 순천부사가 진중에 있을 때 거제에 부하들을 사냥에 내보냈다가 모두 적에게 사로잡혔는데도 그 사정을 보고하지 않아 매우 놀라웠다.

을미년(1595) 10월 26일 송홍득과 송희립은 사냥하러 나갔다.

병신년(1596) 2월 6일 적량만호 고여우가 큰 매를 가지고 왔으나 오른쪽 발가락이 모두 얼어서 문드러졌으니 어떻게 할 것인가?(한산도에서 매사냥도 시도했음을 알 수 있다.)

병신년(1596) 2월 16일 저녁 무렵 사슴 1마리와 노루 2마리를 사냥해 왔다.

병신년(1596) 3월 6일 사슴 3마리를 사냥해 왔다.

병신년(1596) 3월 7일 녹도만호가 노루 2마리를 잡아왔다.

병신년(1596) 3월 8일 아침에 안골포만호와 가리포첨사가 큰 사슴 1마리씩을 보내왔다.(병신년(1596) 3월 6일과 7일, 8일 사흘 연속으로 각 고을의 장수들이 사슴과 노루를 잡아다가 통제사에게 바치고 있다. 당시 사냥이 제법 활발했음을 알 수 있다.)

식량 대용물로 칡을 부지런히 캤고, 띠풀도 쉴 새 없이 베어야 하였다.

> **갑오년(1594) 2월 9일**　새벽에 우후가 배 두세 척을 거느리고 (고성) 소비포 뒤쪽에 띠풀(막사와 판옥선의 지붕 재료 및 불쏘시개 등으로 활용한다.)을 베러 나갔다.
>
> **갑오년(1594) 8월 19일**　새벽에 사량(통영시 사량면) 뒤쪽에 도착했지만 원균 수사는 아직 오지 않았다. 칡을 60동을 캤더니, 그제서야 원 수사가 왔다.(칡은 녹말성분이 풍부하여 흉년에 구황식물로 많이 이용되었다. 굶주린 일반 병사들에게는 부족한 식량을 대신할 수 있는 고마운 식물이 산에서 나는 칡이었다.)
>
> **갑오년(1594) 10월 7일**　띠풀 183동을 베었다.
>
> **갑오년(1594) 10월 8일**　흉도에서도 띠풀 260동을 베었다.
>
> **을미년(1595) 10월 25일**　띠풀을 베어 올 일로 이상록, 김응겸, 하천수, 송의련, 양수개 등이 군사 80명을 거느리고 나갔다.
>
> **을미년(1595) 10월 28일**　띠풀을 베러 갔던 배가 들어왔다.
>
> **을미년(1595) 11월 6일**　띠풀 400동, 칡 100동을 베어서 실어왔다.

칡을 캐고 띠풀을 벤 하찮은(?) 기록이 『난중일기』에 나온다는 것은 그만큼 중요한 의미를 부여하고 있었다는 뜻이다. 가난한 조선 수군으로서는 가치가 있는 물자를 구하기 위해 해변의 산과 들, 섬과 바다를 샅샅이 헤매고 다녔음을 알 수 있다. 전투가 없을 때라도 생산과 채집활동으로 한시도 쉴 틈이 없었던 것이 한산수국의 일상이었다.

이런 상황에서 싸움을 하려면 경제적 독립 체제를 구축하지 않을 수 없었다. 물자 없이는 군사를 키울 수도, 전투를 할 수도 없기 때문이다. '아생연후 살타(我生然後 殺他)', 내가 살아난 다음에야 비로소 적을 칠 수 있다는 것은 만고의 진리이다. 이순신은 적과 싸우기에 앞서 조선(군대와 백성)이 살아남을 방책부터 건설해야 함을 잘 알고 있었다. 세계사에서 유례가 없을 정도로 정부의 지원을 못 받은 고단한 군대가 7년전쟁 당시의 조선 수군이었다. 그런데도 적과 싸워 늘 이겼으니 이순신의 위대함은 이런 데서도 빛난다. 경제의 중요성을 인식하고, 버려졌던 섬과 해변지대(당시 조선의 섬과 해변이 버려졌던 이유는 국초부터 시행된 해금령과 공도령 때문이다. '책속의 책-바다를 버린 나라 조선'을 참고하기 바란다.)에 수많은 백성들이 먹고살 수 있는 산업기반을 구축한 이순신이야말로 중세의 무인이라기보다는 현대의 CEO에 더 가까운 인물이다. 그는 앞이 보이지 않는 암울한 상황에서도 결코 좌절하지 않은 채 최선의 대안을 찾았고, 끝내는 활로를 열었다.

물자 중에서도 가장 필요하고, 또 가장 부족한 것이 군량미였다. 굶지 않고 싸우기 위해 이순신은 서둘러 해변의 땅을 개간하기 시작한다. 이른바 둔전책(屯田策)이다. 그런데 이순신이 생각한 둔전은 소규모가 아니었다. 삼남 해변의 버려둔 땅을 대대적으로 개간하여 군사는 물론 백성이 함께 살아가야 한다는 원대한 생각을 지녔다. 그러기 위해서는 먼저 삼남의 해변고을들을 수군의 지휘하에 넣어 둘 필요가 있었다. 이순신은 제도적 정비작업이 선행되어야 한다고 판단하였다.

수군 군정체제(軍政體制) 수립-수국의 영역을 확보하다

무릇 나라라고 한다면 반드시 영역이 확보되어야 할 것이다. 그렇다면 '한산수국'의 지경(地境)은 어디인가? 경상-전라-충청 삼도의 해변고을이 이에 해당된다. 그러나 삼남의 해변이 저절로 수국의 땅이 된 것은 아니다. 이순신은 자신의 영역을 참으로 어렵사리 구축하였다. 삼도의 해변고을들을 수군 전속지대(專屬地帶)로 만드는 것, 즉 수군 군정체제(軍政體制)를 세우는 일이야말로 '수국 건국'의 제일보였다. 삼도수군통제사에 오르자마자 해변고을들을 수군의 기반으로 만드는 일에 착수하였다.

이순신을 삼도수군통제사로 임명하는 교서는 1593년 8월 15일에 작성되어 열흘 뒤인 8월 25일 한산도로 전달된다. 교서에 숙배하고 선전관이 보낸 발병부(發兵符)를 건네받는 것으로서 조선 수군의 최고 지휘관에 올랐다. 그리고 나서 보름이 지난 9월 10일, 이순신은 해상경영의 대계(大計)를 담은 보고서를 임금에게 올린다. 「조진수륙전사장(條陳水陸戰事狀)」, 즉 '해전과 육전의 일을 조목조목 진술한 장계'가 그것인데, 그가 현실을 정확하게 진단하고 있을 뿐만 아니라 상황을 타개할 방책을 미리부터 생각하고 있었음을 잘 보여 주고 있다. 이순신은 분명 '준비된 통제사'였다.(이순신이 이 장계에서 밝힌 내용, 즉 해변고을들을 수군전속으로 돌리고 둔전을 개간하여 군량을 충당하며 많은 전선을 건조하여 적을 제압하겠다는 바람과 다짐은 훗날 100% 이상 달성된다.)

"삼가 품의드릴 일로 아뢰나이다. 바다와 육지에서 적을 방비하는 계책에는 각각 어렵고 쉬운 점이 있습니다. 그런데도 요즘 사람들은 모두 바다싸움은 어렵고, 육지싸움은 쉽다고들 생각하여 수군 장수들이 모두 다 육전(陸戰)으로 나가고, 연해 지방의 군사들 또한 육전으로 나가고 있으나 수군의 장수로서는 감히 이를 통제할 수가 없습니다. 심지어 전선(戰船)의 사부와 격군까지도 조정할 길이 없으니, 이런 처지에서 여러 장수들의 용감함과 용렬함을 무엇으로 가려낼 수 있겠습니까. 신은 수군의 정원수나 겨우 채우고 있는 용렬한 자이기는 하지만 여러 번 큰 전쟁을 겪었으므로 수전과 육전의 어렵고 쉬운 점, 그리고 지금의 급한 일들을 들어가며 다음과 같이 망령되이 진술하는 바입니다.

우리나라 사람들은 십중팔구는 겁쟁이고 용감한 자는 열에 한둘 밖에 없습니다. 평상시에는 분간되지 않고 서로 섞여 있지만 일단 무슨 소문만 들리면 그저 도망갈 생각만 하고 놀라서 허둥지둥하다가 엎어지고 자빠지면서 다투어 달아나는데, 비록 그 가운데 용감한 자가 있다고 하더라도 혼자서 어떻게 시퍼런 칼날을 무릅쓰고 죽음을 각오하고 돌진하여 싸울 수 있겠습니까. 만일 정선된 군졸들을 용감하고 지혜로운 장수들에게 맡겨서 정세에 따라 잘 지도하였더라면 오늘날의 사변이 이런 지경에까지는 이르지 않았을 것입니다.

그러나 수전의 경우에는 수많은 군사들이 모두 배 안에 있으므로 적선을 바라보고 비록 도망치고 싶어도 도망갈 수가 없을 뿐만 아니라 노질을 재촉하는 북소리가 급히 울릴 때 명령을 어기는 자가 있으면 군법이 그 뒤를 따르니 어찌 진심전력을 다해 싸우지 않을 수 있겠습니까. 거북선이 앞에서 돌격하고 판옥선이 그 뒤를 따라 나가고 지자(地字), 현자(玄字) 총통들을 연달아 쏘고 또 그것을 따라서 포탄과 화살들을 빗발치듯 우박 쏟아지듯 쏘아대면 적들의 사기는 쉽게 꺾여서 물에 뛰어들어 죽기 바쁜데 이것은 수전의 쉬운 점입니다. (중략) 신의 어리석은 생각에는 수군에게 소속되어 있는 연해안 각 고을의 여러 아전들이 징발하는 건장한 병사들을 전적으로 수군에 소속시키고, 또 그곳에서 생산한 군량들도 전적으로 수군에 공급하도록 해 줌으로써 전선을 지금보다 배나 더 만들게 한다면 전라좌도의 다섯 고을(5官), 다섯 포구(5浦)에서는 60척을 정비할 수 있고, 전라우도의 열다섯 고을(15官), 열두 포구(12浦)에서는 90척을 정비할 수 있으며, 경상우도에서는 난리를 치른 뒤여서 조치할 길이 없다고는 해도 그래도 40여 척은 정비할 수 있고, 충청도에서는 60척은 정비하여 보유할 수 있을 것이므로 모두 합하면 250여 척은 될 것입니다. 이만한 군사 위력을 가지고 자기 도(道)니 남의 도니 하면서 관할 구역을 따지지 않고 적들이 향하는 곳을 듣는 대로 곧바로 응원하여 형세에 따라 추격한다면 가는 곳마다 대적할 만한 적은 없을 것입니다. 또한 적들의 세력이 대단하다고 하더라도 그 배들은 물에 있는 것인즉, 우리 배가 마주 버티고 있으면 적들은 뒤를 돌아다보는 걱정이 생겨서 멋대로 상륙하지는 못할 것입니다. 이런 사정들을 조정에서는 부디 충분히 헤아리시어 연해안 여러 고을들로부터 징발한 장정들과 군량 등은 다른 곳으로 옮기지 말고 전적으로 수군에 소속시켜 주시고 수군의 여러 장수들도 육전으로 이동시키지 말아 주시기를 엎드려 간청드립니다.

一. 군량 마련이 가장 먼저 해야 할 일입니다. 호남지방은 명색은 전란의 피해를 입지 않고 보전되었다고 하나 물력(物力)이 완전히 고갈되어 조달할 길이 없습니다. 신의 생각에는 본도의 순천과 흥양 등지에는 비어 있는 넓은 목장과 농사를 지을 만한 섬들이 많이 있습니다. 그런 곳들을 또는 관청 직영의 둔전으로 하거나 또는 민간에 주어서 경작을 시키거나 또는 순천과 흥양의 방비군들을 전적으로 농사일에 종사시키다가 사변이 생겼을 때에만 나가 싸우게 한다면 싸우고 지키는 데 방해될 것이 없고 군량 조달에도 유익할 것입니다. 이것은 이미 조나라의 이목(李牧)과 한나라의 조충국(趙充國)이 예전에 시험해 본 적이 있는 방책입니다. 다른 도에도 이 예와 같은 방식으로 내년 봄부터 농사짓고 개간하는 일을 시작하도록 하시기 바랍니다.

一. 수사(水使)가 수군의 대장으로서 호령을 내리더라도 각 고을의 수령 등은 자신의 소관 사항이 아니라고 핑계대면서 전혀 시행하지 않고 있습니다. 심지어 군사상 중대한 일까지도 내버려 두거나 등한시하는 일이 많아서 매사가 이완되고 있으므로 이런 큰 사변을 당하여 도저히 일을 처리해 나갈 수 없습니다. 반드시 감사와 병사의 예에 따라서 고을의 수령들까지 수사의 지휘를 받도록 해주시기 바랍니다."

-『선조실록』, 계사년(1593) 9월 10일자

당시 직제상 수사는 정3품 절충장군으로서 종2품인 감사는 물론이고 육군의 병사보다도 하위 품계였다. 그런데 위 장계의 마지막 단락, 즉 '감사와 병사의 예에 따라서 고을의 수령들까지 수사의 지휘를 받도록 해 달라.'는 구절은 수사의 지위를 감사, 병사와 동등하게 간주하여 해변고을에 대한 지휘권을 달라는 요구이다. 당시 해변고을은 감사와 병사, 수사가 제각기 감독권을 내세우고 있어 지휘체계가 불분명했는데 이를 수사로 일원화해 달라는 것이다. 즉, 해읍(海邑)의 수령들을 통제사-수사의 부하로 확실하게 규정하여 달라는 말이다. 이는 곧 삼남의 해변고을을 삼도통제사가 지휘하는 수군 군정체제에 넣어 달라는 주장에 다름 아니다. 이순신의 강한 권력의지를 읽을 수 있는 대목이다. 임진년에 육군은 철저히 패배했지만 수군은 연전연승을 거두었다는 자부심에서 이런 요구를 당당히 할 수 있었을 것이다.(해변고을을 수군 전속으로 해 달라는 요구는 통제사가 되기 전부터 시작하였다. 통제사에 오르기 넉 달 전인 계사년(1593) 4월 6일에는 「청주사속읍수령전속수전장(請舟師屬邑守令專屬水戰狀, 수군 소속 고을의 수령들을 해전에 전속시키기를 청하는 장계)」을 올린 바 있다.)

당대 지방의 정치·군사질서를 근본적으로 뒤흔들 수 있는 요구에 대해 조정이 흔쾌히 응할 리 없다. 자칫 통제사의 권력을 지나치게 비대하게 만들 우려가 있고, 전례 또한 없었기 때문이다. 조정의 첫 반응은 신통치 않았지만 이순신은 쉴 새 없이 같은 장계를 올렸고, 끝내 자신의 뜻을 관철한다.

9월 10일 「조진수륙전사장」을 올리고 석 달이 지난 윤 11월 17일에도 비슷한 장계를 올려 보냈다. 다음은 「청연해군병량기전속주사장(請沿海軍兵糧器全屬舟師狀, 연해고을의 군사와 양곡과 병기를 수군에 전속시켜 주기를 청하는 장계)」의 일부이다.

"삼가 상의드릴 일로 아뢰나이다. 수군에 소속된 연해안 여러 고을의 군사들과 군량을 육지에서 싸우는 여러 진영에서 이리저리 징발해 가고 있다는 사연은 이미 다른 장계에서 대강 아뢰었습니다. (중략) 그리고 수군 징발 문제가 이처럼 혼란스럽게 거론되면 신이 거느리고 있는 수군들을 통솔하여 나갈 길이 전혀 없어지고 바다를 방비하는 일에 있어서도 전혀 손을 쓸 수가 없게 됩니다. 그리하여 수군의 형세가 나날이 약해진다면 해상으로 덤벼드는 적을 막아 내기가 어려워질 것이므로 신은 밤낮 없이 속을 끓이 면서 답답해 하고 있습니다.”

-계사년(1593) 윤 11월 21일자

그러나 조정은 호락호락 청을 들어주지 않았다. 한 예를 보자.

“비변사가 아뢰기를 (중략) 도원수(권율)의 의견은 육전을 중히 여기고 있습니다. 그러나 통제사 이순신은 전일에 조정에서 연해 변의 수령들을 나이(挪移, 이동)하지 못하도록 하는 지령이 있었 는데도 진주 등 4~5개 고을 수령들까지도 하해(下海)하게 하였다 고 합니다. 수군이 적도를 차단하는 것도 진실로 중요하지만 진 주 등의 고을은 바로 적을 맞는 요충지로서 바야흐로 대진하고 있는 중인데 모두 하해시킨 것은 진실로 승산이 아닙니다.(한마디 로 이순신이 진주 인근 4~5개 해변고을의 수령들을 해전에 투입시킨 행 위는 잘못되었다는 주장이다.) 대저 도원수가 수군과 육군을 모두 관장하여 완급과 이해를 보아가며 편의한 바를 힘써 찾아 좋은 방향으로 조처하도록 하라는 내용으로 회유하는 것이 어떠하겠 습니까? 하니 상이 따랐다.”

-『선조실록』, 계사년(1593) 12월 1일자

해변고을의 관할권을 놓고 도원수 권율(육군)과 통제사 이순신(수군) 간에 갈등이 적지 않았음을 위 기록을 통해 짐작할 수 있다. 그렇지만 포기할 이순신이 아니다. 줄기차게 장계를 올려 연해고을의 수군전속을 요구하였다. 이순신과 도원수, 조정의 힘겨루기인 셈이다. 대강만 기록해도 이와 같았다.

「청연해군병량기물령천이장(請沿海軍兵糧器勿令遷移狀, 연해안 고을의 군사와 군량과 병기들을 다른 곳으로 옮기지 말도록 해주시기를 청하는 장계)」, 계사년(1593) 12월 29일자

「청량처수륙환방사장(請量處水陸換防事狀, 수군과 육군의 근무지를 서로 바꿔 주는 일에 대하여 헤아려 조처하기를 청하는 장계)」, 갑오년(1594) 1월 1일자

「청금연읍수륙교침지폐사장(請禁沿邑水陸交侵之弊事狀, 연해고을에 대해 수군과 육군이 서로 징발해가는 폐단을 금지시켜 주기를 청하는 장계)」, 갑오년(1594) 1월 16일자

위 장계들의 제목은 조금씩 다르지만 요구하는 내용은 같다. 이순신이 얼마나 집요한 인물인지를 잘 보여 주는 사례이다. 한번 정한 목표를 달성하기까지는 결코 포기하지 않는 성격의 소유자인 것이다. '부조리한 현상'을 그대로 수용하는 것이 아니라 '현실에 맞게 변경'하려는 이순신의 창조적 리더십은 이런 대목에서도 확인된다.

연해안 고을의 징병권과 군량 확보 권한을 수군에게 넘겨주지 않

는다면 수군이 약화될 것이고, 그렇게 되면 적군은 곧바로 서해안을 타고 한양까지 북상할 것임을 암시하는 거듭된 압박에 조정은 마침내 손을 들고 말았다. 명확하지는 않지만 갑오년(1594) 즈음부터 경상-전라-충청도 70여 해변고을의 군정(軍政)과 민정(民政)은 전적으로 수군에 전속되고 궁극적으로는 삼도수군통제사의 지휘권을 받게 된다.(그러나 영남 동부해안 등 적 치하에 들어간 지역은 통제사의 지휘권역에서 제외될 수 밖에 없었다.) 각 도의 관찰사는 물론이고, 육군의 병사나 순찰사, 도원수까지도 해변고을에 대해서는 관여할 수 없게 되었다. 모든 장정과 물자를 오로지 수군에 봉사하게 된 해변 일대에서 통제사의 권위는 확고해졌다.

영역을 확보하였다는 것 못지않게 중요한 사실은 군정-군령권의 자율성을 대폭 늘렸다는 것이다. 당시 수군절도사에게는 상전이 첩첩산중이었다. 당장 육군의 병사가 상급자요, 관찰사는 직계 상관이다. 전쟁이 터지자 도원수(육군 장수)가 새로 생겨났고, 문관으로 순찰사(각 도의 전쟁 수행을 책임지는 전시 관찰사)와 체찰사(영의정 유성룡이 4도체찰사를 겸해 병마의 일을 총 관장함)가 더해졌다. 호령이 사방에서 나오니 일선 장수들은 정신을 차리기 힘들 정도였다. 이런 병폐를 잘 알고 있던 이순신이었기에 도원수와 순찰사의 수군 간섭 차단을 시도하였다. 앞서 계사년(1593) 윤 11월 17일의 「청연해군병량기전속주사장(請沿海軍兵糧器全屬舟師狀)」의 일부를 다시 옮겨 본다.

"앞으로는 삼도수군에 소속된 연해안 각 고을에서 징집하는 장정들과 군량과 병기들은 모두 함부로 육군 소속으로 이동시키지 말고 수군에만 전속시키도록 도원수와 삼도 순찰사들 모두에게 다시 한번 각별히 신칙해 주시기를 엎드려 바라옵니다."

-계사년(1593) 윤 11월 17일자

이 같은 요구를 거듭 주청함으로써 마침내 대규모 작전지시는 도원수와 체찰사의 지시를 따르더라도 해변고을의 군정권과 군령권은 통제사와 수사가 거의 독자적으로 행사할 수 있게 되었다. 삼남 해변에 수군 군정체제가 완성된 셈이다.

둔전책(屯田策)-버려진 땅을 일궈 백성과 군사를 먹이다

결론부터 말하면 한산수국의 최대 물적 토대는 '둔전(屯田)'이다. 이순신은 전쟁 초기부터 군사와 백성을 동원하여 해변의 버려진 땅을 일구기 시작하였다. 새로 일군 논밭은 수군의 둔전이 되었다. 둔전을 개간하지 않고서는 군량미를 댈 도리가 없었다. 사실 군량미 부족은 일본군보다 더 무서운 적이었다. 통제사에 오르기 직전인 계사년(1593) 8월 10일의 장계에 다음과 같은 내용이 나온다.

"신이 직접 거느린 (전라좌도) 수군만 해도 사부, 격군을 합하여 6,200명인데 작년과 금년 두 해에 걸쳐 전사한 군졸과 또 금년 2, 3월부터 오늘까지 반년 동안에 병사한 군졸들을 포함하여 600명이 됩니다. 더욱이 이렇게 죽은 군인들은 활도 잘 쏘고 배도 익숙한 토병과 보자기(어부)들이라 애석하기 짝이 없습니다. 그리고 남아 있는 병졸들도 아침, 저녁을 먹는 것이 겨우 2~3홉(1홉은 1되의 10분의 1)에 지나지 못하니, 이렇게 배고프고 피곤한 몸으로써 무슨 힘으로 활시위를 잡아당기고 노를 저을 수 있겠습니까. 큰 적을 앞에 놓고 형편이 이 같으니 민망하기 짝이 없습니다. 이 사연을 도원수, 순찰사들에게 보고하고 보성, 순천, 흥양 등지의 군량 689석을 지난 6월 중에 실어다 나누어 먹이기는 했으나 그 것마저 다 떨어졌습니다."

그렇다면 당시 수군의 군량미는 얼마나 필요했을까? 군사 1인당 하루 쌀 소비량을 감안하면 대략적인 군량미 소요량을 염출할 수 있을 것이다. 갑오년(1594) 3월 10일 장계를 보면 수치를 짐작할 수 있는 단서가 나온다.

"(전라) 좌우도의 전선은 본시 있던 것과 새로 만든 것을 물론하고 먼저 집합한 것이 110척이요, 사후선도 110척이라 사부, 격군을 합해서 무려 1만 7,000여 명이나 됩니다. 1명당 아침, 저녁으로 각각 5홉씩 나누어 준다면 하루 먹을 것이 적어도 100여 석이요, 한 달에 드는 것이 3,400여 석입니다. 경상우도는 벌써 바닥이 나서 식량을 갹출할 도리가 없고, 전라도 열 고을(수군 소속)만 쳐다보는데, 열 고을에서도 남아 있는 군량에서 백성들 구제할 곡식을 제하고 나면 수군들 먹을 군량은 겨우 앞으로 두 달 남짓, 5월 보름께 밖에 더 계속되지 못할 실정입니다."

－「청조획군량장(請措劃軍糧狀)」, 갑오년(1594) 3월 10일자

전라도 수군만 해도 매일같이 도정한 쌀 100가마씩, 도정하지 않은 벼로는 200가마의 쌀이 필요하다는 계산이다. 이 같은 어마어마

한 군량미를 충당하기 위해서는 각 고을에 할당하는 식의 기존의 조세방식으로는 어림도 없다. 결국 해답은 둔전, 수군 스스로 땅을 일구어 군량미를 조달하는 수밖에 없다.

이순신이 함경도 조산만호 시절, 녹둔도(鹿屯島) 둔전관리책임을 맡아본 경험도 둔전의 필요성에 일찍 눈을 뜬 배경이 되었을 것이다. 둔전개간의 필요성을 촉구하는 첫 장계는 통제사에 오르기 전인 계사년(1593) 1월의 일이다.

"삼가 상의드릴 일로 아뢰나이다. 영남의 피난민들로 본영 경내에 들어와 사는 자들이 200여 호나 되는데, 모두 임시로 거접(居接)시키기는 했으나 겨울을 나기 어렵고, 당장 이들을 구제할 물자들은 백방으로 생각해 보아도 얻을 계책이 서지 않습니다.(대가족이던 당시 사정을 감안한다면 1호당 적어도 5명은 되었다고 여겨지고, 이럴 경우 경상도에서 전라좌수영으로 갔던 피난민 숫자는 천 명이 넘는다고 보아야 한다.)

비록 난리를 평정한 뒤에는 제 고장으로 돌려보내면 된다고 하나, 당장 눈앞에서 굶어 죽어 가는 참상은 차마 눈뜨고 볼 수 없습니다. 전일 풍원부원군(豊原府院君) 유성룡에게 보낸 편지로 인하여 비변사에서 내려온 공문 중에 '여러 섬 중에서 피난하여 머물며 농사지을 만한 땅이 있거든 피난민을 들여보내 살 수 있도록 하되, 그 가부는 참작해서 시행하라.'고 하였기에 신이 생각해 본 바 피난민이 거접할 곳으로는 돌산도만 한 데가 없습니다.(여기서 이순신이 둔전개간을 유성룡에게 개인 편지로 상의하였고, 유성룡은 이를 타당성이 있다고 판단하여 비변사를 통해 공식화하고 있음을 알 수 있다.) 이 섬은 본영과 방답 사이에 있는데 겹산으로 둘러져 있어서 사방으로 도적들과는 격리되어 있으며 지세가 넓고 편평하고 땅도 기름지므로 피난민을 타일러 차츰 들어가서 살게 하여 방금 봄갈이를 시켰습니다.

전 어사 홍종록, 감사 윤두수, 수사 박선과 이천, 이영 등이 본영의 둔전 일로 장계할 때 병조에서 목장이 있는 곳이라 말 기르는 일에 방해가 된다고 장계를 막았던 일이 있었으나 지금은 국사가 어렵고 위태로우며 백성도 살 곳이 없으므로 설사 의지할 데 없는 백성들을 들여보내 농사짓게 하더라도 말 기르는데 해를 끼칠 일은 별로 없을 터이오니 말도 먹이고 백성도 구제하여 둘 다 편의케 하기를 바라옵니다.(7년전쟁 이전에도 돌산도를 개간하자는 의견이 나왔음을 알 수 있다. 하지만 섬에는 백성이 살 수 없다는 공도정책(空島政策)이 국가의 공식방침이었기에 이 같은 건의들이 전쟁 발발 이전에는 받아들여지지 않았다. 이 장계 덕분에 경상도 피난민들은 사람이 거의 살지 않던 돌산도를 개간해 생존의 기반을 가지게 된다. 현재의 전남 여수시 돌산도 주민 가운데서도 이들의 후예가 제법 있을 것이다. 지역감정이라는 것이 얼마나 허망한 것인가?)"

－「청령유민입접돌산도경종장(請令流民入接突山島耕種狀)」,
계사년(1593) 1월 26일자

영남의 피난민들로 전라좌수영 남쪽의 돌산도를 개척하는 데 성공한 이순신은 경험과 자신감을 바탕으로 둔전개간에 본격적으로 뛰어든다. 계사년(1593) 9월 10일의 「조진수륙전사장」에서 해변고을을 수군에 전속시킬 것과 함께 둔전의 필요성을 역설한 것도 이런 배경에서였다. 이순신의 둔전책은 점점 구체화되어 간다. 계사년(1593) 윤 11월 17일에 올린 「청설둔전장(請設屯田狀, 둔전의 설치를 청하는 장계)」도 유명하다.

"삼가 상의드릴 일로 아뢰나이다. 여러 섬들에 비어 있는 목장에 명년(1594년) 봄부터 농사를 짓되 농군은 순천, 흥양의 유방군(留防軍, 방위군)들을 동원하고 그들이 전시에는 나가 싸우고 평소에는 들어와서 농사를 짓게 하자는 내용으로 이미 장계를 올렸으며, 또 그것을 승낙해 주신 말씀을 하나하나 들어 감사와 병사에게 공문으로 띄웠습니다. 그런데 순천부의 유방군은 순찰사 이정암의 장계에 의하면 광양 땅 두치(豆峙)에 새로 설치되는 첨사 진영으로 옮겨다 방비시킬 계획이라고 하니 돌산도(突山島)에 들어가 농사지을 농군을 조달할 길이 없습니다. 그러므로 신의 소견으로는 각 도로 떠도는 피난민들은 한군데 붙어살 곳도 없고, 또 먹고 살 생업도 없어서 보기에 참담하오니 이런 사람들을 이 섬으로 불러들여 살게 하면서 힘을 합쳐 경작하고 그 소출의 절반을 나누어 가지도록 한다면 공사 간에 함께 편리할 것입니다. 그리고 흥양현의 유방군은 도양 목장으로 들어가서 농사짓도록 하고 그 밖에 남은 빈 땅은 백성들에게 나누어 주어 병작(竝作)하게 하면서 그곳의 말들은 절이도(현 거금도)로 옮겨 모은다면 말을 기르는 데에도 손해될 것이 없고, 군량 조달에도 도움이 될 것입니다. 전라우도의 강진 땅 고이도(古爾島, 현 고금도)와 해남 땅 황원 목장은 땅도 기름진 데다 또 농사지을 만한 땅도 무려 천여 섬의 종자를 뿌릴 만한 면적이니 갈고 씨뿌리기를 철만 맞추어 한다면 그 소득이 무궁할 것입니다."

-『선조실록』, 계사년(1593) 윤 11월 17일자

이순신의 둔전책은 한마디로 전란으로 생업을 잃고 떠도는 백성
들에게 버려둔 섬(과 해변)의 토지를 제공하여 그 수확의 절반은 경작
자가 가지되 나머지는 군대가 거두자는 방안이다. 물론 공도정책과
는 배치되지만 다급한 전란기에 버려진 땅을 일구어 군대와 백성이
그 소출을 나누어 먹자는 데 조정이 반대할 이유가 없다. 백성도 살고
군대도 사는 상생의 묘안으로 평가해 이순신이 요청할 때마다 '둔전
개간을 허하노라.'고 호응해 주었다. 군량이 모자라는 것은 한양에서
도 잘 알고 있었지만 단 한 톨의 쌀도 도와줄 처지가 못되었기 때문이
다. 조정의 반응은 대체로 이와 같았다.

"비변사가 아뢰기를 지금의 형세는 곳곳에 양곡이 고갈되었는데
병란은 풀리지 않고 있으니 백방으로 생각하여 보아도 구제할 계
책이 없습니다. 지난번 전라수사 이순신이 해도(海島)에 둔전을
설치하기를 청했는데 이는 매우 원대한 생각입니다. 가령 소득이
많지 않다고 하더라도 내지에서 운송해 가는 폐단을 감소시킬 수
있습니다. 경상도 진주의 흥선도(興善島, 지금의 남해군 창선도) 목
장은 토지가 비옥하여 기장이 잘된다고 하는데 금년에 조처하여
목자와 유민들로 하여금 김해, 거제 등지에서 귀순해 와서 갈 데
가 없는 사람들과 함께 그곳에 살게 하고 남해, 곤양, 진주 등지의
금년 관적(官糴) 가운데 있는 종자를 내어 주어 힘써 경작하게 한
다면 이를 수확하여 군량에 충족시킬 수 있을 뿐만이 아니라 거

처를 잃은 백성들도 살아갈 수 있는 터전이 생기는 것입니다."

-『선조실록』, 계사년(1593) 12월 30일자

그런데 조정이 '해도 둔전개간론(海島 屯田開墾論)'에 동의한 것을 예사로이 넘겨서는 안 된다. 국초부터 200년 동안 지속된 '공도정책'이 사실상 폐기된다는 매우 중요한 의미를 담고 있기 때문이다. 왜구 침탈에 대비할 목적으로 시작된 공도정책이 막상 왜구가 온 국토에 가득찬 시기에 철폐되니 '섬 비우기'정책의 무모함은 저절로 입증된 셈이다. 서·남해 여러 섬에 사람이 '다시 살기 시작'한 때가 하나같이 7년전쟁 이후로 확인되는 가장 큰 이유는 이순신의 둔전책 덕분임을 상기해야 한다.

또 하나 빠뜨릴 수 없는 점은 조정이 둔전개간을 허락한 순간 해변 농지의 경작권은 삼도수군의 것이 된다는 사실이다. 당시 사정을 살펴보면 이순신이 둔전개간을 그토록 강조했던 의도가 좀 더 분명히 드러난다. 드넓은 해변과 섬의 빈 땅을 군사들로만 경작할 수는 없다. 장계에서도 밝혔듯이 이순신은 백성들, 구체적으로는 피난민을 염두에 두고 '둔전개간론'을 주창한 것이었다. 이즈음 수많은 피난민들이 살길을 찾아 해변과 섬 지역으로 몰려들고 있었다. 육지에서는 왜적이 횡행하지만 해변과 섬은 수군의 승전으로 왜군이 감히 노략질을 할 수 없어 피난지로서는 안성맞춤이었기 때문이다. 이순신은 이들에게 해안과 섬의 빈 땅, 일종의 신천지를 개척하게 함으로써 '새로운 질서'를 수립할 심산이었다. '보천지하 막비왕토(普天之下 莫非王土)', 하늘 아래 임금의 땅이 아닌 곳이 없었던 시절인 만큼 피난민이 새로운 땅을 개간했더라도 그 땅의 주인은 임금, 곧 조정이다. 그런데 수군통제사가 (땅의 임자인) 조정으로부터 '해변의 둔전개간'을 공식적으로 허락받게 되면 수군은 피난민들의 소출에서 절반을 걷어갈 수 있는 권리가 생기게 된다. 더 나아가 피난민들은 수군의 요구에 전적으로 복종할 수밖에 없다.

여기서 이순신이 섬과 해변을 대대적으로 개간한 이유가 좀 더 분명하게 드러난다. '불쌍한 피난민들을 먹여 살리려는' 단순한 동정심에서 둔전개간에 나선 것이 아니라는 말이다. 이순신은 보다 원대한 생각을 가지고 있었던 것이 틀림없다. 당시 많은 피난민들이 해변과 섬으로 몰려들고 있었지만 이순신이 보기에는 부족했다. 병사를 확충하고 적에 맞설 물력을 대량으로 생산하기 위해서는 수군의 영역인 삼남 해변에 다수의 인구가 거주할 필요성이 있었다. 이순신의 대대적인 둔전개간의 이면에는 더 많은 인구를 수군 전속지대인 해변으로 유인하고 이들을 수군의 지휘하에 둠으로써 삼도수군의 파워를 키우고자 하는 의도가 담겨 있었다고 여겨진다.(참고로 15세기에 편찬된 『세종실록지리지』를 보면 전주와 나주, 남원 등 전라도 내륙고을의 호수(戶數)는 1,300~1,550호인 반면 해남과 강진 등 해변고을의 호수는 100~150호로 내륙의 10분의 1에 불과했다. 해금(海禁), 공도(空島)정책의 결과임은 두말할 필요가 없다. 연해고을들이 인구 희박지대였던 사정은 7년전쟁 때까지 계속됐을 것이니, 이순신이 해변의 거주민을 늘리고자 한 배경을 짐작할 수 있다. 전성호, 『조선시대 호남의 회계문화』, 다홀미디어, 2007, p108.)

그런 맥락에서 이순신은 둔전의 경영권을 확실하게 장악했다. 둔전 운영의 책임을 휘하 장수들에게 두는 것은 물론이고, 실제적인 농사 감독관도 자신이 임명한 사람들로 채웠다.

실제로 흥양 도양장을 개간하는 상황에서 목마장 시절의 감목관 (監牧官)이 둔전 책임자로 유임되자 장계를 올려 쫓아내고 있다. 갑오 년(1594) 1월의 일이다.

"삼가 상의드릴 일로 아뢰나이다. 순천 돌산도, 흥양 도양장, 해 남 황원곶, 강진 화이도 등지에 둔전을 경작하여 군량을 보충함 이 좋겠다는 사유를 들어 전에 이미 장계를 올렸으며 다시 또 그 논리를 설명하는 장계를 올리기도 했습니다. (중략) 돌산도에는 신의 군관인 훈련주부 송성을, 도양장에는 훈련정 이기남을 농사 감독관으로 임명하여 보냈습니다. 농사지을 사람 문제는, 혹은 백 성들에게 땅을 내어 주어 병작을 시키거나, 혹은 피난민을 들여 보내어 경작시키고 관청(수군)에서 그 절반을 거두어들이도록 하 거나, 혹은 순천과 흥양의 유방군들 중에서 늙고 쇠약한 군사들 을 내어 보내 경작하게 하되 쟁기나 보습, 서래 같은 농구들은 각 각 그 본 고을에서 마련하여 보내도록 이미 공문을 띄웠습니다. 또 전라우도의 화이도와 황원곶 등지에서도 신의 종사관 정경달 을 보내어 둔전 상태를 돌아보고 점검하여 때맞추어 시행하게 하 였습니다.
그런데 호조(戶曹)의 공문에 의거하여 보낸 순찰사 이정암의 공 문에 의하면 돌산도 등의 감목관(말 목장 감독)에게 둔전관을 겸 임하도록 하였다고 하였습니다.(이순신이 이 장계를 올린 이유가 바 로 여기에 있다. 호조가 공문을 보내 둔전관을 조정의 뜻대로 임명한 데 대한 불만을 나타내면서, 자기 수하들을 농사 감독관으로 삼고자 하였 다. 둔전 운영의 실권이 호조가 아니라 수군에 있음을 분명히 하려는 의

도이다.) 그러나 순천의 감목관 조정은 이미 끝이 났고(정식 후임은 내려오지 않았으며), 흥양의 감목관 차덕령은 도임한 지 오래되었는데 이루 말할 수 없이 제멋대로 하면서 목자(牧子, 말먹이꾼)들을 괴롭히고 학대하여 그들이 편히 붙어살 수 없게 하기 때문에 그곳 경내의 백성들로서 탄식하지 않는 자가 없다고 합니다. 신도 그리 멀지 않는 곳에 살고 있기 때문에 벌써 그런 소문을 들었습니다. 그러므로 농사짓는 일을 이 사람에게 맡겼다가는 그것을 빌미로 폐단을 일으켜서 백성들의 원성이 더욱 높아질 것이므로 하루속히 차덕령을 갈아치우고 다른 청렴하고 능력 있는 사람을 골라 임명하여 빠른 시일 안에 내려보냄으로써 힘을 합쳐 농사일을 감독하게 하여 시기를 놓치지 않도록 해주시기를 바라나이다."

-「청개차흥양목관장(請改差興陽牧官狀, 흥양목관의 교체를 청하는 장계)」,

갑오년(1594) 1월 10일자

삼남 해변을 수군전속으로 돌려 자신의 정치적 영역으로 삼은 이순신은 이어 대대적인 둔전개간을 통해 경제적 토대를 굳건히 하게 된 셈이다.

어찌되었든, 해금정책으로 버려지다시피 했던 해변은 전란의 발생과 함께 내지(內地)의 인구가 유입되면서 자연발생적으로 개간되기 시작하였다. 새로운 논밭이 바다와 평행선을 달리며 빠르게 생겨났던 것이다. 피란민이 개간한 면적은 수군이 만든 땅(협의의 둔전)보다 훨씬 넓었겠지만 이순신은 '둔전개간 장계'를 근거로 그 모든 땅의 '경작권자'가 되었다.(대대적으로 행해진 해변 개간사업이지만 전란 와중이었던 탓에 조정의 공식문서에는 거의 기록되지 못했다. 이 때문에 7년전쟁을 계기로 이루어진 서·남해의 여러 섬과 해변의 거대한 변화상은 지금껏 제대로 주목을 받지 못했던 것이 사실이다. 그러나 서·남해 해변에 넓은 농경지가 형성되고 해안지대가 다시 인구 조밀지대로 바뀌는 '객관적 현상'을 감안한다면 해변 둔전사업의 파급력은 가히 지대했다고 말할 수 있을 것이다.) 그 결과 해변의 농토 대부분은 이순신의 군대를 먹여 살리는 거대한 농장이 되었고 거주민들은 통제사의 명령대로 움직이는 '수국의 백성'이 된 셈이다. 그 구체적인 내용들을 『난중일기』를 중심으로 살펴보자.

끼니 문제는 한산도 시절 이순신의 최대 고민거리였다. 따라서 군량미 관련 기사는 이틀이 멀다하고 『난중일기』에 나온다. 수백 건의 기록 가운데 유의미한 사례들만 최소한으로 간추려 본다.

계사년(1593) 6월 3일 각 도의 군마가 많아야 5,000을 넘지 못하고 양식도 거의 다 떨어졌다고 한다. 왜적들의 발악이 날로 더해가는 이때에 일마다 이와 같으니 어찌하랴, 어찌하랴.(이때는 거제-한산 해역에 머물던 시기이다. 둔전책이 나오기 전인데 군량미 부족을 크게 우려한다. 나름의 대책을 고민했을 것이다.)

계사년(1593) 8월 13일 송두남이 군량미 300섬과 콩 300섬을 (전라좌수영에서 한산도로) 실어왔다.(역시 둔전개간 전의 일이다. 전라좌도 백성들에게서 거둔 군량미를 한산도로 옮긴다.)

갑오년(1594) 3월 18일 남해현감 기효근, 보성군수(김득광), 소비포권관 이영남, 적량첨사 고여우가 와서 보았다. 기효근은 파종 때문에 돌아갔다.(돌산도 둔전은 1593년 봄부터 시작되었지만 확대된 둔전의 벼농사는 1594년 봄부터 본격화된다. 남해현감 기효근이 파종 때문에 임지로 돌아갔다는 기록에서 농사가 당시 수군장수들의 중요 임무였음을 알 수 있다.)

갑오년(1594) 5월 26일 비가 오락가락하다. 오늘 이인원과 토병 23명을 본영으로 보내어 보리를 거두었다.(남해안은 이모작이 가능하다. 가을에는 보리를 심어 키우고 여름에는 벼를 심었을 것이다. 삼도 통제사가 된 이순신의 둔전 확충은 1593년 가을 보리농사부터 적용되었고, 이듬해 봄, 보리농사 소출을 본격적으로 거두고 있다.)

갑오년(1594) 6월 5일 오늘 무밭을 갈았다. 송희립이 낙안, 흥양, 보성으로 군량을 독촉할 일로 나갔다.(병사들의 부식을 위해 채소농사도 짓는다. 군량을 독촉하는 점으로 미뤄 군영의 식량사정을 짐작할 수 있다.)

갑오년(1594) 6월 14일 더위와 가뭄이 너무 심하여 바다의 섬도 찌는 듯하다. (둔전의) 농사일이 아주 걱정된다.(식량난 속에서 기대하는 것은 둔전의 쌀농사인데 가뭄이 심하고 날씨가 더워 흉작이 될까 우려하고 있다.)

갑오년(1594) 7월 9일 낙안의 군량 벼 200섬을 받아서 나누었다.(6월 5일자 『난중일기』에서 송희립이 낙안, 흥양, 보성으로 군량을 독촉하러 나갔는데, 한 달이 지나서야 낙안의 군량 200섬을 들여온 셈이다. 1594년 초에 본격화된 둔전의 벼농사는 수확되기 전이므로 일반 농민들에게서 군량미를 모아야 하니 힘들다.)

갑오년(1594) 7월 13일 또 비가 올 것인가 개일 것인가를 점쳤더니 앞으로 비가 많이 내릴 것이니 농사일이 염려된다.(풍흉을 점쳐본다는 점에서 둔전농사에 대한 이순신의 기대를 알 만하다.)

갑오년(1594) 9월 17일 우후 이몽구가 나라의 둔전(國屯田)을 추수하는 일 때문에 나갔다.(둔전의 벼농사 성과가 이때부터 나오기 시작한다. 1594년 가을부터는 군사들이 배를 조금 덜 곯기 시작한다. 그러나 군량미 사정이 넉넉한 적은 별로 없다.)

을미년(1595) 2월 13일 일찍 도양의 둔전에서 벼 300섬을 실어 와서 각 포구에 나누어 주었다.(갑오년 가을 이후에는 군량미를 주로 둔전에서 충당한다.)

을미년(1595) 2월 29일 수사 배설이 와서 둔전 만들 일을 논의하였다.(배설은 이틀 전인 2월 27일 원균과 교대한 경상우수사이다. 부임하자마자 경상도의 둔전 확충 문제를 놓고 이순신에게 문의하고 있다. 당시 수군이 둔전을 얼마나 중시했는지 실감할 수 있는 대목일 뿐만 아니라 이순신이 둔전 문제에 해박한 지식을 가지고 있었음을 알 수 있다.)

을미년(1595) 3월 20일 수사 배설을 만나 배 위에서 잠깐 이야기하였다. 그는 밀포(密浦)의 둔전 치는 곳을 살펴볼 일로 간다고 하였다.

을미년(1595) 4월 12일 군량을 독촉할 일로 아병(牙兵) 양응원을 순천, 광양으로, 배승련을 광주, 나주로, 송의련을 흥양, 보성으로, 김충의를 구례, 곡성으로 각기 정하여 보냈다. (중략) 경상수사 배설은 밀포(둔전 치는 곳)로 나갔다.

을미년(1595) 4월 16일 종일 큰 비가 왔다. 비가 흡족히 오니 올해 농사는 큰 풍년임을 점칠 수 있다.(둔전의 농사일에 큰 관심이 있음을 거듭 실감할 수 있다. 전쟁이 소강국면이던 이즈음 이순신과 수군의 생활은 농사꾼과 별반 차이가 없었다.)

을미년(1595) 4월 17일 경상도 수사 배설이 여기에 왔다가 해평장

(통영시 미륵도의 해변 들판이다. 원래 말 키우는 목장이었지만 배설이 둔전을 일구기 시작하였다.)의 논밭 일구는 곳으로 갔다.

을미년(1595) 6월 4일 진주의 서생 김선명이라는 자가 계원유사(繼援有司, 군량미 책임자)가 되고 싶다고 여기에 왔는데 보인(保人) 안득이라는 자가 데리고 왔다. 그 말을 들어 살펴보니 그 속을 보장하기 어려울 것 같아서 아직 좀 두고 보자고 하고는 공문을 만들어 주었다.(수군의 생산물을 군량미와 바꾸는 책임을 진 계원유사를 선발하는 일인 만큼 인품이 믿을 만한지 신중히 고르고 있다.)

을미년(1595) 6월 6일 송희립이 돌아왔다. 그 편에 도양장(道陽場, 도양 목장이 있던 곳을 개간한 둔전)의 농사 형편을 들으니 흥양현감(배흥립)이 무척이도 애를 썼기 때문에 추수가 잘될 것이라고 하였다. 계원유사 임명도 애를 많이 쓴다고 하였다.(둔전 경영의 총책임은 고을 사또에게 있지만, 실질적인 농사는 계원유사가 책임지고 있음을 알 수 있다.)

을미년(1595) 8월 13일 도양장(고흥군 도양면)의 둔전 경영에서 이기남이 괴상한 짓을 많이 한다고 하였다. 그래서 우후에게 부정 사실을 조사하도록 공문을 만들어 보냈다.(둔전의 소출을 개인이 착복하는 등 부정한 일도 벌어지고 있었다.)

을미년(1595) 10월 3일 김덕령과 김윤선 등이 죄 없는 사람을 쳐죽이고 수군진영으로 도망하여 진으로 들어왔다고 하였다. 그래서 이들을 수색해 보니 "9월 10일경에 보리씨를 바꿀 일로 진에 왔다가 곧 돌아갔다."고 하였다.(백성들이 수군 군영을 찾아 보리씨를 바꿔갔다는 것은 둔전 경영이 그만큼 활발하다는 증거이다.)

을미년(1595) 10월 17일 진주의 하응구, 유기룡 등이 계원미(繼援

米, 군량미) 20섬을 가지고 와서 바쳤다.(각 지역마다 군량미 책임자를 두고 있었는데, 이를 계향유사 또는 계원유사라고 하였다. 이들은 둔전의 소출과 백성들로부터 징발한 곡식으로 군량미를 충당하였다. 이날 바친 계원미 20석이 둔전의 소출인지 백성들에게서 받아 낸 것인지는 명확하지 않다.)

을미년(1595) 10월 19일 계향유사 하응문, 유기룡이 나갔다.

을미년(1595) 11월 13일 도양장에서 거둔 벼와 콩이 820섬이었다.

병신년(1596) 1월 6일 사도첨사가 술을 가지고 와서 "군량 500여 섬을 마련해 놓았다."고 보고하였다.(휘하 장수들이 제각기 병사나 백성을 불러 모아 둔전을 일구었음을 알 수 있다.)

병신년(1596) 1월 20일 오후 1시쯤에 메주 만드는 일을 끝내고 온돌에 넣었다. 낙안군수가 와서 "둔전에서 거둔 벼를 실어 왔다."고 보고하였다.

병신년(1596) 2월 8일 저녁 때 군량치부책(軍糧置簿冊)을 만들고 흥양 둔전에서 추수한 벼 352섬을 받아들였다.(군량미 장부를 만든다는 데서 사정이 다소 나아졌음을 알 수 있다. 둔전개간의 효과가 나타나는 셈이다.)

병신년(1596) 2월 14일 동복 계향유사 김덕린이 와서 인사하였다. 경상수사가 쑥떡을 보내왔다. (중략) 흥양의 계향유사 송상문이 와서 쌀과 벼를 합해 7섬을 바쳤다.(7섬이라는 소량의 군량미마저 일기에 올릴 정도로 이순신은 철저하였다.)

병신년(1596) 2월 15일 순천 둔전에서 추수한 벼를 내가 직접 확인하면서 받아들였다. 동복(同福)의 군량 유사 김덕린, 흥양의 송상문이 돌아갔다.(모든 둔전의 최고 책임자는 통제사 이순신이다.)

병신년(1596) 2월 18일 체찰사의 비밀공문이 세 통 왔다. 그 하나는 제주목에게 계속하여 후원하라는 것이고…….(이때 이순신은 제주도의 군량미와 소금 등을 책임지고 있었다. 병신년 2월 11일과 13일에는 임달영이 제주에서 왔다가 다시 제주로 가는 내용이 나오고 제주목사와 편지를 주고받는 사연이 있다. 이순신은 산업을 크게 일으켜 전화가 미치지 않은 제주까지 먹여 살렸다.)

병신년(1596) 2월 23일 둔전의 벼를 다시 되질하였다. 새 창고에 쌓아 보니 167섬인데, 48섬이나 줄어들었다.(둔전에서 이순신에게 보낸 벼의 양이 과장되어 있음을 알 수 있다. 물론 건조과정에서 일부 감소되기도 했을 것이다. 어쨌든 치밀한 이순신은 되질을 다시 해서 정확한 수량을 계산하고 있다. 이순신을 속여 넘기려 한 자들은 대가를 치렀을 것이다.)

병신년(1596) 2월 24일 둔전의 벼를 다시 되질하여 170섬을 창고에 들였으니 줄어든 것이 30섬이다.

병신년(1596) 2월 26일 둔전에서 받은 벼 230섬을 다시 되질하여 담았더니 198섬이어서 32섬이 줄어들었다.

병신년(1596) 2월 27일 둔전에서 받은 벼 220여 섬을 다시 되질하여 담았더니 여러 섬이 줄었다.

병신년(1596) 3월 14일 아침나절에 군량에 대한 회계를 마쳤다.

병신년(1596) 5월 3일 가뭄이 너무너무 심하다. 근심되고 괴로운 맘을 어찌 다 말하랴!(둔전의 최고책임자로서, 농사꾼의 심정을 절절히 느끼는 이순신이다.)

병신년(1596) 5월 17일 종일 비 오다. 농사에 아주 흡족하다. 점쳐 보니 풍년이 들 것 같다.

병신년(1596) 6월 1일　윤연이 포구로 돌아간다고 하기에 도양장(道陽場)의 종자 콩이 부족하면 김덕록에게서 가져가라고 공문을 보냈다.

병신년(1596) 6월 3일　김양간이 농사짓는 소를 싣고 나갔다.(섬에는 목장이 있어 말[馬]이 많았지만 농사에는 소가 더 낫다.)

병신년(1596) 6월 15일　부산 허내은만이 와서 왜놈의 정보를 전하기에 군량을 주어서 돌려보냈다.(적군 정보를 얻기 위해서도 둔전의 곡식은 필요하다.)

병신년(1596) 6월 19일　발포의 보리밭에서 보리가 26섬 소출되었다고 한다.

병신년(1596) 7월 22일　종 효대, 팽수가 흥양의 군량선을 타고 나갔다.(각 고을의 군량을 실은 배가 정기적으로 오갔음을 알 수 있다.)

병신년(1596) 윤 8월 19일　녹도(고흥군 도양면 녹동항)로 가는 길에 도양(도덕면 도덕리)의 둔전을 살펴보았다. 체찰사(이원익)는 매우 기뻐하는 빛이 많았다.

『난중일기』의 기록들을 세밀하게 살펴보면 둔전을 개간한 이후 수군의 군량미 사정이 조금씩 개선되고 있음을 느낄 수 있다. 그런데 『난중일기』의 둔전농사 기사는 대부분 이순신이 직접 관장하던 전라좌수영군의 경작 영역에 한정된 것이다. 같은 시기 다른 수영이나 일반 백성들이 자발적으로 개간한 해변의 토지까지 합친다면 그 소출은 지대했을 것이다. 이순신이 주도한 삼남 해안의 둔전개간은 군사를 먹이는 수준을 넘어 피란 백성들의 생존을 보장하고 그들을 수군 휘하로 편입시키는 수단이 되었다는 데에 본질적인 의미가 있다. 이는 해변 백성들에게 삼도수군의 위상을 크게 격상시켰고, 통제사 이순신이 일개 장수가 아니라 사실상의 해상 군주로 자리매김하게 되는 물적 기반으로 작용하였다.

둔전개간과 조정의 반응

처음 이순신이 장계로 둔전을 개간할 일을 설파했을 때 조정은 칭찬일색이었다. 하지만 해변의 땅이 호적에 오르지 않는 자들의 손으로 개간되어 연간 수만 석의 곡식이 수확되고 있는데도 나라의 세금이 아니라 이순신의 군대로 들어가는 것을 보자 조정은 차츰 의혹의 눈길을 보내기 시작하였다. 이순신이 둔전의 수확을 빼돌려 다른 목적에 쓸 꿍꿍이가 있는 것 아닌가 하는 조바심 때문으로 풀이된다.

을미년(1595) 2월 11일 저녁 무렵에 임금의 분부가 왔는데, 둔전을 검열하라는 것이다.(왕도 해변의 둔전에 관심이 많다. 이순신이 둔전의 소출을 독식하는 것이 아니냐는 의심의 눈초리가 느껴지지만 왕은 '둔전 상태를 검열하라.'며 조심스럽게 표현하고 있다.)

을미년(1595) 3월 11일 사도시(대궐의 쌀, 간장 등을 맡은 부서)의 주부 조형도가 와서 전라좌도의 왜적의 정세를 말하고······.(대궐의 수라상을 책임진 '사도시 주부' 조형도는 3월 11일에 한산도를 찾았다가 나흘 뒤인 15일에 상경한다. 임금의 음식을 구한다는 명목으로 한산수국을 찾은 것이 아닌가 싶다. 한양의 사정은 딱한 반면 한산수국은 형편이 조금 낫다고 들었기 때문이리라. 그런데 조형도는 귀경 후 이순신에게 아주 불리한 보고를 올린다.『선조실록』에도 관련기사가 나오는데 다음과 같다. "비변사가 아뢰기를 조형도가 영남을 다녀와서 서계한 내용에 한산도의 주사 격군 1명에게 하루에 주는 쌀은 5홉이고 물은 7홉이다. (중략) 가장 흔한 물까지도 홉으로 계산하여 나누어 주는 지경에 이르렀으니 이것은 예전에 들어보지 못한 일입니다. (중략) 이는 모두가 주장(主將, 이순신)이 사졸을 돌보지 않고 동고동락하는 의리를 모르는 소치이니."

-『선조실록』, 을미년(1595) 5월 19일자

이 소식은 약 20일 뒤 이순신에게 전해져 『난중일기』에 이런 기사가 나온다. "조형도가 수군 1명이 양식 5홉씩, 물 7홉씩이라고 없는 것을 꾸며서 장계를 하였다고 하였다. 인간의 일이란 참으로 놀랍다. 천지에 어찌 이처럼 속이는 일이 있단 말인가."

-『난중일기』, 1595년 6월 9일자

3월에 한산도를 찾았던 조형도가 뒷날(5월)에 이순신을 나쁘게 보고한 것을 보면 양측 간에 뭔가 '아름답지 못한 일'이 생겼기 때문으로 추정된다. 예를 들어, 조형도가 '개인 호주머니'를 채우고 싶었는데 고지식한 이순신이 제대로 챙겨 주지 않자 이에 사감을 품었을 수가 있다. 설사 그렇지 않더라도 이순신의 '부력(富力)'에 대한 대궐의 부러움과 시샘, 경계 기류가 조형도에게 전염되어 이런 보고가 나왔을 가능성도 있다. 어쩌면 조형도는 한산도의 실태를 염탐하려는 임금의 '스파이' 역할을 했을 가능성도 엿보인다. 또는 전시(戰時)에 어렵사리 최일선 지대(한산도)를 여행한 자신의 업적을 과시하고 주목받기 위한 목적에서 '한산도에서는 물까지도 홉으로 계산해 먹이더라.'며 거짓 보고를 올렸을 수 있다. 자신이 목도한 상황을 과장, 왜곡하여 주목을 받고자 하는 저급한 인물은 어느 시대, 어느 사회에서나 흔히 볼 수 있다.)

을미년(1595) 7월 29일 어사(신식)가 (전라)좌도 소속의 다섯 포구의 부정사실을 조사, 접고하였다. 저녁에 이곳(한산도)에 와서 조용히 이야기하였다.(이순신에 대한 조정, 임금의 견제가 본격화되고 있음을 알 수 있다. 어사는 이순신에게 '몸조심'할 것을 '조용히 이야기' 해 주지는 않았을까?)

이와 관련하여 정유년(1597) 초 왕이 이순신을 삼도수군통제사에서 몰아내고 한양으로 압송해 간 배경에는 둔전의 생산물이 조정에 기여하는 바가 전무한 데 대한 불만도 없지 않았을 것 같다.

5장
한산수국의 경제전쟁-
말업(末業)을 키워 전비를 조달하다

한산도를 중심으로 삼남 해변에 수군의 군정체제가 구축된 시절
은 필자가 구분한 7년전쟁의 제3단계, 즉, '중일 외교전 시기'에 해당
된다. 전쟁은 소강상태였지만 일본군은 영남 남부 일대에 튼튼한 기
지를 건설한 채 언제든지 재공격할 태세였다. 따라서 조선 수군으로
서는 적에게 강력한 무비(武備)를 과시함으로써 다른 마음을 먹지 못
하도록 압박하는 한편, 백성들이 흩어지거나 적에게 투항하지 않도
록 살 길을 제공하는 것이 가장 중요한 과제였다. 군대를 유지하고 백
성이 살아남도록 하는 일, 이순신에게 해상에서의 전투보다 몇 배나
힘들었던 '경제전쟁'이 바로 그것이다.

미리 말해 두지만, 적군이 국토의 일정 부분을 점거한 채 나라의
목줄을 조이고 있는데다, 백성들은 공포와 기아에 허덕이고 사실상
나라의 통치체계마저 무너졌던 이 기간 동안 '조선국'이 유지될 수 있

었던 힘은 이순신의 '수국'이 전방에서 버텨 준 덕분이다. 필자는 이 때문에 이순신 구국활동의 최대성과는 한산도와 명량싸움에서 대첩을 이룬 것보다 전쟁의 제3단계, 3년 6개월의 지리한 기간 동안 경제를 일으켜 나라의 근간을 유지하게 했다는 사실에 있다고 강조한다.

일본 열도의 국력을 총동원한 도요토미 히데요시에 맞서기 위해 이순신이 마련해야 하는 전비 부담은 지대하였다. 늘 부족하기만 한 전선을 확충하는 한편, 화약과 총포, 창검과 활 등 각종 무기를 생산하려면 거만(巨萬)의 물력이 소비되어야 하였기 때문이다. 군대뿐만 아니었다. 백성들에게도 생존의 방책을 제공하지 않는다면 '수국체제'를 유지할 수 없다는 것이 이순신이 처한 현실이었다. 둔전개간을 통한 육지 농사만으로는 크게 부족하였다. 그러나 힘들고 어려운 상황이라고 해서 좌절하거나 포기한다면 이순신이 아니다.

막대한 군수, 민수 물자를 충당할 길을 고심하던 이순신은 조선왕조 개창이래 말업(末業, 육지 농사(本業)를 제외한 상공업과 바다 농사 등을 통칭하는 말이다. '책속의 책-바다를 버린 나라 조선'의 '기발이반본'에 자세한 설명이 나온다.)으로 치부하며 억눌렀던 바다 농사와 국내외 무역, 공업에서 활로를 찾았고 그 성과는 제법 볼만하였다. 전란 시기, 궁색한 해상에서 군사와 유랑 백성들을 모아 시도한 '말업(末業) 진흥'은 결코 쉬운 일은 아니었지만 이순신은 경제전쟁에서도 승리하였다.

'바다 농사'를 본격화하다

수군의 무대였던 서·남해 바다는 다행히도 물고기와 해조류, 소금 등 많은 재화를 품고 있었다. 물고기는 병사들의 부족한 단백질을 보충해 주기도 했지만, 육지의 쌀, 보리, 콩과 교환함으로써 모자라는 군량미를 벌충하는 상품이 되기도 하였다. 미역과 김, 파래, 다시마 등 해조류와 각종 조개류 역시 군졸들의 부식거리로 삼거나 해풍에 잘 말려서 육지의 산물과 바꾸는 재화로 활용하였다. 부지런히 몸을 움직이면 풍요로운 물산을 향유할 수 있는 곳이 해변이다. 옛날, 심한 흉년이 들어 내륙의 사람들이 굶어 죽어 가는 시절에도 해변 사람들은 바다에 의지하여 생명을 부지할 수 있었다. 이순신은 병사와 피난민들로 하여금 적극적으로 바다를 일구도록 하였다. 바다에도 적이 득실대고 있었지만 수군의 함대가 있었기에 안심하고 조업에 나설 수 있었다. 일찍이 조정이 버린 바다가 전란을 맞아 황금어장으로 재탄생한 셈이다. 7년전쟁은 최악의 시련이었지만 조선의 바다와 상공업을 '기말이반본'의 이데올로기로부터 일정 부분 '해방'시켜 준 측면도 없지 않았다. 『난중일기』에 나타난 사례들을 보자.

물고기 잡이

계사년(1593) 9월 4일 정승 유성룡, 참판 윤자신, 지사 윤우신, 도승지 심희수, 지사 이일, 안습지, 윤기헌에게는 편지를 쓰고 '전복'을 정표로 보냈다.(전복은 고급 식재료로 귀한 상품이다. 껍데기는 나전칠기 재료로 활용할 수 있다. 수군과 백성들이 물질을 해서 전복을 땄을 것이다.)

갑오년(1594) 11월 5일 송한련이 대구 10마리를 잡아왔다.

갑오년(1594) 11월 12일 견내량에서 방어선을 넘어 고기 잡은 어부 24명을 잡아다 곤장을 쳤다.(수군기지 인근에 어부들이 머물며 고기를 잡고 있다. 그러나 어로한계선이 정해져 있었고 이를 지키지 않을 때는 군법으로 처벌했음을 알 수 있다.)

을미년(1595) 2월 19일 송한련이 와서 말하기를 "고기를 잡아 군량을 산다."고 하였다.(물고기를 군량미로 교환하는 현실을 정확히 기술한 대목이다.)

을미년(1595) 5월 21일 전복과 송어, 젓갈, 어란(물고기 알) 등을 어머니께 보냈다.(잡은 물고기로 젓갈을 담는 등 다양하게 가공하였다는 증거이다. 이순신의 휘하에 적잖은 여성들이 식량 조달요원으로 종군하고 있었음을 시사하는 대목이다.)

을미년(1595) 11월 21일 저녁에 청어(碧魚) 1만 3,240두름을 곡식과 바꾸려고 이종호가 받아갔다.(고기를 1줄에 10마리씩 2줄로 길게 묶은 것을 두름이라 한다. 1두름은 결국 20마리이므로 1만 3,240두름은 26만 4,800마리인 셈이다. 수군과 피난 백성들이 올린 어획고가 상당했음을 짐작할 수 있다.)

을미년(1595) 12월 4일 황득중, 오수 등이 청어 7,000여 두름(14만여 마리)을 싣고 왔다. 그래서 김희방의 곡식 사러 가는 배에 계산하여 주었다.

병신년(1596) 1월 4일 송한련 등이 청어를 1,000여 두름 잡아서 널었는데 "통제사께서 행차하신 뒤에 잡은 청어가 무려 1,800여 두름이나 됩니다."라고 하였다.(체찰사 이원익이 만나자는 연락을 하여 이순신은 1595년 12월 16일부터 삼천포와 여수 좌수영을 둘러보고 1596년 1월 4일에 다시 한산도에 귀환한다. 약 20일을 행차한 셈이다.)

병신년(1596) 1월 6일 오수가 청어 1,310두름 박춘양이 787두름을 바쳐 하천수가 받아다가 건조시키기로 하였다. 그리고 황득중이

202두름을 바쳤다.(오수와 박춘양, 황득중은 물고기를 잡는 책임자들이고 하천수는 건조 책임자이다. 고기잡이도 직무가 나누어 있음을 알 수 있다.)

병신년(1596) 1월 9일 오수가 잡은 청어 360두름을 하천수가 실어 갔다.

병신년(1596) 2월 13일 제주목사에게 청어, 대구, 화살대, 건시(乾 柿, 곶감), 삼색부채 등을 보냈다.

해조류 채취

갑오년(1594) 3월 23일 방답, 흥양, 조방장이 왔다. 견내량 미역 53 동을 가지고 왔다. 발포도 왔다.(한 덩어리로 만든 묶음을 '동'이라고 한다. 1동은 말린 미역 10묶음을 말한다. 견내량 미역은 이때도 품질이 뛰어나기로 이름이 높았다.)

갑오년(1594) 3월 24일 몸이 다소 나은 것 같다. 미역 60동을 따왔 다.(이 미역도 견내량 미역이었을 것 같다. 당시 이순신은 견내량 인근 한산도에 있었다.)

을미년(1595) 4월 29일 세 조방장과 같이 이야기하였다. 노윤발이 미역 99동을 따서 가지고 왔다.

병신년(1596) 3월 23일 새벽녘에 정사립이 물고기로 짠 기름(물고 기는 식용 외에 등잔을 밝힐 기름 원료로도 쓰였다.)을 많이 가지고 왔 다. 오늘 처음 미역을 땄다.

병신년(1596) 3월 24일 새벽녘에 미역을 따러 나갔다.(위의 기록들 을 종합하면 수군은 매년 봄(음력 3~4월)에 빠짐없이 미역을 채취하였음을 알 수 있다. 기록에 나오지는 않지만 파래와 다시마 등의 해조류도 부지런히 채취했을 것이 틀림없다.)

소금을 굽다

소금은 생리조절에 있어 필수불가결한 성분일 뿐 아니라 부패하기 쉬운 식품을 원거리까지 운반하거나 월동식품을 만드는 과정에서 빠질 수 없는 필수품이다. 그러나 전통사회에서 소금을 구하기가 쉽지 않았으므로 '하얀 금'에 비유될 정도였다. 세계역사를 보더라도 소금의 생산과 유통망을 장악한다는 것은 곧 국가권력을 확보하는 지름길로 통하였다. 한산수국도 소금을 자체적으로 생산하고 처분했으므로 국가 권력인 '소금 전매권'을 행사했던 셈이다.

소금을 얻는 방식은 다양하다. 유럽이 소금광산에서 소금을 캤다면 중국에서는 주로 암염(岩鹽)이나 소금 호수에서 생산하였다. 반면 한반도에서는 예로부터 바닷물을 이용하여 소금을 확보하였다. 조선시대의 경우 지역별로 소금생산 방식이 조금씩 달라, 동해안에서는 바닷물을 직접 끓여 소금을 얻었던 반면 서·남해안에서는 갯벌에 염전을 조성하여 일단 농도가 진한 함수(鹹水)를 만든 다음, 다시 불로 끓여 소금을 얻었다.(불을 때지 않고 오로지 태양과 바람의 힘으로 소금을 얻는 천일염은 1907년 인천 부평에 신식염전이 생긴 이후의 일이다.)

조선 수군이 소금을 얻는 방식은 서·남해안 지역에서 일찍부터 전수되어 온 전오제염법(煎熬製鹽法)이었다. 넓은 갯벌을 소금밭으로 삼은 방식이다. 바닷물이 빠지면 갯벌(염전용 갯벌)을 소가 끄는 써레를 이용하여 수차례 갈아엎는다. 이어 개흙 덩어리를 분쇄한 다음 해수를 뿌린다. 이 같은 작업을 여러 차례 반복하여 개흙의 염분 함량을 높인다. 염분 함량이 높아진 개흙을 섯등(소금 우물, 鹽井)으로 운반하여 염수(간수)를 뽑아낸다. 뽑아낸 간수를 '벌막'으로 옮겨 불로 가열하면 간수는 소금으로 응결된다.

당시 섬과 해변에는 질 좋은 소나무들이 울창했으므로 소금 구울 장작을 구하기가 어렵지 않았을 것이다. 전오(煎熬, 불때기) 과정에서 필요한 것이 염부(鹽釜), 즉 소금 굽는 솥이다. 쇠로 만든 철부(鐵釜)와 흙으로 만든 토부(土釜)가 있었다. 『난중일기』를 보면 쇳물을 부어 철부를 만들었다는 내용이 수시로 나오고 있으니, 조선 수군은 아무래도 수명이 오래가고 다루기 편리한 철부를 더 선호했던 모양이다. 그러나 개흙이나 조개껍질 등을 섞어 값싸고 쉽게 만들 수 있는 토부도 적지 않았을 것이다. 토부는 만들기가 비교적 쉬운 만큼 이순신의 일기에 오르지 않았을 뿐이라고 여겨진다.

어쨌거나 소금에 관련된 사연들이 『난중일기』에 수시로 등장한다는 것은 소금 생산이 결코 사소한 일이 아니었다는 증거이다. 일본육군의 공격 가능성 때문에 육지해안보다는 섬에다 소금을 굽는 염장(鹽場)을 마련하였을 것이다. 현재 한산도의 대고포와 소고포 마을은 염개, 또는 염포(鹽浦)라고 불리는데 이순신 장군이 소금을 대량으로 구워 냈던 갯벌로 유명하다.

소금은 병사들을 먹이기 위한 것도 있었지만 육지의 백성들에게 팔아 돈과 곡식을 구할 목적도 없지 않았다고 보인다. 또 수군이 잡은 물고기를 먼 곳에 내다팔기 위해서는 소금에 절여야 했을 것이므로 이래저래 소금의 용도는 다양하였다고 보아야 한다.

갑오년(1594) 7월 13일 느지막이 송전(宋詮, 광양현감)이 돌아갈 때 소금 1섬을 주어 보냈다.(늦어도 갑오년 7월에는 한산도에서 이미 소금을 생산하고 있음을 알 수 있다.)

을미년(1595) 5월 17일 아침에 나가 본영의 각 배에 사부, 격군의 급료를 받은 사람들을 점고하였다. (중략) 오늘 소금 굽는 가마솥 하나를 주조하였다.

을미년(1595) 5월 19일 저녁에 소금 굽는 가마솥 하나를 주조하였다.

을미년(1595) 5월 24일 소금 굽는 가마솥을 주조하였다.(을미년 5월에 소금가마를 집중적으로 늘리고 있다. 둔전개간으로 농작물이 늘어나고 고기잡이가 활성화된 만큼 소금을 더 많이 필요했기 때문으로 보인다.)

병신년(1596) 2월 11일 보성의 계향유사 임찬이 소금 50섬을 실어갔다.(계향유사는 군량미 충당을 책임진 사람이다. 소금을 내다 팔아 쌀과 바꾸려고 실어갔을 수도 있고, 둔전에서 수확한 콩으로 된장을 만들 생각에 소금을 대량으로 실어나갔을 수도 있다.)

소금 굽는 가마를 만든 사실까지 일기에 적은 것을 보니 이순신의 어려웠던 처지가 새삼 눈물겹다. 이순신은 날이 가물면 농사일을 걱정하였고, 또한 비가 너무 많이 내리면 소금 구울 일을 염려했을 것이다.

국내외 해상 무역에 나서다

해변의 땅을 일궈 벼와 보리를 경작하고 바다에 나가 물고기를 잡고 소금을 굽고 칡을 캐는 것만으로 수군과 수국의 수요를 충당하기에는 모자랐다. 물고기와 미역, 소금이 풍족하였다면 군량미는 늘 부족했고, 옷감과 화약류, 총통을 만들 쇠도 자체적으로 조달할 수는 없었다. 바깥세상(조선의 육지일 수도 있고 중국이나 일본일 수도 있다.)과의 교환이 필수적이었다.

수국의 경영을 위해서는 육지와 바다 농사를 크게 벌이는 것 못지않게 상업과 무역은 필수불가결한 경제행위였다. 참고로 이순신의 군대가 쉽게 무역을 할 수 있었던 배경으로는, 근거지가 해변이었고 또 많은 선박을 보유하고 있었다는 점을 빠뜨릴 수 없다. 특히 무장한 군인들이 배를 보호할 것이므로 화물을 빼앗길 염려도 없었다고 보아야 한다. 동 시대에 무역을 함에 있어 이만한 호조건을 갖추기란 쉬운 일이 아니었을 것이다. 이순신의 조카 이분이 지은 『이충무공 행록』에 수군 무역의 실상이 잘 요약되어 있다.

> "공(이순신)이 진중에 있으면서 매양 군량 때문에 걱정하여 백성들을 모아 들여 둔전을 짓게 하고 사람을 시켜 고기를 잡게 하며 소금 굽고 질그릇 만드는 일에 이르기까지 안 하는 일이 없었고, 그것을 모두 배로 실어 내어 판매하여 몇 달이 채 안 되어 곡식을 수만 섬이나 쌓게 되었다."
>
> -『이충무공 행록』

실제로 그러하였다. 이순신과 수하들은 육지와 바다에서 부지런히 생산한 뒤 이를 내지(內地)의 상인들과 교환하여 그 가치를 더욱 키웠다. 무기를 장만하거나 병졸들을 먹이고 입혀 군대를 유지하기 위해서는 거만의 자금이 필요하였지만 재원을 마련할 길은 무역 외에는 따로 없기도 하였다. 무역은 재화의 가치를 수십 배로 키우는 신비한 힘이 있기 때문이다. 따로 상업교육을 받았을 리가 없는데도 무역의 이치를 터득한 이순신은 아무리 생각해도 조선시대 장수라기보다 현대의 경제인에 더 가까워 보인다.

이순신의 조선 수군이 교역한 상대는 주로 내륙의 농업지대였겠지만 좁은 국내시장만으로 필요한 물자를 조달하기란 쉽지 않았을 것이다. 중국과 일본 상인, 또는 일본군에 붙은 조선 상인과도 무역을 하였을 가능성을 배제할 수 없다.

당시 일본군과 명군은 전쟁물자를 조달함에 있어 위력으로 빼앗는 경우도 없지 않았지만 상당 부분은 돈(은)을 주고 구매하는 등 조선인들과의 상업에 적극적인 모습을 보여 주었다. 심지어 일본군이 계사년(1593) 들어 진주성을 공격하기로 결심했을 때도 그에 앞서 소와 말을 구입하고 있다.

> "경상좌도 관찰사 한효순이 치계하였다. 왜적이 전에는 가지고 있던 우마를 전부 팔아버리더니 이달 20일부터는 진주를 공격하려고 밤낮없이 군사들을 조련시키며 전일에 팔아버린 우마를 도로 사들이고 있습니다."
>
> -『선조실록』, 계사년(1593) 2월 18일자

이런 상황이었던 만큼 전란 시기 한·중·일 상인 간의 교역은 생각보다 활발했을 것으로 여겨진다. 결정적인 기록은 없지만 『난중일기』의 행간에는 외상(外商)과의 교역을 짐작하게 하는 대목이 종종 눈에 띈다. 이순신은 무역을 노골적으로 장려하지는 않았지만 그렇다고 심하게 단속을 하지도 않음으로써 통제영과 중국-일본 상인들 간의 무역을 묵인하였다고 짐작된다.

이윤을 따라 길을 여는 상인의 행로는 예나 지금이나 정치, 군사의 장벽을 뛰어넘는 법이다. 식량과 철, 옷감 등을 실은 외상(外商)들의 배는 소리도 없이 남해 바다로 들어왔고, 통제영에서 구운 소금과 말린 해조류, 건어물, 그릇 등과 바꾸어 조용히 떠나갔을 것이다.(해외무역은 조정에서 금지하고 있었기에 공공연히 할 수는 없었다.) 상품을 실은 배들이 서·남해 바다를 항해하고 있었다 해도 이를 인지할 수 있는 조선 사람은 이순신과 그 휘하 장수들뿐이었으므로 비밀이 밖으로 새어 나갈 위험도 별로 없다. 적과 싸우기 위해서라도 적과 무역을 해야 한다는 사실이 역설로 다가왔을 것이다. 무역을 통해 한산도의 통제사 군영은 짧은 시간에 거대한 경제력을 쌓아 올렸다고 판단된다. 병졸들을 먹이고 입히고 재우는 것은 물론이고, 전선을 만들고 무기도 제작할 여력을 갖추게 된 것도 모두 무역 덕분이었다.

한산수국이 바닷길을 연 것은 고려 왕조의 멸망과 함께 끊겼던 해상교역이 200년 만에 재개되었다는 의미가 있다. 결국 국초 이래 지켜온 '해금령'이 이순신의 손으로 폐기된 셈이다. 사실 중일 사이에 자리 잡은 조선의 바다는 해외무역을 할 수 있는 최적의 조건을 제공하고 있었지만 왕조 개창 이래 200년간 바다를 통한 상업은 사라졌다. 명과 조선 양쪽에서 해금정책을 펴며 해로를 이용한 무역을 단속하였으므로 어느 상인인들 나설 수가 없었다. 간혹 소수의 밀수선이 오가기도 했지만 언제 잡힐지 모를 처지였기에 그들이 실어나르는 물목(物目)은 변변하지 못하였다. 조선과 명나라 사이에는 사신이 오가는 육로를 따라 이루어지는 조공무역이 대부분이었고, 일본과는 대마도를 사이에 둔 세견선 무역이 거의 전부였던 것이 전란 이전의 상황이었다.(한번 무너진 공도령은 이순신 사후에도 계속 약화되어서·남해의 많은 섬이 유인도로 바뀌고 육지의 해변 인구도 조선 후기로 갈수록 점점 증가한다. 그러나 해금령의 망령은 전란 이후 다시 부활하는 셈이어서 해상을 통한 해외무역은 조선왕조가 끝날 때까지 결코 활성화되지 못한다.)

이순신과 조선 수군이 국내 상인들은 물론이고 외상(外商)들과도 교역을 했음을 시사하는 단서들은 『난중일기』에서 제법 발견된다.

> **을미년(1595) 2월 19일** 송한련이 와서 말하기를 "고기를 잡아 군량을 산다."고 하였다.(잡은 물고기를 내륙에 팔아 군량미를 마련한다는 말이다. 송한련은 이순신 휘하에서 상업에 종사하던 인물이다.)
>
> **을미년(1595) 6월 30일** 문어공이 날삼(生麻)을 사들일 일로 나갔다.(날삼은 어로용 그물과 전선의 돛, 밧줄 등의 제작에 요긴한 재료지만 내륙에서 주로 생산되므로 해변의 산물과 교환하지 않을 수 없었을 것이다.)
>
> **을미년(1595) 9월 21일** 저녁에 이종호가 들어왔다. 다만, 목화만 가져왔기로 모두 나누어 주었다.(이종호는 송한련과 함께 이순신 휘하에서 상업에 종사하던 대표적인 인물이다. 일기의 내용은 이번 장사에서 이종호가 다른 물목은 사오지 않았고 옷감용 목화만 구입해 왔다는 말이다.)
>
> **을미년(1595) 9월 23일** 웅천 사람인데 사로잡혔던 박녹수, 김희수가 와서 알현하고 겸하여 적정을 보고하였다. 그래서 무명 1필씩을 주어 보냈다.(무명은 물고기나 미역 등을 내륙에 팔아서 확보했을

것이다. 당시 무명은 화폐의 기능도 가졌다. 적정을 보고하는 인물들에게 대가로 무명을 준다는 것은 이순신이 정보의 가치를 알았고, 대가를 치르고서라도 적극적으로 사들였다는 의미이다. 정보의 진가를 알아보는 점에서 이순신은 현대의 기업 CEO와 비교해도 손색이 없다.)

을미년(1595) 11월 21일 저녁에 청어 1만 3,240두름(한 두름은 20마리이므로 결국 26만 마리가 된다.)을 곡식과 바꾸려고 이종호가 받아갔다.

을미년(1595) 11월 23일 이종호가 하직하고 길을 떠났다.(이종호가 무역하러 한산섬 바깥으로 나갔다는 뜻이다. 하직을 하고 떠났으니 제법 먼 곳으로 갔을 것이지만 상행위의 대상이 국내인지 국외인지는 언급하지 않고 있다. 하지만 먹을 것이 없던 당시 조선에서 26만 마리의 청어를 곡식과 바꿔 줄 상인은 거의 없을 것 같다. 그렇다고 이종호가 마을마을 돌며 청어 한두 마리 주고 쌀 한 되를 얻는 식의 소매장사를 하지는 않았을 것이다. 순전히 추정이지만 이때의 이종호는 명나라 등 외국 거상을 상대하지 않았을까 싶다.)

을미년(1595) 12월 4일 황득중, 오수 등이 청어 7,000여 두름을 싣고 왔다. 그래서 김희방이 곡식 사러 가는 배에 숫자를 세어 주었다.(황득중과 오수는 직접 어로를 하거나 어부가 잡은 물고기를 수집하는 담당자이고, 김희방은 곡식 구매를 담당하는 인물이다.)

병신년(1596) 1월 9일 오수가 잡은 청어 360두름을 하천수가 실어갔다.(1596년 1월 6일자 『난중일기』에는 "오수가 청어 1,310두름, 박춘양이 787두름을 바쳐 하천수가 받아다가 건조시키기로 하였다. 그리고 황득중이 202두름을 바쳤다."고 적고 있다. 오수와 박춘양, 황득중은 물고기를 잡고 수집하는 책임자들이고 하천수는 물고기를 건조하고 판매하는 책임자다. 물고기 관련 업종도 담당이 나누어져 있었음을 알 수 있다.)

병신년(1596) 2월 3일 어두울 무렵 어란만호가 견내량의 복병한 곳에서 보고하기를 "부산의 왜놈 3명이 성주에서 (일본군에게) 항복한 (조선) 사람들을 데리고 복병한 곳에 이르러 장사하겠다고 한다."고 하였다. 그래서 곧 장흥부사에게 전령하여 내일 새벽에 가서 타일러 보라고 하였다. 이런 왜적들이 어찌 장사를 하고자 하겠는가. 우리의 허실을 엿보려는 것이다.(이순신은 일본인들의 의도가 장사에 있는 것이 아니라 정탐이라고 여겨 그들의 요구에 응하지 않고 있다. 다만, 공격하라는 명령이 아니고 '장흥부사에게 전령하여 타일러 보라.'고 한 것으로 볼 때 전쟁이 소강국면이었던 1596년 당시 조일 간에 공공연히 상행위가 이루어졌음을 시사받을 수 있다.)

병신년(1596) 2월 4일 저녁에 장흥부사가 복병한 곳으로부터 와서 왜놈들이 다시 돌아갔다고 전하였다.(이때는 조일 간의 상행위가 이루어지지 못했지만 필요에 따라서는 공공연히 이루어졌을 것임을 짐작할 수 있다.)

병신년(1596) 2월 9일 견내량과 부산의 왜적선 2척이 나왔다는 말을 들었다. 그래서 웅천현감과 우후를 탐색하러 보냈다.

병신년(1596) 2월 10일 웅천현감, 우후가 견내량으로 돌아와서 왜놈들이 겁에 질려 두려워하는 모양을 보고하였다.(이때는 상호간에 전투가 있던 시절이 아닌데도 일본 배 2척이 왜 견내량을 찾았을까? 전투 목적은 분명 아니었을 것이다. '겁에 질려 두려워하는 왜놈들'이 굳이 조선 수군이 주둔한 지역을 찾은 것은 정탐의 목적과 함께 무역에 뜻이 있었던 것이 아닌가 싶다. '한산수국'에서 나오는 각종 물자와 자신들의 물산을 교환하고픈 영리추구의 목적에서 반공개적으로 조선 수군에 접근한 것으로 여겨진다. 만약 일본 배가 전함이었다면 조선 수군은 화포를 쏘고 추격했겠지만 이 대목에서는 그런 긴장감이 느껴지지 않는다. '겁에 질려 두려워한 왜놈들'도 군인이 아니라 상인이었을 개연성이 높다.)

병신년(1596) 4월 3일 어제 저녁에 견내량 복병이 달려와 "왜놈 4명이 부산에서 장사하며 이익을 늘리려 나왔다가 바람에 표류되었다."고 하였다. 그래서 새벽에 녹도만호 송여종을 보내어 그렇게 된 까닭을 묻고 그 정상을 살펴보니 정탐한 것이었다. 그래서 이들의 목을 베었다.(이 글을 역으로 해석하면 만약 '왜놈(일본인)'들이 정탐을 한 것이 아니라 단순히 장사를 하는 무리였다면 살려 보낼 수도 있었음을 알 수 있다. 일본인들이 견내량 복병군에 잡혀 변명하는 말이 "부산에서 장사하러 왔다."고 했으므로 이는 부산에서 조선 수군 주둔지 인근으로 장사하러 다니는 무리가 존재했음을 증명해 주는 대목이다. 즉, 싸우는 와중에서도 조일 간에 장사가 이루어지고 있었다는 뜻이고, 조선 수군도 정탐이 아니라면 일본인의 상행위는 묵인했음을 시사받을 수 있다. 만약 이 사건이 단순한 상행위였다면 특별할 것도 없으니 이순신은 일기에 기록하지 않았을 것이다.)

병신년(1596) 8월 8일 중 의능이 날삼 120근을 가져와서 바쳤다.(승병장들이 산의 밭에서 생산한 날삼을 바쳤다면 이순신은 쌀이나 소금, 미역 등을 대가로 주었을 것이다.)

병신년(1596) 8월 9일 아침에 중 수인에게서 날삼 330근을 받아들였다.

유성룡의 중강개시(中江開市)와 이순신 대외무역 가설

조선 수군의 '대외무역설'과 관련하여 영의정 유성룡이 대외무역에 호의적이었다는 점을 눈여겨볼 필요가 있다. 유성룡은 1593년 의주 인근 압록강의 섬 중강(中江)에 국제무역시장을 열어 조선의 면포로 명의 곡물과 교환하면 상호이익이 될 것이라고 주장하여 이를 관철하였다. 당시 조선에서는 면포 1필로 겉곡식 1말을 바꿀 뿐이었지만 중강에서는 20말을 구입할 수 있었다고 한다. 이후 조선의 은과 구리, 무쇠, 면포 등으로 만주, 요동의 곡식과 군마를 사들였다. 건국 이후 200년 동안 대외무역에 소극적이었던 조선에서 유성룡의 중강개시론(中江開市論)이 인정된 것은 전쟁물자를 조달해야 한다는 절박한 필요성 때문임은 물론이다.

당시 유성룡과 이순신은 늘 편지를 주고받으며 전시대책을 함께 상의했으므로 무역 문제에 대해서도 의견이 오갔을 것으로 짐작된다. 중강개시론을 관철한 유성룡이 무역의 이치를 이순신에게 일깨워 주었을 가능성도 있지만, 역으로 이순신이 대외무역의 효과를 실감하고 알려 준 것이 유성룡의 중강개시 주장으로 이어졌을 수도 있다.

참고로 '해도 둔전개간론(海島 屯田開墾論)'이 시행된 것도 이순신과 유성룡이 의견을 나눈 결과로 여겨지는데 두 사람 가운데 누가 첫 주장자인지는 분명하지 않다. 아마도 둔전책은 해상에 있던 이순신이 먼저 의견을 꺼냈고 유성룡이 조정에 그 타당성을 적극 설파한 것으로 보는 것이 자연스럽다. 다만, 대외무역론은 두 사람 가운데 누가 먼저 주목했는지 구체적인 자료가 없어 짐작하기 어렵다.

분명한 것은 중강개시가 전적으로 유성룡의 머리에서 나왔다고 하더라도, 유성룡과 친밀했던 이순신이 그 효과를 전해 듣고 무역에 적극 나섰을 가능성이 높다는 사실이다. '이순신의 대외무역 가설'을 설파하면서 '유성룡의 중강개시'를 주목하지 않을 수 없는 이유는 바로 여기에 있다.

공업 생산력을 확충하다

군량미가 확충되고, 전투에 소요될 재원이 마련되는 대로 이순신은 전선과 무기 제조를 위한 군수공업 진흥에 착수하였다. 한산수국에 잉여생산물이 생기면 오로지 군수물자 생산에 투입되었다. 그런데 군수공업은 예나 지금이나 산업연관 효과가 크다. 나무를 베고 철과 구리를 모으는 일, 돛에 쓰일 베와 활의 재료를 확보하는 과정에서 수많은 사람들이 일감을 가지게 되니 말이다. 결국 조선소와 무기공방(武器工房)이 활발히 가동되면서 지역경제를 활성화하는 효과도 만만치 않았을 것으로 짐작된다.

또 그릇을 굽고 나전칠기를 제작하는 등 민수용 공작소도 함께 운영하며 부력(富力)을 착실히 쌓아 나갔다. 전시하 조선의 어느 지역에서도 공방을 크게 일으켰다는 증거가 없으므로 아마도 군수와 민수를 합친 한산 일대의 공업생산력은 전국 최대 규모였을 것이다. 수국의 공업력은 왕성한 상업 활동과 어우러지면서, 피난민들로 급히 형성된 해변의 경제에 제법 생기를 불어넣었을 것으로 보인다.

전선 건조 박차

통제사가 되기 직전인 1593년 6월부터 이순신은 한산도에서 전선 확충작업에 나섰고, 이후 한산도는 물론이고 각 수영과 고을에 전선 제조를 독려하였다. 수많은 목수들이 조선소에 모여 자귀와 망치 소리 높이 울리니 남해안 일대의 조선업은 확대일로를 걷게 되었다.

계사년(1593) 3월 14일 각 배를 출동시켜 배 만들 재목을 실어왔다.(이순신은 이때 한산도에 머무르고 있었다. 한산도에서 전선 건조에 나섰다는 점에서 볼 때 적어도 이때부터 한산도를 자신의 기지로 삼을 생각이었음을 알 수 있다.)

계사년(1593) 6월 20일 오늘 배 만들 재목을 운반해 오고 그대로 역포(한산도에서 가까운 통영시 용남면)에서 잤다.

계사년(1593) 6월 22일 처음으로 전선(戰船)을 만들기 위해 자귀질을 시작하였다. 214명의 목수가 일을 하였다. 본영에서 72명, 방답에서 35명, 사도에서 25명, 녹도에서 15명, 발포에서 12명, 여도에서 15명, 순천에서 10명, 낙안에서 5명, 흥양과 보성에서 각 10명씩이었다. 방답에서는 처음에 15명만 보내서 담당 군관과 아전을 처벌했는데, 그 정상이 자못 간교하였다.(한산도에 전라좌수영 휘하 5관5포의 목수 214명을 불러 모아 놓고 본격적으로 전선을 만들기 시작한다. 배 만들 재목들은 석 달 전인 3월부터 이미 수집해 놓은 상태였다.)

계사년(1593) 6월 23일 아침 일찍 목수들을 점호했는데 결근자가 한 명도 없었다. 새 배에 쓸 밑판을 완성하였다.

계사년(1593) 9월 6일 새벽에 배 만들 재목을 운반할 일로 여러 배를 내어 보냈다.(배를 계속 건조하니 재목이 많이 필요했을 것이다.)

갑오년(1594) 1월 23일 홍양현의 전선 2척이 들어왔다.(홍양현에서 새로 건조한 전선을 한산도로 배치한 것이 아닌가 싶다. 이즈음 각 고을에서는 할당받은 전선을 건조하느라 한창이었다.)

갑오년(1594) 1월 24일 아침에 산역(山役)하는 일로 목수 41명을 송덕일이 거느리고 갔다.(산의 소나무를 베어 오는 일로 여겨진다.)

갑오년(1594) 1월 25일 송두남, 이상록 등이 새로 만든 배를 몰아오려고 사부와 격군 132명을 거느리고 갔다.(다른 지역에서 만든 배를 한산도로 끌어오기 위해 노 젓는 격군을 보내고 있다. 전선 건조 사업이 각지에서 벌어지고 있음을 알 수 있다.)

갑오년(1594) 1월 28일 전선을 만드는 공사를 시작하였다.(갑오년 들어 전선 건조를 재개하였다는 뜻이다. 직전인 계사년(1593) 9월 10일의 「조진수륙전사장」에서 이순신은 전라좌도 60척, 전라우도 90척, 경상우도 40척, 충청도 60척 등 삼도수군이 모두 전선 250척을 보유해야 한다고 강조한 바 있다. 이후 삼남 해안 각지에서 전선 건조작업이 활발히 이루어졌다고 보아야 한다. 전선 건조사업은 많은 물자와 인력이 필요하므로 경제력이 뒷받침되어야만 가능하다. 반대로 활발한 전선 건조사업 덕분에 해변의 전시경제가 활성화되는 효과가 분명히 있었을 것이다.)

갑오년(1594) 2월 7일 오늘 군대를 개편하고 격군을 각 배에 옮겨 태웠다. 보성의 전선 2척이 들어왔다.(새로 만든 전선이 실전에 속속 투입됨에 따라 수군의 편제를 그에 맞게 개편하고 있다. 보성에서 새로 만든 전선이 한산도로 배치되었다는 내용이다. 1월 23일 일기에는 홍양현에서 만든 전선 2척이 도착하였다는 내용이 있다.)

갑오년(1594) 2월 17일 (전라) 우수사(이억기)가 들어왔는데, 거느린 전선이 다만 20척이니 한심스럽다.(전라우수영에서 격군을 제대로 보충하지 못한 데다 전선 확충 작업도 큰 성과가 없어 20척만 끌고 온 것이 이순신의 마음에 들지 않았다는 뜻이다. 기존의 전라우수영 소속 함대 26척과 합하면 이억기 휘하의 전선은 46척이 된다. 계사년 (1593) 9월의 「조진수륙전사장」에서 이순신이 전라우도에 배정한 전선은 90척이었는데 5개월 후 20척만 거느리고 오자 한심하다고 탄식하고 있다.)

갑오년(1594) 5월 10일 새벽에 일어나 창문을 열고 멀리 바라보니 우리의 많은 배들이 바다에 가득 차 있다. 적이 비록 쳐들어온다 해도 섬멸할 만하다.(「조진수륙전사장」에서 이순신은 삼도수군이 전선 250척을 확보해야 한다고 목청을 높였다. 8개월이 지난 이때쯤 상당한 무기가 갖추어져 있었던 모양이다. 새벽잠을 깬 이순신이 바다에 뜬 수군함대의 막강한 위용을 보고 뿌듯해 하고 있다.)

을미년(1595) 1월 11일 고성현감은 새 배를 독촉하여 만드는 일로 아뢰고 돌아갔다.

을미년(1595) 2월 14일 진도군수, 무안현감, 함평현감이 교서에 숙배하고서 방비처에 수군을 일제히 징발하여 보내지 않은 것과 전선을 만들어 오지 않을 일로 처벌하였다. 영암군수도 죄를 논하였다.(전선 건조와 수군 징병을 제대로 하지 못한 관리들은 가차 없이 처벌하고 있다.)

을미년(1595) 7월 4일 이전(李荃) 등이 산 일터에서 노를 만들 나무를 가지고 와서 바쳤다.(목재를 베고 적당한 규격으로 자르는 '산 일터'가 있음을 알 수 있다.)

을미년(1595) 9월 2일 새벽에 상선(上船, 통제사가 타는 전선)을 출항시켰다. 재목을 (산 일터에서) 끌어내릴 군사 1,283명에게 밥을 먹이고서 끌고 내려왔다.

병신년(1596) 2월 6일 새벽에 목수 10명을 배를 만드는 거제로 보냈다.

병신년(1596) 8월 20일 새벽에 전선을 만들 재목을 끌어내리는 일로 전라우도 군사 300명, 경상도 군사 100명, 충청도 군사 300명, 전라좌도 군사 309명(도합 1,009명이다.)을 송희립이 거느리고 갔다.

전선을 건조하는 목수 일은 전문성이 필요한 만큼 순전히 군사로만 채울 수 없다. 각 고을에서 재주 있는 목수들을 여러 조선소로 불러 모아 배를 만들게 했으므로 이들을 먹이고 입히는 추가적인 재원은 상당했을 것이다. 물론 한산수국 휘하의 둔전과 어장의 소출로 조달했을 것이다.

무기 생산 확대

계사년(1593) 5월 12일 새로 만든 정철총통(正鐵銃筒, 조총을 본떠서 승자총통을 개량한 소형화기)을 비변사로 보냈다. 흑각궁(黑角弓, 소나 양의 뿔로 만든 활)과 화살도 주어 보냈는데, 선전관 성문개가 순변사 이일의 사위라 했기 때문이다.

계사년(1593) 9월 14일 정철총통(조총을 뜻함)은 전쟁에서 제일 중요한 것이지만 우리나라 사람들은 총통 만드는 방법을 알지 못하였다. 이제야 온갖 연구를 하여 조총을 만들어 냈다. 왜의 총보다도 성능이 좋아 명나라 사람들이 진중에 와서 시험사격을 하고는 여러 사람이 다 잘되었다고 칭찬하였다. 이제는 그 묘법(제조법)을 알았으므로 도내에 같은 모양으로 많이 만들어 내는 것이 좋을 것 같아 순찰사와 병사에게 견본을 보내고 또 공문도 돌리도록 하였다.(조총 제조술을 익히기 위해 이순신이 무척 노력했음을 알 수 있다. 아마도 일본군 포로들을 회유하고 닦달해 그 비법을 알아냈을 것이다.)

을미년(1595) 7월 21일 식사를 한 뒤에 태구련, 언복이 만든 환도를 충청수사, 두 조방장에게 각각 1자루씩 나누어 주었다.(도검도 자체적으로 제작하였음을 알 수 있다.)

을미년(1595) 9월 25일 오후 2시쯤에 녹도의 하인이 실수로 불을 내어 대청, 다락방 등이 모두 타버렸다. 군량, 화약, 군기 등의 창고에는 불이 붙지 않았으나 다락 위에 있던 장전과 편전 200여 개가 모두 타버렸으니 애석하다.(화약과 군기를 자체 생산해 창고에 쌓아 두고 있음을 알 수 있다.)

병신년(1596) 5월 2일 총통 2자루를 부어 만들었다.(총통을 수시로 자체 제작하고 있다는 증거다.)

전란 시기였던 만큼 삼도수군 휘하에는 총통과 화포, 활, 창, 칼 등 각종 무기제작에 종사하는 장인 숫자가 만만치 않았을 것이다. 이들을 건사할 재원 역시 순전히 둔전과 바다의 산물로 충당했을 터이니 이순신은 적군 못지않게 경제 문제를 놓고 싸웠을 것이 분명하다.

종이·의류·가죽 등 민수품 생산

병신년(1596) 2월 5일 권숙이 와서 돌아가겠다고 하므로 종이와 패도(佩刀)를 주어 보냈다.(통제사 지휘 하에 한산도 인근에서 종이를 만들고 있음을 알 수 있다. 참고로 통영 안정사에서 예로부터 종이를 만들었다는 기록이 있는데, 조선 수군에게 전수되었을 것으로 보인다.)

병신년(1596) 1월 23일 아침에 헐벗은 군사 17명에게 옷을 주었다.(군사들이 입을 옷을 자체적으로 제조한다. 무명 등 옷감 재료는 장사를 통해 내륙에서 사왔을 것이다.)

병신년(1596) 6월 2일 가죽치마를 만들었다.(가죽치마는 군사용으로 짐작되지만 구체적인 용도는 알기 어렵다.)

『이충무공 행록』 공이 진중에 있으면서 (중략) 질그릇 만드는 일에 이르기까지 안 하는 일이 없었고…….

『난중일기』에서 전선 건조나 무기 제작에 비해 민수품 관련 기사가 적은 것은 이순신의 관심도가 상대적으로 떨어졌기 때문이지 생산비중이 적은 탓은 아닐 것이다. 수국 내의 소비를 충당하는 것은 물론이고 외부로 반출하기 위해서도 민수용 공작소는 활발하게 움직였을 것이 분명하다. 참고로 7년전쟁이 끝난 뒤 조선 후기 300년 동안 삼도수군통제영의 소재지가 된 경남 통영시에는 13공방(뒤에는 12공방)이 존재했는데, 나전장(가구), 두석장(놋쇠), 화자방(신발), 선자방(부채), 입장(笠匠, 갓) 등이 그것이다. 갓일(입장)을 제외한 나머지 공방은 한산도 시절부터 유래되었다고 하니 목(木)가구와 신발, 부채, 질그릇과 놋쇠그릇, 은제품 등 시시콜콜한 민수품까지 제작했음을 알 수 있다. 한마디로 한산수국의 공업 생산력은 제법 볼만하였으니, 7년전쟁 시기 조선 땅 어느 지역도 이곳만큼 공업이 흥성하지는 못하였다고 여겨진다.

위에서 살펴본 것처럼 이순신은 조정의 군수지원 없이도 스스로 백성을 불러 모아 산업을 일으키고, 자립한 경제로 군사를 먹이고 입히고 또 무장하였다. 삼도수군이 보유한 여러 농장과 어장, 조선소와 공작소들의 총체적인 규모는 참으로 웅장하였다. 이 같은 군산복합 경영체야말로 한산수국을 뒷받침하는 튼튼한 물적 토대였고, 전란으로 결딴난 조선국이 그나마 형체를 유지할 수 있는 근본 동력이었다고 하겠다.

6장

한산수국 독자행보 3년 6개월

한산수국은 계사년(1593) 8월에 시작되어 정유년(1597) 2월까지 3년 6개월 동안 지속된 셈이다. 결코 짧지 않은 세월이다. 이 기간 이순신은 기본적으로 조정의 명을 따르면서도 상당 부분 독자행보를 보였다. 전란으로 크게 훼손된 조정의 행정체제가 쉽사리 복구되지 못한데 반해 해변에 구축된 수국의 군정체제는 갈수록 공고화되었기 때문이다. 수족이 잘린 왕으로서는 이순신과 수군의 충성심 외에는 삼남 해변을 통제할 수단이 없어 답답하고 불안했을 터였다. 왕의 의지가 제대로 구현되지 않는 땅, 조정의 권력망에서 벗어난 해변은 자연스럽게 삼도수군통제사 차지가 된 셈이고, 이곳에서 이순신은 정유재란이 발발하기 전까지는 흔들림 없는 권력자의 위상을 확보할 수 있었다. 그러나 이순신이 삼남 해변에 반독립적인 세력을 구축하고 거의 절대적인 권한을 행사한 이유를 행여나 권력욕심으로 풀이

해서는 곤란하다. 강한 적에 맞서기 위해서는 휘하의 인적·물적 자원을 신속하게 동원할 수 있는 힘이 필요했기 때문으로 보아야 한다.

강력한 인재풀을 갖추다

이순신은 삼남의 해변을 통제사의 배타적 영역으로 확보해 가는 동시에 자신에게 충성을 다하는 강력한 인적기반을 마련하였다. 그 첫째는 수군의 독자적인 무과를 실시하는 것이었고, 둘째는 유능한 인재는 반드시 휘하로 끌어들이는 일이었다. 또 무능, 부패 관리는 조정의 권위를 빌어서라도 교체하거나 벌칙을 안김으로써 해변의 인사권을 자신의 의지대로 행사하였다. 이순신에게 충성하는 세력은 점점 강해져 가는 반면 그의 눈 밖에 난 인물(심지어 원균마저 1594년 말 경상우수사에서 물러난다.)은 수군에서 견딜 수 없게 되었다.

수군 독자 무과(武科)의 실시

통제사가 된 그해(1593년) 12월 말 이순신은 한산도에서 수군만의 특별무과를 볼 것을 조정에 건의한다. 전통적으로 무과는 문과에 비해 격이 낮았지만 전시하에서 오히려 그 비중이 높았다. 그런데도 수군만을 위한 과거시험을 보기를 희망하고, 또 자신의 주관으로 치르고자 하니 조정의 입장에서 볼 때 참으로 맹랑한 주장이 아닐 수 없다. 전란으로 권위가 떨어진 조정에서 그나마 과거를 통해 존재가치를 인정받고 있었는데, 이마저도 내놓으라고 요구한 셈이다.

"삼가 품의드릴 일로 아뢰나이다. 지난 11월 23일에 도착한 겸 순찰사 이정암의 공문에서 말하기를 무군사(撫軍司, 세자 광해군이 이끌던 분조의 분비변사를 일컫는 말)의 공문에 의하면 동궁(광해군)께서 전주로 내려오셔서 과거시험장을 설치하여 선발하려 하는데 규정은 평상시의 예에 따르면 초시, 회시, 전시 등 세 번 시험을 보아야 하지만 평안도에서의 예에 따라 1차로 초시만 치른 후 곧바로 전시를 시행하려고 하며 사람은 넉넉히 뽑을 계획이고 과거시험 날자는 길일(吉日)인 12월 27일로 하려는 계획이지만 아직 확정짓지는 않았다고 하였습니다. 그러나 기일이 매우 박두하였고 또 사람을 넉넉히 뽑으려 한다고 하니 이런 취지를 급히 널리 알려서 뛰어난 인재가 빠지는 일이 없도록 하라고 하였습니다.

난리가 일어난 지 2년 동안 남도의 무사들은 오랫동안 진중에 있었지만 그들을 위로하여 기쁘게 해줄 길이 없었는데, 이제 들으니 동궁께서 완산(전주)으로 내려와 머무시게 되어 크고 작은 신민들로 감격하지 않는 이가 없다고 하였습니다. 또 들으니 12월 27일에는 전주부에다 과거시험장을 열도록 명령하셨다고 하니, 바다 위 진중에 있는 모든 군사들이 기쁜 마음으로 달려가고 싶어 합니다. 그러나 물길이 멀고 또 기일 내에 도착하기도 어려운 데다 왜적과 대치해 있는 상황에서 뜻밖의 일이 일어날 수도 있기 때문에 정예용사들을 한꺼번에 내보낼 수가 없습니다. 그러므로 수군에 소속된 군사들의 경우에는 경상도에서의 예에 따라 진중에서 시험을 볼 수 있게 해 줌으로써 그들의 소원을 풀어 주시고 또 시험과목 중에는 기사(騎射, 말을 달리면서 활쏘기) 과목이 있는데, 먼 바다 위 외딴 섬에는 말을 달릴 만한 땅도 없습니다. 따라서 기사 대신에 편전(片箭) 쏘는 것으로 시험 쳐서 뽑는다면 편리할 것 같습니다. 엎드려 조정의 선처를 바랍니다."

-「청어진중시재장(請於陣中試才狀)」, 계사년(1593) 12월 29일자

　　이때 광해군이 이끄는 분조(分朝)는 전주에 터를 잡은 상태였다. 분조는 이순신에게 수군의 예비무관들을 이끌고 전주로 와서 세자에게 충성 맹세도 하고 무과 시험도 보기를 지시했으나 이순신은 적과 대치하고 있다는 이유로 이를 거부하였고, 전주 무과에는 아무도 응시하지 못하게 하였다. 당시 전주 무과에 응시할 수 있는 군대는 이순신의 수군 외는 별로 없었으므로 이 일로 이순신은 동궁의 눈 밖에 나게 되었고 정유년 옥사의 한 원인이 되기도 하였다.(이순신에 대한 임금의 불만이 구체화되어 가던 병신년(1596) 6월 26일자 『선조실록』을 보면, 이즈음 광해군과 이순신 간에 악연이 시작되었음을 알 수 있는 단초가 나온다. "순신이 처음에는 힘껏 싸웠으나 그 뒤에는 작은 적일지라도 잡는 데 부지런하지 않았고, 또 군사를 일으켜 적을 토벌하는 일이 없으므로 내가 늘 의문을 가졌다. 또 동궁(세자)이 남쪽(전주)으로 내려갔을 때에 여러 번 사람을 보내어 불렀으나 오지 않았다." 일부 드라마나 소설에서는 이순신과 광해군 사이가 돈독한 것으로 묘사했지만 실상은 그렇지 못하였다. 이순신은 전주 무과를 거부함으로써 세자와 분조의 권위를 훼손하였다. 이런 이순신에 대한 광해군의 반응은 알려지지 않고 있지만 실록에 나온 임금의 언급과 크게 다르지 않았을 것이다. 권력게임에 밝았던 광해군은 부왕 선조와 마찬가지로 이순신을 왕권에 대한 잠재적 도전자로 간주했을 것이라는 것이 필자의 판단이다.)

　　무과의 독자적 실시와 같은 민감한 요구를 조정에 할 수 있었던

것은 이순신이 그만큼 강단 있는 인물이기도 했지만, 수군의 승첩에 대한 자부심과 나름의 권리의식이 작용하였다고 여겨진다. 그러나 조정의 반대 또한 만만치 않았다. 당장 동궁(세자 광해군)이 지휘하는 분조에서 불쾌하게 여겼다. 저간의 사정이 『난중일기』에 나와 있다.

> "순천(전라좌수영)으로부터 온 보고를 보니 '무군사(撫軍司, 분비변사) 관문에 의하면 순찰사(이정암) 공문에 (한산도) 진중에서 과거를 보자고 (이순신이)동궁께 장달(狀達)을 올린 것은 아주 잘못된 것이니 벌을 주어야 한다는 내용이 있습니다.' 하였다. 가소로운 일이다."
>
> -『난중일기』, 갑오년(1594) 2월 4일자

이순신은 광해군이 지휘하는 분조의 반대를 '가소로운 일'로 치부하고 밀고 나갔고, 결국 그의 고집에 따라 수군 단독 무과는 갑오년(1594) 4월 6일부터 사흘간 한산도에서 사상 처음으로 열렸다. 『난중일기』를 보자.

4월 6일 별시를 열었다. 시관(試官)인 나와 우수사(이억기), 충청수사(구사직)와 참시관(參試官)인 장흥부사(황세득), 고성현감(조응도), 웅천현감(이운룡)이 시험감독을 하였다.
4월 7일 일찍 모여 시험을 보았다.
4월 8일 저녁 때 시험장에 올라갔다.
4월 9일 아침에 시험을 끝내고 결과를 알리는 방을 붙였다.

이순신은 갑오년(1594) 4월 11일자 장계에서 수군 특별무과의 결과를 보고하였다.

"삼가 과거시험 일로 아뢰나이다. 지난해 12월 23일에 도착한 무군사 공문을 보니 순찰사 이정암의 공문을 인용하여 '세자께서 전주부에 내려와 머무르시며 과거시험을 보이겠다고 명하셨다.'라고 하여서 수군의 병사들이 모두 다 즐거이 달려가서 시험에 응시하고자 하였습니다. 그러나 시험 보는 날짜가 12월 27일로 정해졌기 때문에 물길이 멀어서 정해진 기일 내에 도착할 수 없을 뿐만 아니라 적들과 대치하고 있었던 때인지라 혹시 뜻밖의 우환이 없을 수도 없어서 정예용사들을 한꺼번에 다 내보낼 수도 없기에, 수군 소속의 군사들은 경상도에서 시행한 예에 따라서 진중에서 시험을 보임으로써 군사들의 마음을 위로해 주시기 바랍니다. 그리고 규정 중에는 기사(騎射) 시험과목이 들어 있으나 먼 바다에 외따로 떨어져 있는 섬에는 말을 달릴 만한 땅도 없으니 기사 과목은 편전(片箭)을 쏘는 시험으로 대신한다면 편리할 듯하여 그런 뜻으로 감히 품의올린 바 있었습니다.

그런데 병조에서 내려보낸 공문에서 이렇게 지적했습니다. '좌수사가 올려 보낸 장계 사연과 병조에서 건의한 내용은 서로 일치하므로 이를 내려보내는 바 전주에서 실시한 문과와 무과시험의 당선자는 이미 발표하였으므로 또다시 계속해서 과거시험을 보인다는 것을 적절치 못합니다. 수군으로 말하면 여러 해 동안 고생하였는데 그들만 과거를 못 보게 하는 것은 정리상 딱할 뿐만 아니라 영남에 있는 원수 진영에서 보이는 과거시험의 당선자는 전주에서 동시에 발표하지 않았기 때문에 수군에서 따로 나누어 시험을 보여 인재를 뽑는 일은 마찬가지로 무방할 것입니다. 그러나 (중략) 정예하지 못한 자까지 뽑힐 우려가 있을 것이므로 100명으로 정원을 한정하여 뽑는 것이 어떻겠습니까?' 하고 건의했던 바 만력 22년(1594) 2월 7일자로 '우부승지 이광정이 담당자가 되어 장계에 의거하여 상의하여 시행하라고 지시하셨다.'라고 하였습니다. 그런데 무과 특별시험에 참관할 참시관으로 이름 있는 문관을 정해 보내 달라고 도원수 권율에게 공문을 보냈던 바, 삼가현감 고상안으로 정해 왔습니다. 그래서 시험관으로는 신과 전라우수사 이억기, 충청수사 구사직이, 그리고 참시관으로는 장흥부사 황세득, 고성현령 조응도와 삼가현감 고상안과 웅천현감 이운룡 등이 이달 4월 6일에 과거시험장을 개설하고 철전은 5시 2순 2중 이상을 합격한 것으로 하되, 모두 군관들의 활 쏘는 예에 따라 나누어 시험받도록 하였습니다. 합격한 사람 100명을 1, 2, 3등의 차례로 주소, 직업, 성명, 부친의 나이 등을 별도의 보고서에 아울러 기록하여 올려 보냅니다."

-「설무과별시장(設武科別試狀)」, 갑오년(1594) 4월 11일자

이때 급제자는 송여종 등 100명이었다. 한산도의 수군 가운데서 이 정도의 합격자를 냈다면 적지 않은 숫자이다. 이순신이 주재한 수군 무과는 2년 뒤인 병신년(1596)에도 열렸다. 이때는 아들과 조카들도 응시했고 또 합격한다. 일기를 보면 거의 활쏘기로 합격자를 가렸음을 알 수 있다.

한산정과 과녁 한산정은 이순신 장군이 부하 장졸들과 함께 활쏘기를 연마하던 곳이다. 활터와 과녁까지의 거리는 약 145m로 이순신 장군이 이곳에 활터를 만든 것은 밀물과 썰물의 교차를 이용해 해전에 필요한 실전거리의 적응훈련을 시키기 위해서였다. 활터와 과녁 사이에 바다가 있는 곳은 이곳이 유일하다.

> "새벽에 초시(初試)를 보았다. 면은 모두 55보를 쏘았고, 봉은 모두 35보를 쏘았으며, 해는 모두 30보를 쏘았고, 회는 35보를, 완은 모두 25보를 쏘았고 진무성(陳武晟)은 모두 55보를 쏘아 합격하였다."
>
> -『난중일기』, 병신년(1596) 윤 8월 10일자

> "저녁에 들으니 아이들이 모두 초시에 합격하였다고 한다."
>
> -『난중일기』, 병신년(1596) 윤 8월 15일자

한산도 특별무과는 많은 합격자를 양산하였다. 수군만의 리그였으니 수군의 합격률은 어느 때보다 높았을 것이다. 과거에 합격하면 양반 자격을 가지게 되던 시절이다. 평시 같으면 등과(登科)는 꿈도 꾸지 못할 해변의 무지렁이들이 전쟁을 기회로 장교의 상징인 전립(戰笠)을 쓰게 되었다. 합격자들은 이순신의 배려로 벼슬에 오른 자들이다. 그들이 충성을 바칠 대상은 임금보다 이순신이 더 가까웠다.

인재 확보 주력

이순신은 사람을 보는 눈이 탁월했고 인재의 가치를 알았다. 능력 있는 인재라면 어떤 일이 있어도 자기 사람으로 만들었다. 필요하면 조정에 장계를 올려서라도 자신의 휘하로 삼았다. 몇 가지 사례들을 찾아보았다.

① 어영담 구하기

전라좌수영 수하이던 광양현감 어영담이 계사년(1593) 1월에 파직을 당하자, 적극적으로 변호하는 장계를 올려 마침내 구해냈다.

"삼가 건의드릴 일로 아뢰나이다. 광양 사는 김두(金斗) 등 126인의 연명으로 된 호소문에서 말하기를(백성들을 활용해서 어영담 현감을 구출하려는 시도이다.) 본 고을의 수령이 빈번하게 갈려서 새로 오는 이를 맞이하고 가는 이를 전송하는 일 때문에 백성들이 그 고통을 감내하기 어려워서 장차 고을을 버리려던 차에 새 현감(어영담)이 임지에 도착한 후 즉시 민간의 질고를 묻고 잘못된 행정상의 폐단들을 개혁하고 병기를 수리하고 나라 근심하기를 자기 집안일 같이 하자 전날에 도망갔던 자들도 이 소문을 듣고는 돌아와 모이게 되어 온 고을이 편안해졌습니다.(백성들의 입으로 어영담의 행정능력을 높이 치켜세운다.) (중략) 지금의 현감은 성품과 도량이 침착하고 무거우며 의심과 미혹됨에 없을 뿐더러 수성과 수전 및 방비 계책에 자세히 연구하지 않은 것이 없어서 두치(땅 이름)와 강탄(땅 이름)을 파수하는 일들을 한꺼번에 시행하고 왜적에 항거해야 할 도리를 타일러 깨우쳐 줌으로써 고을 백

성들을 안정시켰습니다. 또 수군의 여러 장수들과 여러 번 출전
하면 몸을 잊고 앞장서서 쳐들어가 바다의 왜적들을 섬멸하는 데
그 공로가 이미 가장 뛰어났으므로 당상관으로 그 품계가 올랐습
니다.(어영담이 해전에서 큰 공로를 세웠음을 주지시킨다.)

그런데 지난 1월 27일 바다로 내려간 뒤에 독운어사(督運御史, 군
량미 조달을 책임진 관리, 여기선 임발영을 뜻함)가 여러 고을을 순행
하면서 각 고을의 창고를 뒤져서 수량을 헤아린 후 전적으로 실
어내 가는 데만 주력하고 굶주린 백성들을 구휼하지는 않는다고
하였습니다. (중략) 독운어사가 현감이 없을 적에 고을에 와서 곳
간을 점검했을 때 목록 밖에 따로 쌓아 둔 장부상의 수량 이외의
곡식을 발견하고는 그것을 현감이 개인 용도로 쓰는 것이라는 내
용의 장계를 올리면서 곧바로 (중략) 창고를 봉하게 함으로써 볍
씨와 구제용 양곡을 모두 기대할 수 없게 되었습니다. (중략) 현감
은 임금께서 서쪽으로 몽진하신 뒤 양식을 이어대기가 어려울 것
임을 걱정하여 장부상 수량 이외의 백미 60섬과 다른 여러 가지
물건들을 배에 실어 올려 보냈으니, 사사로이 쓰기 위해서가 아
니라 나라를 위하여 정성을 다한 것이라는 사실이 여기서도 분명
히 나타납니다.(어영담이 임금에게 곡식을 바쳤음을 강조한다.)

그런데 지금 범하지도 않은 죄목에 걸려서 떠나가게 되었으니
'온 고을 백성들은 부모를 잃어버리는 것 같으나 순찰사는 멀리
경기 지역에 머무르고 있으므로 바닷가의 백성들은 그 답답함을
호소할 곳이 없습니다. 이런 뜻을 속히 장계하여 군사와 백성의
억울함을 풀어 주시기 바랍니다.'라고 하였습니다.(어디까지나 백
성들의 입을 빌리는 형식으로 어영담을 변호하고 있다.)

광양현은 영남과 그 경계가 접해 있어서 사변이 일어난 뒤에 인심이 흉흉하여 모두 달아날 생각만 품고 있었습니다. 이것을 어영담이 진정시키고 안집(安集)시켜 마침내 온 고을 백성들로 하여금 옛날처럼 안도하면서 살 수 있게 하였습니다. (중략) 또 여러 번 경상도와 전라도의 변경 장수로 있어서 물길의 형세를 속속들이 꿰뚫어 알고 있으며 계책을 내고 생각하는 것이 남보다 뛰어나므로 신이 그를 중부장(中部將)으로 정하여 그와 함께 전략을 의논하며 여러 번 적을 토벌할 때 죽음을 무릅쓰고 앞장을 섬으로써 크게 이겼던 것입니다. 호남 한 지역이 아직도 온전히 보존된 것은 실로 이 사람이 단단히 한 몫을 했기 때문이라 아니할 수 없는데,(수군의 공적을 은근히 과시하는 와중에 어영담이 역전의 장수임을 각인시킨다.) 이제 독운어사의 장계로 이 사람의 본직이 갈린다고 하니, 창고 안의 곡식이 더 많은지 모라라는지 신으로서는 알 수 없는 일이지만 어영담은 신이 지난 2월 6일 바다로 내려갈 때 거느리고 나가서 거제, 웅천 등지에서 진을 쳤었습니다. 따라서 독운어사가 그 고을에 들어가서 창고 안의 각종 곡식을 검사할 때의 모든 문서들은 그 고을의 유위장이 전적으로 맡아서 써서 바친 것이니 비록 그 양곡 수량에 가감이 있다고 하더라도 사실 어영담이 범한 잘못이 아닙니다. 그리고 설령 조금의 과실이 있다고 하더라도 이 어려운 시기에 의기를 떨치고 있는 장수 한 사람을 잃게 된다는 것은 왜적을 방어하는 데 지장이 될 것입니다.(수군이 잘 싸우고 있으므로 수군의 장수는 함부로 교체하지 말라는 요구이다. 조정의 입장에서는 압박으로 여겼을 수도 있다.)
이 일은 신이 마땅히 건의 드려야 할 일은 아니지만, 순찰사와 도사(都事)가 각각 먼 곳에 있고, 도망가는 왜적들의 길을 끊어 섬멸하는 것이 오늘의 급한 일이기도 한데다가, 남아 있는 백성들이 울부짖으며 하는 호소를 그대로 내버려 둘 수 없어서 참월(僭越)의 죄를 범하는 것인 줄 알면서도 죽음을 무릅쓰고 감히 건의 드립니다.(겸손한 표현과 백성들의 호소를 빗대는 방식으로 자신의 월권 행위에 대한 조정의 양해를 구한다. 이순신의 강점은 이런 부분이다.)"

–「청광양현감어영담잉임장(請光陽縣監魚泳潭仍任狀,
광양현감 어영담의 유임을 청하는 장계」, 계사년(1593년) 4월 8일자

조정은 이순신의 장계에 따라 어영담을 일단 현직에 유임시켰지만 관리들의 파직상소가 이어지자 파직(이순신의 처사에 불만을 가진 조정대신들이 언론(사간원, 사헌부 등)을 부추겼을 개연성도 있다.)되었다. 그러자 이순신은 어영담을 자신의 보좌관격인 조방장(助防將)으로 임명해 달라고 청하였고 결국 바람을 이룬다. 거듭 말하거니와 이순신은 집요한 인물이다.

"전 현감 어영담은 이미 파직되었지만 그는 바닷가에서 자라나 배질에 익숙하고 호남과 영남의 물길 사정과 섬들의 형세를 속속들이 자세히 알고 있으며, 적을 토벌하는 일에 전심전력을 다하였습니다. 작년(1592)에 왜적과 싸울 때에도 매번 선봉에 나서서 여러 번 큰 공을 세워 다른 사람들에 비해서는 뛰어난 점이 있는 인물입니다. 어영담이 비록 현직에서 파직되었으나 수군의 조방장으로 다시 임명하여 끝까지 왜적을 토벌하는 일에 참여시켜 큰 일을 성취하도록 하는 것이 어떻겠습니까?"

-「청이어영담위조방장장(請以魚泳潭爲助防將狀, 어영담을 조방장으로
임명해 주기를 청하는 장계)」, 계사년(1593) 윤 11월 17일자

이처럼 부하를 챙겨 주는 이순신의 성의에 대해 어영담은 물론이
고 다른 수군장수들도 감동을 받았을 것이 틀림없다. 이순신에게 충
성을 다하자는 생각이 절로 났을 법하다.

② '일본 정보통' 제만춘 살리기

계사년(1593) 8월 16일자 일기에서부터 제만춘(諸萬春)이라는 인
물이 처음으로 등장한다.

"아침에 제만춘이 어제 왜국에서 도망쳐 왔다고 들었다."
-『난중일기』, 계사년(1593) 8월 16일자

"늦게 우수사(이억기)의 배에 갔더니 충청수사도 또한 왔다. (셋이
서) 제만춘을 불러와서 여러 가지를 캐물어 보니 분한 사연들이
많았다.(분한 사연이란, 조선 백성이 왜국에 잡혀가서 고초를 겪은 일들
에 대해서이다. 자세한 내용은 조정에 올린 장계에 잘 나온다.) 하루 종
일 이야기를 나누다가 헤어졌다. 오후 2시가 넘어서 다시 지휘선
으로 옮겨 탔다. 달빛이 대낮같고 물결이 비단결 같아서 가슴속
생각을 억누를 수가 없었다. 새로 만든 배를 바다에 띄웠다."
-『난중일기』, 계사년(1593) 8월 17일자

이순신은 제만춘에게서 입수한 여러 가지 사연과 일본국 상황에

대한 종합보고서를 조정에 올린다. 바로 「등문피로인소고왜정장(登聞被虜人所告倭情狀, 포로로 잡혀갔던 사람이 말한 왜의 정황에 관한 장계)」이다. 내용이 길지만 중요한 부분들을 인용해 본다.

"삼가 왜적의 정황에 관한 일로 아뢰나이다. 경상도 고성에 사는 훈련봉사 제만춘이 일본국으로 잡혀갔다가 도망쳐 돌아와서 지난 8월 15일 진중에 이르렀기에 추문(推問)하여 진술받은 내용은 이러하였습니다.
'경상우수사의 군관으로 지난해(1592) 9월에 휴가를 얻어 집에 갔다가 돌아올 때 웅천의 적세를 탐색하기 위해 작은 배를 타고 웅포 앞바다에 이르러 보니 왜의 큰 배 16척이 각각 작은 배들을 거느리고 김해강에서 나와 웅천을 향해 가고 있었습니다. 멀리서 망을 보고 돌아갈 때 웅포 선창에 있던 왜의 중간 배 6척에 발각되어 달아났지만 영등포 앞바다에서 사로잡혀 포로가 되었습니다. 격군 10명과 함께 결박을 당하여 웅천 성 안에 있는 협판중서(脇坂中書)라고 불리는 왜장 앞으로 끌려갔습니다. 그들은 소인에게는 목에 칼을 씌우고 발에 족쇄를 채운 후 여러 왜적들이 수직을 서가면서 감시하였으나 다른 격군들은 여러 왜인들에게 각각 나누어 주었습니다. 11월 13일 소인은 창원의 소년 포로들과 같이 도망갈 모의를 하다가 탄로 나서 소년들은 목이 베였습니다. 12월 19일 소인은 또 웅천의 소년들과 비밀 약속을 하였는데 그 소년들이 왜의 통역관에게 고자질을 하는 바람에 그 뒤로는 수직을 배나 엄하게 섰으므로 도망쳐 나올 방도가 없어서 그대로 겨울을 지냈습니다. (중략) 금년(1593) 2월에 우리나라 수군이 여러 번 웅천 앞바다를 공격하였는데 왜의 장수 하나가 나무화살[木箭]을 맞아 죽었습니다. (중략) 그달 26일 왜장은 소인을 패전한 배의 장수로서 하인 800명을 부리는 높은 관리인 양 문서를 꾸며서 배에 싣고는 평수길(平秀吉, 도요토미 히데요시)이 있는 곳으로 들여보냈습니다. 3월 5일 수길이 머물고 있는 낭고야(郎古也, 규슈 나고야성)에 도착하여 배를 정박하였습니다. 수길이 처음에는 소인을 불에 태워 죽이려고 했는데 소인이 글을 안다는 소문을 듣고서는 자신의 서기로 있는 반개[木下半介吉勝]한테 넘겨주어 맡으라고 하였습니다. 반개의 집에서 대엿새를 지낸 다음 머리를 깎고 왜인의 옷을 입혔습니다. (중략) (이후 탈출을 계속 시도했지만 뜻을 이루지 못한 사연들을 나열한 다음) 7월 초에 와서 동래사람 성돌, 사노 망련, 봉수군 박검손, 목자 박검실, 사노 김국, 김헌산, 종 돌이, 사노 윤춘, 양산 사는 강은억, 박은옥, 김해에 사는 갑장(甲匠, 갑옷 만드는 공인) 김달망, 사노 인상 등 12명이 밤낮으로 오가며 의논한 뒤 7월 24일 밤중에 소인을 포함하여 모두 13명이 배 한 척을 훔쳐 타고 노를 재촉하여 육기도(六岐島: 一岐島)까지 이르러 밤을 지냈습니다. 25일에 순풍에 돛을 달고 떠났는데 일본국의 군량을 실은 배 300척과 맞닥뜨려서 간신히 피하여 육기도로 되돌아가 정박했습니다. 그러나 양식이 떨어져서 입고 있던 왜의 속옷 한 벌과 겉옷 한 벌을 팔아서 쌀 27말, 중간 크기의 솥 한 개를 샀습니다. 8월 3일에 경상좌수영(동래 땅) 앞바다로 와서 상륙하여 모두들 각자 자기 집으로 돌아가고 소인은 그 마을에 사는 황을걸이라는 사람의 집에 머물렀습니다. 그곳에는 우리나라 사람들이 수많이 살면서 적들과 왕래하기를 전혀 꺼리지 않았

는데 소인은 이틀 동안 머물다가 양산 땅 사대도(蛇代島, 김해 대저
면 맥도)에 사는 사람들이 배를 타고 지나가므로 그 편으로 사대
도로 갔습니다. 그곳에는 천성과 가덕에서 들어온 수군들이 무려
400여 호나 살면서 왜적 20여 명을 추장이라 부르면서 농사짓기
와 수확하기를 평소처럼 하고 있었습니다. 8월 10일 웅천 땅 적항
역을 지나 상륙하여 13일 저희 집으로 돌아왔습니다.'

제만춘은 무과 출신으로 나라의 후한 은혜를 입었으며 용맹이 뛰
어나고 무예도 훌륭하여 용렬한 무리와는 다르므로 당연히 힘
껏 적을 쏘아 죽인 후 죽음으로써 나라의 은혜를 갚았어야 했습
니다. 그런데도 기꺼이 사로잡혀 가서 도리어 왜놈의 심부름꾼
이 되었고, 그대로 일본에까지 가서 문서 일을 맡아보았으니 신
하된 자의 의리와 절개는 땅에 떨어졌습니다. 그러나 글을 잘 알
고 사리를 잘 이해하는 사람이어서 수길이 있는 곳에서 반년이나
머물면서 간사한 왜적의 정황과 음모를 자세히 정탐하지 않은 것
이 없으므로 마치 간첩으로 뽑아 보낸 사람 같았습니다. 또 본국
으로 돌아오고 싶어 하는 격군 12명을 데리고 죽을힘을 다해서
도망쳐 돌아왔으니 그 정상이 가련합니다. 그리고 공초한 내용
을 참작해 보니 다른 포로로 잡혔다가 돌아온 자들이 말한 공초
와 대동소이하였습니다. 나머지 미진한 일들은 제만춘이 직접 올
리는 장계와 같이 올려 보내오며, 이것을 경상우수사 원균에게도
알려 주었습니다."

－「등문피로인소고왜정장(登聞被虜人所告倭情狀)」, 계사년(1593) 9월 4일자

이 장계를 통해 제만춘은 죄(당시 군법을 적용한다면 적에 투항한 장

교의 죄는 사형에 해당되었다.)를 면하고 통제영에서 이순신의 휘하가 된다. 제만춘은 이후 전문적으로 일본군의 정보를 수집하여 조선 수군의 전략수립에 중대한 역할을 한다. 실록의 『제만춘전』은 이렇게 적고 있다.

"제만춘은 고성 사람이다. 처음에 영남우수영에 소속된 군교(軍校, 장교)로서 용략이 있고 활을 잘 쏘는 것으로 유명하였다. 임진년(1592)에 왜적이 쳐들어오자 9월에 우수사 원균의 명령을 받고 작은 배를 타고 노 젓는 군사 10여 명과 함께 웅천으로 가서 적의 형세를 탐지하고 영등포로 돌아가다가 갑자기 적의 전선을 만나 같은 배에 탔던 사람들 모두가 잡혀 묶여 갔는데 왜의 장수 협판안치라는 자가 만춘을 보고 가두어 두었다. 계사년(1593) 7월 24일 만춘이 성석동, 박검손 등 12명과 함께 왜선을 훔쳐서 타고 동래의 수영 아래에 배를 대고 8월 13일 본가로 돌아갔다. 15일에 네 수사가 진을 합치고 있는 곳으로 찾아갔는데 그때 이 충무공은 전라좌수사의 직책으로써 실상은 군사를 모두 관할하고 있었는데 제만춘이 신하로서의 절개가 없다고 하여 성을 내고 처음에는 목을 베어 죽이려고 했으나 그가 죽음을 무릅쓰고 도망쳐 돌아온 점을 불쌍히 여겨서 장계를 올리러 가는 인편을 따라 서울로 올라가 왜적의 정황을 보고하게 하였는데 조정에서는 그를 풀어 주고 다시 충무공의 진중으로 돌려보냈다. 그때 남방에서는 싸움을 겪은 세월이 벌써 2년이나 되었으나 아직도 왜놈의 내정과 무기의 우수함 여부도 잘 모르고 있었다. 충무공은 만춘을 얻은 것을 몹시 기뻐한 나머지 마침내 자청하여 군관을 삼으니 제만춘 역시 의기를 떨쳐 힘껏 도와 마침내 공로를 이루었다. 무술년(1598) 노량싸움에서 송희립 등과 함께 앞을 나서서 적을 쏘니 화살을 맞은 자들은 다 거꾸러졌다. 그 뒤에 군관의 한 자리를 종신직으로 얻어서 늙어 죽도록 통영에서 관록을 먹었다.”

『제만춘전』에서 “장계를 올리러 가는 인편을 따라 서울로 올라가 왜적의 정황을 보고하게 하였는데 조정에서는 그를 풀어 주고 다시 이 충무공의 진중으로 돌려보냈다. (중략) 공은 만춘을 얻은 것을 몹시 기뻐한 나머지 마침내 자청하여 군관을 삼으니 제만춘 역시 의기를 떨쳐 힘껏 도와 마침내 충무공이 공로를 이루게 하였다.”는 이 구절은 제만춘이라는 일본통을 휘하로 받아들여 요긴하게 활용한 이순신의 용인술을 보여 주는 대목이다.

③ 전직 군관의 수군 배속

조선조에서 수군은 같은 무관이라도 육군에 비해 선호도(물에 빠져 죽으면 시신을 구하지 못한다는 것이 수군을 기피하는 가장 큰 이유였다.)가 낮았지만 7년전쟁 이후에는 사정이 달라진다.

수군의 장교가 되면 전공을 세워 출세가도를 달릴 수 있게 되었기 때문이다. 실제로 전라도와 경상도의 여러 수군 장수들은 잇단 승첩에 힘입어 빠르게 진급하였다. 그러자 이순신의 휘하에 들어가고자 하는 벼슬아치들이 다수 생겨났다. 육군의 장수로 종사하다 병을 얻어 고향에서 조리하던 배경남이라는 장수가 대표적인 사례이다. 이순신은 그의 됨됨이가 마음에 들었는지 조정에 장계를 올려 그를 수군의 장수로 배속시키고 있다.

"강진에 사는 전 첨사 배경남(裵慶男)이 보고해 온 내용은 이러하였습니다. '소인은 난리가 일어난 초기에 부산첨사로 임명되어 내려오자마자 본 도 유격장으로 뽑혀서 군사를 거느리고 나가 적을 무찔러 왜적의 머리 36개를 베고 소와 말 68필을 도로 빼앗아 돌아왔습니다. (중략) 소인은 본래 바닷가 강진고을에서 태어나 자란 사람이므로 배와 노질에 대해서는 조금 알고 있으니 병이 쾌차하는 대로 수군에 소속되어 적을 무찌르는 일에 죽을힘을 다해 보고 싶습니다.'라고 하였습니다. 위의 배경남은 일찍이 육군에 몸을 담고 있으면서 여러 번 적을 무찌른 공로를 세웠는데 마침 신병을 얻어 집으로 돌아가 조리하고 있는 중입니다. 아직 쾌차하지는 못했지만 이런 큰 적군을 맞이하고 있는 상황에서 오랫동안 제 집에서 편히 쉴 수 없어서 수군에 소속되어 죽기를 맹세하고 싸워보겠다고 하니 그 생각이 가상할 뿐만 아니라 더욱이 바닷가에서 나서 자라났기 때문에 배에는 익숙하다고 하니 우선 그 소원대로 요즘 추가로 만든 전선의 비어 있는 장수의 자리에 그를 임명하여 보충함으로써 군사를 거느리고 나가 적을 토벌하게 할까 하여 이에 아뢰나이다."

- 「청이배경남속주사장(請以裵慶男屬舟師狀)」, 갑오년(1594) 1월 1일자

④ 휘하장수 전공 챙기기

이순신 휘하에 인물이 몰렸던 이유는 부하들에 대한 신상필벌이 분명했기 때문이다. 이순신이 조정에 올린 장계는 대체로 긴 편인데 부하 장수를 한 명씩 일일이 거론하며 그가 이룬 공훈을 세세히 기록했다. 전란 초기부터 전라좌수영 휘하 장교들의 출세가 경상우도나

전라우도에 비해 빨랐던 것도 이순신의 장계가 그만큼 부하들을 배려했던 때문이기도 하다. 임진년에는 직계 부하만 챙기던 이순신이 나중에는 그 범위를 더 넓혀 나간다.

"삼가 상의드릴 일로 아뢰나이다. 수군으로 자원하여 들어온 의병장 순천교생 성응지(成應祉)와 승장 수인(守仁), 의능(義能) 등이 이러한 난리 때에 제 몸 편하기만을 생각하지 않고 의기를 발휘하여 군병들을 모집하여 각각 300여 명씩 거느리고 나라의 수치를 씻으려고 하니 참으로 가상한 일입니다.

바다 위에 진을 치고 있은 지 2년 동안 스스로 군량을 준비하여 이곳저곳 나누어 대어 주면서 간신히 양식을 이어대는 그 고생스러운 모습은 관군보다 곱절이나 더한데, 지금까지도 고생하는 것을 꺼리지 아니하고 더욱더 부지런할 따름입니다.

일찍이 적을 토벌할 때에도 현저한 공로가 많았으며 나라를 위하여 의로운 기개를 떨쳐 일어나는 마음은 처음부터 지금까지 변함이 없으니 참으로 가상한 일입니다. 위에서 쓴 성응지와 승장 수인, 의능 등은 조정에서 특별히 표창함으로써 뒷사람을 격려하도록 해야겠습니다. 그리고 순천 사는 전 만호 이원남(李元男)이 의병들을 모집하여 거느리고 전선을 타고 와서 수군에 소속시켜 달라고 청하므로 방금 장수로 임명하여 적을 토벌하게 하였습니다.(전선의 지휘관에게는 '편의종사(便宜從事)'라고 하여 직권으로 부하를 임명하거나 해임 또는 처벌할 수 있는 권한이 있었다. 하지만 임금이 보기에는 이순신이 이 권한을 너무 자주 쓴다고 여겼을 법하다.)"

−「청상의병제장장(請賞義兵諸將狀, 의병장수들에게 상을 주기를 청하는 장계)」,

⑤ 문관 종사관 확보

계사년(1593) 윤 11월 17일 이순신은 문관 출신 종사관(보좌관)을 임명해 달라는 청을 조정에 넣었다. 통제사로서 서류 처리가 많아진 탓도 있었지만, 문(文)을 무(武)의 앞자리에 두던 풍토에서 문관을 보좌관으로 거느린다면 위엄을 갖추는 데도 도움이 되었을 것이다. 특히 자신의 심중에 있던 인물을 천거하여 종사관으로 임명케 했으니 더 큰 충성을 이끌어 내려는 이순신다운 발상이었다.

"신이 이미 통제사의 임무를 겸하게 되어 삼도수군의 장수들과 군사들이 모두 신의 통솔 하에 있게 되어 감독하고 처리해야 할 일이 한두 가지가 아닙니다. 그러나 신은 영남의 바다 위에 있으므로 글로써만 먼 길에 연락하기 때문에 허다한 군사 업무가 그에 따라 다 시행되지 못하고 있습니다. 그리고 또 도원수와 순찰사가 있는 곳에 가서 결재받아야 할 일들도 많은데, 서로 멀리 떨어져 있기 때문에 가끔 기한에 미치지 못하여 일마다 어긋나게 되니 그지없이 염려가 됩니다. 신의 혼자 생각에는 문관 한 사람을 순변사(巡邊使)의 예에 따라 종사관(從事官)이라는 이름으로 두어서 왕래하면서 업무를 논의하게 하고 소속 연해안 여러 고을을 두루 다니며 감시하고 일을 처리하게 하며 사부와 격군의 충원과 군량 조달 업무를 지속적으로 맡게 한다면 앞으로 닥칠 큰 일을 만분의 하나라도 치러 낼 수 있을 것입니다. 그리고 여러 섬에 비어 있는 목장으로 농사지을 만한 땅이 있는지도 조사해 보아야겠으므로 이에 감히 품의 올리오니 조정에서는 충분히 헤아리시어 만일 사리와 조정의 체모에 무방하다면, 장흥에 사는 전 부사 정경달(丁景達)이 지금 자기 집에서 쉬고 있다고 하니 특별히 뽑아 임명해 주시기를 바랍니다.(자기가 원하는 인물을 미리 선택한 다음, 종사관으로 임명해 달라고 요청하고 있다. 조정이 이순신을 경계하게 된 배경에는 이런 사례들이 축적된 탓이 아닐까?)"

-「청이문신차종사관장(請以文臣差從事官狀, 문신으로서 종사관을 임명해 주기를 청하는 장계)」, 계사년(1593) 윤 11월 17일자

문신 정경달은 갑오년(1594) 초 통제사 이순신의 종사관 겸 삼남 독발사(三南督發使)가 되어 도원수 등과의 연락, 관내 여러 고을로 순행하며 군병 모집과 군량 조달, 둔전과 목장일 등에 힘을 기울였다. 정유년(1597) 이순신이 옥에 갇히자 도체찰사 이원익, 유성룡, 이항복을 비롯하여 임금에게까지 이순신의 인품과 백성들이 그에게 의지하는 실정 등을 설명하며 석방을 위해 노력하는 등 최측근으로 활동하였다.

인재의 가치를 알고 인재 확보에 주력한 결과 이순신의 주변에는 하나의 당을 이루고도 남을 인물들이 즐비하였다. 『난중일기』는 한편으론 온통 사람을 만나고 대화하고 설득하여 자신의 지원세력으로 만드는 과정을 기록하였다고 과언이 아니다.

무능·부정한 인재 축출

이순신은 무능하거나 자신의 지시를 이행하지 않는 인물들은 가차 없이 대하였다. 본인에게 교체권한이 없을 경우에는 조정에 장계

를 해서라도 그 직을 갈았다. 몇 가지 사례를 보자.

"삼가 상의드릴 일로 아뢰나이다. 변란이 일어난 뒤로 본영과 각 포구에 입대하여 수비해야 할 수군으로서 결원이 된 수가 남원 1,856명, 남평 591명, 옥과 313명인데 또는 징집대상자 명부조차 같이 보내 주지 않아서 해가 다 가도록 현역 선부와 격군들을 끝내 교대시켜 주지 못하기 때문에 독촉 공문을 가지고 가는 사람들이 길 위에 잇달아 있는 실정입니다. 그런데도 남원부사 조의, 옥과현감 안곡, 남평현감 박지효 등은 이 문제를 전혀 생각조차 하지 않고 있으며 또한 독촉하여 보낼 뜻도 전혀 없기에 신이 전령군관을 보내어 신문해 보기 위해 잡아오도록 하였습니다. 그랬더니 남원부사 조의는 순찰사 이정암에게 보고하고 옥과현감 안곡은 (명나라 군사의) 차사원이라고 핑계대고 남평현감 박지효는 병이 났다고 거짓 핑계 대면서 끝내 나타나지 않아서 엄중한 군령이 마치 아이들 장난처럼 되었습니다. 큰 적을 마주하고 있는 오늘날 이처럼 호령이 서지 않으니 참으로 놀라운 일입니다. 그래서 남평, 옥과의 유위장 및 향소의 안전들과 남원부의 도병방들을 경중에 따라 처벌하였습니다.(1594년 1월 6일에 남평의 도병방을 처형했고, 1월 8일에는 남원의 도병방을 처형하였다.) (중략) 위에 적은 세 고을 수령들의 죄상에 대해서는 조정에서 각별히 처리하여 주시되, 파직을 시키고 만다면 그것을 달게 여길지도 모르고 그리하여 이런 일이 자꾸만 계속될 수도 있을 것입니다. 그러니 군법에 따라 처벌하면서도 우선은 그 직책에 눌러 앉아 있게 하여 더욱 힘써 일하도록 해야 할 것입니다. 그밖에 광주, 능성, 담양, 창평 등 고을의 관리들도 변란이 일어난 뒤로 군사의 결원이 대부분 200여 명씩이나 되는데 태만한 것이 습관이 되어서 역시 붙들어 보내지도 아니하기에 공문을 발송하여 보내라고 독촉을 하여도 무시하고 시행하지 않고 있습니다. 네 고을의 관리들을 모두 심문하고 죄를 다스림으로써 다른 사람들에게 경고가 되도록 해야겠습니다. 그런데 신은 원래 보잘것없는 사람으로 외람되이 무거운 직책을 맡고 있어서 호령을 내려도 엄하지 못하여 이처럼 수령들이 무시하고 있는데 이대로 중직에 눌러 있다는 것은 참으로 황송한 일이옵니다.(장계의 마지막 부분은 자신을 물러나게 하든지 수령들을 벌하든지, 조정에서 알아서 처리하라는 강한 압박성 요구를 한 대목이다.)"

　－「궐방수령의군법결죄장(闕防守令依軍法決罪狀, 징집업무를 태만히 한 고을 수령들을 군법에 따라 처벌하기를 청하는 장계)」, 갑오년(1594) 1월 1일자

　앞서(둔전책)도 언급했지만 흥양 도양장을 개간하면서 목마장 시절 감목관(監牧官)이 둔전의 책임자로 유임되자 장계를 올려 쫓아내고 있다. 역시 갑오년(1594) 1월의 일이다.

　"삼가 상의드릴 일로 아뢰나이다. 순천 돌산도, 흥양 도양장, 해남 황원곶, 강진 화이도 등지에 둔전을 경작하여 군량을 보충함이 좋겠다는 사유를 들어 전에 이미 장계를 올렸으며, 또 다시 그 논리를 설명하는 장계를 올리기도 했습니다. (중략) 흥양의 감목관 차덕령은 도임한 지 오래되었는데 이루 말할 수 없이 제멋대로 하면서 목자(牧子, 말먹이꾼)들을 괴롭히고 학대하여 그들이 편

히 붙어살 수 없게 하기 때문에 그곳 경내의 백성들로서 탄식하지 않는 자가 없다고 합니다. 신도 그리 멀지 않는 곳에 살고 있기 때문에 벌써 그런 소문을 들었습니다. 그러므로 농사짓는 일을 이 사람에게 맡겼다가는 그것을 빌미로 폐단을 일으켜서 백성들의 원성이 더욱 높아질 것이니 하루속히 차덕령을 갈아 치우고 다른 청렴하고 능력 있는 사람을 골라 임명하여 빠른 시일 안에 내려보냄으로써 힘을 합쳐 농사일을 감독하게 하여 시기를 놓치지 않도록 해주시기를 바라나이다."

－「청개차흥양목관장(請改差興陽牧官狀, 흥양목관의 교체를 청하는 장계)」,
갑오년(1594) 1월 10일자

독자적 상벌체제를 확립하다

한산수국의 작동원리는 신상필벌(信賞必罰)이었다. 공을 세우면 상을 내리고 과업을 수행하지 못하거나 질서를 어긴 자에게는 가혹한 형벌을 안겨 주었다. 그러나 수군의 상벌체계는 조정의 그것과 사뭇 달랐다. 이순신은 개전 초기부터 수군에 적합한 새로운 전공 평가방식을 적용하였다. 자기가 옳다고 판단한다면 예전의 규례나 관습에 얽매이지 않는 것이 이순신의 장기였다. 전공 평가방식에서도 이순신의 창의성이 드러났다.

한양 조정에서는 늘 적병의 수급(首級) 개수로써 포상의 증거로 삼았다. 이는 육군의 전공기준을 수군에 그대로 적용한 것으로 바다의 현실에 맞지 않았다. 바다에서 죽은 적은 가라앉거나 조수에 밀려가기 일쑤여서 열에 하나도 챙기기 힘들었다. 원균은 부지런히 죽은 시체를 뱃전에 끌어올려 작두로 목을 자르곤 했지만 실제 죽인 적의 숫자에는 늘 모자랄 수밖에 없었다. 잘라낸 목을 보고하는 일도 예삿일이 아니었다. 수급(이순신은 목 대신 귀를 잘라 보고하기도 하였다.)을 소금으로 절인 다음 통에 담아 천 리나 떨어진 조정에 싣고 가기란 사람이 하기 힘든 일이었다.

이순신은 그래서 기존의 '육군식 포상기준'을 거부하였다. 다음은 개전초기였던 임진년(1592) 6월의 장계이다.

"신은 당초에 여러 장수와 군사들에게 약속하기를 전공을 세워 이익을 얻으려고 탐을 내어 적의 머리를 서로 먼저 베려고 다투다가는 자칫하면 도리어 해를 입어 죽거나 다치는 자가 많이 생기니 쏘아서 죽인 뒤 비록 목을 베지 못하더라도 논공(論功)을 할 때 힘껏 싸운 자를 으뜸으로 할 것이라고 거듭 지시했기 때문에 이제까지 네 번 맞붙어 싸울 때 활에 맞아 죽은 왜적들이 매우 많았지만 목을 벤 숫자는 많지 않았습니다. 그러나 경상우수사 원균은 접전한 다음날 협선(挾船)을 보내어 왜적의 시체를 거의 다 거두어 목을 베었습니다. 경상 연해안의 포작(鮑作)들도 화살에 맞아 죽은 왜적의 머리를 많이 베어 왔는데 신은 다른 도의 대장으로서 그것을 받는 것은 온당치 못하다고 생각하여 원균에게 가져다주라고 말하고 보냈습니다.(전투가 끝난 뒤 원균이 적의 목을 부지런히 베어가는 행위에 대해 이순신이 분격해 하고 있는 정황이 눈에 선하다. 이순신은 원균이 적의 목을 근거로 전공을 과장할 것을 예상해서 그의 공로가 보잘것없었다고 조정에 주지시키고 있다. 앞서 밝혔듯이 원균이 전투 후에 적의 목을 부지런히 챙기는 일은 이순신을 분노하게 만들었고, 이순신이 이를 장계에 담아 조정에 알렸다. 두 사람이 크게 불화한 시발점은 원균이 이순신식 전공 평가체계를 수용하지 않고 기왕의 육군식 평가기준에 맞추어 행동한 데서 찾을 수 있다.)

원균과 이억기 등 여러 장수들이 벤 왜적의 목이 거의 200개나 되고 또는 왜적의 시체가 바다에 떠내려가 가라앉고 또는 목을 베었으나 물에 빠뜨려 버린 것도 그 수가 많았습니다. 왜적의 물건 중에 중요하지 않은 왜적의 옷이나 미곡이나 포목 등의 물건들은 군사들에게 나누어 주기도 하고 또는 군사들을 먹이기도 하였습니다. 왜적의 군용 물품 중에 가장 긴요한 것은 뽑아내어 별지에 따로 기록해 놓았는데, 우후 이몽구가 얻은 왜장의 부신(符信, 증명서)과 칠갑에 들어 있던 금부채와 방답첨사 이순신이 바친 왜장의 분군기(分軍記) 여섯 축은 전부 봉하여 올려 보냅니다. (중략) 제 몸을 돌보지 않고 분연히 떨쳐 일어나 끝까지 힘써 싸운 사람들과 여러 관원과 군사들로서 앞을 다투어 적진으로 돌진한 사람들을 그 공로에 따라서 표창하는 일을 만약 조정의 명령을 기다려서 마련하려면 조정까지 왕복하는 동안에 지연될 뿐 아니라 더욱이 행재소(行在所)가 멀리 떨어져 있고, 길이 막혀서 사람이 통행할 수 없는 실정이며, 그렇다고 억센 도적이 아직 물러가지 않은 상태라는 이유로 표창할 시기를 미룰 수는 없는 노릇이기 때문에 군사들의 마음을 위로하고 격려함으로써 앞으로의 일을 더욱 힘써 하도록 하기 위하여 각자의 공로를 참작하여 1, 2, 3등으로 등급을 나누어 포상하였는데 그것을 별지에 기록해 두었습니다. 신이 당초 약속할 때 비록 적의 목을 베지 않았더라도 죽을힘을 다해 싸운 자를 으뜸 공로자로 삼겠노라고 하였으므로 힘껏 싸운 사람들을 신이 직접 참작하여 1등으로 기록하였습니다."

-「당포파왜병장(唐浦破倭兵狀, 당포에서 왜적을 쳐부순 장계)」,

임진년(1592) 6월 14일자

이 장계에서 밝혔듯이 이순신은 이후에도 적선을 분멸한 척수로 장수의 전공을 삼았고, 각 배의 장수들은 휘하 장교와 군졸 개개인이 살상한 숫자를 따로 챙기도록 하였다. 이는 매우 합리적이어서 성공의 밑거름이 되었다.

이순신이 이룩한 '23전 23승'의 신화는 탁월한 지휘능력도 작용했지만 이 같은 전공 평가방식이 더 큰 원동력이라고 생각한다. 물론 이순신은 전투과정 내내 엄정한 관찰을 통해 부하들의 전공을 객관적으로 평가했을 것이다. 부하장수 각각이 깨뜨린 적선의 숫자와 크기 등이 장계에 상세히 나오는 것이 그 증거이다.

현대 기업에서도 훌륭한 리더십의 기본은 조직의 목적에 꼭 맞는 평가 제도를 구축하고 이를 공정하게 적용하는 것이다. 이순신은 이보다 수백 년 앞서 당시 상황에 알맞은 최적의 전공 평가방식을 적용하였다. 이순신의 '창조적 리더십'이 거듭 확인되는 대목이다. 최고지휘관이 적의 머리가 아니라 적선 분멸 숫자만 따졌으므로 휘하 장수들은 수급 챙기기보다는 적선 깨뜨리기에만 신경을 집중할 수 있었고, 전투의 효율성은 매우 높아졌다. 이는 일본군보다도 앞선 시스템이었다. 일본군도 죽은 시체의 귀를 잘라 전공을 채워가는 실정이어서 전투 집중력에 문제가 있었다.

그러나 선조 임금은 이순신의 새로운 전공 평가방식에 끝내 동의하지 않았다. 나라의 오랜 전통을 일개 지휘관이 제멋대로 바꾼 데 대한 의심과 불만의 발동으로 해석된다.

"임금이 비변사에 지시하였다. 대체로 활로 쏘아 죽였거나 쏘아 맞힌 것을 가지고 군사 공로를 논하고 있는데 쏘아 죽였거나 쏘아 맞혔다는 숫자로 보면 왜적은 벌써 모조리 섬멸되었을 것이다. 쏘아 죽였거나 쏘아 맞혔다는 것을 어떻게 확실하게 알고 공로를 논하겠는가? 나는 그것을 알고자 한다."

-『선조실록』, 계사년(1593) 2월 28일자

"임금이 지시하였다. 예로부터 군공(軍功)을 활로 쏘아 죽였다는 것으로 평가한 일이 어찌 있었겠는가. 중국에서도 반고 이후로 그런 전례가 없었거니와 우리나라에서도 단군 이후로 역시 그런 전례가 없었다. 단지 이번에 왜적의 사변이 생겼을 때 해당 관리(이순신)가 그런 전례를 만들어 낸 것이다.

적을 쏘아 죽이는 것을 똑똑히 본 증인이 있는가? 누가 그 숫자를 계산해 보았는가? 사사로운 정에 끌려서 선심을 쓰는 데 지나지 않는 것이다. 우리나라에서 하는 일이란 것들은 다 이렇다. 참작해서 처리하라."

-『선조실록』, 정유년(1597) 3월 22일자

왕의 비난에도 불구하고 이순신은 시종 자신의 기준대로 부하들의 전공을 평가하였고, 전공자 표창도 피난 조정이 멀리 떨어져 있다는 이유로 자신의 의지대로 정하였다. 수군의 전공 평가권한은 조정이 아닌 이순신에게 있었다고 해도 과언이 아니다.

상을 독자적으로 내렸다면 벌 또한 마찬가지였다. 당시는 전시였고 조선 전역은 계엄 상황이었다. 장수들에게는 군령을 어긴 자를 언제든지 벨 수 있는 선참후계(先斬後戒)의 권한이 허용되었다. 무장의 권력이 비대해지면서 일선 행정관료는 더욱 왜소해졌다. 삼남 해변 지역에서는 수군통제사의 명령이 곧 법이었다. 이순신은 수군의 지시에 따르지 않는 고을의 수령과 아전에게는 군율을 적용하여 엄한 형벌을 가함으로써 강한 기율을 세워나갔다.

앞에서 언급한 갑오년(1594) 정월 초하룻날의 장계, 즉 「궐방수령의군법결죄장(闕防守令依軍法決罪狀, 징병 업무를 게을리 한 수령들을 군법으로 처벌하기를 청하는 장계)」이 그 대표적인 예이다.

이 장계를 보내고 난 직후인 1월 6일 이순신은 남평 고을의 도병방(都兵房)을 징병업무를 태만히 한 죄로 처형하고, 이틀 뒤인 8일에는 남원 고을의 아전 도병방을 역시 같은 죄로 처형하였다. 조정의 지령을 기다리지도 않고 사형을 집행한 셈이다. 한마디로 수군에 봉사할 의무가 있는 고을의 생사여탈권은 이순신이 지니고 있었던 셈이다.

아전들을 본보기로 처형함으로써 삼도수군통제사의 위세를 내륙 고을에까지 과시하였으니 해변고을은 더 말할 것도 없다. 이 소식은 바람처럼 삼남 각지로 전해지니 수군통제사의 명령은 어명보다도 더 무겁게 작동했을 것이다. 그 결과 경상-전라-충청 삼도의 연해고을에서 통제사의 말은 곧 법이었고, 어느 새 이순신의 땅으로 변하게 되었다.

다음은 『난중일기』에 나오는 처벌기록들의 일부이다. 일기에 기록되지 않은 형 집행 사례가 훨씬 더 많았을 것임은 재론할 필요가 없다.

계사년(1593) 6월 8일 각 고을 아전 11명을 처벌하였다. 옥과 향소에서 지난해부터 수군을 징병하는 사무를 성실히 보지 않아 도피자가 100여 명 정도였는데, 그나마도 거짓으로 꾸며댔기 때문에 (아전의) 목을 베어 내걸었다.

계사년(1593) 6월 18일 아침나절에 탐후선(여수 본영과 한산도 기지를 오가는 연락선)이 들어왔다. 닷새 만에 들어왔으므로 곤장을 때려 보냈다.

계사년(1593) 6월 22일 방답에서는 처음에 (배 만드는 목수를 당초 약정한 35명이 아니라) 15명만 보내서 담당 군관과 아전을 처벌했는데, 그 정상이 자못 간교하였다. 지휘선의 제2호선 급수군 손걸(孫乞)을 본영으로 돌려보냈는데 나쁜 행동을 많이 하고 돌아다니다가 갇혔다고 하므로 잡아오라고 했더니 이미 들어와 인사를 하므로 자기 멋대로 드나든 죄를 다스리고 우후의 군관 유경남도 함께 처벌하였다.

계사년(1593) 7월 13일 순천의 거북선 격군인 경상도 사람의 종 태수가 도주하다 잡혀왔으므로 처형하였다.

갑오년(1594) 1월 6일 동헌에 나가 남평 도병방을 처형하였다.

갑오년(1594) 1월 8일 느지막이 공문을 보고 남원 도병방을 처형하였다.

갑오년(1594) 1월 14일 느지막이 동헌에 나가 장계 올릴 것을 봉함하고 의능(宜能, 승병장)을 면천(공을 세운 천인들을 면천함으로써 그들의 충성심을 이끌어 내는 데도 열심이었다.)시켜 준다는 공문을 올렸다.

갑오년(1594) 2월 2일 아침에 도망가는 군인을 실어내던 사람들의 죄를 다스렸다.

갑오년(1594) 2월 7일 방답첨사에게 도망한 자를 붙잡아오라는 명령을 내렸다. 낙안군수로 새 군수 김준계가 내려왔다고 편지를 했으므로 그에게도 도망자를 잡아오라고 명령하였다.

갑오년(1594) 2월 14일 장언춘(張彦春)의 면천 공문을 만들었다.

갑오년(1594) 2월 15일 식사를 마치고 사정(射亭)에 올라가 좌조방장이 늦게 온 죄를 심문하였다. 흥양 배를 검열하니 허술한 점이 많았다.

갑오년(1594) 2월 17일 행수(行首) 군관 정홍수와 도훈도를 군령으로 곤장 90대를 때렸다.

갑오년(1594) 3월 1일 망궐례를 올리고 사정에 올라가 금모포 만호를 매질하고 도훈도를 처벌하였다.

갑오년(1594) 3월 30일 식사를 마치고 사정에 올라가 충청도 군관과 도훈도 및 낙안의 유위장, 도병방 등을 처벌하였다.

갑오년(1594) 4월 16일 경상수사의 군관 고경운과 도훈도, 사변에 대비하는 책임을 맡은 아전을 지휘에 따르지 않고, 적의 변고를 알리지 않았기 때문에 매를 때렸다.

갑오년(1594) 5월 6일 오후에 원 수사가 포로로 잡은 3명의 왜인을 데리고 왔으므로 문초를 했더니 이랬다저랬다 번번이 거짓말을 하므로 원 수사를 시켜 목을 베고 보고하도록 하였다.

갑오년(1594) 5월 30일 아침에 적과 도망가자고 유혹한 광양 1호선 군사와 경상 보자기 3명을 함께 처벌하였다.

갑오년(1594) 6월 7일 남해 군관과 색리(色吏)들의 죄를 다스렸다.

갑오년(1594) 7월 2일 순천 도청(都廳, 수령을 도와 고을사무를 총괄하는 자리)과 색리, 광양 색리의 죄를 다스렸다. (중략) 노윤발에게 흥양군관 이심과 병선색 괄군색들을 붙잡아 들이라고 군령을 주어 보냈다.

갑오년(1594) 7월 4일 왜적 5명과 도망가다 잡힌 군사 1명을 함께 처형하라고 명령하였다.

갑오년(1594) 7월 9일 느지막이 순천, 낙안, 보성의 군관과 색리들이 격군에 대해 등한히 하고 기일을 어긴 죄를 다스렸다.

갑오년(1594) 7월 21일 오후에가 되어서야 흥양 군량선이 들어왔는데 색리와 배 주인의 발바닥을 심하게 때렸다.

갑오년(1594) 7월 26일 녹도만호 송여종이 도망친 군사 8명을 붙잡아왔으므로 그 가운데서 괴수 3명은 처형하고, 나머지는 곤장으로 다스렸다.

갑오년(1594) 7월 28일 흥양 색리들의 죄를 다스렸다.

갑오년(1594) 8월 4일 명나라 장수 장홍유를 대접할 때에 여인들에게 떡과 음식을 이고 오게 한 경상수사의 군관과 색리들의 죄를 다스렸다.

갑오년(1594) 8월 26일 흥양 보자기 막동이라는 자가 장흥 군사 30명을 몰래 자기의 배에 싣고 도망쳤으므로 머리를 베어 매달았다.

갑오년(1594) 9월 11일 일찌감치 수루에 나가 남평(南平, 고을 이름) 색리와 순천 격군으로 세 번씩 군량을 훔쳐냈던 자를 벌하였다[行刑].

갑오년(1594) 9월 15일 남원 도원방과 향소 등을 붙잡아 가두었다.

갑오년(1594) 9월 23일 고성 백성들이 등장(等狀)하였다. 진주 강운의 죄를 다스렸다. 보성에서 데려온 소관(召官) 황천석은 더욱 엄중히 심문하였다. 광중에 가두었던 창평현 색리 김의동은 사형시키라는 군령을 보냈다.

을미년(1595) 1월 19일　장흥 황세득, 낙안 김준계, 발포 황정록 등이 들어왔다. 기한이 늦어 처벌하였다.

을미년(1595) 1월 22일　느지막이 다락 위로 나가 불을 낸 여러 배의 장수와 색리를 처벌하였다.

을미년(1595) 2월 1일　일찌감치 대청에 나가 보성의 시일 늦은 죄를 다스리고 도망치던 왜놈 2명을 처형하였다.

을미년(1595) 2월 3일　흥양 배에 불을 던졌다는 신덕수를 신문했지만 실증을 얻을 수 없어서 가두었다.

을미년(1595) 2월 14일　진도, 무안, 함평이 교서에 숙배한 뒤에 방비처에 들이는 수군을 징발하여 보내지 않은 것과 전선을 만들어 오지 않았기 때문에 처벌하였다. 영암 원 박홍장도 처벌하였다.

을미년(1595) 4월 29일　하동현감이 두 번씩이나 제 기일에 오지 않았기 때문에 곤장 90대를 때리고 해남 원은 곤장 10대를 때렸다.

을미년(1595) 5월 14일　사도첨사가 와서 흥양현감이 받아 끌고 간 배가 돌섬에 걸려 부서졌다고 보고하였다. 그래서 대장(代將) 최벽과 십선장(十船將, 10호선 선장), 도훈도(都訓導)를 잡아다가 곤장을 때렸다.

을미년(1595) 5월 15일　광양의 김두검이라는 자가 복병할 때에 순천과 광양 두 고을 수령으로부터 이중으로 급료를 받은 일 때문에 수군으로 나왔는데 칼도 안 차고 활도 안 메고서 무척 거만을 떨었다. 그래서 곤장 70대를 때렸다.

을미년(1595) 6월 16일 순천 칠선장(七船將, 7호선 선장) 장일이 군량을 훔쳐내다가 잡혀, 이를 처벌하였다.

을미년(1595) 7월 19일 당포만호를 붙잡아서 현신하지 않은 죄로 곤장을 때렸다.

을미년(1595) 8월 13일 장계와 공문을 적어서 띄웠다. 독수(禿水)가 왔는데 그 편에서 도양장 둔전에 관한 이야기를 들었다. 이기남이 하는 짓이 매우 괴이한 일이 많으므로 우후더러 달려가 조사하도록 공문을 만들어 보냈다.

을미년(1595) 11월 26일 광양 도훈도가 복병을 나갔다가 도망친 자들을 잡아왔기에 처벌하였다.

병신년(1596) 1월 15일 낙안과 흥양의 전선과 병기, 부속물과 사부, 격군들을 점검하였더니 낙안이 훨씬 엉성하였다.

병신년(1596) 1월 27일 사도(蛇渡) 진무가 화약을 훔치다가 붙잡혔다.

병신년(1596) 1월 29일 어두워질 무렵에 화약을 훔친 사도 진무가 도망쳤다.

병신년(1596) 2월 10일 늦게 나가 공무를 보고 태구생을 처벌하였다.

병신년(1596) 2월 13일 기일을 어겨 늦게 온 강진 이극신의 죄를 다스렸다. 가리포 이응표는 보고를 늦게 왔기에 타이른 뒤 보냈다. 영암군수 박홍장을 파면시킬 장계를 기초하였다.

병신년(1596) 2월 20일 조계종이 현풍수군 손풍련에게 소송을 당했으므로 함께 심문받으려고 이곳에 다녀갔다. 사사로이 군역에 관한 공문을 만든 손만세를 처벌하였다.

병신년(1596) 2월 26일 여도만호와 흥양현감이 와서 수영의 서리(營吏)들이 백성을 괴롭히는 폐단을 이야기하였다. 놀라운 일이다. 양정언과 영리 강기경, 이득종, 박취 등을 중죄로 다스리고 전라도와 경상도의 영리도 잡아들이라고 명령하였다.

병신년(1596) 2월 30일 우수사 이억기가 "이제 바람이 잔잔해졌고 계책을 세워야 할 때이므로 부하들을 거느리고 급히 본도(전라우도)로 가겠습니다."라고 보고하였다. 그 마음가짐이 매우 의심스러워 그의 군관과 도훈도를 붙잡아 들여 곤장 70대를 때렸다. 이는 수사가 자기 부하를 거느리고 견내량으로 복병하기가 싫어서 하는 짓이라 생각하니 우스웠다.(이 기록은 삼도수군통제사가 각도 수사의 절대 상관이라기보다 상대적 우위를 점하고 있던 초창기, 통제사와 수사간의 갈등이 어떻게 처리되는지를 보여 주는 사례여서 흥미롭다. 통제사는 수사의 군관을 대신 매질함으로써 자신의 사법적 권위를 보여 준다. 그러나 이순신은 사흘 뒤 부하를 보내 이억기에게 그의 군관을 곤장친 점을 사과하고 있다. "일찌감치 우수사에게 송희립을 보내 미안하다고 사과를 전했더니 공손히 대답하더라고 한다."(병신년(1596) 3월 3일))

병신년(1596) 3월 1일 늦게 해남현감 유형과 임치첨사 홍견, 목포만호 방수경 등을 약속한 날짜를 어긴 죄로 곤장을 쳤다. 해남현감은 새로 부임했기 때문에 때리지 않았다.

병신년(1596) 3월 4일 늦게 제 기한에 오지 못한 보성군수 안흥국을 처벌하였다.

병신년(1596) 3월 11일 방답첨사가 화낼 일도 아닌데 화를 내어 지휘선의 급수군에게 곤장을 때렸으니 실로 놀라운 일이다. 그래서 방답의 군관과 이방을 잡아들여 매를 때렸다. 군관은 20대, 이방은 50대를 때렸다.

병신년(1596) 3월 24일 아침을 먹은 뒤 관청에 나가 마량첨사 김응황, 파지도 권관 송세응, 결성현감 손안국을 처벌하였다.(이순신은 매를 친 이들에게 며칠 뒤에는 술을 내리며 위로한다. 그의 탁월한 리더십을 볼 수 있다. "우후, 방답, 마량첨사, 임치첨사, 결성현감, 파지도 권관이 찾아왔기에 그들에게 술을 대접하였다."(3월 27일))

병신년(1596) 4월 14일 충청우후 원유남과 당진만호는 곤장 40대를 때렸다.(매를 친 이유는 나오지 않고 있다.)

병신년(1596) 4월 22일 김 조방장이 와서 노천기가 술을 많이 마시고 함부로 행동하다가 본영 진무 황인수와 성복 등에게서 큰 욕을 당하였다고 하므로 곤장 30대를 때렸다.(성복이라는 인물은 이 기사 다음날 열린 씨름대회에서 우승을 하는 것으로 보아 기운이 센 병사임을 알 수 있다. "느지막이 군사 가운데서 힘센 사람을 뽑아 씨름을 시켰더니 성복이라는 자가 모두를 이겼으므로 쌀 한 말을 상으로 주었다."(4월 23일))

병신년(1596) 5월 2일 우수사가 김인복의 목을 베어 높은 곳에 매달았다.

병신년(1596) 5월 11일 비인현감 신경징을 기한 안에 오지 못한 죄로 곤장 20대를 때렸다. 순천의 격군을 감독하는 감관 조명의 죄도 다스렸다.

병신년(1596) 6월 20일 평산포만호 김축에게 진에 늦게 돌아온 것을 문책하니 기일을 정해 주지 않았기 때문에 50여 일을 연기하였다고 대답하는 것이었다. 해괴한 답이어서 곤장 30대를 때렸다.(이순신에게 변명은 통하지 않는다.)

병신년(1596) 7월 16일 충청도 홍주의 격군으로서 신평에 사는 사노비 엇복이 도망치다가 붙잡혔으므로 목을 잘라 효수하였다.

병신년(1596) 8월 13일 아침에 우(禹)가 곤장을 맞아 장독으로 죽었다기에 장례물품을 다소 보내 주었다.

병신년(1596) 9월 20일 아침나절에 여러 아전들의 죄를 논하였다.

병신년(1596) 9월 25일 담당 아전과 선중립의 죄를 논하였다.

관리나 아전, 군인들뿐만 아니었다. 일반 백성들도 한산수국의 질서에 따라 생업을 해야 하였다.

계사년(1593) 8월 20일 방답첨사와 사도첨사에게 돌산도 근처에 이사를 와서 사는 자들이 무리를 이루어 남의 재물을 약탈하고 있으므로 좌우로 부대를 나누어 잡아들이도록 하였다.

갑오년(1594) 7월 3일 음란한 계집을 처벌하고 각 배에서 여러 차례 양식을 훔쳐내 간 자를 처벌하였다.

갑오년(1594) 7월 6일 최귀석이 3명의 도둑을 잡아왔으므로 다시 박춘양을 보내서 왼쪽 귀가 떨어져나간 그 괴수까지 붙잡아왔다.

갑오년(1594) 8월 29일 도양 머슴 박돌이의 죄를 다스렸으며 3명의 도둑 중 장손(長孫)은 곤장 100대를 때린 후 얼굴에 도(盜)자를 먹물로 들였다.

갑오년(1594) 11월 12일　견내량에서 방어선을 넘어 고기 잡은 어부 24명을 잡아다 곤장을 쳤다.

병신년(1596) 6월 26일　왜인 난여문(亂汝文) 등이 일러바친 목수의 아내를 잡아들여 곤장을 때렸다.(목수 아내가 무슨 죄를 지었는지는 알 수 없다.)

음란한 계집과 도둑, 강도는 물론이고, 고기를 잡는 어부까지 엄한 벌로 다스렸음을 알 수 있다. 한산도의 법은 군법 외에는 없었다. 전시하의 법령은 엄정했고 이순신은 서릿발 같은 기강을 세워 수군과 백성들을 다스렸다.

한산수국 '조선의 3분의 1'

이순신이 수없이 주장하여 이루어낸 해변고을의 수군 전속, 독자적인 상벌권과 자체 징병권, 그리고 수군만의 무과시험…… . 이런 특전들과 드넓은 둔전의 곡식, 풍성한 해상산물의 처분권한 등은 일개 장수가 아니라 제왕(帝王)이 지닌 권력에 가까웠다.

제4부 2장(수국의 계승-'해변의 총독부' 삼도수군통제영)에서 상세히 다루고 있지만 훗날 조정으로부터 위임받은 통제사의 권력은 제법 강한 편이었다. 경상, 전라, 충청 삼도수군의 병권(兵權)은 물론이고 삼남 해변의 행정과 사법권한도 주도적으로 행사하였다. 또한 방대한 둔전 운영과 국내 무역, 해세(海稅) 징수, 동전 주조, 공방(工房) 운영 등으로 경제적인 측면에서도 광범위한 특권을 누렸다. 가히 삼남 해변의 총독이라고 해도 과언이 아닐 정도였던 것이다. 이 같은 후배

통제사들의 권한은 전란 시기 이순신이 누렸던 군정체제의 권력 일부분을 제도화한 것이다. 그런 만큼 이순신이 전란 시기에 자발적으로 형성하고 확보했을 '힘'과 권위는 훗날의 통제사들과는 비교할 수 없을 정도로 컸다고 보아야 한다. 권력의 크기만 가지고 말한다면 이순신은 해변의 왕처럼 군림한 셈이다.

그러나 혹시라도 이순신을 권력욕의 화신처럼 오해해서는 안 된다. 스스로의 지배력을 끊임없이 키워나간 것이 사실이지만, 이순신은 권력을 즐기는 사람이 아니었고, 그를 둘러싼 환경도 권력에 취할 상황이 되지 못하였다. 이순신이 자신의 권한을 늘려나간 목적은 오로지 '전쟁 수행의 효율성 제고'를 위함이었다. 강한 적에 맞서 싸워 이기기 위해서는 해변의 모든 물적·인적 자원을 빠르고 효과적으로 동원할 수 있는 강력한 힘이 필요했던 것이다.

그렇지만 힘이 커진 만큼 대가도 컸다. 전쟁은 소강 국면이었는데도 임금은 이순신이 눈앞의 적을 보고도 치지 않는다고 보채고 압박하였다. 당시 일본군은 바닷가 험지에 튼튼한 성을 쌓고 깊숙이 눌러앉아 있어 물위에 뜬 수군으로서는 지키는 방법 외에 어쩔 도리가 없었다. 임금도 보고를 통해 이런 사정을 익히 알고 있었음에도 불구하고 계속해서 전투를 종용한 이유는 무엇일까? 그 이면에는 비대해진 이순신의 권력에 대한 의심과 불안, 견제심리가 깔려 있었다고 여겨진다. 일본군의 도발 가능성도 신경이 쓰였지만 조정의 끝없는 간섭과 견제로 인해 이순신은 늘 긴장하고 고민하였다. '한산수국' 3년 6개월 간 이순신은 자신의 포부대로 해상을 경영했지만 정작 본인은 힘들고 고달픈 나날을 보내야 하였다.

한산섬 달 밝은 밤에 수루에 홀로 앉아

큰 칼 옆에 차고 깊은 시름하는 차에

어디서 일성호가는 남의 애를 끊나니

밤잠을 이루지 못한 채, 깊은 우수와 고뇌가 담긴 시조를 읊은 것은 이런 사정에서였다. 한산도 기지를 '수국'에 비유한 한시(漢詩) '한산도야음'이 탄생한 배경도 마찬가지이다.

閑山島夜吟(한산도야음)　한산도의 밤에 읊다

水國秋光暮(수국추광모)　수국(한산도)에 가을 햇살 저무니

驚寒雁陣高(경한안진고)　찬바람에 놀란 기러기 군진 높이 날아가네

憂心轉輾夜(우심전전야)　가슴에 근심 가득 잠 못 드는 밤

殘月照弓刀(잔월조궁도)　새벽달은 활과 칼을 비추는구나

이순신은 사실 감수성이 예민하고 시심(詩心)이 풍부했던 사람이다. 모친과 아내, 자식들의 안위를 걱정하는 자상한 면모도 가지고 있었다. 그러나 7년전쟁 내내 그의 삶을 들여다보면 스스로를 위해 즐긴 시간은 거의 없다. 인생의 절정기에 대전란을 맞았다는 시대적 불행 탓도 있겠지만, 나라와 백성을 위해 스스로를 희생하겠다는 순교자적 삶의 철학 때문일 것이다. 애처로울 정도의 금욕생활과 자기절제의 일상 속에서 그가 누린 호사래야 술을 마시거나 달 밝은 밤, 물가에서 음악을 듣는 수준에 불과하였다.(7년전쟁의 기간 동안 본부인 및 2명의 첩과 떨어져 살아야 했던 이순신이지만 여인과 잠자리를 함께 하

한산도 전경

제승당 수루 '한산섬 달 밝은 밤에'로 시작하는 시가 연상되는 수루로 7년전쟁 당시 이순신이 이곳에 올라 한산만을 바라보며 적의 동태를 파악한 곳이다. 2014년 개축하였다.

는 일은 극히 드물었다. 자신의 비밀과 내면을 숨김없이 토로하고 있는 『난중일기』로 판단하건대 이순신이 여인과 함께 잔 것은 엿새 정도에 불과하다. '개(介)와 함께 잤다.'(1596년 3월 9일) '국화 떨기 속에 들어가서 술 두어 잔을 마셨다.' '여진(女眞)과 관계하였다.'(1596년 9월 12일, 14일, 15일) '광주목사의 별실에 들어가 종일 술에 취하였다. 최철견의 딸 귀지(貴之)가 와서 잤다.'(1596년 9월 19일) 축첩이 허용되고 관기(官妓)가 존재하던 시대에 건장한 무장으로서는 이례적이다.)

> "오늘이 권언경 영감의 생일이라고 하였다. 그래서 국수를 만들어 먹고 술도 몹시 취하여 거문고를 듣고 피리도 불다가 저물어서야 헤어졌다."
>
> —『난중일기』, 을미년(1595) 6월 26일자

한산수국이 작동하던 3년 6개월 동안 조선은 사실상 3개의 영역으로 쪼개져 있었다. 하나는 조정의 명령이 통하는 '왕토지대(王土地

214

帶)'요, 또 하나는 일본군에게 점거된 피점령지였다. 그리고 세 번째는 이순신의 지휘를 받는 서·남해변의 수군 군정지대, 즉 '한산수국'의 영역이었다.

거듭 밝혔듯이, 이순신이 통제한 땅은 분명 조정의 영역이었지만 뚜렷한 독자성을 지닌 사실상의 반독립지대였다. 최전선 한산도에서 호남을 거쳐 충청 해변에 이르는 'ㄴ'자 모양의 땅과 해역이 그 영역이었다.

전라좌수사 겸 통제사가 경상도 해역에 중심을 둔 수국에는 애초부터 지역감정이라는 것이 존재하지 않았다. 수국의 구성원은 군인이든 백성이든, 삼도통제사 이순신을 중심으로 하나가 되어 적과 맞섰다. 수국의 지경은 넓지 않았으나 전쟁 수행 역량은 나머지 정부군 전체와 견줄 정도였으므로, 현실적인 무게는 '조선의 3분의 1'을 점하고 있었다고 할 만하다. 이순신은 일본군과 철천지원수가 되어 싸웠지만 그렇다고 조정의 명령을 맹목적으로 추종하여 주사(舟師, 수군)를 부린 것은 아니었다. 조정의 명목상 권위는 인정하고 있었지만 지휘 능력을 불신하고 있었다. 통제사에 오른 지 1년이 지난 갑오년(1594) 9월의 『난중일기』를 보면 이순신이 조정(임금)의 상황 판단력을 어떻게 평가하고 있었는지 그 단서가 드러난다.

"새벽에 밀지(密旨, 임금이 내리는 비밀명령)가 들어왔는데 수륙(水陸)의 여러 장수들이 팔짱만 끼고 서로 바라보면서 한 가지라도 계책을 세워 적을 치는 일이 없다고 하였다.(임금은 '수륙의 여러 장수들'이라는 말로 특정인을 지칭하지는 않았지만 질책의 핵심은 다분히 이순신이다. 이순신도 그런 사실을 알고 있다. 일본군을 공격할 수 있

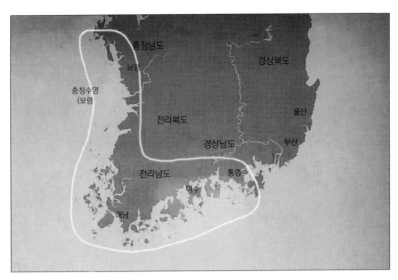

이순신이 통제한 땅

는 역량은 이순신이 거느린 조선 수군이 거의 유일했기 때문이다.)

하지만 3년 동안 해상에 있었는데 그럴 리가 없다. 여러 장수들과 함께 맹세하고 죽음으로써 원수 갚을 뜻으로 날을 보내지만 험고 한 곳에 웅거하여 소굴 속에 들어 있는 적이라 경솔히 나가 칠 수 는 없는 일이요, 또 더욱이 나를 알고 적을 알아야만 백 번 싸워 도 위태로움이 없다 하지 않았는가."

-『난중일기』, 갑오년(1594) 9월 3일자

한마디로 '임금이 바다의 사정은 전혀 모른 채 적과 싸우라고 보채기만 하고 있다.'는 푸념에 다름 아니다. 사실 이순신은 순전히 자신의 역량으로 서·남해변에 자립경영의 터전, 즉 '수국'을 세웠고 그에 기반하여 적과 싸웠다. 조정에 대한 부채의식이 별로 없었다는 말이다. 물론 일본이라는 강한 적과 충(忠)을 강조하는 유교 사상 덕분에 조정과 한산수국, 구체적으로 왕과 이순신 간의 명령·복종 관계는 흔들림이 없었다. 그렇지만 전쟁을 수행하는 방식을 놓고서는 양자 간에 적잖은 시각 차이와 긴장이 발견되고 있었다. 양측 간의 신경전은 시일이 흐를수록 증폭되어 가다가 정유년(1597), 일본군의 재침과 함께 폭발하고 말았다.

제 3 부

1597년 이순신, 역사의 전면에 서다

7장

정유재란과 한산수국의 붕괴

한산수국은 계사년(1593) 여름에 시작되어 정유년(1597) 2월까지
지속된 셈이지만 기초가 튼튼하지는 못하였다. 한양 조정의 견제와
공세를 감당할 만한 자체 권위를 형성하기에는 시간이 짧았기 때문
이다. 특히 임금이 한산도 통제사 군영과 이순신에 대해 반감을 점점
강하게 표출하면서 그 취약성이 갈수록 뚜렷해졌다.

권력의 정점에 있던 선조는 본능적으로 알았다. 한산도 군영이야
말로 단순한 지방 군사조직이 아니라 임금의 권위를 갉아먹는 또 하
나의 조정이라는 사실을 말이다. 왕권수호와 사직(社稷)의 영속성을
최우선시하는 군주에게 한산수국은 잠재적인 도전자였고 백성들의
존경과 지지를 받는 이순신에게서 질투심을 느끼는 것은 당연하였
다. 외적(外敵)에 변변히 저항도 못하고 국경으로 달아났던 왕에 비해
이순신의 행적은 너무도 당당하였다. 공고개주(功高蓋主)라는 말이 있

다. 신하의 공이 높으면 왕의 권위를 덮어버린다는 뜻이다. 못난 군주는 언제나 잘난 신하에게서 반역의 냄새를 맡는 법이다. 임금은 의식적이든 무의식적이든 이순신을 끝없이 폄훼하고 견제하기 시작하였다.

상(上)의 뜻을 제대로 읽는 것이 출세의 지름길로 통하던 봉건시대, 왕이 이순신을 탐탁지 않게 여긴다는 사실이 분명해지자 수많은 벼슬아치들이 상감의 뜻에 아부하며 혀로써 이순신을 물어뜯기 시작하였다. 한산수국은 정유재란이 일어나기 전에 이미 위기를 맞고 있었다. 이순신을 공동의 적으로 삼았던 일본군(구체적으로는 고니시 유키나가를 말한다.)과 조정 측이 연합하면서 이순신은 삼도통제사에서 역신(逆臣)으로 추락하였고 한산수국도 몰락하였다. 이순신을 이은 원균은 '수국'을 유지할 능력도 의지도 없었다.

선조, 이순신을 불신하다

선조 임금이 이순신을 기꺼이 마음에 들어 한 시기는 잇단 승첩으로 일본군에 크게 타격을 준 임진년(1592)과 계사년(1593) 중반까지 1년여에 불과하다. 이순신이 통제사에 오른 계사년 후반부가 되면 이순신에 대한 심경이 객관화된다.

"비변사에서 건의하였다. '도원수의 장계를 보면 출몰하는 4~5척의 적선은 오히려 추격하여 소멸시킬 수 있을 터인데도 좌도수사와 우도수사들은 서로 내버려 두고 있습니다. 통제사 이순신 이하 수사들을 모두 신문하고 죄를 주도록 지시해야 할 것이라고 하였습니다. 배를 타는 군사들은 오랫동안 먼 바다에 나가 있으므로 누구나 견디기 어렵습니다. 그러므로 조정에서 이전에 군사들을 휴식시켜 용맹을 기르도록 허락하였습니다. 그런데 작년(1592)에 이긴 보고가 있은 뒤로 한 번도 적을 소멸시킨 적이 없습니다. 죄를 주자는 도원수의 청에 대하여 그만두라고 할 수도 없으므로 장계대로 신문함으로써 경계하게 해야 할 것입니다.' 임금이 그 의견을 따랐다."

－『선조실록』, 계사년(1593) 윤 11월 6일자

물정 모르는 한양의 관료들이 이순신 등 수군장수들에게 죄를 주자는 의견을 올렸는데, 최고통수권자라면 마땅히 '받아들일 수 없다.'고 해야 할 터인데도 이를 수용하고 있다. 이순신에 대한 왕의 신뢰가 다소 식었음을 알 수 있다. 하지만 갑오년(1594) 중반의 기록을 보면 아직은 이순신을 불신할 정도는 아니고 문관 종사관을 붙여 주어 힘을 실어 주려는 입장이다.

임금과 영의정 유성룡의 대화이다.

유성룡: 수군이 기아와 전염병으로 많이 죽어서 이순신은 손을 쓰지 못하고 있으니 이제 서성(徐渻, 경상도 어사)에게 지시하여 수군을 집결하여 오가는 적들을 차단, 소멸시키도록 하는 것이 좋겠습니다.

선조: 이순신의 호령이 고을 수령들 속에서 시행되지 않고 여러 장수들이 협력하지 않는다고 하니 명망 있는 문관을 종사관으로 임명하여 보내야 하지 않겠는가?

유성룡: 전 부사 정경달이 내려갔습니다.

－『선조실록』, 갑오년(1594) 6월 18일자

임금이 이순신에 대한 불만을 공개적으로 털어놓기는 그로부터 두 달이 지나면서부터이다.

임금과 영의정 유성룡, 좌의정 김응남 등의 대화이다.

선조: 이순신은 일을 하는데 태만하지 않는가?

유성룡: 이순신이 아니면 지금과 같은 결과를 가져올 수 없었을 것입니다. 수군과 육군의 여러 장수들 중에서 이순신이 가장 우수합니다.

김응남: 서로 대치하고 있은 지 이미 오래되었으니 힘이 스스로 다할 것입니다. 비록 적은 군사로 많은 적들을 대적할 수 없다고 하나 왜적들이 교체할 때 세력이 허술해질 테니 공격해서 소멸시킬 수 있을 것입니다. 용감한 병사들을 많이 모아 한 진영을 공격한다면 그들은 반드시 와해될 것입니다.

선조: 우리나라 군사는 왜적의 한 진영도 공격해서 소멸시키지 못한다.

－『선조실록』, 갑오년(1594) 8월 21일자

위에서 보듯이 갑오년(1594) 하반기부터 이순신을 못 미더워 하기 시작한 선조 임금은 병신년(1596)이 되면서 자신의 감정을 더욱 노골화하였다. 이순신의 성공을 뒷받침해 주지 못한 데 따른 자괴감에다 이순신의 무장력과 권력이 조정이 제어하기 힘들 정도로 비대해

졌다는 점 등이 왕의 견제를 받게 된 주된 요인으로 여겨진다. 병신년
(1596) 6월에 선조 임금은 이순신을 이렇게 평가하고 있다.

"상이 이르기를 '이순신은 밖에서 의논하기를 어떠한 사람이라고
들 하는가?' 하니 김응남이 아뢰기를 '이순신은 쓸 만한 장수입니
다. 원균으로 말하면 병폐가 있기는 하나 몸가짐이 청백하고 용
력으로 선전하는 점도 있습니다.' 하니 상이 이르기를 '이순신은
처음에는 힘껏 싸웠으나 그 뒤에는 작은 적일지라도 잡는데 성실
하지 않았고 또 군사를 일으켜 적을 토벌하는 일이 없으므로 내
가 늘 의심하였다. 동궁이 남(전주)으로 내려갔을 때에 여러 번 사
람을 보내어 불러도 오지 않았다.' 하자 김응남이 아뢰기를 '원균
이 당초에 사람을 시켜 이순신을 불렀으나 이순신이 오지 않자
원균은 통곡을 하였다 합니다. 원균은 이순신에게 군사를 청하여
성공하였는데 도리어 공이 순신이 위에 있게 되자 두 장수 사이
가 서로 벌어졌다 합니다.' 하였다.(임금이 '이순신은 어떤 사람이냐'
고 묻자 좌의정 김응남은 처음에는 '쓸 만한 장수입니다.'라고 답한다.
그런데 임금이 곧바로 이순신을 불신하는 감정을 드러내자 김응남은 순
식간에 태도를 바꾸어 이순신에 불리한 대목을 언급하며 맞장구를 친
다. 일국의 최고위 관리가 줏대 없이 임금의 기분을 헤아려가며 전선의
장수를 제멋대로 폄하하고 있다. 당시 조정의 수준을 알만하다.)
상이 이르기를 '이순신의 사람됨으로 볼 때 결국 성공할 수 있는
자인가, 어떠할는지 모르겠다.'고 하자 김응남이 아뢰기를 '알 수
없습니다마는 장사(將士)들은 이순신이 조용하고 중도에 맞는다
합니다. 그러나 지금 거제의 진에는 원균을 보내야 하니 거제를

지키는 일이라면 이 사람이 아니고 누가 하겠습니까?' 하였다.(아직은 이순신의 성가가 높던 시절이었기 때문에 이순신을 노골적으로 깎아 내리지 못하고 있다. 다만, 임금이 더 신뢰하는 '이순신의 정적' 원균을 높이 평가함으로써 임금의 의중에 슬며시 부합한다.)"

-『선조실록』, 병신년(1596) 6월 26일자

이순신을 불신하는 선조 임금의 심경은 이순신의 라이벌인 원균을 크게 두둔하는 언행에서 더욱 선명히 드러난다.

"전라병사 원균(원균은 1595년 초 경상우수사에서 충청병사로 직을 바꿨다가 1596년 8월에 다시 전라병사에 임명된다.)이 임지로 떠나기에 앞서 인사를 올리니 상이 이르기를 '경이 나라를 위해 힘을 다하여 지성스러운 충성과 용맹이 옛 사람도 비할 자가 드물기에 내가 일찍이 아름답게 여겨왔지만 돌아보건대 아무것도 보답한 것이 없었다. 이번에 또 멀리 떠나게 되어서 친히 접견하고 전송하려 했었는데 하필 기운이 편치 못하여 그렇게 하지 못하겠다. 내구(內廐)의 양마 한 필을 내려 나의 뜻을 표하니 경은 받으라.' 하였다.(임금이 이순신을 의심하고 불쾌하게 생각하는 심경에 비해 원균에 대해서는 너무나 인자하다. 궁궐에서 쓰는 내구마를 하사할 정도로 편애한다.)"

-『선조실록』, 병신년(1596) 8월 11일자

왕은 이후에도 조정 대신들을 상대로 이순신과 원균을 대비시키면서 이순신을 내쫓고 원균을 삼도통제사에 앉히고자 하는 의도를 수시로 내비쳤다. 맨손으로 거진(巨鎭)을 일으켰을 뿐만 아니라 혁혁한 전공을 세워 일반 백성과 사대부의 존경을 받고 있는 이순신이 거북하고 부담스럽게 느껴졌기 때문일 것이다. 선조는 1596년 7월에 일어난 이몽학의 반란을 계기로 무장한 장수들에 대해 불신감이 커졌고, 의병장 김덕령을 역적모의에 가담하였다는 누명을 씌워 고문한 뒤 죽인 바 있다. 왕은 이와 비슷한 수법을 이순신에게 적용하려 하였는데, 이러한 계책은 정유년 이전부터 그 조짐이 보인다. 다음은 병신년(1596) 10월 체찰사 이원익을 접견한 자리에서 나눈 대화이다.

선조: 전라도에 가보았는가?

이원익: 처음으로 가보았습니다. (중략)

선조: 남방의 장수들은 다 똑똑한가? 제 직무에 충실한가?

이원익: 알 수 없습니다. 모두 힘껏 싸운 사람들이긴 하지만 상황에 맞게 능숙하게 대처한 장수는 별로 없습니다. (중략)

선조: 통제사 이순신은 열성을 다해 일하는가?(이순신을 불신하는 의중을 슬며시 드러내며 묻고 있다.)

이원익: 그 사람은 명석하고 뛰어난 사람이어서 열심히 일을 합니다. 한산도에다 군량을 많이 쌓아 두었다고 합니다.(눈치 빠른 이원익이 이순신을 깎아내리려는 임금의 의중을 모를 리 없지만 소신껏 칭찬한다. 이원익은 인격자로서 조야에 두루 신망이 높았다. 훗날 광해군의 눈 밖에 나 귀양 갔다가 인조반정 때 영의정으로 복귀하는데, 인목대비를 비롯한 여러 반정세력이 광해군을 죽이려 들자 '신하로서 모시던 임금을 해칠 수는 없다.'며 끝내 광해군을 비호한 데서 그가 후덕한 인품의 소유자임을 알 수 있다. 왜란 당시에는 40대 젊은 나이에 정승에 올

라 '체찰'의 막중한 임무를 수행하던 중이었다.)

선조: 처음에는 왜적을 잡는데 열성을 내더니만 그 뒤에 들으니 태만해진 점이 없지 않다고 한다. 그의 사람됨이 어떠하던가?(체찰사 이원익으로부터 이순신에 대한 나쁜 평가를 얻어내기 위해 임금은 '세간의 평' 운운하며 다시 묻는다. 비열한 수법이다.)

이원익: 신이 보기에는 여러 장수들 가운데 가장 뛰어난 사람입니다. 전쟁터에서 처음에는 열성을 다하다가 나중에는 해이해진다는 문제에 대해서는 신으로서는 알지 못하는 일입니다.(임금이 이순신을 의심하고 폄하하는 의중을 밝혔지만 이원익은 그에 개의치 않고 자신이 본대로 이순신을 평가한다. '처음에는 전투에 열성을 보이다가 나중에 태만해졌다는 평이 있다'는 임금의 내밀한 심경을 듣고서도 자신은 모르는 일이라며 동의하지 않으니 진짜 충신이란 이런 배짱 있는 사람이다. 임금의 의중을 읽고 재빨리 그에 영합하는 답변만 하는 무리들과는 차원이 다르다.)

선조: 그가 군사를 통솔하는 능력은 있는가?

이원익: 신의 생각에는 경상도 여러 장수들 중에서 이순신이 제일이라고 봅니다.

—『선조실록』, 병신년(1596) 10월 5일자

남방을 순행하고 귀경한 체찰사 이원익이 이순신을 최고의 장수라고 평가하니 왕도 통제사를 교체할 명분이 없다. 선조는 이듬해인 정유년이 되어서야 이순신을 몰아내고 원균을 그 자리에 앉히려는 속셈을 실행에 옮긴다.

조정과 일본군의 '이순신 죽이기' 공모

왕의 눈 밖에 난 이순신의 입지는 정유년(1597)이 되면서 더욱 좁아진다. 선조는 함정을 파둔 채 이순신이 낙마하기만을 기다리고 있었다. 이순신은 불행히도 정유년 벽두부터 수렁으로 빠져 들어간다.

병신년(1596) 12월 12일 부산에서 일어난 대형 화재사건에 대한 장계가 문제가 되었다. 이순신은 12월 27일자로 부산 화재사건에 대한 장계를 올렸고, 정유년 1월 1일 조정에 도착한다. 장계의 내용은 이러하였다.

> "신은 여러 장수 가운데서 궁리(窮理)가 있고 담력이 있고 용맹한 사람과 군관과 직속 군사들 중에서 활을 잘 쏘고 용감한 사람들을 늘 진중에 머물러 있게 하여 그들과 함께 아침, 저녁으로 방도를 의논하면서 그 성실한 마음을 떠보기도 하고 비밀히 약속도 하고 적정을 탐지하기도 하였습니다. 거제현령 안위(安衛)와 군관 김란서(金蘭瑞), 군관 신명학(辛鳴鶴) 등은 서로 두 번 세 번 비밀리에 의논하고 박의검(朴義儉)을 몰래 불러 그와도 비밀히 의논하였더니 의검도 기꺼이 응하였습니다. 다시 김란서 등에게 분명히 지시를 주어 목숨을 내놓고 맹세하여 굳게 약속하도록 하였습니다.
>
> 이달(12월) 12일에 김란서 등은 밤중에 약속대로 시간을 기다리고 있었는데 마침 서북풍이 크게 불기에 바람결에 따라 불을 질렀습니다. 불길이 치솟아 오르면서 적들의 집 1,000여 호와 화약이 쌓여 있는 창고 2개, 무기와 여러 가지 물건과 군량 2만 6,000여 섬이 쌓여 있는 곳간이 일시에 불타버렸고 왜선 20여 척도 불

이 번져 탔으며 왜인 34명이 불에 타서 죽었습니다. 이야말로 하늘이 도운 것이었습니다. (중략) 부산에 있던 많은 적들을 모두 태워버리지는 못했지만 적들의 기세를 꺾어 놓았으니 역시 한 가지 좋은 계책이었습니다. (중략) 안위, 김란서, 신명학 등은 성의껏 힘써 마침내 일을 성공시켰으니 더 없이 기특한 일입니다. 앞으로도 은밀하게 해야 할 일이 한두 가지가 아니기에 특별히 표창하여 앞날의 일을 고무해야 할 것입니다."

-『선조실록』, 정유년(1597) 1월 1일자

이 장계가 조정에 보고된 다음 날인 1월 2일 체찰사 이원익을 보좌하던 이조좌랑 김신국(金藎國)이 서면으로 부산 화재 사건에 대해 전혀 다른 내용의 보고를 올린다.

"얼마 전에 부산에 있는 적의 소굴을 불사른 경위에 대해서는 통제사 이순신이 이미 장계를 올렸다고 합니다. 그런데 도체찰사 이원익이 데리고 있는 군관 정희현(鄭希玄)은 전에 조방장으로 오랫동안 밀양 등지에 있었고, 적들 속으로 드나드는 사람은 대부분 정희현의 심복입니다. 적의 병영에 몰래 불을 놓은 것은 이원익이 전적으로 정희현을 시켜서 한 일입니다. 정희현의 심복인 부산 수군 허수석(許守石)은 적들 속으로 허물없이 드나들었는데 허수석의 아우가 당시 부산 군영의 성 밑에 살고 있어서 일이 성사되도록 주선할 수 있었습니다. 그래서 희현이 밀양에 가서 수석과 몰래 의논하고 기일을 약속하여 보냈습니다. 돌아와서 이원익에게 보고한 다음, 손꼽아 기다리던 때에 수석이 부산 군영으

로부터 급히 와서 불사른 경위를 보고하였으며, 상세한 보고가
뒤따라 도착하였습니다. 그리하여 원익은 수석이 한 일이라는 것
을 명백히 알게 되었습니다. 저 이순신의 군관은 부사(副使)의 짐
을 배로 운반하는 일 때문에 부산에 갔다가 마침 불이 일어난 날
도착하게 되었던 관계로 돌아가서 이순신에게 자기의 공로라고
보고하였습니다. 이순신은 애당초 그간의 사정을 모르고 급보를
올렸던 것입니다. 허수석은 벼슬로 표창해 주기를 바랐지만 원익
은 또 수석에게 의지하여 다시 도모할 일이 있었으므로 그때 바
로 벼슬로 표창하면 일이 누설될 우려가 있어서 이런 뜻으로 타
이르고 은을 후하게 주어 보냈습니다. 그런데 조정에서 만일 내
막을 모르고 이순신이 보고한 사람들에게 먼저 벼슬로 표창한다
면 틀림없이 허수석은 질투심을 가지게 될 것입니다. 그리고 적
들에게 알려져서 방비가 더욱 엄하게 될 것이니 이로 말미암아
기도하던 일도 할 수 없을 것 같아서 이원익이 신에게 부탁하여
보고하게 하는 것입니다. 그리고 이번에 비밀히 의논한 문제에
대해서는 이미 이원익의 장계에 자세히 적혀 있기에 구태여 글로
써서 보고하지 않겠습니다.”

-『선조실록』, 정유년(1597) 1월 2일자

두 보고서의 내용이 확연히 다르다. 특히, 김신국의 장계는 이순
신의 장계(이순신이 부하들의 말만 믿고 문제의 장계를 올렸을 수도 있다.
그러나 정확한 진상은 알 수 없다.)를 허위라고 규정하면서 저간의 사정
을 세세하게 적고 있어 일견 설득력이 있어 보인다.

그렇더라도 조정에서는 진상을 조사하여 사실 여부를 따져야 할

것인데 그렇게 하지 않았다. 1월 27일 어전회의를 보면 김신국의 말만 믿고 이순신은 허위보고를 하였다고 매도하고 있다. 임금은 통제사와 체찰사 측에서 서로 다른 보고서가 올라오자 더 알아볼 것도 없이 이순신이 조정을 기만하였다고 결론을 내렸던 것이다. 조정은 이를 전후하여 가토 기요마사의 재상륙을 저지하라는 명령을 이순신에게 내린다.(가토는 본토로 물러났다가 정유년에 다시 군사를 이끌고 조선으로 건너온다.)

그러나 이순신은 이 같은 지령을 실행하지 못한다. 정확히 말한다면 따를 수가 없었다. 조선 수군이 가토의 부산 상륙을 저지하지 못하게 되자 조정에서는 이를 명분 삼아 이순신을 통제사직에서 몰아내고 조정의 명령에 항거한 죄인으로 체포한다.

실록에 나타난 기록만으로 보면 가토를 요격하라는 조정의 지시가 언제 있었는지 다소 혼란스럽다. 전후 사정을 따져 보면 병신년(1596) 12월부터라고 여겨진다. 병신년 12월 5일자 실록을 보자.

(임금이) 정원에 전교(일본의 재침이 기정사실화 되자 임금이 방비책을 교시한 내용이다.)하였다.

一. 한강을 사수하지 않으면 안 된다. 한강을 지키지 않았다가 적이 성 아래까지 이르러 적에게 포위를 당한 뒤에야 도성을 지키려고 한다면 그 계책은 잘못된 것이다. 지금은 창졸간에 당했던 임진년과는 다르다.

一. 청정(淸正, 가토)이 1~2월 사이에 나온다고 하니 미리 통제사(이순신)로 하여금 정탐꾼을 파견하여 살피게 하고, 혹 왜인에게 후한 뇌물을 주어 그가 나오는 기일을 말하게 하여 바다를 건너오는 날 해상에서 요격하는 것이 상책이다. 다만, 바다를 건너오는 날을 알아내기가 어려울 따름이다.

一. 옛날 사람들은 용병할 때 혹 자객을 쓰기도 하였다. 지금 적이 다시 덤벼들려는 것은 오로지 청정에게서 연유하므로 혹 항복한 왜인을 모집하거나 어떤 핑계로 사람을 파견하여 도모한다면 그 무리들은 저절로 와해될 것이다. 그러나 우리나라가 이를 해내지 못할까 염려된다.

一. 김응서(金應瑞, 경상우병사)로 하여금 평행장(平行長, 소서행장, 고니시 유키나가) 등과 두터운 관계를 맺게 하지 않을 수 없다. 청정을 도모하려면 모사(某事)로써 허락해야 하는데 그러나 이 일은 쉽게 말할 수 없다.

一. 여러 왜추(倭酋)가 모두 중국으로부터 관작을 받았는데도 청정만이 누락되었으니 청정이 분심을 품고 독기를 부리는 것은 당연하다. 혹 심유격(沈遊擊, 심유경)에게 이야기하여 잘 처리하게 해야 할 것이다.

이상의 여러 조목에 대하여 의계(議啓)할 일을 비변사에 이르라.

－『선조실록』, 병신년(1596) 12월 5일자

왕의 이 같은 지시는 이순신과 경상우병사 김응서(김응서는 임금의 뜻을 받들어 일본군과 접촉하는 창구였다.)에게 각각 전해졌다.

김응서는 고니시 측과 접촉하여 가토가 언제 바다를 건널 것인지에 대한 정보를 알아내야 하고, 이순신은 가토가 대한해협을 건너올 때 출격하여 해상에서 가토의 수군함대를 격파하라는 명령인 셈이다. 특히 이순신에게는 김응서가 가토 관련 정보를 입수하지 못하더라도 '정탐꾼을 파견하여 살피게 하고, 혹 왜인에게 후한 뇌물을 주어 그(가토)가 나오는 기일을 말하게 하여 바다를 건너오는 날 해상에서 요격해야' 할 임무를 주었다. 한마디로 가토가 타고 오는 선단을 격파 해야 할 무거운 책무인 셈이다. 선조 임금의 심정은 대략 이런 것이었 다. '이순신아, 과감히 부산 앞바다로 돌진하여 철천지원수 가등청정 을 박살내다오. 그런 다음, 자네도 전사해 버리게.' 이순신은 임금의 뜻을 모르지 않았다. 하지만 무모한 공격 주문에 응해 수많은 군사들 을 죽음으로 몰아갈 수는 없는 노릇이었다. 앞에는 일본군이 그의 목 을 겨누고 있었고, 뒤에는 왕이 그의 목숨을 시험하고 있었다. 이순신 은 양면의 적 사이에 끼어 이러하지도 저러하지도 못하는 딜레마에 빠져들게 된 것이다.

해가 지나 정유년이 되자 가토가 언제쯤 부산에 당도할 것이라는 '첩보'가 경상우병사 김응서를 통해 입수된다. 그런데 이는 이순신에 게는 아무 쓸모없는 정보였다. 이순신에게 전달되었을 즈음에는 이 미 가토가 상륙한 뒤가 되기 때문이다. 받아들이고 싶어도 수용이 불 가능한 정보였다는 말이다. 그런데도 왕은 이를 기회삼아 통제사에 서 쫓아내고 죄인으로 체포한다.

여기서 유의할 것은 왕이 이순신을 체포하는 과정이 억지나 다름 없다는 사실이다. 흔히들 조선 조정이 고니시의 정보에 농락당하였 다고 해석하는데 사실은 그렇지 않다. 왕과 대신들이 정상적인 두뇌 의 소유자들이라면 속아 넘어갈 수 없는 상황이었기 때문이다. 다시 말해 임금과 조정에서 고니시의 첩보내용이 문제투성이라는 것을 모 를 리 없었지만 이순신 제거용으로 적극 활용하였다는 것이 필자의 판단이다. 한마디로 고니시가 건네준 '정보'를 이순신에게 전하면서 가토의 부산 상륙을 저지하라는 수용할 수 없는 작전 지시를 내린 다음, 이에 불응하자 명령 불복종 혐의를 씌워 이순신을 제거한 것이다. (고니시가 건네준 정보는 결코 믿을 수도 없고 현실성도 없는 것이었다. 또한 이순신의 불응은 거듭 말하지만 응하고 싶어도 응할 수가 없었다.)

결론적으로, 선조 임금은 유성룡 등 조정에 포진한 친(親) 이순신 세력을 제압하는 명분으로 일본군(구체적으로는 고니시와 그의 부하인 요시라를 말한다.)이 건네준 이른바 '가토 제거 작전'을 활용한 것이다.

머리회전이 빨랐던 선조 임금이 일본군에게 속아 넘어갈 정도로 아둔했을 리가 없다. 다만, 고니시 측이 전한 '정보'를 이순신을 때려잡는 수단으로 활용했을 뿐이다. 이런 점에서 고니시와 선조 임금은 이순신을 제거하는 데 암묵적으로 동조, 협력한 셈이다.

그런데 선조는 정유재란이 현실화되는 시점에서 왜 이순신이라는 탁월한 장수를 버렸을까? 원균이라는 대안이 있다고 여겼기 때문이다. 선조는 원균을 크게 신뢰하고 있었고, 심지어 이순신보다 더 나은 장수로 여겼기 때문에 그를 통제사로 등용하면 일본군의 서진을 충분히 저지할 수 있을 뿐만 아니라 삼도수군을 왕에게 충성하는 군대로 만들 수 있다고 믿었다. 한산도에서 독자적인 권력을 행사하는 이순신을 서둘러 제거하고픈 조바심이 판단 착오를 가져온 셈이다. 조선군 통수권자의 이 같은 실수는 정유년 7월 '조선 수군의 칠천량 패전'이라는 참담한 결과를 가져오게 된다.

저간의 사정을 좀 더 명확히 하기 위해서 고니시가 조선 조정에 행한 첩보공작의 내막을 시간대별로 자세히 기술해 본다.

① 1597년 1월 19일(경상우병사 김응서 장계): 고니시 측, 가토 상륙설 제

공하며 조선 수군의 부산 출격 권유

경상병사 김응서(김응서는 전쟁 기간 내내 일본군과 접촉을 하며 정보를 주고받는 식으로 전투를 수행해 온 인물이다. 훗날 후금과의 전투 때 전사하면서 영의정으로까지 추증된다.)가 장계를 올렸다. "이달(1월) 11일에 요시라(要時羅, 고니시의 부하)가 와서 고니시(소서행장)의 뜻을 이렇게 알렸습니다. 청정(淸正, 가토)이 7,000명의 군사를 거느리고 이달 4일에 이미 대마도에 도착했습니다. 순풍이 불면 며칠 안에 건너오게 될 것입니다. 전날 약속한 일은 이미 완전히 준비되었습니까?(전날 약속한 일이란 가토가 바다를 건너올 때 조선 수군을 보내 요격하는 일을 말한다.)

청정이 바다를 건너오면 크게 쳐들어오지는 못하겠지만 가까운 지경에서 노략질할 것만은 틀림없으므로 나오기 전에 미리 방비하여 간사한 꾀를 실현하지 못하게 하는 것이 나을 것입니다. 요즘은 계속 순풍이 불기 때문에 바다를 건너오기가 어렵지 않으므로 (조선) 수군을 빨리 거제도로 내보내어 머물게 하고 청정의 동정을 살피도록 해야 할 것입니다. 바다를 건너오는 날에 동풍이 크게 불면 반드시 거제도로 향해 올 것이고, 만약 그렇게 되면 형세는 공격하기에 쉽습니다. 만일 정동풍이 불어 곧바로 기장이나 서생포 지경으로 향한다면 배는 바다 가운데로 지나가게 되므로 거제와는 거리가 매우 멀어서 미처 가로막을 수 없을 것이므로 이 계책을 시행하지 못할까봐 걱정입니다.

전선 50척을 급히 기장(부산시 기장군) 지경으로 돌려대어 좌도의 수군과 합세하여 진을 치고 5~6척씩 부산이 바라보이는 곳에서 돌아치게 해야 할 것입니다.

그러면 우리(일본) 장수들이 청정에게 달려가 알리기를 '조선에서는 너를 원수로 여겨 수많은 전선을 정비해 가지고 좌도와 우도로 나뉘어 정박하고 있다. 육군도 근처에 많이 주둔시켜 네가 나오는 날을 노리고 있으니 아예 경솔히 건너가지 말라.'고 하겠습니다. 그렇게 하면 청정은 틀림없이 의심을 품어 감히 바다를 건너오지 못할 것이고 지체하는 기간이면 조선에서는 반드시 준비할 수 있을 것이며 행장도 그 동안의 일에 대하여 손을 쓸 것입니다. 설사 청정의 머리를 베지는 못하더라도 이보다 더 유력한 계책은 없을 것입니다. 배를 빨리 돌려대어 군사의 위력을 보임으로써 교활한 적들로 하여금 목을 움츠리고 나오지 못하게 만든다면 피차간에 다 좋게 되리라는 것을 어찌 다 말할 수 있겠습니까.

청정은 통신사를 보내지 못하도록 꾀할 당시 관백에게 말하기를 '행장과 조신이 하는 짓은 다 쓸데없는 일입니다. 내가 다시 조선에 나가서 깃발 하나만 들게 되면 조선을 평정하여 일본에 합칠 수 있고 왕자도 사로잡아 태합 앞에 가져다 놓겠습니다. 이 일을 성공시키지 못할 경우에는 우리 집안을 모조리 없애버리도록 하십시오.'라고 하였습니다. 그러면서 관백에게 군사와 말을 청했는데 관백은 다만, 그의 군사만을 허락하였습니다.

그가 섬으로 물러나와 며칠 간 머물러 있었는데 관백이 다시 청정에게 지시하기를 '너는 왜 빨리 바다를 건너가지 않는가? 어려운 문제라도 있는가? 말과 행동이 다르다.'라고 하였습니다. 그래서 빨리 바다를 건너려고 대마도로 달려왔는데 이제 만일 조선에서 가로막고 있다는 기별을 듣는다면 형편상 즉시 바다를 건너오지는 못할 것입니다. 이렇게 하면 조선 땅에는 지킬 만한 사람이

없어서 깃발 하나만 들고 나가면 평정할 수 있다던 청정의 말은
허튼 소리로 돌아가고 조선을 쳐부수기는 형편상 쉽지 않다고 한
행장의 말이 정확한 것으로 됩니다. 따라서 관백은 틀림없이 망
발을 한 청정에게 죄를 주고 행장은 때를 만나게 될 것이니 화의
가 맺어지건 말건 간에 형편은 매우 좋게 될 것입니다. 따라서 이
것은 하나의 좋은 계책입니다. 그리고 원수가 내일 이곳에 당도
한다는 것 같습니다."

-『선조실록』, 정유년(1597) 1월 19일자

② 1597년 1월 21일(도체찰사 이원익 장계): 가토는 1월 13일에 이미 다대포에 도착

경상도 등 4도 도체찰사 우의정 이원익이 장계를 올렸다. "기장
현감 이정견의 급보에 의하면 청정(淸正, 가토)이 이달 13일에 다
대포에 와서 정박하였는데, 먼저 온 배가 200여 척이라고 하였습
니다. 15일에 정견이 또 급보를 올리기를 왜적의 큰 배 1척에 왜
놈 70여 명과 왜장 희팔(喜八)이 타고 곧바로 부산에 와서 패문
(牌文)을 보였다고 하는데 그 내용은 이러합니다.
'일본국 풍신수길의 신하인 가등주계두 평청정(加藤主 計頭平淸
正)은 태합 전하의 지시를 받고 다시 바다를 건너 이 도에 와서
곧 사람을 조선 측에 보냅니다. 그가 돌아와 보고할 때까지 경상
좌도의 백성들이 이 글에 의심을 품지 말며 두려워 흩어지지 말
것입니다. 이와 관련하여 먼저 신하인 김대부(金大夫)를 보내서
통보하도록 합니다. 경장(慶長) 정유년 1월 1일 평청정(平淸正)'"
비변사에서 건의하였다. "청정이 이미 바다를 건너왔으니 빈틈을

타서 곧바로 올라와 군사를 숨겼다가 불의에 들이칠 우려가 없지 않으니 경기, 충청, 영남, 호남 등지에 급히 지시를 내리는 문제에 대하여 회답 건의하고 상중에 있는 모든 무신들을 불러내어 도성을 호위할 문제에 대하여 회답 건의하라는 지시를 받았습니다. 청정이 이미 바다를 건너왔으니 각 도에서는 방어조치를 취하는 것을 조금도 늦추어서는 안되겠습니다. 경기, 충청, 영남, 호남 등 각 도에 선전관을 나누어 보내어 군사를 정비하고 요해처를 막아 각별히 변란에 대처하면 감시 결과를 통보하도록 급히 지시함으로써 뜻밖의 우환을 막는 것이 좋겠습니다."

－『선조실록』, 정유년(1597) 1월 21일자

③ 1597년 1월 22일(원균의 장계): 수군 부산 출격 강조로 이순신 압박

전라도 병마절도사 원균이 장계를 올렸다. "신은 외람되게도 무거운 책임을 맡고 남쪽 변경의 병마사로 있으면서 우둔한 솜씨나마 다하여 만대의 원수를 갚으려 하였습니다. (중략) 신의 어리석은 생각으로는 수백 척의 수군으로 (거제 북단) 영등포 앞으로 질러나가 가덕도 뒤에 몰래 머물러 있으면서 경쾌선을 골라 서넛 또는 네댓 척씩 떼를 지어 (부산) 절영도 바깥쪽에서 무력을 시위하게 하는 한편, 100여 척이나 200척이 큰 바다에서 위력을 보여야 한다고 봅니다. 그렇게 하면 원래 바다싸움에서 이기지 못하여 겁을 먹고 있는 청정은 반드시 군사를 거두어 돌아가게 될 것입니다. 바라건대 조정에서는 수군으로 바다에 나가자마자 침으로써 적들이 뭍에 오르지 못하게 한다면 반드시 걱정할 것이 없을 것입니다. 이것은 신이 함부로 하는 말이 아닙니다. 신이 전에 바다를 지킨 일이 있어서 이 문제에 대해서는 잘 알고 있는 만큼 지금 침묵을 지키고 있을 수가 없기에 전하에게 말씀드리는 것입니다."(원균이 올린 이 장계의 '작전'은 고니시의 부하 요시라가 일러준 '가토 공격 전술'과 똑같다. 아마도 조정에서 원균의 뒤를 봐 주는 세력과 고니시 측이 의견을 조율한 다음 원균에게 이런 장계를 올릴 것을 부추긴 결과가 아닌가 싶다. 조선 수군의 장수들이 부산 출동의 무모함을 내세우며 가토에 대한 공격을 거부하고 있던 상황에서 원균의 이 장계는 이순신을 궁지로 몰아넣는 효과가 컸다고 여겨진다. 중요한 것은 원균 스스로 이런 '작전'을 조정에 올리며 이순신을 압박했지만 정작 자신이 통제사가 되었을 때는 부산 앞바다로 진격하는 것을 꺼리며 육군이 육지의 적을 쓸어버려야 수군이 진격할 수 있다고 딴소리를 하였다는 점이다. 원균이 칠천량 패전으로 빨려 들어간 배경에는 이순신을 공격하기 위해 올렸던 이 장계가 원죄가 되었던 만큼 유의할 필요가 있다.)

-『선조실록』, 정유년(1597) 1월 22일자

④ 1597년 1월 23일: 이순신을 비난하는 조정회의

이산해: 요즘 와서 수군에 힘을 넣으면 의지할 수 있을 것입니다. 신이 지난번에 충청도에서 마침 원균을 만났는데, 원균이 하는 말이 "왜놈들이야 무슨 두려워할 나위가 있겠느냐?"라고 하였습니다. 신이 처음에는 그 말을 듣고 망령된 소리로만 여겼는데 이제 와서 보니 수군을 믿고 그런 말을 한 것 같습니다. 이번에 김신국이 돌아왔기에 물었더니 신국은 도체찰사도 수군을 믿고 있다고 하였습니다.

선조: 왜적의 우두머리(고니시 유키나가)가 손바닥을 펼쳐 보이듯

가르쳐 주었는데도 우리나라에서는 해내지 못하였으니 우리나라는 참으로 천하에 용렬한 나라이다. 오늘의 장계를 보니 행장(고니시)도 조선에서 하는 일은 늘 이 모양이라고 하였다고 하다. 이렇게까지 조롱당하고 있으니 우리나라는 행장보다도 훨씬 못한 셈이다. 한산도의 장수(이순신)는 편안히 누워서 어떻게 할 것인지를 모르고 있다.

윤두수: 이순신은 왜적을 두려워하는 것이 아니라 사실은 싸우러 나가기를 싫어하는 것입니다. 임진년에 정운이 죽은 것도 절영도를 거쳐 배를 몰고 오다가 적의 화포에 맞아 죽었습니다.

이산해: 이순신은 정운과 원균이 없어 이렇게 머뭇거리는 것입니다.

김응남: 이순신이 싸우러 나가지 않으려 하자 정운이 목을 베려고 하였더니 이순신은 무서워서 어쩔 수 없이 억지로 나가 싸웠습니다. 그러므로 해전에서 이긴 것은 사실은 정운이 격려하여 된 것입니다. 그래서 정언신은 늘 정운의 사람됨을 칭찬하였습니다.(이순신이 싸우러 나기기를 꺼려한다는 이유로 부하인 정운이 상관의 목을 베려하였다니 있을 수가 없는 거짓말이다. 김응남은 좌의정인데도 말이 되지 않는 이야기를 하고 있다. 임금의 마음이 이순신을 떠났음을 알고는 비위를 맞추기 위해 이런 말을 하는 것이다. 간신배라는 비판을 받을 수도 있는 대목이다.)

선조: 지금 이순신에게 어찌 청정의 머리를 베어 오기를 바라겠는가. 그저 배를 띄워 시위나 하고 바닷길을 따라 돌아다니다가 끝내 아무 일도 못할 것이니 참으로 한탄할 일이다. 오늘 도체찰사(이원익)의 장계를 보니 군사를 끌고 나가 위력을 시위하기로 약

속은 이미 되어 있다고 하였더라만……. (한탄하다가 한참 만에 한숨을 쉬면서) 우리나라는 다 되었다. 아, 이제 어떻게 하겠는가. 아, 어떻게 하겠는가. 아, 어떻게 하겠는가.

⑤ 1597년 1월 23일(김응서가 전한 고니시의 조선 조롱): '계산된 조롱'으로 조선 조정의 반(反)이순신 정서 자극

1월 17일에 올린 경상우병사 김응서의 장계는 이러하였다. "도원수(권율)가 소서행장(고니시)에게 두루미 한 마리와 매 한 쌍을 보내라고 하기에 이달 6일에 신이 군사 송충인에게 주어 들여보냈더니 17일에 돌아와서 보고하기를 '이달 12일에 바람이 대단히 순조로워 청정의 관할 하에 있는 왜선 150여 척이 일시에 바다를 건너와 서생포에 머무르고 있고 청정(가토)은 관할하의 배 130여 척을 거느리고 바다를 건너왔는데 동북풍이 불어와서 배를 통제하지 못하여 거제 길로 향해 가다가 가덕도에 머물렀으며 14일에 다대포를 향해 가면서 진터를 살펴보았다'고 와서 알려주었습니다. 그러나 우리나라 수군은 미처 정비가 되지 않아서 맞이하여 치지 못하였습니다. 바람이 순조롭지 않았던 것은 사실 하늘이 우리를 도운 것인데 사람들이 제 할 일을 다 하지 못해서 그만 앉은 채로 기회를 놓치고 말았으니 분함을 이기지 못하겠습니다. 행장도 몹시 통탄해 하면서 말하기를 '너희 나라에서 하는 일은 번번이 이 모양이니 뉘우친들 무슨 소용이 있겠는가. 청정이 이미 바다를 건넜으니 나는 전날에 한 말이 청정의 귀에 들어갈까 봐 걱정이다. 모든 일을 되도록 치밀하게 하라.'고 하였으며 또 송충인이 말하기를 '이 다음에도 할 일이 있으면 너는 꼭 돌아와야 한다.'라고 하였습니다. 그래서 곧 들여보내어 다시 유도하여 그 내막을 알아내 가지고 급보를 올릴 작정입니다. 대체로 우리나라에서 하는 일은 이렇게 질질 끌기 때문에 결코 성사될 수가 없으니 그저 혼자서 답답해 할 뿐입니다. 송충인이 돌아올 무렵에 임박하여 평경직(平景直)이 말하기를 '풍신정성(豐臣正成)은 관백과 친한 사람인데 병사(김응서)는 범 가죽과 표범 가죽과 매를 선물하여 그 사람에게 신임을 얻어서 청정과 행장 간의 문제를 도모해 볼 수 없겠는가?'라고 하였다고 합니다."

⑥ 1597년 1월 27일: '이순신 제거'를 결정한 어전회의

선조: 적선이 비록 200척이라고 하나 이는 매우 많은 것이다.

유성룡: 16개 부대가 거의 다 나온 모양입니다. 행장의 군사들이 두치(豆恥, 전남 광양군) 쪽 길로 가서 정탐한 것을 보면 전라도를 엿보는 것 같습니다. (중략)

윤두수: 이순신은 조정의 명령을 받아들이지 않고 싸움에 나가기 싫어서 한산도로 물러가 지키고 있는 바람에 큰 계책이 실현될 수 없었던 것이니 이에 대하여 신하들로서 어느 누가 통분해 하지 않을 수 있겠습니까.

정탁: 이순신은 과연 죄가 있습니다.

선조: 순신은 어떤 자인지 모르겠다. 계미년(1583년) 이후로 사람들은 모두 그가 간사하다고들 말하고 있다.(계미년 이후라는 것은 이순신이 녹둔도 둔전관으로 있을 때 여진족을 물리치고도 북병사 이일의 모함으로 벌을 당한 일을 말한다. 임금의 마음이 떠난 것을 알고서는 여러 신하들이 앞다투어 이순신을 두고 '원래 간사한 인물이다.', '비

겁하다.' 등의 말로 비방하고 있었음을 알 수 있다. 세상인심이라는 것이 원래 그런 것인가?)

이번에 비변사에서는 여러 장수들이 그의 명령을 듣지 않고 고을 수령들도 그의 명령을 듣지 않는다고 말했는데 그것은 다름 아니라 비변사에서 그를 두둔하기 때문이다. 명나라 관리들이 조정을 기만하고 못하는 짓이 없는데 이런 못된 버릇을 우리나라 사람들이 모두 본받고 있는 것이다. 순신은 부산의 왜적 진영을 불태운 사건에 대해 조정에 거짓 보고를 하였다. 영의정도 여기 있지만 이런 일은 반드시 없어야 할 것이다.(영의정 유성룡이 이순신을 두둔하는 발언을 못하도록 미리 오금을 박고 있다.)

이제는 설사 그가 제 손으로 가등청정의 머리를 가지고 오더라도 결단코 그의 죄는 용서받지 못할 것이다.(드디어 임금은 한산수국의 우두머리 이순신을 처벌하고 자리를 빼앗아 버릴 명분을 잡고 이를 공공연히 천명한다.)

유성룡: 이순신은 신과 같은 마을 사람입니다. 신은 젊었을 때부터 알고 있는데 그는 자기 직책을 잘 감당해 낼 수 있는 사람이라고 여기고 있었습니다. 그는 평소부터 꼭 대장이 되고 싶어 했습니다.(임금이 이순신을 죄주겠다고 언명하는 상황에서 이순신을 천거한 유성룡은 쓸 만한 장수라며 애써 변호하고 있다. 그러나 임금의 결심을 꺾을 정도로 분명하게 의사를 밝히지는 못한다.)

선조: 그가 글은 아는가?(이순신이 충효사상이라는 유교의 가르침을 익힌 교양을 갖춘 무인인지, 무식한 무장인지 묻는 질문이다. 이순신을 머리에 든 것 없이 제 고집만 피우는 무식한 장수로 짐작하는 임금의 편견이 묻어나는 대목이다.)

유성룡: 그는 강직하여 남에게 굽힐 줄 모릅니다. 그래서 신이 그를 수사로 추천하였고 임진년의 공로로 정헌대부까지 주었는데 너무 지나치게 되었습니다. 대체로 장수들이란 바라던 대로 되어 마음이 흡족해지면 반드시 교만해지고 나태해지는 법입니다.(임금이 펄펄뛰니 유성룡조차 일단은 이순신을 비판하는 모습을 취한다. 그래야 나중에 두둔할 수 있는 명분이 있기 때문이다.)

선조: 이순신을 너그럽게 용서해 줄 수 없다. 일개 무장(武將)인 주제에 어찌 감히 조정을 업신여길 생각을 한단 말인가. 우의정(도체찰사 이원익)이 내려가면서 말하기를 평상시에는 원균을 장수로 임명할 수 없지만 적과 싸울 때에는 써야 한다고 하였다.(드디어 임금이 이순신을 버리고 원균을 대신하겠다는 속내를 공개적으로 밝힌다.)

김응남: 수군으로는 원균만한 사람이 없으니 이제 버려서는 안 되겠습니다.(좌의정 김응남은 임금이 의중을 밝히자마자 맞장구를 치며 원균을 두둔한다.)

유성룡: 원균은 나라를 위한 정성이 적지 않습니다. 상당산성을 쌓을 적에 원균은 흙집을 짓고 그 안에 들어가 살면서 직접 성 쌓는 일을 감독하였다고 합니다.(유성룡도 원균에 대해 일단은 좋은 말을 한다. 회의장 분위기를 알 만하다.)

선조: 그를 수군의 선봉으로 삼으려 한다.

김응남: 지당하신 말씀입니다.

이산해: 임진년 해전 때 원균과 이순신은 장계를 천천히 올리기로 서로 약속해 놓고는 이순신이 밤중에 몰래 혼자서 장계를 올려 자기 공로하고 하였습니다. 이 때문에 원균은 이순신에게 원망을

품게 되었다고 합니다.

윤두수: 이순신을 전라, 충청 통제사로 임명하고 원균은 경상도 통제사로 임명하면 어떻겠습니까?

선조: 원균이 만일 적의 소굴로 곧바로 쳐들어간다면 누가 그를 막아 내겠느냐.(선조가 원균을 얼마나 과대평가했는지 잘 드러난다. 선조의 판단력이 한심스럽다.)

김응남: 어사를 보내서 자세히 조사해 보도록 하는 것이 어떻겠습니까?

선조: 문관을 특별히 어사로 정해 그간의 사정을 조사하게 하면 될 것이다.

윤두수, 김응남: 이순신은 조용한 것 같지만 거짓이 많고 앞으로 나서지 않는 사람입니다.(임금이 이순신을 버렸다고 판단되자, 충성스러운 무장을 마음대로 씹어댄다. 바로 이런 관리가 나라를 위태롭게 만드는 법이다.)

선조: (이덕형에게) 원균 문제를 급히 처리하도록 하라.

-『선조실록』, 정유년(1597) 1월 27일자

이상의 6가지 에피소드를 통해 조정에서 이순신을 통제사에서 쫓아내게 된 저간의 경위를 살펴보았다. 이제 조정의 결정이 왜 잘못된 것인지를 따져 볼 차례이다.

경상우병사 김응서가 올린 1597년 1월 19일자 장계를 보자. 김응서는 1월 11일에 고니시의 부하 요시라와 만나 '가등청정(가토)이 현재 대마도에 있는데, 곧 부산 앞바다에 도착할 것이니 조선 수군을 보내 요격하라'는 이른바 '정보'를 입수하여 곧바로(11일 당일) 조정에 올렸을 것이다. 그런데 그 정보가 한양 조정에 도착한 것은 8일이 지난 19일이다. 19일이면 가토가 상륙(13일)한 지 엿새나 지난 시점이다. 조정에서는 훌륭한 대책으로 생각했더라도 가토는 이미 부산에서 활동 중인 상황이었다. 그러므로 이 정보는 뒤늦게 보고되었기에 전혀 가치가 없다. 1월 21일에 당도한 이원익의 ②장계(가토의 13일 상륙 보고)가 이런 사실을 곧바로 증명해 주고 있다. 물론 김응서가 1597년 1월 19일 조정에 올린 ①보고는 이순신에게도 같은 정보를 동시에 전달했을 가능성은 있다. 그랬다고 하더라도 당시의 통신 능력을 감안할 때 이순신은 최고로 빨라야 12일쯤 정보를 건네받았을 것이고, 설령 완벽한 출동 태세를 갖추고 있다가 곧바로 부산 앞바다로 출격하였다 해도 하루 이상 걸리므로 가토 함대의 상륙(13일)을 저지하기에는 시간적으로 불가능하다. 결론적으로 김응서의 1597년 1월 19일자 장계는 이순신에게 아무런 의미가 없는 정보였고 조정도 그런 사실을 1월 21일 이원익의 ②장계를 통해 곧바로 알게 되었다.

그런데 1월 19일 김응서 장계의 '가토 상륙 정보'는 무의미했지만 이순신은 '죄'를 면할 수가 없었다. 앞서 언급했지만 임금은 병신년(1596) 12월 5일자 전교를 통해, 이순신에게 '정탐꾼을 파견하여 살피게 하고 왜인에게 후한 뇌물을 주어 가토가 나오는 기일을 말하게 하여 바다를 건너오는 날 해상에서 요격하라.'는 폭넓은 임무를 부여했기 때문이다. 이순신은 고니시와 무관하게 '스스로 가토 상륙 정보를 알아내 바다에서 격파할 의무'가 있었다는 말이다.

그런데 당시 이순신은 왕이나 조정의 바람과는 달리 부산 앞바다로 출동할 수가 없는 상황이었다. 임진년과는 사정이 달라져 있었기 때문이다. 임진년에 이순신은 부산포까지 출격하여 왜적의 배를 박살낼 수 있었지만 그때는 부산으로 가는 육지 길목에 일본군 진지가 구축되기 전이었다. 그래서 조선 수군이 바닷길로 항해해도 육지로부터의 배후 공격을 받을 위험성이 없었다. 그러나 일본군이 바닷가에 단단한 왜성으로 기지를 구축한 뒤로는 해변의 상황이 판이하게 달라졌다. 조선 수군이 장악하고 있던 지역은 견내량 서쪽의 육지와 바다였을 뿐 견내량을 벗어난 동쪽은 온통 일본군이 눌러 붙어 있었다. 특히 안골포쪽 육지는 물론이고 거제도와 가덕도 같은 섬도 모두 일본군의 두터운 기지로 바뀌어 있었다.

당시 수군은 현대의 해군과 달리 육지를 잃으면 조금도 항해할 수 없는 구조였다. 무엇보다도 식수를 육지에서 확보해야 하고, 파도가 일거나 바람이 거셀 경우, 그리고 야간에는 육지의 오목한 내만에 정박해야 하였다. 닻도 내리기 힘든 한바다에서 파도를 맞거나 밤을 보낸다는 것은 자살행위나 다름없었다. 견내량에서 부산은 순풍이 불 경우 하루 밤낮을 항해하면 도달할 수 있는 거리지만 육지가 적군에게 점령당한 상황에서는 전 함대를 적의 포위망 한가운데로 몰아넣는 셈이었다. 함포를 운용하기 힘든 야간에는 언제든지 기습을 받아 괴멸될 위험성이 있었고(실제로 칠천량해전의 패배는 적의 야간 기습에 무너진 것이다.) 식수 부족과 풍파의 위험 속에 육지에서 멀리 떨어진 대양(大洋)에서 함대를 기동하기는 사실상 불가능한 상황이었다.

왕의 명령이 아무리 추상같다고 하더라도 거제도와 안골포쪽 일본 육군을 걷어 내지 않는 한, 부산 앞바다로 출동할 방책은 없었다. 이때쯤 이순신은 임진년 초, 일본군을 막기 위해서는 부산 앞바다에서의 해상전이 최선이라고 강조했던 자신의 주장을 적잖이 후회했을 것이다.

"지난날 부산과 동래 연해안 여러 장수들로서 전함을 잘 정비하여 바다에 가득 진을 치고 습격할 위세를 보이면서 정세를 보아 힘에 알맞게 병법대로 진퇴하여 육로로 기어오르지 못하게 했더라면, 나라를 욕되게 한 환란이 이렇게까지는 되지 않았을 것입니다."

―장계, 임진년(1592), 4월 30일자

과거의 주장이 현재의 발목을 잡는 경우이다. 임진년과는 상황이 크게 달라졌다지만 '수군의 부산 출격론'을 처음으로 주창한 인물이라는 점에서 정유년 초의 출동 기피는 명분상 설득력이 약하였다. 그러나 현실에 충실한 이순신은 조정의 출동 명령을 거부함으로써 자신이 죽고 조선 수군을 살리는 쪽으로 방향을 잡았다.

이런 상황에서 '수군 사정을 이순신 못지않게 잘 안다'는 원균이 1597년 1월 22일의 ③장계를 통해 부산 앞바다 출격의 당위성을 강조하고 고니시의 조롱이 경상우병사 김응서의 1월 23일 ⑤장계를 통해 전해지자 조정의 분위기가 바뀌면서 이순신은 이제 설 자리가 없게 되었다.(부산 진격론을 내세우며 이순신을 몰아붙였던 원균도 막상 자신이 통제사가 된 뒤에는 안골포의 일본 육군을 먼저 몰아내야 한다며 출동을 거부한다. 그러나 이 장계가 스스로를 옭죄는 그물이 되어 결국은 죽음의 칠천량해전을 맞지 않을 수 없었다. 이는 뒤에서 다룬다.)

이순신이 출동을 거부한 것으로 조정의 여론이 정해지자 임금은 기다렸다는 듯이 이순신 제거작전(1월 23일 ④회의, 1월 27일 ⑥회의)에 들어갔다.

선조에게는 '원균'이라는 대안이 있었다. 이순신보다 더 용맹하고 전투력이 뛰어난 데다, 조정에 대한 충성도 면에서도 더 낫다고 임금은 판단하였다. 물론 착각이었지만 말이다.

체포당하는 이순신, 한산수국의 몰락

가토의 재상륙으로 이순신을 제거할 수 있는 명분을 확보한 왕은 주도면밀하게 체포 작전을 펼친다. 그러나 이순신이 순순히 금부도사의 오랏줄을 받고 죄수용 함거에 오름으로써 체포는 싱겁게 이루어졌다. 이때의 이순신은 유교의 충효관에 충실한 선비형 장수에 머무르고 있었다. 한마디로 조정의 체포령에 저항할 인물은 되지 못하였다.

① 1597년 1월 28일: 원균에게 비밀 서신을 보내는 선조

임금이 비망기(備忘記)로써 유영순(柳永詢, 승지)에게 전하였다. "우리나라에서 믿는 바라고는 오직 수군뿐인데 통제사 이순신은 나라의 중대한 임무를 맡고서도 멋대로 속이고, 또 적을 내버려 둔 채 토벌하지 아니하여 적장 청정으로 하여금 안심하고 바다를 건너올 수 있도록 하였다. 나중에 마땅히 붙잡다가 국문하고 용서하지 말아야겠지만 당장에는 적과 더불어 진을 마주하고 있기 때문에 우선 공로를 세우도록 하였다. 나는 본래부터 경(원균)의 충성과 용맹을 알고 있기에 이제 경을 경상우도 수군절도사 겸 경상도 통제사로 임명하는 것이니 경은 나라를 위해 한층 더 분발하여 힘쓰고 우선은 이순신과 합심하여 지난날의 감정을 모두 풀어버리도록 하라. 그리고 왜적들을 모조리 무찔러 나라를 구함으로써 이름을 역사에 남기고 공훈을 종묘제기에 기록하여 영원히 남기도록 할지어다. 경은 삼가 받들도록 하라."(원균은 임금의 비망기를 받는 순간 이순신에게 밀렸던 과거 5년의 설움을 일거에 회복하였다고 여기며 흥분하고 감격했을 것이다. 그러면서 임금에게 맹종을 다짐했을 터이니 선조의 용인술이 제법이다.)

② 1597년 2월 4일: 사헌부의 이순신 탄핵

사헌부에서 아뢰었다. "통제사 이순신은 나라의 막대한 은혜를 입어 순서를 뛰어넘어 한껏 높은 자리에 올랐음에도 불구하고 힘을 다하여 은혜에 보답할 생각은 하지 않고 있습니다. 바다 가운데서 군사를 끼고 앉아 이미 다섯 해나 지내고 보니 군사들은 늘어 약해지고 일은 망쳐지고 있습니다. 방비할 여러 가지 일에 대해서는 전혀 손 한번 대지 않고 그저 남의 공로나 가로채려고 기만하는 장계를 올렸습니다. 그리하여 결국 적의 배들이 바다를 덮으면서 밀려오는 데도 오히려 길목을 지켰다거나 적의 선봉을 막아냈다는 말은 듣지 못했습니다. 뒤에 떠난 배들이 곧바로 나와서 제멋대로 돌아다니도록 내버려 둔 채 아무런 손도 쓰지 않았습니다. 적들을 내버려 둔 채 치지 않고 나라와 은혜를 저버린 죄가 큽니다. 붙잡아다 신문하고 법대로 죄를 주기를 바랍니다." (임금은) "천천히 처리하도록 하라."고 말하였다.(사헌부를 부추겨 이순신을 탄핵하게 한 임금이 겉으로는 '천천히 처리하도록 하라.'며 짐짓 언론을 말리는 척한다. 그리고는 불과 이틀 뒤에 이순신을 체포하라고 밀명을 내린다. 이 대목에서 이순신이 상대해야 했던 선조 임금이 얼마나 고단수이고 음흉한 인물인지 알 수 있다.)

③ 1597년 2월 6일: 임금의 이순신 체포 명령

김홍미(金弘微, 우부승지)에게 (임금이) 전교하였다. "이순신을 잡아올 때 선전관에게 표신(標信)과 밀부(密符)를 주어서 잡아오되 원균과 교대한 뒤에 잡아오라고 일러 보내도록 하라. 또 이순신이 만일 군사들을 거느리고 적과 대적하여 싸우고 있는 중이면 잡아오기에 힘들 것이니 전투가 끝난 틈을 타서 잡아올 것도 말해 보내도록 하라."(이순신을 체포하는 과정에서 조금도 절차에 어긋나지 않도록 할 것을 임금은 거듭 주문하고 있다. 이순신과 휘하 장수들이 조정의 체포령에 저항할 가능성을 우려하는 대목이다. 원균과 교대한 뒤에 이순신을 잡아오라는 말은 임금이 누구를 믿고, 누구를 불신하는지를 잘 보여 준다.)

④ 1597년 2월 7일: 원균을 삼도수군통제사로 임명

비망기로 김홍미(金弘微, 우부승지)에게 지시하였다. 이런 때에는 만약 그가 힘써 싸우는 장수라면 설사 잘못한 일이 있더라도 그리 대단한 일이 아니라면 심하게 추궁할 것 없이 그대로 써야 할 것이다. 수군은 지금 적과 맞붙어 싸우고 있기 때문에 그 형세가 매우 긴박하다. 그러나 통제사는 부득불 (원균으로)경질할 수밖에 없었다. 경상우수사를 교체시키는 문제와 관련하여 나주목사 권준과 경상우수사 배흥립이 서로 규탄하면서 다투고 있으므로 이들로서는 아마도 일을 그르칠 것 같다. 수사로 합당한 사람을 빨리 의논하여 건의하도록 하라. 지나간 일은 그렇다 치고 지금은 전적으로 수군에 힘을 불어넣어야 한다. 지금 조치를 취하더라도 제때 쓸 수 있을 것이다. 경상좌도의 수군은 몹시 약하므로 위쪽

지대의 바닷가 여러 고을들에서 전선을 만들던 격군들을 다시 뽑아서 보충해 넣도록 하라. 황해도에서도 솜씨 있는 사람들을 시켜서 판옥선과 거북선 같은 배들을 많이 만들도록 조치를 빨리 취할 문제를 의논하여 보고하도록 하라.

⑤ 1597년 2월 26일: 이순신 체포와 한산수국의 몰락

이순신은 정유년 2월 26일 한산도에서 체포되어 금부도사가 지휘하는 죄수용 함거에 실려 서울로 향한다. 왕이 체포 명령을 내린 지 꼭 20일 만이다.

2월 26일 한산도에서 체포된 이순신은 서울로 압송되어 3월 4일 옥에 갇힌다.(당시 함거의 속도를 감안할 때 한산도에서 서울까지 8일은 지나치게 짧다. 거의 말이 달리는 속도로 이동했거나, 아니면 배를 타고 해상을 통해 상경했을 가능성이 많다.)

한산도에서 서울까지 불과 8일 만에 도착하고 있으니 얼마나 빠른 속도로 함거를 몰았는지 알 수 있다. 밤낮 없이 이동했음을 알 수 있다. 이순신을 하루빨리 처형하고 싶었던 왕의 조바심이 읽혀진다. 이순신이 통제사에서 밀려나고 체포되는 순간, 3년 6개월 동안 지속해 온 한산수국은 자립능력을 잃고 사실상 몰락한 셈이다.

백의종군하며 재기를 준비하다

정유년 3월은 이순신의 일생에서 최악의 시기였다. 옥에 갇힌 상태에서 조정의 명령을 따르지 않은 데 대한 강도 높은 신문을 받았다.

임금은 이순신의 입으로 '조정의 명을 가볍게 여겨 어겼노라.'는 자백을 받아낸 뒤 죽일 심산이었다. 조정이 군사 지휘능력을 사실상 상실한 상태에서 3년 반 동안 해변에서 독자세력을 형성해 온 이순신을 죽여야만 중앙정부의 권위가 선다고 임금은 믿고 있었다. 형틀에 묶인 이순신에게 왕이 내리는 매는 강하고도 아팠을 것이다. 임금의 명령을 어기고 조정을 능멸한 죄는 사형 외에 다른 판결이 없던 시절이다. 이순신은 그의 실토여부에 관계없이 사형에 처해질 처지였다. 이순신이 한 차례 국문을 받은 뒤인 3월 13일 왕은 이순신을 죽이기 위한 마지막 절차에 착수한다. 측근에게 비망기를 전하면서 대신들에게 이순신을 고문하여 조사하는 것이 어떨지를 의논(대신들이 앞장서서 이순신에 대한 고문을 주장하게 했다는 말이다.)하라고 지시하였다.

> "(임금이) 비망기로 우부승지 김홍미에게 전교하였다. '이순신이 조정을 속이고 임금을 무시한 죄나, 적을 놓아주고 치지 않음으로써 나라를 저버린 죄나, 심지어 남의 공로를 가로채고 또 남을 죄에 몰아넣은 죄나 이것들은 모두 제멋대로 거리낌 없이 행동한 죄이다. 이렇게 수많은 죄상이 있는 만큼 법으로 보아서 용서할 수 없으니 법 조문에 따라 죽여야 마땅할 것이다. 신하로서 임금을 속인 자는 반드시 죽이고 용서하지 말아야 한다. 이제 끝까지 고문하여 그 내막을 밝혀낸 후 어떻게 처리할 것인지 대신들에게 물어보도록 하라.'고 하였다."
>
> -『선조실록』, 정유년(1597) 3월 13일자

이순신이 체포되자 그를 지지하는 사람들은 구명을 위해 많은 애를 썼다. 이순신을 천거한 유성룡도 이에 앞장서고 싶었지만 임금이 매우 격앙된 상태였으므로 유성룡이 나선다면 역효과만 낼 것이 분명하였다. 제3자가 총대를 메고 나서야 했지만 섣불리 구하려 들다가는 구명하던 사람이 다칠 위험이 다분하였다. 구명작업은 조심스럽게 이루어질 수밖에 없었다. 우의정 정탁(鄭琢)이 무거운 짐을 자청하였다. 이순신의 가족들은 4개월분의 『난중일기』와 장계의 초안을 유성룡에게 건네주어 무죄를 밝히려고 노력했는데, 유성룡은 이순신의 '뒷배'로 알려진 자신보다는 중립적인 인물인 정탁을 적임자로 여겨 관련 자료를 모두 넘겼다.

『난중일기』를 읽어 본 뒤 이순신의 인물됨에 감동한 정탁은 '신구차(伸救箚)'로 잘 알려진 구명상소문을 올린다. 왕의 잘못을 직접적으로 공격하는 것이 아니라 왕의 체면을 최대한 살려 주면서 전란 시기에 장수의 가치를 언급하며 이순신의 구명을 촉구하는 노련함이 배어 있는 명문이다. 다만, 이순신과 원균을 비교하면서 원균의 용기가 더 뛰어나다고 평가해 객관성을 잃고 있는 셈이지만, 임금이 원균에게 크게 기울어져 있던 시절임을 감안한다면 이 역시 임금을 자극하

정탁의 초상화   정탁의 신구차 상소문

지 않으려는 세심한 배려로 이해된다. 길지만 모두 인용해 본다.

"우의정 정탁은 엎드려 아뢰나이다. 이모(李某, 이순신)는 그 몸이 큰 죄를 지어 죄명조차 엄중하건만 전하께서는 즉각 극형에 처하지 않으시고 너그러이 문초하시다가 후에야 엄격히 추궁하도록 허락하시니 이는 다만, 옥사를 다스리는 체모와 순서만으로 그리시는 것이 아니라 실은 전하께서 인(仁)을 행하시려는 일념으로 기어이 그 진상을 밝혀냄으로써 혹시나 살릴 수 있는 길을 찾아보시려고 그렇게 하신 줄 아옵니다. 살리기를 좋아하시는 전하의 큰 덕이 죄를 범하여 죽을 자리에 놓여 있는 자에게까지 미치고 있사오니 이에 신은 감격함을 이길 길이 없사옵니다.(임금의 덕을 칭송함으로써 이순신을 죽여서는 안 된다는 뜻을 넌지시 표현한다. 노련하다.)

신이 일찍 위관(委官, 심문관)에 임명되어 죄수를 문초해 본 적이 한두 번이 아닌데 대개 보면 죄인들이 한 번 심문을 거치고는 그대로 상하여 쓰러지는 자가 많아서 설령 거기서 좀 더 밝혀내야 할 만한 사정이 있더라도 이미 목숨이 끊어진 뒤여서 어찌할 길이 없었으므로 신은 일찍이 이를 안타깝게 생각해 왔습니다. 이제 이모(李某)가 이미 한 차례 형벌을 겪었는데 만일 또다시 형벌을 가한다면 무서운 문초로 인하여 목숨을 보전하지 못하여 혹시 전하의 살리기를 좋아하시는 본의를 상하게 하지나 않을까 적정하는 바이옵니다.(임금은 이순신을 죽이려 들었지만 체면을 세워 주기 위해 이런 수사법을 쓴 것이다.)

저 임진년에 왜적의 배들이 바다를 덮고 적의 세력이 하늘을 찌르던 그 날 국토를 지키던 신하들로서 성을 버린 자가 많았고 국방을 맡은 장수들로서 군사를 그대로 보전한 자가 적었으며, 또한 조정의 명령조차 거의 사방에 미치지 못할 적에 이순신이 일어나 수군을 거느리고 저 원균과 더불어 적의 칼날을 꺾음으로서 국내 민심이 겨우 얼마쯤 생기를 얻게 되었고, 의사(義士)들은 다시 기운을 떨쳐 일어났으며 적에게 붙었던 자들도 마음을 돌렸으니 그의 공로야말로 참으로 컸사옵니다. 그리하여 조정에서도 이를 가상하게 여기고 높은 품계를 더하여 주며 통제사의 이름까지 내렸던 것이 실로 당연하지 않음이 없었사옵니다.

그런데 군사를 이끌고 나가 적을 무찌르던 첫 무렵에 있어서 뛰쳐나가 앞장서는 용기로는 원균에게 미치지 못하였으므로 사람들이 더러 의심을 품기도 하였던 바 그것은 그렇다고도 하겠으나 원균이 거느린 배들은 마침 조정의 지휘를 그릇 받들어 많이 침몰시켜 버렸기 때문에 만일 이모의 온전한 군사가 없었더라면 장한 진세를 만들어 공로를 세울 길이 없었을 것입니다.(객관적인 사실이 그렇다는 것이 아니라, 원균을 이순신보다 높이 평가하고 있는 임금의 심기를 감안한 표현이다.)

이모는 대장인지라 나갈 만함을 보고야 나갔으므로 시기를 잃지 않았으며 그리하여 군사를 벌려 이름을 크게 떨쳤던 것입니다. 전쟁에 임하여 피하지 않는 용기로 말하면 원균이 더 뛰어나다고 하겠지만 끝내 적세를 꺾어버린 공로로 말씀드리자면 이모 역시 원균에게 양보할 점이 많지 않습니다.(이 역시 원균을 총애하는 임금의 심경을 헤아린 표현으로 이해해야 한다.)

다만, 그때에 원균에게도 그만큼 큰 공로가 없지 않았는데 조정의 은전이 온통 이모에게만 내려지고 원균에게는 도리어 부족하게 되어 그 점을 지금껏 청원하고 있는 바 그것은 과연 애석한 일이라 하겠습니다.(원균을 한껏 추켜세움으로써 임금의 마음을 흡족하게 풀어 준다.)

그러나 원균은 수군 거느리는 재주가 뛰어나고 천성이 충실하며 일에 임하여 피하지 않고 마구 무찌르기를 잘하는 만큼 두 장군이 마음과 힘을 합치기만 하면 적을 물리치기에 어렵지 않을 것이라고 여겨서 신이 매번 어전에서 이 말씀을 아뢰었던 것입니다.

그러나 조정에서는 두 장군이 서로 맞지 않기 때문에 원균을 다시 쓰지 않고 다만, 이모만 남겨 두어 수군의 일을 주관하게 했던 것인데 그는 과연 적을 방어하는 일에 뛰어나서 부하 용사들이 모두가 기꺼이 쓰였으므로 군사를 잃지 않았고, 그 당당한 진세가 전일과 같았는 바 왜적들이 우리 수군을 겁내는 까닭도 혹시 거기에 있지 않을까 합니다.(정탁은 '혹시'라는 극도의 절제된 표현으로 이순신의 공로를 우회적으로 언급하고 있다. 임금의 격앙된 감정을 헤아린 노련한 문장력을 거듭 실감케 해 준다.)

그가 변방을 진압함에 있어서 공로 있음이 대강 이와 같사옵니다. 또는 이모가 한번 공로를 세운 후에는 다시는 내세울 만한 공로가 별로 없다고 하면서 그를 대단치 않게 여기는 사람들도 있으나 신은 그렇게 생각하지 않습니다. 지난 4~5년 동안 명나라 장수들은 화친을 주장하고 또 일본을 신하의 나라로 봉하려는 일까지 있어서 우리나라의 모든 장수들은 그 틈에서 어떻게 할 길이 없었으므로 이모가 다시 더 힘을 쓰지 못하게 된 것도 사실은 그의 죄가 아니었습니다.(임진년 이후에는 이순신이 몸을 사려왔다고 깎아내리는 자들의 주장이 설득력이 없음을 정확하게 지적하고 있다.)

요즘 왜적들이 또다시 쳐들어왔는데 이모가 미처 손을 쓰지 못한 것도 거기에는 필시 무슨 그럴 만한 사정이 있을 것입니다. 대개 변방의 장수들이 한번 움직이려고 하면 반드시 조정의 명령을 기다려야 되고, 장군 스스로는 제 마음대로 못하는데 왜적들이 바다를 건너오기 전에 조정에서 비밀히 내린 분부가 그때 곧바로 전해졌는지도 모를 일이며 또 바다의 바람 사정이 좋았는지 어떠했는지, 그리고 뱃길도 편했는지 어떠했는지 또한 알 수 없는 일이옵니다.

그리고 수군의 각자 담당에 어쩔 수 없는 사정이 있다는 것은 이미 도체찰사(이원익)의 장계에서도 밝혀진 바이거니와 군사들이 힘을 쓰지 못했던 것도 사정이 또한 그러했던 것인 만큼 모든 책임을 단지 이모에게만 돌릴 수는 없사옵니다.

지난날의 장계 중에 진술된 일들 중에 허망하다거나 괴상하다는 것(부산 방화사건)들은 아마도 이모가 아랫사람들이 과장하는 말을 얻어들은 것일 수도 있는바, 그 말들을 잘 살피지 못한 잘못은 있을 수 있습니다. 그렇지 않고 이모가 정신병자가 아닌 이상 감히 일부러 그렇게 했으리라고는 신은 도저히 생각할 수가 없사옵니다. 만약 난리가 일어나던 첫 무렵의 공로를 적어 올린 장계가 낱낱이 사실대로 쓴 것이 아니고 남(원균)의 공로를 탐내어 자기 공로로 만들어 속인 것이기 때문에 그것을 이유로 죄를 다스린다고 한다면 이모인들 또한 무슨 변명할 말이 있겠습니까?(원균의 인척인 윤두수, 윤근수 형제 등이 이렇게 주장했고, 임금도 공감하고 있었기 때문에 정탁은 '이순신이 남의 공로를 자기 것으로 만들었다.'는 언급을 하고 있다.)

그러나 세상에 완전무결한 사람을 제외하고는 저와 남이 상대할 적에 남보다 높고자 하는 마음을 품지 않는 자 적고 어름어름하는 동안에 잘못되는 일이 많으므로 윗사람이 그 저지른 일의 크고 작음을 자세히 살펴서 경중을 따라 처리할 수밖에 없는 것입니다.

대개 장수된 자는 군사와 백성들의 운명을 맡은 사람이며 국가의 안위와 관계되는 사람입니다. 그들의 소중함이 이와 같으므로 옛날부터 제왕들이 국방의 책임을 맡기고 은전과 신의를 특별히 보여 주어 큰 무엇이 있지 않으면 간곡히 보호하고 안전하게 하여 그 임무를 다하게 하였으므로 그 큰 뜻이 여기에 있사옵니다. 무릇 인재란 나라의 보배이므로 비록 저 통역관이나 주판질하는 사람에 이르기까지 재주와 기술만 있으면 모두 다 마땅히 사랑하고 아껴야 하거늘 하물며 장수의 재질을 가진 자로서 적을 막아내는 데 가장 관계가 깊은 사람을 오직 법률에만 맡기고 조금도 용서함이 없을 수 있겠습니까?

이모는 참으로 장수의 재질이 있사옵고 바다싸움과 육지싸움에 못하는 일이 없사온데 이러한 인물은 과연 쉽게 얻지 못할 뿐만 아니라 변방 백성들의 촉망을 받고 있고 또한 적들이 무서워하고 있는 자이온데 그럼에도 불구하고 만일 죄명이 엄중하여 조금도 용서할 도리가 없다고 하고, 공로와 죄를 서로 비겨볼 만한 점이 있는지도 묻지 않고, 또 능력이 있고 없음도 생각지 않고, 그 위에다 사리를 살펴보지도 않고 끝내 큰 벌을 내리는 데까지 이르게 한다면 공이 있는 자도 스스로 더 내켜서 하려고 하지 않을 것이고 능력이 있는 자도 스스로 더 애쓰려 하지 않을 것입니다.

그러므로 비록 감정을 품고 있는 원균과 같은 사람까지도 또한 편안할 수 없을 것이며 안팎 인심이 이 때문에 해이해질 것인바, 그것이 실로 걱정스럽고 위태한 일이며 공연히 적들을 이롭게 해 주어 기뻐하게 만드는 일만 될 것이옵니다. 일개 이모의 죽음이야 정말로 아깝지 않으나 국가에 대해서는 관계됨이 가볍지 않은 만큼 어찌 걱정할 만한 중대사가 아니겠나이까.

그러므로 옛날에도 장수는 갈지 아니하고 마침내 큰 공을 거두게 하였던 것인바 진나라 목공(穆公)이 맹명(盟明)에게 한 일과 같은 것이 한둘이 아니거니와 신은 구태여 먼 옛날의 사실을 인용하고자 아니하고 다만, 전하께서 하신 가까운 사실로써 말하고자 하옵니다.

박명현(朴名賢) 또한 한때의 명장이었는데 일찍 국법에 저촉되었으나 조정에서 특별히 그 죄를 용서해 주었더니 얼마 안 되어 충청도에 사변이 생겨 기축년(1589) 때보다 더한 바 있었을 때 명현이 나서서 일거에 평정시켜 나라에 공로를 세운 것이야말로 허물을 용서하고 일할 수 있게 한 보람이 나타난 것이옵니다. 이제 이모는 사형을 당할 만한 중죄를 범했으므로 죄명조차 극히 엄중함은 진실로 전하의 말씀과 같사오나 이모도 또한 공론이 지극히 엄중하고 형벌 또한 무거워 생명을 보전할 가망이 없다는 것을 알 것이옵니다.

비옵건대 은혜로운 명령을 내리셔서 문초를 덜어 주시고 그로 하여금 공로를 세워 스스로 보람 있게 하신다면 전하의 은혜를 천지부모와 같이 받들어 목숨을 걸고 갚으려는 마음이 반드시 저

명현만 못하지 않을 것이오니 전하 앞에서 나라를 다시 일으켜 공신각에 초상이 걸릴 만한 일을 하는 신하들이 어찌 오늘의 죄수 가운데서 일어나지 않을 것이라 하오리까. 그러하오나 전하께서 장수를 거느리고 인재를 쓰는 길과 공로와 재능을 헤아려 보는 법제와 허물을 고쳐 스스로 새로워지는 길을 열어 주심이 일거에 이루어진다면 전하의 난리 평정하는 정치에 도움됨이 어찌 적다고 하오리까."

정탁의 신구차는 이순신을 죽음의 구렁텅이에서 건져 준 결정적인 계기가 된 것이 사실이다. 하지만 이순신의 목숨을 구해 준 근본적인 배경은 역설적으로 일본군 때문이었다. 일본군이 다시 조선의 땅과 바다를 짓밟아 오는 시점에서 선조도 고민이 컸다. 이순신의 '죄'가 밉고, 죽이고 싶은 마음이 굴뚝같았지만 그의 전쟁 기술은 아깝기 짝이 없었다. 정탁의 신구차는 왕이 결단을 내리지 못하고 오락가락하고 있던 상황에서 이순신을 살려 재활용하자는 쪽으로 결론내리는 명분이 되었다. 왕의 체면을 한껏 세워 준 정탁의 노련한 문장력도 한몫을 하였다. 천하의 이순신을 한양까지 압송해 국문함으로써 조정의 힘을 만방에 과시했으므로 땅에 떨어졌던 왕의 권위를 어느 정도 세웠다는 판단도 이순신을 살리는 배경이 되었다고 판단된다.

정유년 4월 1일 옥문을 나선 이순신은 남으로 내려가 도원수 권율 휘하에서 백의종군한다. 7월 중순 원균의 패전으로 다시 수군통제사에 오르기까지 채 넉 달이 안 된 백의종군의 기간은 이순신에게 심리적으로 의미 있는 시간이 되었을 것이다. 임금과 조정에 충성을 다했음에도 불구하고 역신으로 몰려 사경을 헤매야 했던 아픈 경험을 떠

올리며 다시는 같은 길을 걷지 않겠노라고 다짐하지 않았을까? 설령 이순신 자신은 그리 모질게 결심하지 않았더라도 왕과 조정에선 '이순신은 마음에 불만이 가득할 것'이라고 판단하며 내심 더욱 경계했을 수 있다. 옥에 갇혔다가 풀려나 백의종군한 기간은 길지 않지만 이순신은 안팎으로 이전과는 다른 사람이 되었다고 볼 수 있다.(정유년 옥사 이후 『난중일기』를 보면 매달 초의 망궐례(望闕禮) 기사가 전혀 보이지 않는다. 임금에 대한 충성 맹세 의식을 생략하고 있는 것으로 해석되는데, 이는 이순신의 심리 상태를 짐작할 수 있는 단서가 된다.)

파직과 옥사를 겪는 과정에서 내면을 더욱 단련한 이순신은 불만과 분노의 감정을 철저히 숨긴 채 묵묵히 자신의 일을 수행하면서 재기의 기회를 모색하였다. 국가적으로는 불행이지만 개인적으로는 다행이랄까, 이순신의 좌절은 그리 길지 않았다. 정유년 7월 16일, 칠천량 패전으로 원균은 불귀의 객이 되고 이순신은 곧바로 통제사직을 회복하게 된다.

8장

청해진 옛터에서
수국을 재건하다

정유년(1597) 4월 1일 이순신은 옥문을 나서 백의종군의 길을 걷는다. 그동안 해상 전투의 책임은 신임 통제사 원균에게 달려 있었다. 이순신과 원균은 이미 보완재가 아니라 대체재 관계였으므로 원균이 건재하는 한 이순신의 재기는 쉽지 않았다. 역으로 원균의 몰락이 이순신에게는 기회가 되는 상황이었다. 원균이 새로이 삼도수군통제사가 되면서 그의 시대가 열리는가 싶었지만 오랫동안 지속할 동력이 없었다.

원균의 몰락과 이순신의 재기

원균의 몰락은 그가 삼도수군통제사로 취임하는 순간부터 시작되었다. 수군의 1인자가 되고픈 마음에서 '지키지 못할 공약'을 남발했기 때문이다. 앞서 언급했지만 정유년 1월 22일, 전라도 육군병마절도사 시절에 통제사 이순신을 공격하기 위한 목적에서 올렸던 「수군 부산 진격론」 장계가 두고두고 피할 수 없는 멍에로 작용하였다. 장계를 다시 살펴보자.

"신이 중요한 임무를 위임받아 남번(南藩, 남쪽 울타리)을 지키고 있으면서 노둔하나마 힘을 다하여 만세의 원수를 갚고자 하였습니다. (중략) 신의 어리석은 생각에는 수백 명의 수군으로 (거제 북단의) 영등포 앞으로 나가 몰래 가덕도 뒤에 주둔하면서 경선(輕船)을 가려 뽑아 삼삼오오 짝을 지어 절영도 밖에서 무위를 떨치고 100여 명이나 200명씩 대해(大海)에서 위세를 떨치면 가등청정은 평소 수전이 불리한 것에 겁을 먹고 있었으니 군사를 거두어 돌아갈 것이라 생각됩니다.(원균은 겸손한 표현으로 '어리석은 생각'이라고 말했지만 얼마 지나지 않아 진짜 어리석었음이 드러난다.)
원하건대 조정에서 수군으로써 바다 밖에서 맞아 공격해 적으로 하여금 상륙하지 못하게 한다면 반드시 걱정이 없게 될 것입니다. 이는 신이 쉽게 말하는 것이 아니라 전에 바다를 지키고 있어서 이런 일을 잘 알기 때문에 이제 감히 잠자코 있을 수가 없어 우러러 아룁니다."

－『선조실록』, 정유년(1597) 1월 22일자

이렇게 부산 진격을 부르짖던 '용장'이 통제사가 되었으니 적을 순식간에 쓸어버릴 것으로 임금은 예상했지만 막상 원균의 행보는 이와 거리가 있었다.(이순신 제거를 결정한 '1597년 1월 27일의 어전회의'를 보면 선조는 "원균이 만일 적의 소굴로 곧바로 쳐들어간다면 누가 그를 막아내겠느냐?"라고 말할 정도로 원균의 '돌파력'을 기대하고 있었다.) 원균은 3월 8일 거제도 해상에서 일본군 40여 명을 죽여 제법 위명을 떨치는 듯하였다. 그러나 이들 일본군은 김해에 주둔하던 요시라의 부하(당시 요시라는 조선에서 '첨지' 벼슬을 내릴 정도로 '아군'으로 대하고 있었고, 그의 부하들은 조선군과 전투를 피하고 있었다.)들로서 경상우병사 김응서의 동의를 얻어 거제도에 가서 땔감을 구하던 중이었다.

더욱이 원균은 이들을 자신의 배로 초청해 술을 접대한 뒤 김해로 돌아가도록 하고 뒤따라가 대포를 쏘아 죽였으니 당당한 승리와는 거리가 한참 멀었다. 왕은 원균에게 큰 상을 내려야 한다며 흥분했지만 김응서가 실상을 보고하면서 분위기가 바뀐다. 김응서의 보고는 요시라에게서 받은 항의서한을 그대로 전달하는 내용이었다.

"조선국 첨지중추부사(朝鮮國 僉知中樞府事) 요시라의 부하들이 목재를 베어 올 일로 (거제) 옥포 경내로 가니 (조선 측은) 이를 금하지 말라는 통문(通文, 요시라가 조선군에게 보내는 문서)을 만들어 서명하여 보냈는데 조선 병선은 통문을 무시하고 이들을 유인해 모두 죽였으며, 또 (김해) 죽도(竹島)의 왜 32명을 조선 수군이 선상(船上)으로 초청하여 술을 접대하며 거짓 후대하였으므로 왜인들은 전혀 낌새를 느끼지 못하고 안심하고 배를 타고 돌아올 때 조선의 여러 전선이 불시에 포를 쏘아 죽도의 왜를 다 죽였으니 이것이 무슨 도리인가? 나무를 베러 다니는 한두 척의 왜선을 잡는 것이 승패에 관계되는 것이 아닌데도 조선의 여러 장수들은 공을 탐하여 매양 이런 일을 일으키니 매우 괴이하다."

이때 조선이 믿을 데라고는 수군 밖에 없었다. 왕에서부터 비변사와 도체찰사, 도원수 등 원균의 상관들은 그가 하루빨리 수군을 이끌고 부산 앞바다로 진격하여 일본군의 보급선을 차단함으로써 전의를 꺾어 주기를 바라고 있었다. '겁 많은 이순신'은 부산 출동을 거부했지만 '용맹한 원균'은 분명 부산으로 함대를 이끌고 나갈 것이라고 모두들 믿고 있었다. 원균이 새 통제사가 된 것도 따지고 보면 정유년 1월 22일의 장계를 통해 부산 출격을 '공약'했기 때문이다. 거제도에서 나무하던 요시라의 부하를 '소탕'하는 정도로는 턱없이 부족하였다.

그러나 이순신이 못했던 일을 원균이 할 수 있을 리 없다. 상황이 여의치 못하자 원균은 머리를 썼다. '부산으로 가는 길목의 일본군을 육군이 소탕해 주면 비로소 수군이 출격할 수 있다.'는 논리를 개발한 것이다. 이른바 '수륙병진책'이다. 그러나 원균의 수륙병진 주장은 도원수와 도체찰사, 비변사 등 상관(조직)으로부터 격렬한 반발을 샀다. 원균이 3월 29일에 쓰고 4월 19일 조정에 도착한 수륙병진책 장계야말로 7년전쟁 초반 제법 용맹하다는 평을 얻었던 원균이 어떻게 '추락'했는지를 보여 주는 생생한 사례이다. 어쩌면 원균의 수준과 국량이 이 정도에 불과했는지도 모르겠다. 이 장계를 시작으로 7월 초순까지 수군의 부산 출동을 둘러싼 공방전이 시끄럽게 진행되지만 원균의 수륙병진론은 관철될 수가 없었다. 원균은 결국 부산으로 함대를 몰 수밖에 없었고 패전과 동시에 목숨까지 잃었다. 원균의 몰락과 이순신의 재기 과정을 날짜순으로 알아본다.

① 1597년 4월 19일: 원균의 수륙병진책 첫 장계(3월 29일 발송)

3월 29일 전라좌수사(겸 통제사) 원균이 서장(書狀)을 올렸다. "신이 해진(海陣)에 부임한 이후 가덕, 안골, 죽도, 부산으로 드나드는 적들이 서로 바짝 붙어서 힘을 의지하고 있는데 그 수효는 수만 명에 지나지 않으며 병력은 외로운 것 같고, 형세도 약해 보입니다.(수만 명의 적군을 두고 '병력이 외롭고 형세도 약하다.'고 하고 있으니 지각없는 사람들은 원균이 참으로 용맹하고 자신감 넘치는 맹장이라고 여길 수도 있을 것이다. 하지만 현실이 어디 그렇게 단순한가? 큰소리치기 좋아하는 원균의 성품은 신중한 이순신과 잘 대비된다.)

그 중에서도 안골포와 가덕도 두 곳의 적은 3~4천 명도 되지 못하여 형세가 매우 외롭습니다. 만일 육군이 내몰기만 한다면 수군이 이를 섬멸시키기는 대나무를 쪼개는 것보다 쉬울 것입니다.(원균이 정작 하고 싶은 말은 바로 이 대목이다. 수만 명에 불과한 '약한 적군'이니 바다로 쉽게 내몰 수 있을 것이라며 육군이 공격해 달라고 요구하고 있다. 힘든 과제를 놓고 자기는 노력하지 않으면서 남에게는 매우 쉬운 일이라며 실행을 요구하는 이 같은 유형은 국가나 조직의 단합을 해치는 가장 해로운 무리이다. 이런 인간군상은 현대사회에서도 여러 조직이나 직장 등에서 종종 출현한다.)

그때부터 우리 군사가 장수포 등지로 나가서 진을 치면 뒤 걱정은 조금도 없을 것이고 다대포, 서평포, 부산포에서 날마다 위력을 시위하면 회복책은 거의 이루어질 수 있을 것입니다. 그렇게 하지 않고 서로 대치하고 있으면서 세월만 보낸다면 1년도 못가서 우리 군사가 먼저 지쳐버릴 것입니다. 내년에 더욱 심해지고 내후년에는 더욱더 심해져서 군사가 약해지고 군량이 떨어진 뒤에는 제 아무리 슬기로운 사람이 나타나서 군사를 늘이려고 한들 어찌할 수 없을 것입니다.

어리석은 신의 망령된 생각으로는 우리나라 군사의 수가 헤아릴 수 없이 많지는 않다고 하나 늙은이와 허약한 사람을 제쳐놓고라도 정예 군사 30여만 명은 추려 낼 수 있으리라고 봅니다.(당시 조선에서 정예군사 30만 명을 추려 낼 수 있다고 한 이 대목을 보면 원균의 판단력은 거의 정신이상자나 아동 수준으로 여겨진다. 나라 사정을 전혀 모르는 사람이나 할 수 있는 소리이다. 임금이나 비변사 관리들은 원균의 글을 읽으면서 탄식을 하지 않았을까 싶다.)

그리고 지금은 봄철로써 가뭄이 들어 땅이 굳으니 말을 달리고 군사를 움직일 때는 바로 이때입니다. 반드시 4월이나 5월 사이에 수군과 육군이 크게 일어나 한번 결판을 내야 할 것입니다. 만일 시간을 질질 끌다가 7, 8월에 가서 장마로 땅이 진탕이 되어 기병과 보병도 행동하기 불편해지면 그때에는 땅에서는 싸우지 못할 것 같습니다. 더욱이 가을 추수 이전부터 바람이 점점 강해져서 파도가 하늘에 닿아 배를 움직이기 매우 어렵게 되면 그때 가서는 바다에서도 싸우지 못할 것 같습니다. 신이 4~5월 중에 거사를 해야 한다고 말하는 것은 이 점을 우려하기 때문입니다.(원균은 결국 한 달 만에 정예군사 30만 명을 모집하여 안골포 등지의 일본군을 공격하자고 주장하는 셈이다. 장계를 본 조정 사람들은 기가 막혔을 것이다.)

그리고 행장과 요시라 등은 거짓으로 강화를 하자고 하지만 그 내막은 알 수 없는 것입니다.(앞의 1월 22일자 장계에서 보듯, 원균은 고니시 유키나가(소서행장), 요시라 등과 동일하게 조선 수군이 부

산 앞바다로 진격하여 가토의 군대를 요격해야 한다고 주장하였
다. 그런데 이번에는 고니시나 요시라의 제의는 믿을 수 없다며
말을 바꾸고 있다.)

기회를 타서 함께 들이쳐 남김없이 쓸어버린다면 아마 조금이나
마 수치를 씻을 수 있을 것입니다. 조정에서 속히 선처하기 바랍
니다." 글을 비변사에 내려보냈다.

-「선조실록」, 정유년(1597) 4월 19일자

조선이 정예군사 30만 명을 추려 낼 수 있었다면 애당초 7년전쟁
은 일어나지 않았을 것이고, 설령 일본군이 15만 명을 이끌고 침략해
도 조기에 저지할 수 있었을 것이다. 채 1만 명의 군대도 끌어모으지
못하는 상황에서 '늙은이와 허약한 사람을 제쳐놓고라도 정예 군사
30여만 명은 추려 낼 수 있으리라고 본다.'는 원균은 도대체 어느 시
대, 어느 나라 장수인가? 상황 판단도 못하는 이런 장수가 제대로 전
쟁을 수행할 것인가? 실제로 비변사는 원균의 이 같은 주장을 다음과
같은 완곡한 표현으로 묵살하고 있다.

② 1597년 4월 22일: 비변사, 원균의 수륙병진책 비판

그가(원균) 적을 치려고 하는 뜻이 매우 결연합니다.(임금이 원균
을 믿고 총애하고 있으니 일단은 칭찬해 주는 모양새를 취한다.) 안골
포는 지세가 육지와 이어져서 육군이 진격할 수도 있겠지만 가
덕도는 바다 한가운데 있어서 수군이 아니고서는 전진할 수가 없
으므로 장계의 뜻은 헤아림[商量]이 부족한 듯합니다.(육군이 안골
포의 일본군을 몰아내기도 쉽지 않지만 가덕도 섬에 있는 일본군을 육

군 보고 공격해 달라는 요구는 설득력이 전혀 없다. 비변사는 원균의 주장을 '헤아림이 부족하다.'는 절제된 표현으로 조롱하고 있다.) 그리고 4~5월 사이에 30만의 정병을 소집하기가 용이하지 않습니다.

-『선조실록』, 정유년(1597) 4월 22일자

비변사의 관리들이 원균의 허황된 주장을 곧바로 공박하는 것이 아니라 최대한 인내하고 있음을 행간에서 느낄 수 있다. 특히 30만 명을 모아 육지에 있는 적을 바닷가로 몰아내 준다면 수군이 섬멸하겠다는 말은 애당초 불가능한 일을 남에게 미루면서 자신은 뒤로 빠지겠다는 심보에 다름 아니다. 겉으로는 큰소리치고 있지만 실상은 비겁하기 짝이 없는 자임을 스스로 입증해 보인 셈이다. 육군 총사령관이던 도원수 권율이 원균의 보고서를 전해 듣고 심히 분노했을 것임은 불문가지(不問可知)이다. 실제로 얼마 지나지 않아 권율은 수군이 부산 앞바다로 출동하여 군량을 실은 일본 수군을 깨뜨려야 한다는 논리로 원균을 압박하였다. 원균이 이순신을 공박하기 위해 올린 '1597년 1월 22일자 장계'의 주장과 일맥상통하기에 피할 명분이 없다. 비변사도 권율의 주장에 동의하며 원균에게 부산 출동을 독촉하였다.

③ 1597년 5월 12일: 도원수 권율의 원균 비판과 비변사의 권율 지지

비변사가 아뢰었다. "도원수 권율의 장계를 보니 주사(舟師) 중에 지금 한산도에 도착한 배는 134척이고 곧 도착할 배가 5~6척, 20일 안에 건조가 끝나는 배가 48척, 도합 180여 척에 이르는데 모두가 판옥대선입니다. 이 밖에도 병선으로서 군의 형세를 도울 만한 숫자가 반드시 많이 있을 것입니다.(삼도수군의 무력은 결코 약하지 않다는 것이 도원수 권율과 비변사의 공통된 판단임을 보여 준다.) (중략) 지금 권율의 장계를 보니 (중략) 최근 주사의 출입이 거제 등지의 적들을 수포함에 불과하고 부산 앞바다는 왕래하지 못하고 있어 군량을 실은 적선들이 연이어 왕래하며 꺼리는 바가 없으니 매우 잘못된 것이라고 하였습니다. 이 말이 매우 옳은 말입니다. 이제 주사와 선척, 격군이 대강 모아졌으니 통제사 원균을 시켜 다시 형세를 살피게 해서 또는 거제도와 옥포 등지에 진주시키고 부산과 대마도의 바닷길을 살피게 해서 중로를 막아 끊는 계책을 세워야 할 것입니다. 가령 크게 싸우지는 못한다 할지라도 배를 3등분해서 절영도 앞바다를 번갈아 오가며 뒤따라온 배가 이어가고 앞에 있던 배가 되돌아가게 함으로써 주사의 왕래가 끊이지 않게 하면 부산과 서생포에 상륙해 있는 왜적들은 모두 군량미 수송로가 끊길까 걱정할 것이고 뒤를 이어 나오는 적들도 반드시 두려워하고 주저하여 함부로 건너오지 못할 것입니다. (중략) 이로 인하여 바다와 육지에서 그 기회를 타게 되면 적을 이길 수 있는 방법이 없지도 않습니다. 신들(비변사 관리들)의 어리석은 견해는 이와 같으므로 이는 경거망동하는 자들의 의견과는 다릅니다.(전후 사정으로 볼 때 다분히 원균의 주장을 지목하는 것으로 여겨진다. 채 한 달도 안 되는 기간에 30만 명을 끌어모아 일본군을 공격하자는 원균의 주장이야말로 경거망동의 표본이 아닌가?) 바라건대 이러한 의견을 비밀히 도체찰사와 도원수에게 하유하여 다시 더 상량하도록 하고 수군과 육군의 여러 장수들을 단속하여 기회를 잃지 말도록 곧바로 선전관을 보내어 밤낮을 가리지 않고 달려가게 하는 것이 어떻겠습니까?"

(임금이) 답하기를 "보고의 내용은 지당하지만 나의 견해는 그렇지 않다. 체찰사에게 반드시 계책이 있어 스스로 지휘할 것이니 하유할 것이 없다." 하였다.

-『선조실록』, 정유년(1597) 5월 12일자

비변사에 이어 도체찰사 이원익도 수군의 부산 진격을 강조하며 원균의 목을 조였다.

④ 1597년 6월 10일: 도체찰사 이원익, 수군 부산 출격 촉구

도체찰사 우의정 이원익이 치계하였다. "중국의 남북 군사가 속속 나와 그 성위가 마침내 적들이 반드시 공포를 느끼고 있을 것은 참으로 우연한 일이 아닙니다. (중략) 오는 적을 막아 죽이는 것은 오직 수군만을 믿고 있는데 근일에는 수군이 한 번도 해양(부산 앞바다)에 나아가지 않고 있습니다. 아무리 사세가 그렇게 만들었다고는 하지만 역시 매우 염려됩니다. (중략) 그리고 신의 종사관 남이공(南以恭)으로 하여금 한산도로 달려가 신구의 전선을 모두 합쳐 절반은 한산도 등에 머물러 있고 반은 몰운(沒雲, 부산 몰운대) 등지의 해양에 출몰하게 하였습니다. 오랫동안 정박할 곳이 없기는 하지만 번갈아 교체하면서 끊임없이 왕래하면 피아간에 대등한 세력을 이루게 될 것입니다. 안골포 등지에 왜적이 있더라도 본진에 남겨 둔 배를 배후의 계책에 쓸 수 있을 것이고, 또한 바다를 건너오는 적이 있더라도 바다에 나간 배를 목전의 일에 쓸 수 있을 것입니다. 그러므로 통제사 원균 등 각 장수와 상세히 의논하여 시행하라고 남이공에게 지시하여 보냈습니다. 다만, 우리나라는 일마다 기회를 잃어왔기에 마음속으로 우려가 됩니다."(임금이) 이 글을 비변사에 내려보내니 비변사가 답을 올렸다.

"병가의 기회는 순간에 결단하여야 하므로 그 진퇴와 완급은 주장이 어떻게 임기응변으로 처리하느냐에 달려 있다고 하겠습니다. 다만, 조정에서도 할 수 있는 한 지도를 해야 합니다. (중략) 해로(海路)를 차단하는 일은 전부터 힘써 왔는데도 그 계책이 아직 한번도 효과를 거두지 못하였으므로 매우 개탄스럽습니다. 다시 지휘하고 약속하여 나아갈 때를 보아 나아감으로써 기회를 잃지 말라고 (통제사 원균에게) 지시하는 것이 어떻겠습니까?"(임금이) 아뢴 대로 하라고 윤허하였다.

-『선조실록』, 정유년(1597) 6월 10일자

도원수 권율과 도체찰사 이원익, 조정의 비변사 등이 한 목소리로 원균에게 부산 해양으로 출격할 것을 압박한 셈이다. 스스로 만든 함정에 빠져 사면초가에 몰린 원균은 거듭 수륙병진책(수군과 육군의 동시 진격설이지만 내막을 보면 육군이 먼저 일본군을 공격해서 바다로 몰아내면 그 다음에 수군이 치겠다며 자신은 슬쩍 빠지려는 계책이다.)을 내세우며 위기 탈출을 시도한다.

⑤ 1597년 6월 11일: 원균의 두 번째 수륙병진론 장계

수군통제사 원균이 치계하였다. "신이 지난해 11월 15일에 먼저 안골포를 공격하겠다는 계책을 갖추어 계달하였는데 명을 기다리는 사이에 시일이 쉽게 지나가 앉아서 기회를 잃게 되었으니 매우 안타깝습니다. (중략) 이제 거제의 적은 안골포로 들어가 점거하고 김해의 적은 죽도로 들어가 점거하여 목을 막고 솥 발 같은 형세를 이루어 서로 성세를 의지하면서 우리나라의 뱃길을 막고 있습니다. 따라서 부산 앞바다로 나아가 적의 무리를 차단하여 공격할 방도가 다시없게 되었는데 설사 대거 이룰 수 있다 하더라도 나아가서는 배를 머무를 곳이 없고 물러나서는 뒤를 돌아다보아야 할 근심이 있으므로 실로 병사의 승산이 아닙니다.(이는 이순신이 부산으로 출격하지 못한 사정과 조금도 틀리지 않다. 이순신에 대해서는 부산 앞바다로 출동해서 가토의 상륙을 저지해야 한다고 부르짖던 원균이 막상 자기 임무가 되자 안골포와 죽도의 적군 때문에 출격할 수 없다고 주장하고 있는 것이다. 이때쯤에나 이순신의 고민을 실감했을까 싶다.)

신의 계책으로는 반드시 수륙으로 병진하여 안골포의 적을 도모한 연후에야 차단할 방도가 생겨 회복하는 형세를 십분 우리에게 유리하게 전개시킬 수 있으리라 여겨집니다. 조정에서도 방도를 강구하지 않는 것은 아니겠으나 신이 변방에 있으면서 적을 헤아려 보건대 금일의 계책은 이보다 나은 것이 없으므로 조정으로 하여금 각별히 처치하여 속히 지휘하게 하소서."

-『선조실록』, 정유년(1597) 6월 11일자

⑥ 1597년 6월 11일: 비변사, 도원수(권율) 지지하며 원균 비판

임금이 비변사에 원균의 장계를 내려보내니 비변사가 답을 올렸다.

"원균의 뜻은 반드시 육군이 먼저 안골포와 가덕도의 적을 공격해야 한다는 것이고 도원수와 체찰사의 뜻은 그렇지 않아 수군으로 나누어 다대포 등을 왕래시키면서 해양에서 요격하려는 계획입니다. 이는 대사(大事)이니 여러 장수의 계책을 하나로 결정하여 처리해야지 서로 달라서 기회를 잃게 해서는 안 됩니다. 신들역시 지도로 형세를 살피고 해변의 형세를 자세히 아는 사람의말을 참조하건대 안골포는 김해, 죽도와 매우 가깝고 지형이 바다 가운데로 뻗어 나왔으므로 군사가 육로로 공격하면 적에게 뒤에서 습격당할 염려가 없지 않으니 도원수가 진공을 어렵게 여기는 것이 또한 반드시 소견이 있을 듯합니다.(한마디로 비변사는 도원수 권율의 주장에 동조하면서, 원균의 수륙병진책은 설득력이 없다고반박한다.)

대저 군중의 일을 제어하는 권한이 체찰사와 도원수에게 있으니여러 장수들로서는 품하여 지휘를 받아서 진퇴하는 것이 마땅한데도 근일 남쪽의 장수들(원균이 그 대표이다.)이 조정에 처치해 달라고 자청하는 일이 다반사여서 체통을 유지시키는 뜻이 도무지없습니다. 위의 사연을 도체찰사와 도원수에게 하유하는 것이 어떻겠습니까?"(임금이)아뢴 대로 윤허하였다.

－『선조실록』, 정유년(1597) 6월 11일자

이때부터 도체찰사 이원익과 도원수 권율, 한양의 비변사 등은 부산 출격을 거부하며 머뭇거리는 원균을 더욱 강하게 압박한다.

⑦ 1597년 6월 26일: 비변사, 원균의 출동 거부에 군법 적용 거론
비변사가 아뢰었다. "체찰사는 대신이고 도원수는 주장(主將)인데도 절제의 권한이 주사(舟師, 수군)에게 행해지지 않고 있으니 매우 놀랍습니다. 명령을 따르지 않으면 거기에 상응하여 행해야 할 법규대로 적용해야 할 것이요, 그저 고지식하여 어리둥절하게 몇 마디만 조정에 치보하고 그만둘 일이 아닙니다. (중략) 지나치게 위축되어 한산도 해상이나 거제 등지에 깊이 숨어 있으면서 감히 선박 하나도 내보내 엿보지 못함으로써 먼저 약함을 보이게 할 수 있겠습니까. (중략) 이런 뜻으로 (원균에게) 다시 하유하여 군법을 명심하게 하고 고식적으로 하지 말아서 대사를 이루게 하는 것이 어떻겠습니까?" (임금은) 아뢴 대로 하라고 답하였다.

-『선조실록』, 정유년(1597) 6월 26일자

사실 조선 수군은 부산해상으로 출동할 형편이 되지 못했고, 한산도에서 견내량 해협을 굳게 지키는 것이 당시로서는 최선이었다. 이순신의 지론 역시 그것이었다. 하지만 이순신을 통제사에서 몰아내기 위해 부산 출격론을 부르짖었던 원균으로서는 자신의 공언을 뒤엎을 명분이 없었다. 수군의 지휘권을 지닌 통제사라고 해도 상관인 도원수와 도체찰사, 비변사의 압력을 마냥 물리치기란 어려웠다. 아마도 이때쯤 원균은 이순신의 고민을 이해하면서 자신의 생각이 짧았음을 후회했을지도 모르겠다. 그러나 상부의 강압이 거듭되자 원균은 '죽음의 바다'로 함대를 몰지 않을 수 없었다. 6월 중순이 넘어서자 원균은 무거운 마음으로 부산 근처 가덕도로 출동한다.

⑧ 1597년 6월 28일: 권율 장계 "원균, 6월 18일에 마지못해 출동"

도원수 권율이 장계하였다. "통제사 원균은 매양 육로에서 먼저

277

안골포 등의 적을 치라고 미루면서 바다로 나가 군사작전을 벌여 오는 적을 막을 생각이 없으니 신은 분한 마음을 이기지 못하겠습니다. 그래서 또는 전령으로 또는 돌려보내면서 호되게 나무랐고, 세 번이나 도체찰사에게 군관을 보내기까지 하였습니다. 그리하여 남이공이 또한 체찰사의 명을 받들고 한산도에 들어가 앉아서 독촉하고서야 부득이한 나머지 (6월) 18일에 비로소 전선을 출발시켜 크고 작은 배 100여 척이 가덕도 앞바다를 향했으니 이는 남이공의 힘이었지 어찌 원균의 마음이었겠습니까. 비록 그렇기는 하나 이런 식으로 계속 번갈아 교대하며 뒤에 오는 자가 나아가고 앞에 간 자가 돌아오면 그곳의 적들이 의심하고 두려워하여 감히 바다를 건너지 못할 것이고 혹시 돛을 달더라도 파두(波頭)에 부서질 것이니 이곳에 있는 적들의 형세가 고단해지고 양식이 떨어져 진퇴가 궁색해질 것입니다. 이러한 때를 당하여 중국군의 힘을 합쳐 뜻을 정해 진격해 들어가면 어찌 되지 않을 리가 있겠습니까. 신은 우선 사천에 머물면서 해상의 소식을 기다리겠습니다.”

-『선조실록』, 정유년(1597) 6월 28일자

부득이하게 출격한 원균의 함대는 6월 19일 안골포에서 일본 수군과 싸워 적선을 빼앗는 등 소소한 승리를 거뒀지만 보성군수 안홍국이 총에 맞아 전사하는 등 피해도 적지 않았다. 원균은 6월 하순 경일단 한산도로 후퇴하지 않을 수 없었다. 원균이 함대를 물리자 도원수 권율은 원수부로 압송해 가서는 '바다를 건너오는 적을 놓친 죄'를 물어 곤장을 때렸다. 원균의 후퇴는 조정에까지 보고되었고, 왕까지

나서 재출격하지 않을 경우 국법으로 다스리겠노라고 압박하기에 이른다. 원균은 이제 오도 가도 못하는 딱한 신세가 되었다.

⑨ 1597년 7월 10일: 원균의 미온적 태도에 선조 '용서 불가' 격노

비변사가 아뢰기를 "적병이 비록 해안에 나누어 점거하고 있으나 군량을 조달하고 병사를 보충하는 길은 바다에 있습니다. 우리 나라의 주사(舟師, 수군)를 적이 무서워하니 부대를 나누어 번갈 아 나가 바다에 왕래하면서 적의 보급로를 끊는다면 이는 곧 적의 허점을 공격하는 것임과 동시에 요해처를 장악하는 것이니 현재의 계책으로는 이보다 나은 것이 없습니다. 다만, 염려되는 것은 제장들이 명령을 잘 이행하지 않아 부득이 출병하였다가 오히려 앞을 다투어 돌아옴으로써 크게 형세를 이루어 적의 사기를 떨어뜨리지 못하는 것뿐입니다. 지금 (명나라 군대)양 총병의 분부가 이와 같으니 접견할 때 문답한 내용을 자세히 거론하여 미리 도체찰사와 도원수에게 하유하되 시급히 전일 분부한 대로 주사의 제장을 엄하게 독려하는 한편 기회를 살펴가며 도모하여 기회를 잃어 대사를 그르치지 않도록 하는 것이 어떻겠습니까?" 하니 상이 전교하기를 "아뢴 대로 시행하라. 원균에게도 아울러 말을 만들어 하유하기를 '전일과 같이 후퇴하여 적을 놓아준다면 나라에는 법이 있고 나 역시 사사로이 용서하지 않을 것이다'라고 하라." 하였다.

－『선조실록』, 정유년(1597) 7월 10일자

이럴 즈음 일본은 7월 8일 600여 척의 함선을 부산으로 출동시키는 등 본격적인 재침에 나섰다. 원균은 한산도가 아닌 부산 앞바다로 가서 적과 싸우기를 강요받고 있었다. 부산해상 출격은 자살행위나 다름없었고 원균도 어리석은 명령을 피하고 싶었지만 도리가 없었다. 원수부로 연행되어 곤장을 맞는 등 커다란 모욕을 당한 원균은 자포자기의 심정에서 부산 앞바다로 출전하게 된다. 7월 13일쯤으로 추정된다. 거듭 말하지만 과거에 내뱉은 '수군 부산 출격론'이 원균을 사지(死地)로 몰아간 단초가 되었다. 죽음을 예감하고 항해하던 순간, 원균은 뒤늦게 이순신을 부러워했을 것이다.

원균의 최후 전투 과정은 기록들이 난삽하여 명확하지 않다. 아마도 7월 14일쯤 가덕도 동쪽 해상에서 조수가 거세지자 함대를 돌린다. 이때 한 무리의 전선은 물결에 떠밀려서 동해 바다로 표류하였다. 조선 수군이 우왕좌왕하는 것을 목도한 일본군은 1,000여 척의 함대를 총동원해 공격하기 시작하였다. 조선 수군은 7월 15일 오후, 가덕도에 식수를 구하고자 상륙하였다가 복병한 일본군의 공격으로 적잖은 피해를 본 뒤 거제도 북방 칠천도로 밀려난다. 칠천도는 현재는 거제 본도와 다리로 연결된 크지 않은 섬이다. 이제 날이 저물어 밤이 되었다. 사방이 적으로 깔린 상황에서 야간에 이동하기란 쉽지 않다. 조선 수군은 칠천도 해협에서 밤을 넘길 작정이었다. 자정이 넘은 시간(즉, 7월 16일 새벽) 수많은 일본 함대가 좁은 칠천량으로 몰려들어 조선 수군 함대를 포위해 버렸다.

조선 수군의 장기는 함포사격이다. 대낮의 포격전에는 절대적으로 우세했지만 야간전투나 근접전에는 자신이 없었다. 밤이 되면 피아 구분이 되지 않는데다, 적선과의 거리나 방향을 제대로 알 수 없으니 함포공격은 불가능하다. 특히 뱃전이 서로 닿을 정도의 가까운 거

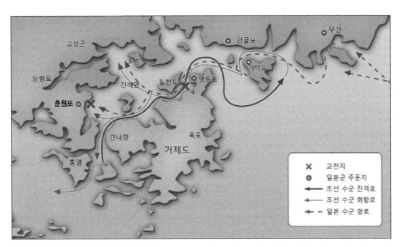

원균의 부산 출동과 패전 관련 지도 1597년 7월, 조정과 도원수의 채근에 의해 죽음을 예감한 채 부산으로 출동한 원균은 가덕도 동쪽 해상에서 파도가 높아 항해가 어렵게 되자 함대를 거제도 북방 칠천도로 물린다. 칠천도 해협에서 밤을 보내던 조선 수군은 수많은 일본 함대의 포위공격을 받고 7월 16일 새벽에 괴멸적인 타격을 받는다. 고성땅 춘원포로 후퇴한 원균은 육지에 올랐다가 일본군의 칼에 목숨을 잃는다.

리에서는 대포는 사실상 무용지물이다. 그렇기 때문에 주장(主將)이 이순신이었다면 조선 수군은 결코 야간전투에 말려들지 않았을 것이고 더욱이 근접전은 허용하지 않았을 것이다. 그러나 원균은 칠천량 좁은 해역에서, 그것도 심야에 일본군에 완전 포위되어 버렸다.

칠천량전투는 일본군의 조총에 조선군이 활로 대결하다가 종국에는 조선 판옥선의 갑판 위에서 근접전으로 이루어졌다. 조총의 위력은 활을 능가한다. 수적으로도 일본군이 크게 우세하였다. 갑판전에서도 농부나 어부 출신인 조선 수군이 칼싸움으로 잔뼈가 굵은 일본군의 상대가 될 수 없었다. 조선 함대는 일본 수군에 완전 포위된 채 불에 타 녹아내렸다. 선전관 김식은 '조선의 많은 전선들이 타는 불꽃이 하늘을 덮었다'고 조정에 보고하였다.

⑩ 1597년 7월 22일: 선전관 김식의 보고 "원균 대패"

선전관 김식이 한산의 사정을 탐지하고 돌아와서 보고하였다. "15일 밤 2경(밤 10시쯤)에 왜선 5~6척이 불의에 내습하여 불을 질러 우리 전선 4척이 전소 침몰되자 여러 장수들이 창졸간에 병선을 동원하여 어렵게 진을 쳤는데 닭이 울 무렵(16일 새벽)에는 헤아릴 수 없이 많은 적선이 몰려와서 서너 겹으로 에워싸고 형도(刑島) 등 여러 섬에도 끝없이 가득 깔렸습니다. 우리의 주사는 한편으로 싸우면서 한편으로 후퇴하였으나 도저히 대적할 수 없어 고성 땅 춘원포(春原浦)로 후퇴하여 주둔했는데 적세가 하늘을 찌를 듯하여 마침내 우리나라 전선은 모두 불에 타서 침몰되었고 제장과 군졸들도 불에 타거나 물에 빠져 모두 죽었습니다. 신은 통제사 원균, 순천부사 우치적과 간신히 탈출하여 상륙했는데 원균은 늙어서 행보하지 못하여 맨몸으로 칼을 잡고 소나무 밑에 앉아 있었습니다. 신이 달아나면서 일면 돌아보니 왜적 6~7명이 이미 칼을 휘두르며 원균에게 달려들었는데 그 뒤로 원균의 생사를 자세히 알 수 없었습니다. 경상우수사 배설과 옥포만호, 안골포만호 등은 간신히 목숨만 보전하였고 많은 배들은 불에 타서 불꽃이 하늘을 덮었으며 무수한 왜선들이 한산도로 향하였습니다."

-『선조실록』, 정유년(1597) 7월 22일자

이순신이 4년간 쌓아 올린 수국의 중심 한산도······. 승세를 탄 일본군은 한산도에 저축된 수많은 병장기와 곡식, 백성들을 노리고 견내량을 넘어 바람처럼 달려들었다. 그러나 칠천량에서 몸을 빼낸 경상우수사 배설이 한 발 앞서 한산도에 상륙하여 가옥과 양곡, 무기 등을 모두 태워버렸기 때문에 이순신의 저축물이 적에게 넘어가지는 않았다.

배설은 명량해전을 앞두고 탈영하였다가 전란이 끝난 뒤 체포되어 참수당하지만 이때 그의 처사는 온당하였다. 배설은 부산 출격은 물론이고, 칠천량 해협에 진을 치는 것도 극력 반대했지만 통제사 원균은 배설의 호소를 들어줄 처지가 되지 못하였다. 아마도 배설은 상관과 조정의 부당한 명령에 크게 실망했을 것이고, 훗날의 탈영 배경에도 이 같은 환멸감이 적잖이 작용했을 것으로 보인다. 유성룡은 『징비록』에서 당시 사정을 이렇게 적고 있다.

"이에 (칠천량 패전에) 앞서 배설은 원균을 만나 여러 번 권고하였다. '이러다가는 반드시 패하고 말 것입니다.' 그날(칠천량 패전일)도 배설은 이렇게 간하였다. '칠천도는 물이 얕고 좁아 배를 움직이기 어렵습니다. 진을 다른 곳으로 옮기는 것이 좋겠습니다.' 그러나 원균은 듣지 않았다. 배설은 자기 수하의 배만을 이끌고 지키고 있다가 적이 공격해 오자 달아났기 때문에 그의 군사들은 화를 면할 수 있었다. 한산도에 도착한 그는 무기와 양곡, 건물 등을 모두 불태워버리고 남아 있는 백성들과 함께 대피하였다."

원균은 최후조차 불분명한 채 사라졌다. 이순신에게 많은 고민과 분노를 안겨 준 인물이기는 하지만 나라를 위해 자신은 물론 외아들의 목숨까지 바쳤다는 사실은 인정해 줄 만하다. 원균의 불행은 자신보다 뛰어난 인물을 인정하지 않고 시기한 극히 인간적인 약점에서 비롯되었다고 생각된다.

　원균이 철저히 패배하자 조정은 다시 공황상태로 빠져들었다. 이제 누가 있는가? 믿을 사람은 이순신뿐이다. 조선 수군이 몰락한 지 불과 이틀 만에 도원수 권율은 백의종군하던 이순신을 찾아 바짓가랑이를 붙잡고 늘어졌다.

⑪ 1597년 7월 18일: 도원수 권율, 이순신 찾아 대책 논의

7월 18일(丁未) 맑다. 새벽에 이덕필과 변홍달이 와서 전하기를 "16일 새벽에 수군이 대패했는데 통제사 원균과 전라우수사 이억기, 충청수사 최호 및 여러 장수 등 많은 사람이 해를 입었다."고 하였다. 통곡하지 않을 수 없었다. 조금 있다가 원수(권율)가 와서 말하기를 "일이 이미 이 지경이 되었으니 어떻게 해볼 도리가 없다."라고 하였다. 오전 사시(巳時, 오전 10시경)까지 이야기했으나 대책을 세울 수가 없었다. 나는 "내가 연해안 지대로 가서 직접 보고 들은 연후에 대책을 세우겠다."고 했더니 원수가 기뻐하였다. 나는 송대립, 유황, 윤석각, 방응원, 현응진, 임영립, 이원룡, 이희남, 홍우공 등과 함께 길을 떠나 삼가현에 이르니 삼가현령이 새로 부임하여 나와서 기다렸다. 한치겸도 왔다.

－『난중일기』, 정유년(1597) 7월 18일

　합천에서 백의종군하던 이순신은 도원수 권율의 부탁을 받고 서둘러 서쪽 해안으로 나아가며 대응책을 모색하였다. 한산도를 접수한 일본군이 해상을 따라 서진해 오고 있었기 때문이다. 다행이라면 일본 수군의 진격속도가 그리 빠르지 않았다는 사실이다. 일본군으로서는 칠천량해전에서 승리했지만 조선 수군이 완전히 몰락했을 것으로 보지는 않았다. 배설의 경상우수군이 전력을 보전하였다는 소문을 들었을 것이다. 한 무리의 조선 수군이 어느 섬, 어느 해안에서 기습해 올지 몰랐으므로 수색을 겸한 일본 수군의 진격은 더딜 수밖에 없었다. 이순신은 합천에서 산청, 사천, 하동, 구례, 곡성, 순천, 낙안, 보성, 장흥, 해남으로 이어지는 장정(長征)을 통해 '수군 재건'의 발판을 마련할 수 있었다. 판옥전선 12척, 배설이 거느린 경상우수영 소속 전선들이 이순신 함대의 기본 무력이 되었다.

그 와중이던 8월 3일 이순신은 다시 삼도수군통제사로 임명한다는 임금의 교서(敎書)와 유서(諭書)를 받았다. 칠천량 패전이 조정에 전해진 것은 7월 22일이고, 다급한 조정에선 바로 다음날(7월 23일) 이순신을 삼도수군통제사로 임명하는 교서를 내렸는데 8월 3일에야 본인에게 전해진 것이다. 이순신을 다시 통제사로 임명하는 교서는 임금이 신하에게 사과하는 내용을 담고 있기에 주목된다. 이는 향후 이순신의 운명을 결정하는 데 매우 중요한 의미가 있다고 보여 그대로 옮긴다.

⑫ 1597년 7월 23일: 이순신의 삼도통제사 복귀와 임금의 사과

왕은 이와 같이 이르노라. 아! 나라가 의지하여 보장으로 생각해 온 것은 오직 수군뿐인데 하늘이 화 내린 것을 후회하지 않고 다시 흉한 칼날이 번득이게 함으로써 마침내 우리 대군(大軍)이 한 차례의 싸움에서 모두 다 없어졌으니 이후 바닷가 여러 고을들을 그 누가 막아 낼 수 있겠는가. 한산을 이미 잃어버렸으니 적들이 무엇을 꺼려하겠는가. 초미의 위급함이 조석으로 닥쳐온 상황에서 지금 당장 세워야 할 방책은 흩어져 도망간 군사들을 불러 모으고 배들을 거두어 모아 급히 요해처에 튼튼한 큰 진영을 세우는 길 뿐이다. 그렇게 함으로써 도망갔던 무리들이 돌아갈 곳 있음을 알게 될 것이고, 한창 덤벼들던 적들 또한 막아 낼 수 있을 것이다. 그러나 이 일을 책임질 수 있는 사람은 위엄과 은혜와 지혜와 재능에 있어서 평소 안팎으로 존경을 받던 이가 아니면 이런 막중한 임무를 감당해 낼 수 없을 것이다.

생각건대 그대의 명성은 일찍이 수사로 임명되던 그날부터 크게 드러났고 그대의 공로와 업적은 임진년의 큰 승첩이 있은 후부터 크게 떨쳐서 변방의 군사들은 마음속으로 그대를 만리장성처럼 든든하게 믿어왔는데, 지난번에 그대의 직책을 교체시키고 그대로 하여금 죄를 이고 백의종군하도록 하였던 것은 역시 나의 모책(謀策)이 좋지 못하였기 때문에 그렇게 된 것이며 그 결과 오늘 이런 패전의 욕됨을 만나게 된 것이니 더 이상 무슨 말을 하겠는가, 더 이상 무슨 말을 하겠는가.

이제 특히 그대를 상복 입은 채로 기용하고 또한 그대를 백의 입은 가운데서 뽑아내어 다시 옛날같이 전라좌수사 겸 충청전라경상 삼도수군통제사로 임명하는 바이니 그대는 부임하는 날 먼저 부하들을 불러 어루만져 주고 흩어져 도망간 자들을 찾아내어 단결시켜 수군진영을 만들고 나아가 형세를 장악함으로써 군대의 위풍을 다시 한번 떨치게 한다면 이미 흩어졌던 민심도 다시 안정시킬 수 있을 것이며 적들 또한 우리 편이 방비하고 있음을 듣고 감히 방자하게 두 번 다시 들고 일어나지 못할 것이니 그대는 힘쓸지어다.

수사(水使) 이하 모두 그대가 지휘하고 통제하되 만약 일에 임하여 규율을 어기는 자가 있거든 누구든 군법대로 처단하도록 하라. 그대가 나라를 위해 자기 몸을 잊고 기회를 보아 나아가고 물러남은 이미 그대의 능력을 다 시험해 보아서 알고 있는 바이니 내 어찌 감히 많은 말을 보태겠는가.

아! 저 육항(孫陸抗, 중국 삼국시대 오나라 장수)이 국경의 강 언덕 고을을 두 번째 맡아서 변방의 군사 임무를 완수했으며 저 왕손(王遜, 명나라 관리, 성질이 곧아 남의 모함에 빠져 귀양을 갔다가 다시 풀려나 복직되었음)이 죄인의 몸으로 적을 소탕한 공로를 세웠던 것처럼 그대는 충의의 마음을 더욱 굳건히 하여 나라를 구제해주기를 바라는 나의 소망을 이루어주기를 바라면서 이에 교서를 내리는 것이니 생각하여 잘 알지어다.

-「기복수삼도통제사교서(起復授三道統制使教書)」, 정유년(1597) 7월 23일

왕조시대에 왕이 신하에게 사과를 하는 것은 있을 수 없다. 그런데도 선조가 '파직과 투옥'에 대해 사과한 것은 사정이 그만큼 다급했기 때문이다. 그렇지만 속 좁은 선조 임금으로서는 자괴감이 많이 들었을 것이다. 이날 왕의 사과는 '진정성'이 없어 보이며, 뒷날 이순신의 운명에 적잖은 부담이 되었다고 필자는 판단한다.

'기적의 싸움' 명량대첩

통제사가 되었지만 휘하에 전선이 없던 이순신은 마음고생이 많았다. 배설이 경상우수영 함대를 쉽사리 넘겨주지 않고 버텼기 때문

이다. 이순신이 경상우수영 전선 12척을 넘겨받기로는 1597년 8월 19일로 여겨진다. 8월 17일자 『난중일기』에서 "수사 배설이 배를 보내 주지 않았는데, 그가 약속을 위반한 것은 참으로 통탄스런 일이다."라고 적고 있고, 이틀 뒤인 8월 19일 배설을 비롯한 여러 장수들과 함께 교서에 숙배(肅拜)를 올린 기록이 나오는 점으로 미루어 이날쯤 전선들을 넘겨받은 것으로 여겨진다. 8월 20일 기지를 이진(梨津, 전남 해남군 북평면 이진리)으로 옮겼다는 『난중일기』 기록도 19일쯤 전선 12척을 확보했음을 강력히 시사한다. 이순신에게 함대를 넘겨준 배설은 9월 2일 새벽에 탈영하였다. 이제 이순신은 12척의 전선으로 일본 수군과 맞서야 하였다.

이즈음 조정에서는 단지 몇 척의 전선만으로는 1,000여 척에 이르는 일본 수군을 감당하기 불가능하다고 보고 이순신에게 수군을 해산하고 육지로 올라와 싸우라는 지시를 내린다. 그러나 이순신은 단지 12척 만으로도 바다에서 적을 막아야 한다는 지론을 굽히지 않고 장계를 올린다.(명량해전 때는 어떤 연유인지 1척이 늘어 13척이 된다.)

"저 임진년으로부터 5~6년 동안 적들이 감히 전라도와 충청도로 바로 쳐들어오지 못한 것은 수군이 그 길목을 누르고 있었기 때문입니다. 신에게는 아직도 12척의 배가 남아 있습니다. 죽을힘을 다해 맞서 싸운다면 오히려 해볼만 합니다(今臣戰船尙有十二, 出死力拒戰 則猶可爲也). 지금 만일 수군을 전부 없애버린다면 이는 곧 적들이 크게 좋아할 일로서 호남을 거쳐 한강까지 곧바로 쳐들어갈 터인데 신이 걱정하는 바도 이것입니다. 전선의 수는 비록 적지만 신이 죽지 않는 한, 적은 우리를 업신여기지 못할 것입니다(戰船雖寡, 微臣不死, 則敵不敢侮我矣)."

-조카 이분이 지은『이충무공 행록』중에서

온 남해바다를 더듬어가며 조선 수군의 흔적을 찾아 헤매던 일본 수군의 촉수가 이순신에게까지 확인된 것은 8월 26일, 판옥전선 12척을 확보한 지 불과 1주일이 지났을 때였다.

"정탐군 임준영이 말을 달려와서 보고하기를 적선이 이미 이진(梨津)에 도착하였다고 하였다. 전라우수사 김억추가 왔다."

-『난중일기』, 정유년(1597) 8월 26일

8월 말부터 본격적인 충돌의 기운이 깊어갔다. 날짜순으로 살펴보자.

정유년(1597) 8월 28일 적선과 추격전을 벌이다.

정유년(1597) 9월 7일 확인된 적선 숫자가 55척으로 늘었다. 13척은 어란포(전남 해남군 송지면 어란리) 앞바다까지 진격한다.

정유년(1597) 9월 13일 이순신은 임진년에 크게 이겼을 때와 비슷한 꿈을 꾸며 승전을 예감한다.

정유년(1597) 9월 14일 정탐군 임준영으로부터 적선 200여 척이 확인되었고 이 가운데 55척이 어란포 앞바다로 들어왔다는 보고를 듣는다. 한판 싸움은 피할 길이 없었다.

정유년(1597) 9월 15일 진을 우수영 앞바다로 후퇴한다. 적은 전선으로는 좁은 명량에서 싸울 수밖에 없다고 판단하였다. 부하장수들에게 '한 사내가 좁은 길목을 지키면 1,000명의 적도 겁낸다.' 는 고사(一夫當逕, 足懼千夫)를 들려주며 명량해협 차단전이 가능함을 강조한다. 꿈에 신인(神人)이 나타나 여차여차하면 크게 승리할 것이고 여차여차하면 패배할 것이라는 가르침을 준다. 전투에 이기려는 이순신의 지성이 하늘마저 감동시킨 셈인가?

드디어 9월 16일 명량대첩의 날이 밝았다. 이날의 『난중일기』는 전투상황을 소상하게 그리고 있을 뿐 아니라 가장 불리한 상황에서 적을 꺾은 감동이 절절히 배어 있는 명문이다. 울돌목, 즉 명량해협은 조선 수군의 대첩과 『난중일기』의 상세한 기록 덕분에 '이름 없는 바다에서 역사의 현장'으로 격상되었다. 어디 명량뿐이랴. 큰 전쟁의 소용돌이에 휘말린 결과, '버림받은 변방'이던 서·남해안과 섬들은 풍성한 에피소드를 간직한 역사지대로 자리매김하게 되었다. 이 또한 이순신이 '해변'에 준 선물이다. 그런 점을 감안하며 명량싸움의 과정을 다시 한번 살펴보자.

"맑다. 이른 아침에 별망군(別望軍)이 와서 보고하기를 '셀 수 없이 많은 적선들이 명량을 거쳐 우리 배를 향해 들어오고 있다.'고 하였다. 곧 여러 배에 명령을 내려 닻을 들어 올리고 바다로 나가니 적선 330여 척이 우리 여러 배를 에워쌌다. 여러 장수들은 스스로 중과부적이라고 여기고는 문득 회피할 생각만 하였다. 우수사 김억추는 이미 저 멀리 아득한 곳으로 물러나 있었다. 나는 노를 독촉하여 돌진해 들어가면서 지자(地字), 현자(玄字) 등 각종 총통들을 마구 쏘아대니 대포 소리가 마치 바람 불듯, 우레 치듯

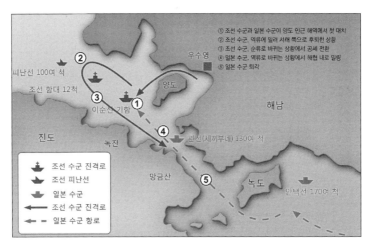

명량해전 상황도 이순신 함대는 명량해협의 서북쪽 끝인 전라우수영 앞바다에서 일본군을 맞아 역류 속에 질서 있게 뒤로 물러난다. 반면 130여 척의 일본 함대는 동에서 서로 흐르는 조류를 올라타고 기세 좋게 우수영 앞바다로 진입하였다. 방어에 치중하며 시간을 끌던 조선군은 조수가 반대로 바뀌는 순간, 순류(順流)를 이용해 대대적인 역공에 나선다. 조선군의 공세와 역류에 밀린 일본 함대는 명량해협으로 후퇴하는데, 좁은 바다에서 전후좌우의 함선 간 격이 촘촘해지면서 자기네 배들끼리 부딪치고 깨어지며 녹아내렸다.

하였다.(대장선이 공격의 최선봉에 섰다는 이야기이다. 불리한 상황을 맞아 지도자가 솔선수범을 보임으로써 난관을 타개하려는 희생적 리더 십의 발현이다. 이순신의 위대함은 이런 데서 드러난다.)"

"군관들도 배 위로 나와 촘촘히 늘어서서 빗발같이 쏘아대니 적 들은 당해 내지 못하고 다가섰다 물러났다 하였다. 그러나 적선 들이 워낙 여러 겹으로 둘러싸고 있어서 장차 형세를 예측할 수 없었으므로 한 배에 탄 사람들은 서로 돌아보며 겁에 질려 안 색이 파랗게 변하였다. 나는 부드럽게 타이르기를 '적선이 비록 1,000척이라 하더라도 우리 배를 당해 내지 못할 것이므로 절대 로 동요하지 말고 있는 힘을 다해 적을 쏘라.'고 하였다. 그리고 여러 장수의 배들을 돌아보니 그들은 먼 바다로 물러나서 바라만 보고 앞으로 나오지 않는 것이었다.

나는 배를 돌려서 곧바로 중군장 김응함의 배로 가서 먼저 그의 목을 베어 효시하고 싶었으나 내 배가 머리를 돌리면 여러 배들은 차차 멀리 물러나고 적선들이 점점 더 가까이 접근해 온다면 사세가 크게 그르쳐질까봐 곧 호각을 불어 중군의 영하기(令下旗)를 세우게 하고, 또 초요기(招搖旗)를 세우게 하였다. 그러자 중군장 미조항 첨사 김응함의 배가 차츰 내 배로 접근해 왔는데 거제 현령 안위의 배가 먼저 이르렀다. 나는 배 위에 서서 직접 안위를 부르며 말하였다. '안위야, 네가 군법에 죽고 싶으냐, 네가 군법에 죽고 싶으냐. 도망간다고 어디 가서 살 것이냐?'고 하니 안위가 황급히 적선 속으로 돌진해 들어갔다. 다시 김응함을 부르며 말하였다. '너는 중군장이 되어서 멀리 피하고 대장을 구원하지 않으니 어찌 그 죄를 면할 것이냐. 당장 처형하고 싶지만 적세 또한 급하므로 우선 공을 세우도록 해주겠다.'고 하였다.(대장을 구하지 않고 뒤로 물러선 부하들에 대한 인간적 분노가 생생히 그려져 있는 대목이다. 이 글이 장계나 편지와 같이 남에게 보이기 위한 글이 아니라 일기라는 점을 감안하면 당시의 상황을 가장 솔직히 적고 있다고 할 것이다. 긴박한 상황에서도 이순신은 가장 이성적으로 부하들의 잘못을 깨우쳐 주고 있다.)

두 배가 곧바로 들어가 접전할 때 적장이 그 휘하의 배 3척을 지휘하여 한꺼번에 안위의 배에 개미떼처럼 달라붙어 서로 먼저 올라가려고 하였다. 안위와 그 배 위에 타고 있는 사람들은 죽기를 각오하고 몽둥이를 쥐거나 긴 창을 잡고 마구치고 때리니 거의 기진맥진한 상태가 되었다. 나는 배를 돌려 곧바로 들어가서 빗발치듯 마구 쏘아대어 적선 3척을 남김없이 무찔렀다. 그때 녹도 만호 송여종과 평산포 대장(代將) 정응두의 배가 잇달아 와서 협력하여 적을 쏘았다.

항복해 온 왜인 준사(俊沙)라는 자는 안골포의 적진에서 투항해 온 자인데 그가 내 배 위에 타고 있다가 내려다보며 말하기를 '저 무늬 있는 붉은 비단옷을 입은 놈이 안골포의 적장 마다시입니다.'라고 하였다. 내가 물 긷는 군사인 김석손을 시켜서 갈고리로 뱃머리 위로 끌어올리도록 하였더니 준사가 펄쩍펄쩍 뛰면서 말하기를 '맞다, 마다시이다.'라고 하였다. 그래서 곧바로 그의 몸을 토막 내라고 명령하니 적들의 기세가 크게 꺾였다. 우리의 여러 배들이 일제히 북을 치며 나란히 전진하면서 각각 지자포, 현자포를 쏘고 또 화살을 빗발같이 쏘아대니 그 소리가 강과 산을 진동시켰다. 적선 30척을 들이받아 깨뜨리자 적선들은 물러나 달아났으며 다시는 우리 수군에 감히 가까이 오지 못하였다.(『난중일기』의 이 대목을 읽을 때마다 언제나 벅찬 감동을 느낀다. 어렵사리 승기를 잡은 조선 함대가 일제히 큰 북을 울리고 대포를 발사하며 '조국의 원수들을 단죄'하는 가슴 뿌듯한 장면을 파노라마처럼 묘사하고 있다.) 이번의 승리야말로 신로 천행(天幸)이었다. 싸움하던 바다에서 그대로 머물고 싶었으나 물결이 극히 험하고 바람조차 역풍인데다 우리 수군의 형세 또한 외롭고 위태롭기 때문에 진을 (명량해협에서 서해로 후퇴하여) 당사도(신안군 암태도)로 옮겼다."

명량해전에서 조선군은 좁은 해협의 복잡미묘한 조수 변화를 적극 활용하는 작전을 펼쳤다고 보아야 한다. 약한 함대(12~13척)로 강한 적을 막기 위해서는 넓은 바다가 아니라 비좁은 해협(강한 군세를 배경으로 적을 좁은 해협에서 넓은 바다로 유인해 싸웠던 한산대첩 때와는 사정이 정반대이다.)이 적당하다.

좁은 명량해협에서 일자진으로 처음 적을 맞이했을 때의 조수 방향은 조선군에게는 역류, 일본 측에는 순류였다. 조선군은 적당한 물때를 선택해 전투에 임했을 것이다. 명량의 조류 정보에 어두운 일본은 처음부터 패배하고 있었다.

조선군은 전진과 후퇴를 거듭하며 적의 예봉을 저지하는 한편, 노꾼이 잠시 쉬는 방법으로 뱃머리를 적 방향으로 둔 채 천천히 뒤로 물러났고 승기를 잡았다고 착각한 일본군은 빈 공간을 가득 채우며 좁은 해협으로 몰려들었다.(이 과정에서 적게 물러난 배(대장선)와 많이 물러난 배(김억추, 안위, 김응함 등의 전선) 사이에 간극이 생겨 진형이 무너질 위기를 겪기도 하였다. 이순신은 군령으로 안위 등을 끌어당겨 진형을 유지한다.) 요즘의 도로 교통을 떠올리면 이해가 빠르다. 넓은 도로에서 노폭이 좁은 병목지역으로 들어가면 차간 거리가 좁혀지듯이 일본 함대는 넓은 바다에서 명량해협 구간으로 진입하면서 전후좌우의 함선 간격이 촘촘해지는 형국으로 되었다.

거듭 말하지만 이는 이순신이 미리 계획한 작전(조수가 바뀌기 직전의 평형상태를 말한다.)으로 여겨진다. 적의 해협 진입 속도를 늦추면서 천천히 후퇴하던 조선 수군이 공세로 전환한 시기는 물자배기가 끝나고 조수 방향이 반대로 바뀔 시점이었을 것이다.

조수가 조선군에게 순류(順流)로 바뀌는 순간부터 대대적인 역공을 펴자 역류(逆流)를 탄 일본군은 뒤로 밀려나기 시작하였다.("우리의

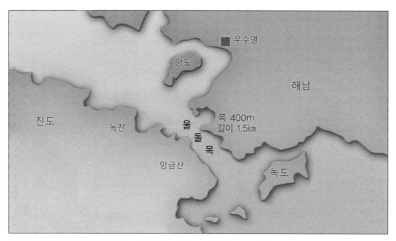

울돌목 상세지도 울돌목은 이충무공의 3대 해전 중의 하나인 명량대첩지로 잘 알려진 서해의 길목으로, 전라남도 진도군 군내면 녹진리와 해남군 문내면 학동리 사이의 해협을 말한다. 명량의 지명 유래는 물살이 빠르고 소리가 요란하여 바닷목이 우는 것 같다고 하여 '울돌목'이라 한 데서 나왔다.

여러 배들이 일제히 북을 치며 나란히 전진하면서 각각 지자포, 현자포를 쏘고 또 화살을 빗발같이 쏘아대니 그 소리가 강과 산을 진동시켰다."는 구절이 조선군의 공세 전환을 말한다.)

이때쯤 인간 엔진인 노꾼들의 피로도를 감안하면 일본 군선들이 명량의 강한 조수를 거슬러 전진하기는 쉽지 않았을 것이다. 음력 16일의 조수는 '사리'나 마찬가지……. 가뜩이나 거센 명량의 조류는 매우 거칠게 마련이다. 그렇다고 방향을 바꿔 후퇴하기도 쉬운 일이 아니니 좁은 해협 안에 일본 군선들이 촘촘히 밀집해 있었기 때문이다. 일본군은 전진도, 후퇴도 어려운 상황에서 자기네 배들끼리 부딪치고 깨어지며 질서를 상실했을 것이다. 조선 수군은 순류에 올라타서 대포만 쏘아대는 것으로 '대첩'을 이루었다.

원균의 칠천량 패전으로 흩어진 조선 수군의 작은 부분을 끌어모아 일본의 대함대를 격파함으로써 이순신은 원균과는 비교할 수 없는 명장임을 스스로 입증시켰고 그의 이름을 동양 3국에 전하게 되었다. 나는 우리 역사에서 '사필귀정(事必歸正)'이 가장 실감나게 구현된 사례로 '원균의 칠천량 패전과 몰락-이순신의 명량해전 승리와 재기' 이 대목을 들고 싶다.

명량해전 다음날인 17일 이순신 함대가 어외도(신안군 지도)에 이르자 피난선 300척이 먼저 와서 기다리고 있었다. 피난선의 백성들은 우리 수군이 대승한 줄을 알고 다투어 치하하며 스스로 마련한 양식을 군사들에게 주었다. 이순신의 승리로 피난민들도 살 길을 얻은 셈이니 양식이 아까울 리 없었을 것이다. 백성들이 수군 주변으로 몰려든다는 것은 한산도를 대신할 새로운 수국의 탄생이 임박했음을 보여 준다.

보화도에 기지를 건설하다

명량에서 대첩을 이루었지만 이순신의 함대는 유랑 군대에 다름 아니었다. 다행히 명량에서의 승리로 일본군의 서진을 저지한 만큼 이젠 새로운 모항(母港)을 건설할 시간을 번 셈이었다. 이순신은 적당한 기지를 찾아서 한동안 서해안을 오르내렸다. 날짜별로 정리해 본다.

9월 16일 당사도(전남 신안군 암태도)로 함대를 옮김

9월 17일 어외도(신안군 지도)로 북상

9월 19일 영광군 칠산바다와 법성포, 홍농 앞바다에 도착

9월 20일 위도(전북 부안군 위도) 도착

9월 21일 군산 앞바다 고군산도로 북상, 한동안 고군산도에서 머묾

10월 3일 영광 법성포(전남)로 남하

10월 8일 어외도로 남하

10월 9일 해남의 전라우수영으로 남하

10월 11일 발음도(發音島, 신안군)에 이름

10월 14일 막내아들 면(葂)의 죽음을 통보받음

10월 29일 목포 앞 보화도(寶花島, 고하도)에 도착, 진을 설치하고 집(군막)을 짓기로 결정(조선 수군은 이때부터 1598년 2월 16일까지 약 넉 달 동안 보화도를 본영으로 활용한다.)

명량대첩 이후 한 달 반 동안 서해상을 쉴 새 없이 이동한 것은 육상기지가 없는 상황에서 해변의 관청들로부터 군수물자를 구해 보려는 몸부림이었다. 당시 이순신 함대로선 무기와 군졸이 부족했고 군량은 언제나 달랑거렸다. 음력 9월, 10월이면 늦가을이다. 차가운 해상에서 군사들을 위한 두툼한 의복도 간절하였다. 그러나 일본군의 공격을 받아 대부분의 관청이 무너진 상황에서 이순신은 어디에서도 지원세력을 발견할 수 없었다. 이순신은 결국 한산도에서 그랬던 것처럼 이번에도 자신의 힘으로 산업을 이루어내야 하였다. 이순신의 뒤에는 수백 척의 선박에 몸을 실은 수많은 피난민 무리가 있었다. 해상을 전전하던 피난민들로서는 조선 함대야말로 생명을 보호해 줄 유일한 방책이었다. 명량해전 당시에도 군세가 강한 것처럼 위장하기 위해 전투함 뒤편에 피난선을 배치했던 이순신이다. 해변의 경제권을 장악하는 일이 무엇보다 중요하다는 것을 잘 아는 CEO형 장수

가 이순신이다. 그는 피난민들을 보호해 주는 대신 일정한 의무를 할당하였다. 해로통행첩(海路通行帖)의 시행이 그것이다. "3도 연해를 통행하는 배는 공사선을 막론하고 첩지(帖紙, 증명서)가 없는 배는 간첩선으로 인정하고 통행하지 못하게 할 것이니 모두 통행첩을 받도록 하라."는 것이 통제사의 명령이었다.

수군은 배의 크기에 따라 대·중·소 등급을 매기고 그 등급에 의해 큰 배는 3섬, 중간 배는 2섬, 작은 배는 1섬을 내고 통행첩을 받아 가게 하였다. 당시 피난민들은 재물과 곡식을 모두 배에 싣고 바다로 나왔기 때문에 곡식을 내는 것은 걱정하지 않고 수군의 보호 아래 마음 놓고 통행할 수 있는 것을 오히려 다행스러워 하였다. 피난민과 해변 백성들은 큰 불만 없이 곡식을 바치고 통행첩을 받아갔다. 이에 따라 이순신은 채 열흘이 못 되어 1만여 석의 곡식을 확보할 수 있었다고 한다.

그런데 이 기록을 잘 따져 보면 당시의 피난민 규모를 대략 알 수 있으니 흥미롭다. 곡식 1섬(열 말)은 곧 1석이다. 배 한 척에 1~3섬을 거둬 1만 석을 이루었다고 하니, 한 척당 평균 2섬을 냈다고 간주하면 통행첩을 받아간 배는 5,000척에 이른다. 당시 피난선은 가족 단위로 움직였으므로 한 척에 5~10명이 탔다고 볼 수 있다. 그러면 배를 타고 이순신 군단을 따라다닌 피난민은 2만 5,000명에서 5만 명쯤 되었다고 여겨진다. 적지 않은 숫자이다. 이들이 훗날 새로운 (고금도) 수국의 핵심을 이루게 된다.

통행첩을 발행한 것은 군량미를 해결하는 목적과 함께 간첩선이나 일본군 척후선을 적발하기 위한 의도가 있었다. 그렇지만 해로통행첩의 발행은 국가의 징세권과 사법권을 수군이 일부 침해하였다는

의미가 담겨 있다. 오랫동안 지속할 수 없는 방편이었지만 후일 고금
도로 진영을 옮긴 뒤에도 해로통행첩을 계속 발행한다. 통행첩은 이
순신이 보화도를 중심으로 삼아 해변일대에 군정체제를 재가동했음
을 상징한다고 하겠다. 보화도 시절은 이순신이 막내아들 '면'을 잃은
직후여서 심적으로는 매우 불우했지만 정치적으로는 상당히 안정된
시기였다. 명량해전의 승전보를 접한 조정에서 이순신과 휘하 장수
들에 대한 논공행상을 행하여 그 결과를 전하였다. 정유년(1597) 11
월 16일자 『난중일기』이다.

> "맑다. 아침에 조방장, 장흥부사, 그리고 진중에 있는 여러 장수가
> 보러 왔다.(명량대첩 논공행상의 결과가 전해졌다는 소문을 듣고 장수
> 들이 이순신 막사로 몰려든 것이다.) 군공마련기(軍功磨鍊記, 군공기
> 록표)를 보니 거제현령 안위가 통정대부가 되고, 그 나머지도 차
> 례차례 벼슬을 받았으며, 내게는 은자 20냥을 상금으로 보냈다.
> 명나라 장수 경리 양호는 붉은 비단 1필을 보내면서 배에다 붉은
> 비단(수군이 크게 이겼을 때 배에다 붉은 비단을 걸어 축하하는 예식을
> 하였다고 한다.)을 걸어 주고 싶으나 멀어서 갈 수 없었다고 전하
> 였다. 영의정(유성룡)의 답장도 왔다."

그 이튿날인 11월 17일 명나라 경리(經理) 양호(楊鎬)의 차관(보좌
관)이 초유문(招諭文)과 면사첩(免死帖)을 보내 주었다. 경리 양호가 붉
은 비단을 보낸 데 이어, 차관(보좌관)을 직접 보내 초유문과 면사첩을
전달하였다는 사실은 명군 지휘부가 이순신에게 깊은 신뢰감을 가지
고 있음을 표시한 셈이다. 양호는 차관을 통해 이순신에게 격려의 메

시지를 전달했을 것이다. 사실 명나라 경리 양호는 명량대첩을 높이 평가하고 있었다. 『선조실록』을 보면 양호가 이순신을 어떻게 생각하고 있는지 잘 나온다.

"임금이 양 경리를 접견하였다. (중략) 상(임금)이 말하기를 '통제사 이순신이 사소한 왜적을 잡은 것은 바로 그의 직분에 마땅한 일이며 큰 공이 있는 것도 아닌데 대인이 은단(銀段)으로 상을 주고 표창하여 가상히 여기시니 과인은 마음이 불안합니다.' 하니 경리가 말하기를 '이순신은 훌륭한 사람입니다. 다 흩어진 뒤에 전선을 수습하여 패배한 후에 큰 공을 세웠으니 매우 가상합니다. 그 때문에 약간의 은단을 베풀어서 나의 기뻐하는 마음을 표현한 것입니다.' 하자 상이 말하기를 '대인에 있어서는 그렇지만 과인에 있어서는 참으로 미안합니다.' 하였다."

-『선조실록』, 정유년(1597) 10월 20일자

12월 5일에는 왕이 이순신에게 고기반찬을 하사해 줌으로써 이순신의 마음을 다소 풀어 준다. 『난중일기』를 보자.

"도원수의 군관이 왕의 분부를 가지고 왔는데 내용은 이러하다. '이번에 선전관 편에 통제사 이순신이 아직도 권도(權道, 방편)를 좇지 않아서(모친을 잃은 상제라고 하여 고기를 안 먹고 나물 반찬만 먹는 것을 뜻한다.) 여러 장수들이 걱정스럽게 여긴다고 들었다. 사사로운 정이야 비록 간절하지만 나랏일이 한창 바쁘고 옛사람의 말에도 전쟁에 나가서 용맹이 없으면 효가 아니라고 하였다.

전쟁에 나가서 용감하려면 소찬(素饌)이나 먹어서 기력이 떨어진 자로서는 능히 하지 못하는 일이다. 예에도 원칙을 지키는 경(經)이 있고 방편을 취하는 권(權)이 있는 것처럼 꼭 원칙만 지킬 수는 없는 것이다. 경은 내 뜻을 잘 깨달아서 소찬 먹는 것을 그만두고 권도를 좇도록 하라.' 아울러 고기반찬을 내려 주셨다. 감격하고 감격하였다."

원균이 무너뜨린 수군을 끌어모아 명량해전에서 기적 같은 승리를 이룬 이순신, 명나라 지휘부는 물론이고 임금마저 겉으로는 신임을 보내 주었으니, 이순신은 이즈음 짧으나마 정치적으로 안정된 시기를 보낼 수 있었다. 한산대첩을 이룬 임진년에 이어 두 번째로 정치적 행복기를 맞은 셈이다.

이순신의 강점은 이런 유리한 국면을 절대로 그냥 흘려보내지 않는다는 데 있다. 정유년 12월 25일, 순찰사와의 협상을 거쳐 전라도 연해안 19개 고을을 수군에게 전속하게 하는 데 성공한다. 순찰사도 해변고을을 수군에게 양보할 생각이 없었겠지만 명량대첩의 영웅을 이기기는 힘들었을 것이다. 이순신은 한번 필요하다고 생각해서 관철하기로 결심한 사항은 끝내 관철시키는 인물이다. 덕분에 이순신의 권력기반은 한층 더 강화되었다.

'제2의 수국' 고금도 군영

이순신은 무술년(1598) 2월 17일 강진 앞바다에 위치한 고금도(古今島, 현재 전남 완도군 고금면)로 진을 옮긴다. 조카 이분이 쓴 '행록'

에는 고금도 통제사 군영을 이렇게 적고 있다.

"고금도는 강진에서 남쪽으로 30여 리쯤 되는 곳에 있어 산이 첩
첩이 둘러쳐져 지세가 기이하고 또 그 곁에 농장이 있어서 아주
편리하였다. 공은 백성들을 모아서 농사를 짓게 하여 거기서 군
량을 공급받았다. 이때 군사의 위세가 이미 강성해져서 남도 백
성들로 공을 의지하여 사는 자들이 수만 호에 이르렀고 군대 위
세의 장엄함도 한산진보다 10배나 더하였다."

고금도는 산으로 둘러싸여 사방으로 적의 움직임을 파악할 수 있
었을 뿐만 아니라 공격하고 수비하기에 편리한 섬이었다. 반면 외부
에서는 고금도의 수군기지를 공격하기가 매우 불리한 상황이었다.
오목한 만 안에 위치한 고금도 덕동(德洞)기지는 한산도 제승당과 유
사하였다. 고금도의 주변은 조약도와 신지도 등 여러 섬들이 둘러싸
고 있었고 섬 안에 농지도 넓었다. 한마디로 군량을 모으고 피난민을
거두기에 부족함이 없는 섬이었다.
　서해상의 보화도에서 남해안 고금도로 기지를 옮긴 것은 나름의
의미가 있다. 이순신이 조정에 올린 이진(移陣) 보고서에 잘 나타나고
있다.

"우리 수군은 멀리 나주 경내의 보화도에 있으므로 낙안과 흥양
등의 바다에 출입하는 왜적이 마음 놓고 마구 돌아다녀 매우 통
분스럽습니다. 그리고 바람이 잔잔하니 이는 왜적이 소란을 일으
킬 때이므로 2월 16일에 여러 장수들을 거느리고 보화도에서 바

다로 나아가 17일에 강진 경내의 고금도로 진을 옮겼습니다. 고금도 역시 호남 좌우도의 내외 바다를 제어할 수 있는 요충지로 산봉우리가 중첩되고 후망이 잇대어져 있어 형세가 한산도보다 배나 좋습니다. 남쪽에는 지도가 있고 동쪽에는 조약도가 있으며 농장도 많지만 직업을 갖지 않은 사람(피난민)도 거의 1,500여 호나 되기에 그들로 하여금 농사를 짓게 하였습니다."

-『선조실록』, 무술년(1598) 3월 18일자

한마디로 이순신은 일본군과 정면으로 맞서기 위해 동쪽으로 기지를 옮긴 것이다. 이는 해상의 주도권을 다시 장악하겠다는 의지의 표현이며 조선 수군의 군세가 그만큼 회복되었음을 말해 주고 있다.

조선 수군이 동쪽으로 진을 옮기자 남해안의 일본군은 아연 긴장할 수밖에 없었다. 고금도에서 하루 이틀이면 고흥과 순천의 일본군 기지를 공격할 수 있기 때문이다. 순천의 일본군은 1598년 2월 24일부터 예교성을 쌓는 작업을 시작하였다. 조선 수군이 고금도로 진을 옮긴 지 불과 1주일 만이다. 말할 것도 없이 이순신의 공격을 두려워하였기 때문이다.

이순신은 고금도에서 제2의 수국을 세웠다. 서·남해안의 들판과 버려진 섬에다 둔전을 새로이 개간하는 한편 해로통행첩으로 막대한 군량을 확보하였다. 한산도에서와 마찬가지로 다시 소금을 굽고 물고기를 잡아서 내륙 각지에 팔아 군자금을 마련하였다. 수시로 사들이거나 모은 구리와 쇠로 무기를 만들고 해송(海松)들을 베어 전선을 잇달아 건조하였다. 조선 수군이 버티는 한 일본군에 노략질당할 염려 없이 생업에 종사할 수 있었으므로 백성들은 속속 고금도와 인근

고금도 충무사 관왕묘비
비각 안 묘비에는 명나라
장수 진린이 이순신 장군
의 전사를 애석히 여기고
피를 토하며 돌아갔다는
내용이 적혀 있다.

의 섬 지역으로 몰려들었다. 경제가 일어나고 사람이 들끓으니 고금
도는 새로운 해상왕국의 중심지로 번영하였다.

앞서 언급한 이분의 행록에서 보듯 '남도 백성들로 공을 의지하
여 사는 자들이 수만 호에 이르렀고, 군대 위세의 장엄함도 한산진보
다 열 배나 더한' 제2의 수국이 고금도 기지였다. 유성룡의 『징비록』
에 따르면 고금도 시절의 군사는 8,000명으로 늘었다. 1597년 9월
12~13척의 전선에 1,500명 수준의 군세에서 불과 6개월 만에 이만
한 군사력을 키워 냈으니 이순신의 탁월한 경영능력을 거듭 실감할
수 있다.

고금도 덕동에 본영격인 운주당(運籌堂)을 다시 지으니 통제사의
권위는 한산도 시절을 능가함이 있었다. 특히, 이때부터 이순신의 휘
하에는 구름 같은 인재들이 몰려들어 하나의 당을 이루고도 남을 정
도였다. 원균이라는 라이벌의 견제를 받던 한산도 시절에 비해, 고금
도의 이순신은 명량해전의 성가가 더해지면서 '해왕(海王)'이나 다름없

는 무소불위의 해상권력을 구가할 수 있었다. 한산수국이 몰락한 지 꼭 1년 만에 이순신은 전보다 강한 고금도 수국을 세운 셈이다.

그런데 고금도의 위치가 예사롭지 않다. 이순신이 의도하지는 않았겠지만 그의 '마지막 기지'는 신라시대 장보고가 세운 청해진(淸海鎭) 옛터와 매우 가깝다.

9세기 초, 동아시아의 해상무역을 주도한 청해진의 물력(物力)은 조정에 뒤지지 않을 지경에 이르렀다. 청해진의 주인 장보고는 강한 경제력과 스스로 키운 군대를 배경으로 중앙정치에까지 영향력을 미쳤다. 그러나 반란 가능성에 위협을 느낀 조정은 '염장(閻長)'이라는 장사를 보내 장보고를 암살한다. 뒤에서 다루겠지만 나는 이순신의 최후가 장보고의 죽음과 비슷했을 가능성을 제기하고 있는데, 두 사람의 기지가 지척이라는 점에서 운명의 유사성마저 느껴진다.

장보고라면 당시에도 700년 전의 과거인이고 청해진은 형체조차 남지 않았으므로 아는 사람은 거의 없었을 것이다. 하지만 고려, 조선의 역대 위정자들은 '옛날 서·남해 섬에 자리 잡은 거진(巨鎭)의 장수가 해변 백성들을 규합해 (신라) 조정을 위협하였다.'는 단편적인 상식은 가지고 있었다. '해변의 무리는 믿을 수 없다.'는 편견의 원천이기 때문이다. 바로 그런 장소에 장보고보다 더 힘센 장수가 터를 잡고 독자적인 세력을 형성한 셈이다.

고금도는 또한 고려 조정에 대항했던 삼별초의 도읍지 진도와도 가깝다. 바람 같이 배를 몰아 육지 깊숙이 찔러대던 '물위의 나라' 삼별초의 공격을 개경 조정은 감당하기 어려웠다. 만약 몽골의 도움이 없었다면 고려 정부는 삼별초를 쉽게 제압하지 못했을 것이다. 고려 말부터 조선조에 이르기까지 역대 조정에서 바다를 홀대하고 억압한

고금도 부근 지도

배경에는 삼별초라는 해상세력에 대한 나쁜 기억이 한몫을 했다.

'청해진과 삼별초의 추억'……. 힘을 지닌 군대가 해변을 장악했을 때 역대 왕조에 얼마나 큰 부담이었는지를 잘 아는 임금과 조정으로서는 고금도 수국의 강성함에 대해 이중적인 느낌을 가졌을 것이다. 일본군을 저지할 수 있는 강한 군영으로 성장한 것이 대견스러우면서도 이순신의 힘이 조정을 능가하지는 않을까 하는 걱정도 들었을 것이다.

특히 한산수국을 경계해 이순신을 체포하기까지 했던 선조 임금은 고금도 수국에도 의혹의 눈길을 보냈을 것이 틀림없다. 권력자의 본능에서, 선조는 아마도 이런 염려를 했을 것이다. "천 리 넘게 떨어진 절해고도, 조정의 통제를 벗어난 곳에서 이순신이 다시 군영을 세우고 산업을 일으켰으니 그 자의 실력이 무섭다. 해상의 모든 절제 권한은 이순신이 가지고 있다. 왕화(王化)를 받지 못한 해민(海民)들이 구름처럼 몰려들어 이(李)를 하늘처럼 떠받들고 있다고 한다. 만일에 신뢰 못할 해변인과 이순신이 칼을 거꾸로 잡기라도 한다면 사직(社稷)이 위태로울 것이다."

임금으로서는 전란이 끝나는 대로 '충성심이 의심스러운 장수가 많은 군사와 해변 백성의 지지를 받고 있는 상황'을 타개하리라고 결심했을 것이 분명하다. 혼신의 힘으로 고금수국을 세운 이순신은 자력으로 일본군에 맞서고 있었지만 그의 미래에는 어두운 그림자가 덮여가고 있었다.

9장

정치적 도약-이순신,
대명(大明) 수군도독에 제수되다

원균이 일본군에 철저히 패배한 반면 왕의 칼에 처형될 뻔했던 이
순신은 불과 13척의 전선으로 명량대첩을 일구어 냈다. 세상의 인심
은 크게 변전하였다. '조선의 진정한 영웅은 이순신뿐이다.' 해변의
백성들과 뜻있는 선비들이 주위에 몰려들면서 이순신의 성가(聲價)는
임금에 뒤지지 않았다. 한양의 천 리 밖에서 활동하고 있었지만 잠재
적인 정치 비중은 갈수록 커져갔다. 신하의 공이 높아 왕의 권위를 깎
아내린다는 공고개주(功高蓋主) 현상이 더욱 심화된 것이다.

명나라 지휘부도 이순신을 높이 평가하여 '수군도독(水軍都督)'이
라는 명의 고위 장군직을 부여하게 된다. 종전 이후에 대비한 포석으
로 해석된다. 이순신은 대명 수군도독직에 오름으로써 임금이 벌할
수 없는 지위를 가지게 되었지만 조정의 위기의식을 더욱 부추긴 효
과도 없지 않았다. 종전을 앞두고 이순신의 위상은 더욱 높아졌지만

그의 운명은 빠르게 요동치고 있었다.

인재들의 운집

이순신은 본래 사람을 끌어들이는 매력이 있었다. 원균처럼 공(功)을 놓고 경쟁하는 사이가 아니라면 이순신을 만나 본 사람들은 모두가 그를 호평하였다. 상대를 배려하는 마음이 컸기 때문이다. 『난중일기』와 행록에 나오는 몇 가지 사례들을 살펴보자.

> **을미년(1595) 8월 27일** 체찰사 이원익의 이름으로 군사들(5,480명)에게 잔치를 베풀어 주었다. 정승이 기뻐하고 온 군중이 좋아하였다(행록).

> **병신년(1596) 4월 10일** 저녁나절에 암행어사가 들어와서 같이 이야기하였다. 촛불을 밝혀 주고 헤어졌다.(이순신과 수군의 동태를 감시하기 위해 임금이 보낸 암행어사이다. 하지만 그도 이순신과 더불어 이런저런 이야기를 나눌 정도로 이순신의 입장을 이해하고 있다.)

> **병신년(1596) 4월 12일** 어사가 밥을 지어 군사들에게 먹인 뒤에 활 열 순을 쏘고 종일 이야기하였다.(어사의 이름으로 밥을 지어 어사의 체면을 세워 주었다는 뜻이다.)

> **병신년(1596) 4월 15일** 단오절의 진상품을 봉해서 곽언수에게 주어 보냈다. 영의정(유성룡), 영부사 정탁(정유년 옥사 때 '신구차'를 올려 이순신을 결정적으로 도와준다. 정탁의 신구차가 나온 배경에는 이런 평소의 교유도 한몫을 했을 것이다.), 판서 김명원, 지사 윤자신, 조사척, 신식, 남이공 앞으로 편지를 썼다.

이런 성품이었기에 이순신 주위에는 그를 이해하고 도와주는 사람이 언제나 많았다. 정유년 옥사에서 풀려난 직후와 원균의 칠천량 해전 패배로 이순신의 진가가 드러나면서 1차적으로 많은 인물들이 그의 주위로 몰려들었다. 이순신을 진심으로 따르고 존경했던 사람들로서 무관이 아닌 사람들도 많다. 백의종군을 하던 암울한 시기(정유년 7~8월)에도 그를 만나고자 찾아온 사람들로 넘쳐난다. 몇몇 사례들을 보자.

정유년(1597) 7월 1일 송대립이 송득운과 함께 왔다. 안각도 보러 왔다. 저녁에 서철, 방덕수와 그의 아들이 와서 잤다.

정유년(1597) 7월 4일 늦게 이방과 유황이 오고 의병인 흥양의 양점, 찬, 기 등이 수방하러 왔다. 변여량, 변회보, 황언기 등이 모두 출신(出身, 무과 합격자)이 되고서 인사하러 왔다. 변사증과 변대성 등도 보러 왔다. 아침밥을 먹을 때는 안극가가 보러 왔다.

정유년(1597) 7월 6일 변존서가 마흘방에서 돌아왔기에 안으로 들어갔다. 안각 형제도 변홍백을 따라왔다.

정유년(1597) 7월 7일 아침에 안각 형제가 보러 왔고, 저물 무렵에는 흥양 박응사가 보러 오고, 심준 등도 보러 왔다.

정유년(1597) 7월 8일 늦게 집주인 이어해와 최태보가 보러 오고 변덕수 또한 왔다. 저녁에 송대립, 유홍, 박영남이 왔는데 송대립과 유홍 두 사람은 밤에 돌아갔다.

정유년(1597) 7월 9일 늦게 윤감, 문보 등이 술을 가지고 와서 열(이순신의 아들)과 주부 변존서에게 이별주를 권하고 돌아갔다.

정유년(1597) 7월 11일 늦게 변홍달, 신제운, 임중형 등이 보러 왔다.

정유년(1597) 7월 12일 점심 지을 무렵에 방응원, 현응진, 홍우공, 임영립 등이 박명현이 있는 곳에서 와서 함께 밥을 먹었다.

정유년(1597) 7월 13일 저녁나절에 이태수, 조신옥, 홍대방이 와서 적을 토벌할 일을 말하였다. 송대립, 장득홍도 왔다.

정유년(1597) 7월 14일 전마를 몰고 올 일로 정상명을 남해로 보냈다. 방응원, 윤선각, 현응진, 홍우공 등과 함께 이야기하였다

정유년(1597) 7월 15일 늦게 조신옥, 홍대방 등과 윤선각까지 아홉 명을 불러 떡을 차려 먹었다.

정유년(1597) 7월 18일 새벽에 이덕필, 변홍달이 와서 '16일 새벽에 수군이 대패했는데, 통제사 원균, 전라우수사 이억기, 충청수사 최호 및 여러 장수와 많은 사람들이 해를 입었다.'고 전하였다. 통곡함을 참지 못하였다. 조금 있으니 원수(권율)가 와서 말하되 '일이 이 지경으로 된 이상 어쩔 수 없다.'고 말하고 오전 10시가 되어도 대책을 세우지 못하였다. 나는 '내가 직접 연해안 지방으로 가서 보고 듣고 난 뒤에 결정하는 것이 어떻겠는가?'라고 말하니 원수가 기뻐하며 승낙하였다. 송대립, 유황, 윤선각, 방응원, 현응진, 임영립, 이원룡, 이희남, 홍우공(백의종군하던 이순신을 측근에서 보좌하던 9명이다.)과 함께 길을 떠나 삼가현에 이르니 삼가현감이 새로 부임하여 나를 기다렸다. 한치겸도 왔다.

정유년(1597) 8월 3일 손인필, 손응남이 올감을 가져왔다.

정유년(1597) 8월 5일 옥과 땅에 이르니 피난민이 길에 가득 찼다. 말에서 내려 타일렀다. 옥과현에 들어갈 때 이기남의 부자를 만나 현에 이르니 정사준, 정사립이 와서 마중하였다.

정유년(1597) 8월 8일 순천에 이르니 성 안팎에 사람 발자취가 하

나도 없어 적막하였다. 중 혜희가 와서 알현하므로 의병장의 사
령장을 주었다.

정유년(1597) 8월 11일 송희립, 최대성이 와서 보았다.

정유년(1597) 8월 16일 김희방, 김붕만이 왔다.

해변고을의 백성들도 이순신을 하늘같이 따랐다. 한 예를 보자.

"맑다. 일찍 떠나 낙안(순천시 낙안읍)에 이르니 사람들이 많이 나
와 5리까지 환영하였다. 백성들이 달아나고 흩어진 까닭을 물으
니 모두 하는 말이 '병마사가 적이 쳐들어온다고 겁을 먹고 창고
에 불을 지르고 물러갔다. 그 때문에 이와 같이 백성들도 뿔뿔이
흩어졌다.'고 하였다. 군청에 이르니 관청과 창고가 모두 다 타버
리고 관리와 마을 사람들이 흐르는 눈물을 가누지 못하고 와서
보았다. 오후에 길을 떠나 10리쯤 오니 늙은 할아버지들이 길가
에 늘어서서 술병을 다투어 바치는데 받지 않으면 울면서 억지로
권하였다."

-『난중일기』, 정유년(1597) 8월 9일

백성들은 정확히 알고 있었다. 누가 끝까지 자신들을 구해 줄 인
물인지를 말이다. 특히 명량에서 기적의 승리를 거둔 후에는 피난 백
성들은 물론이고 뜻있는 선비들까지 이순신 주위로 구름처럼 몰려들
었다.

명량대첩 이후의 『난중일기』를 보면 휘하 장수나 관리들뿐만 아
니라 선비들과의 접촉 빈도가 늘어난 것이 특징이다. 글 읽는 선비들

과 밤늦도록 대화를 나누며 세상사를 논의했을 것으로 보이는 사례
들이 자주 눈에 뜨인다.

> **정유년(1597) 10월 9일** 저녁에 김종려, 정조, 백진남 등이 와서 보
> 았다.
>
> **정유년(1597) 10월 20일** 저녁나절에 김종려, 정수, 백진남이 와서
> 보고 또 윤지눌의 못된 짓을 말하였다. 김종려(김종려는 후일 수군
> 이 관장하는 염전의 책임자가 되면서 정식 휘하가 된다.)를 소음도 등
> 13개 섬의 염전 감독관으로 정하여 보냈다.
>
> **정유년(1597) 10월 23일** 진사 백진남이 와서 보았다.(백진남이 진사
> 인 것을 보면 김종려와 정조, 정수 등도 비슷한 선비들로 여겨진다.)
>
> **정유년(1597) 11월 7일** 늦게 전 홍산현감 윤영현과 생원 최집이
> 보러 왔는데, 군량으로 벼 40섬과 쌀 8섬을 바쳤다. 며칠간 양식
> 으로 도움될 만하였다. 전 현령 김응인이 보러 왔다. 이대진의 아
> 들 순생이 윤영현을 따라왔다.(현령 출신의 김응인도 윤영현처럼 이
> 순신을 돕는 과정에서 새로운 기회를 잡으려 했던 인물이 아닌가 싶다.)
>
> ─『난중일기』, 정유년(1597) 11월 7일

윤영현은 1591년 왕자사부(王子師傅)를 거쳐 1596년 충청도 홍산
현감이 되었다. 그런데 그해 이몽학이 홍산에서 반란을 일으켰는데,
현감 윤영현이 반군에 체포되었다. 역적에게 굴종하였다는 죄로 의
금부에 투옥되고 파직되었던 인물이다. 출셋길이 막힌 인물이 이순
신의 군영을 찾아든 것이다. 윤영현 본인으로서는 조정의 처사에 억
울함이 없지 않았을 것 같고, 이순신과의 교류협력을 통해 새로운 반

전을 시도할 의도가 있지 않았나 싶다. 하지만 윤영현이 이순신의 막하가 되기로 결심한 정확한 이유는 알 길이 없다. 이순신의 입장에서도 역적에게 항복한 죄인을 곁에 두기란 껄끄러운 점이 많을 텐데도 거리낌 없이 받아들인 점이 궁금하다. 자신도 옥사를 겪어보아서 윤영현에게 동병상련의 감정을 가졌는지, 아니면 영민한 선비를 곁에 두고 싶은 생각 때문이었는지, 구체적인 언급이 없어 짐작하기 어렵다.

정유년(1597) 11월 15일 늦게 임환(나주진사)과 윤영현이 와서 보았다.(진사인 임환과 전직 현감 윤영현 등 지식층이 무장인 이순신 주변에 머물며 수시로 교유하고 있음을 시사하고 있다. 이들 지식인들은 이순신에게 좀 더 크고 넓은 세상을 보도록 도와주는 역할을 하지 않았을까 싶다.)

정유년(1597) 11월 28일 무안에 사는 진사 김덕수가 군량에 쓸 벼 15섬을 가져와 바쳤다.

정유년(1597) 11월 29일 전희원, 정봉수가 왔다. 무안현감도 왔다.

정유년(1597) 12월 2일 홍산현감 윤영현, 김종려, 백진남, 정수 등이 와서 보았다.

정유년(1597) 12월 21일 아침에 윤홍산(홍산현감을 지낸 윤영현을 말한다. 이 같은 축약어가 생긴 점으로 미뤄 이순신과의 관계가 한층 친밀해졌음을 알 수 있다.)이 목포에서 와서 보았다.(무술년(1598) 1월 5일부터 9월 14일까지, 10월 13일부터 11월 7일까지는 『난중일기』가 빠지고 없어 그동안 만난 사람과 저간의 사정을 알 길이 없는 것이 유감이다. 하지만 이때는 더욱 많은 인물들이 이순신 휘하로 몰려들었을 것이 틀림없다. 어쨌든 이순신 최후의 순간을 담은 중요한 기록이 사라졌으니 그 배경이 예사롭지 않다. 이 시기의 일기가 사라진 원인과 관련해 조정에 대한 반감이나 정치개혁 의지 등 민감한 내용이 포함되어 있었고, 이를 파악한 측근 인사들(예를 들어, 조카 이분 등)이 일기가 공개되었을 경우 생길 수 있는 불상사에 대비해 빼돌린 탓이 아닌가 하는 생각도 든다.)

무술년(1598) 9월 24일 남해사람 김득유 등 다섯 사람이 다녀와서 그 고을 적정을 전하였다. 진대강이 돌아갔다.

이상은 이순신이 부하장수 외에 일반 백성이나 선비들과 교류한 내용을 기록한 『난중일기』의 일부분이다. 이순신도 사람인 이상 만나서 이야기를 나누고 교류한 사람이나 대화 내용을 모두 적지는 못했을 것이다. 하지만 일기에 이름을 올린 사람만 하더라도 이순신이 얼마나 방대한 인맥을 구축하고 있었는지 알 수 있다. 일기에는 나오지 않지만 일본에 끌려갔다 훗날에 귀국한 전 형조좌랑 강항(姜沆, 『간양록』의 저자)도 애초 이순신 휘하로 들어가려던 중 일본군에 붙잡힌 바 있다. 이순신의 인품과 능력에 감화되었거나 새로운 기회를 잡기 위해서 스스로 몰려 든 사람들이 당을 이루어가며 세력화되고 있었음을 알 수 있다. 새로운 수국을 세운 '이순신 군단'의 힘은 점점 커져가고 있었다. 이순신 휘하에 수많은 인재가 들끓고 있다는 사실은 선전관 등 조정의 촉수를 통해 한양에도 보고가 되었고, 왕도 그런 상황을 날카로운 시선으로 지켜보고 있었을 것이다.

이순신, 명군의 신망을 얻다

이순신의 성가(聲價)는 조선 국내뿐만 아니라 중국에서도 높았다. 이순신은 7년전쟁 전 과정에서 명나라 사람들과 돈독한 관계를 유지하였다. 사실 객관적인 외부인의 시각에서 볼 때 조선에서 가장 믿을 만한 장수는 이순신이다. 명군이 시종일관 이순신을 높이 평가한 것은 그의 능력과 인품이 사람을 설복시키고도 남았기 때문이다. 이순신 역시 전란의 초기단계에서부터 명나라 사람들과 우호적인 관계를 유지하려고 노력하였다. 『난중일기』 기록들을 살펴보자.

계사년(1593) 5월 24일 나대용이 명나라 관원을 사량 뒷바다에서 발견하고 먼저 와서 전하되, '명나라 관원과 통역 표헌(表憲)과 선전관 목광흠이 함께 온다.'고 한다. 오후 2시쯤 명나라 관원 양보가 진문에 이르므로 우별도위 이설이 나가 맞아 배로 안내하여 오니 매우 기뻐하는 기색이다. 우리 배로 청하여 오르게 하고 황제의 은혜를 재삼 사례하며 마주앉기를 청하니 굳이 사양한다. 그는 앉지 않고 선 채로 한 시간이 지나도록 이야기하며 수군이 장하다고 매우 칭찬하였다. 예물 명단을 올리니 처음에는 굳이 사양하는 듯하더니 마침내 받고는 매우 기뻐하며 두 번 세 번 감사하다고 하였다.

계사년(1593) 5월 25일 아침에 통역 표헌을 다시 청하여 명나라 장수가 무슨 말을 하던가 하고 물으니 (중략) 이미 말한 대로 '송시랑이 수군의 허실을 알고자 하여 자기가 데리고 온 군중 탐정(夜不守) 양보를 보낸 것인데, 수군이 이렇게도 장하니 기쁘기 한이 없다.' 한다고 하였다.

계사년(1593) 6월 13일 명나라 사람 왕경(王敬)과 이요(李堯)가 와서 수군의 상황을 살폈다. (중략) 그들과 조용히 이야기하는 중에 느껴지는 것이 많았다.

갑오년(1594) 7월 17일 오전 10시쯤에 명나라 장수 파총 장홍유가 병호선(兵號船) 5척을 거느리고 돛을 달고 들어와서 곧장 영문에 이르러서는 육지에 내려 이야기하자고 청하였다. 그래서 나는 여러 수사들과 함께 활터 정자에 올라가서 올라오기를 청했더니 파총이 배에서 내려 곧 왔다. 이들과 같이 앉아서 먼저 바닷길 만리 먼 길을 어렵다 않으시고 여기까지 오신 데 대하여 감사함을 비길 데가 없다고 하였다. (중략) 나는 차를 마시자고 청하고 또 술잔을 권하니 감개무량하다. 적의 형세를 이야기 하느라고 밤이 깊은 줄도 몰랐다.

갑오년(1594) 7월 19일 환영 예물단자를 올리니 감사해마지 못하겠다면서 주시는 물건이 매우 풍성하다고 하였다. (장홍유의) 자(字)와 호(號)를 물으니 써서 주는데 자는 중문(仲文)이요, 호는 수천(秀川)이라고 하였다.

갑오년(1594) 7월 20일 아침 식사를 한 뒤에 파총(장홍유)이 내 배로 와서 조용히 이야기하고 이별의 잔을 권하였다. 파총이 일곱잔을 마신 뒤 홋줄을 풀고 함께 포구 밖으로 나가 두 번 세 번 애달픈 뜻으로 송별하였다.(이순신의 이 같은 따뜻한 접대는 명나라 장수들에게 깊은 호감을 심어 주었을 것이다.)

병신년(1596) 9월 20일 광주목사를 보고 길을 떠나려 할 즈음에 명나라 사람(명나라 사람들은 이순신에 관심이 커서 누구든지 만나기만 하면 대화를 청한다.) 두 명이 이야기하자고 청하므로 술을 먹였다.

명군 지휘부는 이순신이 조정에 죄를 얻어 백의종군을 하고 있을 때에도 사람을 보내 처지를 위로하고 깊은 신뢰를 보여 주었다.

정유년(1597) 6월 11일　명나라 차관 경략구문 이문경이 와서 만나 보니 부채를 선물로 보냈다.

특히 명량해전 승전 때는 명나라의 이순신 챙기기가 절정에 이르렀다.

정유년(1597) 11월 16일　명나라 경리 양호(楊鎬)는 붉은 비단 한 필을 보내면서 배에다 붉은 비단을 걸어 주고 싶으나 멀어서 갈 수 없었다고 전하였다.

정유년(1597) 11월 17일　경리 양호의 차관이 초유문(招諭文)과 면 사첩(免死帖)을 가지고 왔다.

이순신이 명군들과 탄탄한 신뢰관계를 쌓을 수 있었던 것은 탁월한 전공과 잘 수양된 인격 등이 복합적으로 작용한데다 뛰어난 한문 실력도 한몫을 하였다고 판단된다. 이순신은 무장 치고는 문장력이 좋았기에 명나라 사람들과 필담으로 깊숙한 대화를 나눌 수 있는 능력을 가지고 있었다.

명나라 수군도독(水軍都督)에 오르다

이순신의 국내외 위상은 명나라 수군도독에 오르면서 한 단계 더 도약한다. '대명 수군도독'직의 제수는 조명 수군 합동작전에서 기회를 잡았다. 명나라가 육군 외에 해군까지 참전시킨 것은 무술년 (1598)의 일이다. 남방 절강성의 수군 9,000명을 끌고 온 수군대장은 진린으로, 4월 27일 요동에 도착한 다음 6월에 조선 경내로 진입하였다. 진린은 무술년 6월 26일 서울 동작강(銅雀江)에서 선조 임금의 환송연회를 받은 뒤 남쪽으로 내려가 이순신과 합류한다.

진린은 조선 신료(찰방 이상규)가 자신에 대한 접대를 소홀히 하였다는 이유로 개처럼 목에 새끼줄을 걸어 끌고 다닌 인물이다. 영의정 유성룡이 통역을 통해 풀어 줄 것을 요청했지만 소용없었다. 그는 선조에게 조선 수군에 대한 작전지휘권을 행사할 것임을 분명히 함으로써 여간한 고집내기가 아니라는 것을 입증해 보였다.

> "임금이 동작강에 나가서 진린 도독을 전송하는 연회를 베풀었다. 두 번 읍을 하고 나서 차와 술을 대접하였다. 진 도독은 '작은 나라의 신하들이 혹시라도 명령을 어기는 것이 있으면 절대로 용서하지 않고 모두 군법에 의하여 처리할 것입니다.'라고 말하였다. 임금이 신식에게 '이 말이 몹시 중하니 비변사에 전해서 의논하도록 하라.'고 지시하였다. 임금이 진 도독과 두 번 읍하고 작별하고는 대궐로 돌아왔다."
>
> ─『선조실록』, 무술년(1598) 6월 26일자

진린의 성격이 이처럼 사나웠던 만큼 조정에서는 걱정이 많았다. 유성룡이 쓴 『징비록』의 한 구절이다.

"애석하게도 이순신의 군사가 또 장차 패할 것 같습니다. 진린과 함께 군중에 있으면 행동하는 것이 억눌리고 의견이 서로 맞지 않겠으며, 그는 반드시 장수의 권한을 침탈하고 군사들을 마음대로 학대할 것인데 이를 거스르면 더욱 성낼 것이고 그대로 따라 주면 꺼리는 일이 없을 것이니 이순신의 군사가 어째 패전하지 않을 수 있겠습니까?"

그러나 이순신은 녹록지 않은 장수였다. 일단 진린의 군사가 도착할 때 성대히 환영함으로써 그의 기분을 한껏 풀어 주었다. 무술년 7월의 『난중일기』 기록은 전해지지 않지만 조카 이분이 쓴 행록이 있다.

"명나라 수군 도독 진린이 해군 5,000명을 거느리고 왔다. 공(이순신)은 진린의 군사가 온다는 말을 듣고 술과 안주를 성대하게 차리고 또 군대의 위의를 갖추어 멀리 나가 맞이하여 큰 잔치를 베풀었더니 장수들과 그 이하 모든 군사들로 잔뜩 취하지 않은 자가 없었다. 병졸들도 서로 말하여 전하기를 '과연 훌륭한 장수이다.'라고 하며 감탄하였다."
-『이충무공 행록』, 무술년(1598) 7월 16일자

그러나 진린의 군대는 며칠이 지나지 않아 조선군과 조선 백성들을 못살게 굴었다. 이순신은 진린과 명나라 수군을 길들일 필요가 있다고 여겼다. 역시 행록의 기록이 이어진다.

"도독의 군사들이 처음 오자마자 자못 약탈을 일삼기 때문에 우리 군사와 백성들은 큰 고통을 겪었다. 하루는 공이 군중에 명령을 내려 크고 작은 막사들을 한꺼번에 헐어버리게 하고 공 역시 자기 옷과 이부자리를 배로 옮겨 실었다. 곳곳에서 집들이 헐리는 것을 바라보고 도독이 이상히 여겨서 아랫사람을 보내어 공에게 그 이유를 물었다. 공은 대답하기를 '우리 작은 나라의 군사와 백성들은 큰 나라의 장수가 온다는 말을 듣고 마치 부모를 기다리듯 했었는데 지금 귀국 군사들은 오자마자 행패를 부리고 약탈하는 데만 전념하기 때문에 백성들은 도저히 견딜 수가 없어서 모두 피해서 달아나려고 하는 것이다. 나는 대장의 몸으로서 혼자서만 여기 남아 있을 수는 없기 때문에 같이 배를 타고 다른 곳으로 가려고 하는 것이다.'라고 하였다. 심부름 온 사람이 돌아가서 그대로 보고하자 도독이 깜짝 놀라서 곤두박질치면서 달려와서 공의 손을 잡고 말리는 한편 하인을 시켜서 공의 옷과 이부자리를 도로 실어 올리게 하면서 간절히 애걸하였다. 그래서 공이 '대인께서 만약 내 말대로 따라 준다면 그렇게 하겠소.' 하였더니 도독도 말하기를 '어찌 안 따를 리가 있겠소.' 하므로 공은 이렇게 말하였다. '귀국 군사들은 우리들을 속국의 신하로만 알고 전혀 꺼림이 없소. 그러니 만약 그때그때의 형편을 봐서 내가 그들을 금지할 수 있는 권한을 나에게 허락해 주신다면 서로를 보존할 수가 있을 것입니다.'라고 하자 도독에 '그렇게 하지요.' 하고 승낙하였다. 그 후부터는 도독의 군사로서 규율을 범하는 자가 있으면 공이 법에 따라 처벌을 하니 명나라 군사들도 공을 두려워하기를 도독보다 더하였다. 이로써 온 군중이 편안해졌다."

한마디로 '어르고 빰치는 수법'으로 진린과 명나라 군대를 길들여 나간 것이다. 이순신의 진짜 능력은 이런 데서 찾아볼 수 있다. 이순신은 그러면서 진린을 철저히 자기 사람으로 만들어 나간다.

"공이 도독(진린)을 위하여 (고금도의) 운주당에 술자리를 베풀고 한창 술에 취했을 때 도독의 휘하에 천총(千摠)으로 있는 한 장수가 절이도로부터 와서 보고하기를 '오늘 새벽에 적을 만났는데 조선 수군들이 모조리 다 잡았습니다. 명나라 군사들은 풍세가 불순하여 싸워보지도 못했습니다.'라고 하였다. 그러자 도독은 크게 성을 내면서 '저자를 끌어내리라.'고 호령하면서 술잔을 던지고 술상을 뒤엎는 등 행동이 시정잡배와 같았으므로 공은 그 뜻을 알고 노여움을 풀어 주며 말하였다. '대인께서는 명나라의 대장으로서 해적들을 무찌르기 위하여 이곳에 오셨습니다. 그러므로 이곳 진중의 모든 승첩은 바로 대인의 승첩입니다. 우리가 베어 온 적의 머리는 마땅히 전부 대인에게 드려야지요. 대인께서는 여기에 온 지 얼마 되지도 않아 귀국의 황제께 큰 공로를 아뢰게 되었으니 이 어찌 좋은 일이 아니겠습니까?'라고 하였다. 도독은 크게 기뻐하며 공의 손을 잡고서 말하였다. '내가 본국에 있을 때부터 장군의 이름을 수없이 많이 들었는데 지금 보니 과연 허명이 아니었구나.' 그리고 종일토록 취하도록 마시며 즐기었다. 그날 송여종이 잡아다 바친 배가 6척이고, 적의 머리는 69개였는데 그것들을 전부 도독에게 보내고 그 내용을 자세히 장계하였더니 임금께서도 공이 명나라 장수의 체면 세워 준 일을 가상히 여기시고 유서를 내리었다.

도독이 진에 있은 지 오래되어 공의 호령하고 절제하는 것을 익숙히 보고 또 자기는 배가 비록 많다고 해도 적을 막아 내기는 어려울 것을 짐작하고 매번 전쟁에 임할 때마다 우리 판옥선을 타고 공의 지휘받기를 원하였으며 모든 호령과 지휘를 모두 공에게 양보하였다. 그리고 반드시 공을 '이 대인(李 大人)'이라고 부르면서 '공은 작은 나라에서 살 사람이 아니다.'라고 하였다. 공에게 중국으로 들어가 벼슬하기를 여러 차례 권하였다.(후일 이순신이 명나라 수군도독을 제수받는 데 진린의 역할이 컸음을 짐작할 수 있는 대목이다.)"

-『이충무공 행록』, 무술년(1598) 7월 24일자

구원한답시고 왔지만 애물단지가 될 수 있는 진린과 명나라 수군……. 이순신은 적절히 어르고 설복시켜 전투에 일익을 하도록 하였다.(물론 진린은 노량해전 직전에도 소서행장 등 일본군의 뇌물을 받고 전투에 소극적인 면모를 보여 주기도 하였지만 기본적으로는 일본군 격퇴에 한몫을 단단히 하였다. 일본과의 전투에 굳이 목숨을 걸어야 할 이유가 없었던 명나라 수군을 치열한 전투로 끌어들이게 된 것은 전적으로 이순신의 능력이다.)

이순신 스스로가 자신의 전공을 양보하는 등 '통 큰 대인'의 풍모를 보여 줌으로써 진린의 존경을 이끌어 낸 점도 중요하다. 진린은 이순신을 옆에서 접하고 수많은 필담을 거치면서 진심으로 존경하게 되었고, 이순신의 어려운 처지도 십분 이해하게 되었다. 임금의 의심과 경계를 얻어 죽음의 죄를 얻었으나 일본군의 재침으로 일단 방면된 사정도 알게 되었을 것이다. 진린이 이순신에게 작은 나라에서 벼슬할 인물이 아니라며 명나라에 가기를 권유한 것은 이순신의 상황을 이해했기 때문이다.

진린은 조선에 출동한 명군 지휘부는 물론이고 명 본국 조정에도 이순신을 매우 훌륭한 장수로 보고하였고, 마침내 그에게 명나라 관직을 제수하도록 하는 데 성공한다. 진린이 황제에게 올린 글귀는 그가 이순신을 얼마나 높이 평가했는지를 잘 보여 준다. 즉 '경천위지지재(經天緯地之才), 보천욕일지공(補天浴日之功)'이 그것인데, 의역을 하면 "천지를 주무르는 재주를 지녔고 나라를 바로잡은 공을 세웠다."는 극찬의 뜻을 담고 있다. 명나라 신종은 이순신에게 '수군도독'이라는 고위 직제를 내렸는데, 이는 진린과 동등한 벼슬이다.

이순신이 명나라 수군도독의 직제를 받게 된 것은 진린이 명 조정에 적극 건의했기 때문으로 여겨진다. 이순신이 넌지시 진린에게 부탁했을 개연성도 생각할 수 있겠지만 그의 담백한 품성으로 본다면 그럴 가능성은 높아 보이지 않는다. 아마도 이순신을 높이 평가한 명군 지휘부가 전후 이순신이 또다시 처벌을 받을 위험을 없애 주기 위한 목적, 그럼으로써 이순신이 마음 놓고 전투에 임하도록 밀어 주려는 의도에서 명나라 고위 계급장을 붙여 준 것이 아닌가 여겨진다. 종전 이후 명군이 철수하더라도 조선국이 이순신 주도 하에 군국사무를 제대로 갖추어 일본과 만주족의 흥기에 대비하도록 하기 위한 심모원려(深謀遠慮)가 담겨 있었을 가능성도 짐작된다. 이순신으로 하여금 진짜로 중국으로 건너가 벼슬살이하라고 주었을 리는 없다.

어쨌든 이순신은 이제 조선의 삼도수군통제사일 뿐만 아니라 '대명 수군도독'을 겸하게 되었다. 아산 현충사와 인근 이순신의 묘비 등을 보면 현재도 '명나라 수군도독'이라는 직책이 선명하다.

현충사의 정려와 명수군도독 직책이 선명한 편액 문구

　그렇지만 지금껏 이순신에 대한 예우로만 이해되었을 뿐 '대명 수
군도독'이라는 직명이 지닌 의미는 제대로 분석되지 못했던 것 같다.
우리 민족의 최고 영웅을 타국의 장수로 삼은 데 대한 불편한 감정도
작용했기 때문으로 여겨진다. 그러나 이순신이 명나라 장군직을 수
용하였다고 해서 조국을 저버린 것 아니냐는 식의 시각은 곤란하다.
동양의 조공책봉체제에서 속방의 신료가 중국의 관작을 받는 것은
왕왕 있었고 영예로 치부되던 시절이다. 중국 황제가 내리는 벼슬을
이순신이 거부할 수도 없었겠지만, 이순신은 정치적 도약을 나라와
백성을 위한 기회로 삼고자 했을 것이 분명하다.

　이순신이 명의 수군도독 벼슬을 언제 제수받았는지는 기록이 분
명하지 않다. 살아 있을 때 받았다는 설도 있고, 죽은 뒤 그 공로를 높

이 산 명나라 조정에서 '추존'의 의미로 보냈을 것이라는 풀이도 있다. 그러나 진린과의 관계를 생각했을 때 적어도 이순신이 살아 있던 시절, 수군도독을 제수하려는 움직임이 구체화되었을 것이 분명하다. 진린이 '공에게 대국에 가서 벼슬하기를 권하였다.'는 조카 이분의 행록은 그런 사정을 표현하고 있다.

이순신을 수군도독으로 임명하면서 명나라 신종황제는 그 증표로 8가지 하사품을 보낸다. 이른바 팔사품(八賜品)이라고 하는 군 의장물(儀狀物)이니 품목은 다음과 같다. 첫째, 도독인(都督印), 즉 도독의 직인 1개다. 둘째, 영패(令牌) 2종이다. 도독이 휘하 장령에게 긴급한 군령을 내릴 때 비장에게 지참시켰던 것으로 앞면은 영(令), 뒷면은 대장(大將)이라는 글씨가 적혀 있다. 셋째, 귀도(鬼刀)이다. 도독의 좌우에 장교 2명이 어깨에 메고 서서 호위하는 데 사용하였다. 넷째, 참도(斬刀)이다. 목을 베는 칼이라는 뜻이다. 전 군사를 호령하고 군법을 시행할 때 지휘도로 사용하였다. 다섯째, 곡나팔(曲喇叭)이다. 출동 시나 접전 시에 웅장한 천아성을 내어 군사들의 사기를 고무시키고 명령신호를 하는 데 사용하였다. 여섯째, 독전기(督戰旗)이다. 이는 적과 싸울 때 전투를 독려하는 깃발이다. 일곱째와 여덟째, 홍소령기(紅小令旗)와 남소령기(藍小令旗)이다. 기함에서 작전을 지휘하는 데 사용하였다. 팔사품은 조선 말기까지 삼도수군통제영에서 보관하다가 현재는 통영시 충렬사에서 관리하고, 아산 현충사에 복제품이 전시되어 있다.

명나라에서 8가지 구체적인 의장물을 보냈다는 것은 이순신이 사망한 뒤에 '추존'하는 의미에서 수군도독에 제수한 것이 아니라, 생존 시에 실제로 도독직을 내렸다는 방증으로 해석된다.

통영 충렬사 팔사품 충렬사 팔사품(八賜品)은 임진왜란 당시 조선에 지원군으로 왔던 명나라 수군 도독 진린이 이순신 장군의 전공을 명나라 조정에 보고하자 신종(神宗) 황제가 이순신에게 보내 준 여덟 가지의 물품이다. 통제영에 300여 년 동안 보관되어 오다가 1895년(고종 32) 통제영이 해체되면서 이순신의 사당인 통영 충렬사로 옮겨져 봉안되었다.

대명 수군도독에 제수되고 황제의 팔사품이 전해지면서 이순신은 이제 예전의 그가 아니었다. 속방(조선)의 법으로 상국의 최고위급 장수를 처벌할 수 없으니 명실상부한 '면사첩'을 받은 셈이다. 명나라 도독이 되는 순간부터 이순신은 왕과 비교해도 크게 뒤지지 않을 정치적 위상을 확보한 셈이다. 사실 이순신의 명나라 수군도독 임명과 팔사품의 하사는 당시로선 '빅뉴스'임에도 불구하고 『선조실록』은 철저히 침묵하고 있다. 중요한 사실에 대한 기록을 누락한 것은 조정의 당혹감과 불쾌감이 작용한 때문으로 보인다. 설령 명 수군도독 임명장과 황제가 보낸 여덟 가지 하사품이 조선에 도착한 것은 사후(死後)의 일이라 하더라도 '도독 임명의 방침'은 이순신이 살아 있던 시기에 정해졌다고 보아야 한다. 명나라가 이순신을 수군 도독에 임명하려 한다는 은밀한 소식은 조선의 조정에도 전해졌을 것이고, 커다란 파장을 야기하였다고 보아야 한다. 그 파장은 이순신의 생사(生死)와도 깊이 관련되었을 것이라는 것이 필자의 판단이다.

대명 수군도독 이순신의 '꿈'

이순신은 진린을 통해 자신이 명나라 수군도독 직을 제수받은(또는 제수받을 것이라는) 사실을 알았을 것이고, 나름의 미래설계도 했을 것이 분명하다. 이제는 왕의 칼에 맞아죽을 위험이 사라진 만큼 종전 이후의 계획을 좀 더 적극적이고 공세적으로 세울 수 있게 되었다. 아마도 조정의 부당한 간섭이 없는 곳에서 대군영을 세우려 하지 않았나 싶다.

이순신은 전란이 끝난 뒤에도 해변 일대를 자신의 의지대로 다스리는 반독립적인 세력으로 남기를 원했을 가능성이 크다. 청해진대사 장보고가 그랬던 것처럼 말이다. 개인적 야망이 그러하였다는 말이 아니라 대명 수군도독이라는 직책의 무게에다 이순신의 탁월한 능력, 수만 명에 이르는 막강한 수군 병력, 해변 백성과 지식인들의 절대적인 지지 등이 겹쳐져 자동적인 정치공학의 결과로 귀착되었을 것이라는 짐작이다.

필자의 상상력을 조금 보탠다면, 이순신은 한산도 인근에 '수군도독부(겸 삼도수군통제영)'를 개설한 다음 명군과 힘을 합쳐 적어도 대마도를 정벌해 조일 양국에 호령이 통하는 독자적인 해상세력을 꿈꾸었을 것으로 짐작된다. 그는 침략군을 이 땅에서 몰아내는데 만족하는 것이 아니라 달아나는 그들의 뒤를 밟을 생각이었을 것이다. 눈에 넣어도 아프지 않을 막내아들 면……. 아들 잃은 부모로서, 원수를 갚기 위해서도 복수전은 필연이었다. 이순신이 노량바다에서 최후를 맞지 않았다면, 한산도와 견내량을 거쳐 부산포를 회복한 다음, 대마도로 들이닥쳤을 개연성이 높다. 어쩌면 대마도를 넘어 일기도(一山支島)와 박다만(博多灣)까지 타격을 가함으로써 침략자들에게 교훈을 줄 생각도 없지 않았을 터였다. 진린 등 명나라 수군의 도움만 있다면 불가능한 일도 아니었다.

대마도를 정벌하였다면 이순신은 그곳을 중요한 기지로 삼으려 했을 것이다. 왜국 땅은 아니지만 그렇다고 조선 임금의 힘도 제대로 미치지 못하는 섬……. 그곳에 도독부가 직할하는 군영을 건설한다면 조일 양국의 바다를 절제하는 데 최적의 장소가 될 수 있다. 그리하면 장보고가 실패했고 배중손이 패배했던 해상왕국의 영화를 다시 세울 수 있었을지 모른다. 대명 수군도독에 임명된(다는 소식을 접한) 이후 이순신의 심장은 전후에 이룩할 각종 설계들로 벅차게 달아올랐을 것이다.

헛된 상상이지만 필자는 만약 이순신이 노량싸움에서 사망하지 않았다면 조선의 역사는 크게 달라졌을 것으로 보고 있다. 막강한 삼도수군에다 해변 백성의 절대적인 지지와 비판적 지식인들의 합세, 그리고 명나라의 지원으로 이순신은 썩은 왕조를 충분히 개혁할 수 있었을 것이다. 이순신은 당시 무능하고 부패한 조정에 대해 실망하고 있었다. 한 예를 보면 정유년 9월 8일자 『난중일기』는 "우수사 김억추는 한갓 만호감이나 맞을까 대장으로 쓰일 재목은 못되는 데도 좌의정 김응남이 서로 정다운 사이라고 해서 억지로 임명하여 보냈다. 한탄스럽다."고 적고 있다. 이순신 군단은 고려조의 '최씨 무신정권'이나 일본 '막부'처럼 정권의 중심에 서서 낡은 유교정치를 혁파하고 실사구시의 정치를 실시했을 가능성이 높다. 상공업의 가치를 잘 알았던 만큼 국내외 무역과 해상진출을 적극 장려했을 것이다.

더 나아가서는 전주 이씨 왕조를 대신하는 새로운 덕수 이씨 왕조의 '태조'가 되었을 가능성도 상정해 볼 수 있다. 사실 이성계가 고려에서 이름을 얻은 것은 홍건적, 왜구와의 잇단 싸움에서 승리한 덕분이다. 그러나 이성계의 전과(戰果)나 지명도는 7년전쟁에서 이순신이 거둔 전공에 비하면 오히려 초라하였다. 이성계가 물리친 홍건적이나 왜구가 '규모가 큰 도둑떼'였다면 이순신이 격파한 상대는 나라를 결딴낼 정도의 정규군이었던 것이다.(역사 기록을 보면 이성계가 격파한 외적의 무리들은 매우 컸던 것으로 되어 있지만 실제보다 과장한 흔적이 엿보인다. 조선조의 태조를 칭송하는 '용비어천가'적 필법으로 풀이된다.)

체제의 건강성이라는 측면에서 볼 때도 7년전쟁 후의 조선은 이성계 시대의 고려보다 더 나을 것이 없었다. 전쟁으로 많은 인명이 죽거나 다쳤을 뿐만 아니라 십만 명 이상이 일본에 포로로 잡혀 갔다. 많은 농경지가 황폐해졌고 토지대장의 상실로 국가의 재정은 크게 피폐하였다. 전쟁 이전 170만 결에 이르렀던 등록된 토지가 전쟁 이후 54만 결로 줄어든 것이 대표적인 사례이다. 굶주린 백성들이 서로를 잡아먹을 지경에 이르렀으며 돌림병이 잇따라 길거리에는 시체가 머리를 베고 이어졌다는 기록이 나올 정도였다. 조정에 대한 민심 이반은 심각한 수준이었지만 지배층은 당파싸움에 여념이 없었다. 고려 말기에도 귀족과 사원의 토지겸병으로 백성들의 살길이 막막하였고 홍건적과 왜구의 침공을 막느라 국가 재정이 결단지경에 이르렀던 것이 사실이지만 7년전쟁 이후의 조선에 비한다면 행복한 수준이었던 것이다.

조선 왕실의 후계구도 역시 매우 불안하였다. 적자가 없는 상황에서 서자에다 둘째 왕자인 광해군이 세자로 올랐지만 유교사회에서 정통성이 결여된 상태였기에 언제든지 폐위될 수 있었다. 광해군은 7년전쟁이라는 위기상황이 아니었다면 세자로 책봉되기 힘든 처지였다. 훗날 왕위에 오른 광해군은 부왕이 새 장가를 들어서 낳은 적자 영창대군을 죽이고 계모 인목대비까지 폐위하였다가 인조반정으로 실각되거니와 후계구도의 취약성은 전쟁의 와중에서도 어두운 그림 자를 드리우고 있었다. 명에서 광해군의 세자책봉을 인정하지 않고 있었던 것이다. 조선 왕실의 입장에서 본다면 이 모두가 뒤숭숭한 일이었다.

물론 이순신 자신은 유교의 충 이데올로기로 교육받은 인물이었기에 조정을 뒤엎을 '역심'은 추호도 없었을 것이다. 그러나 이성계 역시 54세에 위화도 회군을 단행하기 전까지는 고려 왕조의 충성스런 무장이었다는 점을 인식할 필요가 있다. 이성계도 처음부터 반역을 꿈꾼 것이 아니다. 그의 인기가 높아지고 무장으로서의 지위가 올라가자 정도전과 같은 체제 비판적 지식인이 접근해서 역성혁명의 기운을 불어넣었고 마침내 고려왕조를 종식시켰던 것이다. 앞서 언급했지만 이순신에게 식자층이 몰려들기 시작한 사실은 예사로운 조짐이 아니다. 그들 가운데 제2의 정도전이 없으라는 법은 없다. 이순신이 54세의 나이로 죽지 않고 이성계 만큼만 살았다면 그의 운명은 분명히 달라질 수 있었을 것이다.

어쨌든 이순신이 명나라 수군도독에 임명된다는 소식을 들은 조정에서는 제2의 장보고가 출현하였다고 경악했을 것이고, 바짝 숨죽인 채 새로운 대책을 모색하지 않을 수 없었을 것이다. '대명 수군도독 겸 삼도통제사'라는 직명의 무게도 만만치 않았지만 이순신의 현실적인 힘도 왕과 조정에 뒤지지 않았다. 이순신의 함대와 수군 병력은 7년전쟁 시기에 급조된 중앙의 훈련도감군이나 육군의 힘을 능가하고도 남음이 있었다.

만약 이순신이 함대를 몰아 서해로 북상해 간다면 임금은 이를 저지할 힘이 없었다. 수군뿐만이 아니었다. 삼도수군은 수천 필의 말을 확보하고 있었고 말을 잘 다루는 목부도 상당수였다. 제주도를 비롯해서 크고 작은 섬마다 목장들이 있고, 목장마다 적게는 수십 마리, 많게는 수백 마리의 말이 사육되고 있었다. 또 그 말을 키우고 다루는 목부들은 하나같이 잠재적인 기병이었다.

절대 권력자는 만약의 가능성도 염두에 두는 법이다. '조정에 유감이 많은 이순신이 행여나 전선에 기병을 싣고 서해로 거슬러 올라와서 한양으로 들이닥친다면 어떻게 하나?' 의병장 김덕령을 때려죽일 정도로 의심 많은 임금이 선조였다. 이순신이 사라져야만 왕과 조정이 편안해질 수 있었던 것이 당시 조선의 상황이었다. 이순신의 위상이 올라가는 것과 비례하여 조정의 경계심도 높아져 갔을 것이다.

정치권력은 빼앗으려는 사람보다도 이를 지키려는 쪽이 더 악착같은 법이다. 조선의 무장이 '상국(上國)의 고위 장군직'에 오른 사실을 조정에서는 결코 가볍게 여기지 않았을 것이다. 그 막중한 직책에서 풍기는 '체제 변혁의 냄새'를 맡지 못했을 리가 없기 때문이다. 결국 이순신의 대명 수군도독직 제수는 그의 입지를 강화할 수도, 또 다른 위기를 부를 수도 있는 '양날의 칼'이었다고 말할 수 있다.

제 4 부

이순신은 죽고
조선은 살아남다

10장

이순신의 죽음과 수국의 체제 편입

무술년(1598) 11월 19일(양력 12월 16일) 차가운 새벽, 54살의 이순신이 총에 맞아 숨을 거두었다. 이순신은 죽었기 때문에 왕과의 전쟁에서 패배하였다. 중심이 사라지면서 이순신이 이룩한 '수국'은 그 독자성을 상실하고 조정의 차지가 되었다. 이순신의 죽음이 지닌 이 같은 시대상황적 의미를 면밀하게 따져 보다 보면, 그의 사망 경위를 근본적으로 재검토해야 할 필요성이 대두된다.

사실 이순신의 죽음을 놓고 설들이 분분하다. 공식적으로는 전사지만 자살설이 있는가 하면 노량에서 죽지 않고 10여 년간 은둔하였다는 주장도 나온다. 한마디로 이순신의 죽음이 석연치 않은 탓이리라. 7년 전란 동안 23차례나 싸워 이긴 이순신이 하필 마지막 노량전투에서 목숨을 잃는다는 것은, 극적이기는 하지만 의문스런 구석이 다분하다. 한마디로 개운치가 않은 것이다. 자살설이 나온 것은 조정으로부터 끝없는 견제와 홀대를 받았기 때문이고, 은둔설이 나오는 것은 그의 죽음이 자연스럽지 않다는 데서 출발한 듯하다.

'홀중비환(忽中飛丸, 갑자기 날아든 탄환에 맞다)', 이순신의 최후는 네 글자로 표현되었다. 필자는 이 네 글자를 오랫동안 음미하면서 그의 죽음에 서늘한 음모가 작동했을 수도 있다는 의혹을 품게 되었다. 이순신의 죽음이 단순한 전사가 아니라 '인위(人爲)'의 결과물이라면 조정과 수국 사이에는 폭발할 수밖에 없는 팽팽한 긴장이 존재하였다는 의미이다. 이순신의 최후를 제대로 파악하기 위해서는 죽음 직전의 상황을 입체적으로 검토해야만 한다.

이순신 '도독' 제수와 조정의 불안감 증폭

조선의 조정과 왕은 이순신에게 마음의 빚을 지고 있었다. 그의 라이벌 원균을 총애한 반면 이순신에게는 죄를 지워 목숨을 빼앗으려 한 정유년의 옥사(獄事)가 가장 큰 채무였다. 한산도 시절에도 끊임없이 이순신을 압박하였으니 그 또한 빚이었다. "맞은 사람은 발을 뻗고 자도, 때린 사람은 그렇지 못하다."는 말이 있다. 이순신은 조정에 대해 원망의 마음을 버렸을 수 있지만 임금이 볼 때는 그렇지 못하였다. '이순신은 속으로 임금과 조정에 대한 불만이 많을 것이다.'라고 지레짐작하며 경계하고 있었다. 명량대첩을 통해 선조 임금은 이순신의 탁월한 능력은 실감했지만 그의 충성심은 늘 의심스러웠다.(정유년 옥사 이후의 『난중일기』를 보면 매달 초의 망궐례 기사가 전혀 보이지 않는다. 임금에 대한 충성 맹세 의식을 생략하고 있는 것으로 해석되는데, 이순신의 심리 상태를 짐작할 수 있는 단서가 된다.)

아마도 전란이 끝난 후에는 제거할 결심을 했을 가능성이 없지 않아 보인다. '전쟁이 끝나면 손을 좀 보리라.' 하는 생각에서 이순신의 권력이 서·남해 전역으로 확장되어가는 것을 못 본 척 묵인했을 수도 있다는 말이다.

그러나 이순신이 대명 수군도독이 되는 순간 모든 것이 변해버렸다. 왕과 조정은 이제 이순신을 벌할 수 있는 능력을 상실하였다. 상국의 장군이니 어떤 죄도 물을 수 없다. 더욱이 이순신은 막강한 군대를 보유하고 있고 백성들과 지식인의 광범위한 지지를 받고 있다. 휘하에는 구름 같은 인재들이 북적대고 있다. 조정의 불안감과 무력감은 공포심으로 변모하지 않았을까? 전쟁이 끝나면 오히려 조정이 봉변을 당하는 것 아니냐는 두려움이 들었을 것이다.

동양 역사에서 '힘센 무장'은 언제나 용상을 노렸고, 그 때문에 왕들은 뛰어난 장수를 늘 경계하였다. 무술년(1598년) 여름, 도요토미 히데요시가 죽고 일본 장수들이 후퇴를 결정하면서 7년 전란은 종반으로 치닫고 있었다. 왕과 조정은 전란이 끝나기 전에 이순신을 제어할 비책을 마련해야 하였다. 시간은 그리 많지가 않았다.

머리 좋은 선조의 '자객 활용론'

선조 임금은 머리 회전이 빠른 인물이었다. 정면 승부가 어려운 상황이라면 언제나 임기응변을 생각하는 능력이 탁월하였다. 군자의 도리나 원칙을 지키기보다는 수단과 방법 가리지 않고 조정과 사직을 보호해야 한다는 것이 선조의 '원칙'이었다. 이런 왕이었기에 필요하다면 정규군이 아니라 자객을 활용해서라도 '자신의 적'을 제거해야 한다는 생각을 가지고 있었다.

선조는 정유재란의 기운이 짙어가던 1596년 12월 '왜적을 방어하는 여러 가지 방도'를 휘하에 내려 보낸 적이 있다. 당시는 가토 기요마사, 즉 가등청정(加藤淸正)이 재침의 주창자로 알려졌던 시절이다.

> "승정원에 전교하였다. (중략) 옛날 사람들은 용병(用兵)할 때에 자객을 쓰기도 하였다. 지금 적이 다시 덤벼들려는 것은 오로지 청정에게서 연유하니 항복한 왜인을 모집하거나 어떤 핑계로 사람을 파견하여 도모한다면 그 무리들은 저절로 와해될 것이다. 그러나 우리나라가 이를 해내지 못할까 염려된다. 어떤 자가 '이러한 일은 왕자(王者)의 일이 아니다.'라고 말하기에 나는 대답하기를 '옛날 불이 나서 이웃집에 사다리를 빌리러 가는 자가 진퇴할 때 읍을 하고 계단을 양보하면서 걸어갔다고 하니 이 말이 이와 무엇이 다르겠는가?' 하였다. (중략) 김응서(당시 경상우병사)로 하여금 평행장(平行長=小西行長, 고니시 유키나가를 말함.) 등과 두터운 관계를 맺게 하지 않을 수 없다. 청정을 도모하려면 모사로써 허락해야 하는데, 그러나 이 일은 쉽게 말할 수 없다."
>
> -『선조실록』, 병신년(1596) 12월 5일자

선조는 '자객을 쓰는 것은 왕자(王者)의 일이 아니다.'라는 일부 비판론에 대해 '불을 끄려고 사다리를 빌려오는 데 무슨 예의가 필요하냐?'는 비유를 들며 배척하고 있다. 자신이 추구하자고 하는 바를 달성하기 위해서는 정공법보다는 다분히 모사를 선호했던 인물이 바로 선조 임금이다. 가토(가등청정)를 죽이고자 자객을 활용하라고 지시했던 선조였기 때문에 다른 인물, 즉 '권좌를 넘볼 수 있는 가능성을 지녔지만 임금의 힘으로 처벌하기에는 너무 커버린 인물'(이순신)에 대해서도 자객을 활용하려 했을 개연성을 상정할 수 있는 것이다. 외람되지만 임금(선조 개인이라기보다 왕실과 측근을 포함한 폭넓은 개념으로 이해하자.)이 이순신을 제거하기로 마음먹었다면 그 시기는 7년전쟁의 최후 단계여야 했을 것이다.

이순신이 밉고 두렵지만 그가 지닌 '탁월한 전쟁 수행 능력'은 마지막 순간까지 써 먹어야 할 것이기 때문이다. 왕과 측근 인사들의 입장에서 볼 때 이순신의 활용 가치는 노량전투가 사실상 마지막이다. 그 이후에는 국정운용에 부담이 될 상황이었다. 이순신의 죽음이 '전사'가 맞다면 임금 입장에서는 참으로 적절한 순간에 죽어 준 셈이다. 일본군과 수십 차례 전투를 치른 이순신이 7년전쟁의 마지막 싸움, 그것도 승리가 확정적인 최후 단계에서 숨진 것이 전적으로 우연일까? 기가 막힐 정도로 절묘하기에 우연으로 돌리기가 개운하지 않은 것이다. 거듭 말하지만 어떤 인위적인 요소가 개입되었을 가능성을 의심하지 않을 수 없다.

우리 역사에서도 조정이 힘센 무장을 제거하기 위해 자객을 활용한 사례가 없지 않다. 바로 장보고의 죽음이 대표적인 경우이다. 서·남해 해변에 기지(청해진)를 둔 채 신라 조정에 대항했던 장보고……. 무력으로 진압하기에는 그 힘이 너무 강대해지자 경주 조정에서는 염장이라는 장사를 청해진에 투입하여 장보고를 암살하도록 사주하였다. 장보고와 이순신이 살았던 시대상황은 전혀 다르지만 조정과의 관계가 매끄럽지 못하였다는 데서는 공통적이다. 강력한 군사력을 지닌 도전자에 대해 정치 권력자가 암살 또는 저격이라는 비상수단을 강구하는 것은 동서고금의 역사에서 흔히 있는 일이다.

수수께끼의 인물 '손문욱(孫文彧)'

이순신의 죽음을 면밀하게 검토해 보면 분명 음습한 그림자가 발견된다. 특히 이순신 최후의 현장에 출현했다가 이후 출세가도를 달리는 손문욱이라는 인물을 주목하지 않을 수 없다. 손문욱이 실록에 처음 등장한 것은 정유재란이 발발한 선조 30년(1597) 4월의 일이다. 처음 한동안은 이문욱이라는 이름으로 나온다. 성(姓)이 생명만큼 중요하던 시절, 성씨가 오락가락한다는 사실 자체가 그가 비밀이 많고 당당하지 못하다는 반증이 아닐까 싶다. 손문욱을 충분히 이해하기 위해서는 관련된 기록을(번잡하기는 하지만) 세밀히 살펴볼 필요가 있다.

① 1597년 4월 25일(손문욱, 실록에 첫 등장)

경상도 관찰사 이용순이 서장(書狀)을 올렸다. "행장(小西行長)의 부하 섭호(攝號)와 우리나라에서 사로잡혀간 사람 이문욱(李文彧)이 함께 잡혀간 청도(淸道, 경상도 청도)의 공생(貢生) 박계생(朴啓生)이라는 자를 시켜 비밀편지를 보내왔기에 포로가 된 경위와 적중의 형세를 물었더니 계생이 답하기를, '소싯적에 어느 중을 따라 경산의 마암산에 있었는데 변란이 발생한 처음 적을 만나 사로잡혀서 이문욱과 부산포 왜진에서 서로 만나 함께 일본으로 들어갔다. 문욱은 글을 잘하고 용맹이 있어서 관백(關白, 豊臣秀吉)이 재주를 시험해 보고 매우 사랑하여 곧바로 양아들이라 일컫고, 국성(國姓)을 줌과 동시에 상으로 쌀 1,000석을 주었다. 그

때 관두왜가 마침 반역을 저질러 선봉이 되어 창을 가진 자 300명과 칼을 가진 자 200여 명이 수길이 거처하는 곳으로 난입하는 것을 문욱이 곧바로 몸을 날려 두 장수와 군인 100여 명을 죽이자 적왜가 크게 무너졌다. 수길이 매우 기뻐하며 양마 3필, 은안(銀鞍, 은으로 만든 안장) 5지, 쌀 1,000석, 비단옷 50건, 저단의 50건, 환갑(環甲) 50병, 창 15병, 장검 3병, 조총 7지, 노예 360명, 군관 34명을 상으로 주었다. 이로 말미암아 총애가 더욱 두터워지자 여러 신하들이 시기하여 수길의 첩을 간통하였다고 무고하였는데 수길이 '비방을 일으킨 데에는 반드시 까닭이 있겠으나 재주가 많고 공이 있어서 내가 차마 죽이지 못하겠다.' 하고 드디어 행장의 부장을 삼아 공을 세우도록 하였으므로 중국 사신이 나올 적에 함께 부산에 왔다. (중략)

계생은 박씨가 아니고 김계생입니다. 이문욱과 같이 행장의 좌우에 오래 있었으므로 출입을 반드시 알고 있을 것입니다. 지금은 온천의 목욕을 핑계로 6일을 한정하여 왔는데 시한이 지난다면 기밀이 누설될 염려가 없지 않기 때문에 회보하기가 급하다고 하니 문욱에게 기미를 보아 일찌감치 나오고 혹시라도 오래 머물지 말 것으로 회답을 하고 10일 이내에 나오도록 약정을 하여 돌려보내게 하소서."라고 하였다.

(임금이) 비변사에 (경상관찰사 이용순의 글을) 내려보내자 (비변사가 이를 검토한 뒤에 다시 임금에게) 회계(回啓)하였다.

"문욱이 통지한 것을 다 믿을 수도 없거니와 그가 왜적을 많이 죽였다는 말도 허황되고 부실한 일입니다. 우리나라 사람이 오래 적중에 있으면 반드시 저들의 사정을 자세히 알 것이니 귀순하여

도망쳐 올 생각이 있다면 당연히 다반으로 유인하여 끌어내어 적
정을 정탐하여야 합니다. 따라서 박계생이 왕래한 뒤 다시 적정
의 사실 여부를 살펴서 제때 나오도록 해야 합니다. 왜적이 우리
경내에 둔치고 오래도록 물러나지 않으니 반드시 군사를 증가하
여 독을 부릴 염려가 있는데 이는 정탐하지 않고도 알 수 있으니
접전과 수비에 대한 방비의 계획을 각별히 조처하여도 오히려 그
예봉을 막아내지 못할까 두렵습니다. 수륙의 제장(諸將)이 있는
곳에 전보다 엄히 신칙하여 군기를 누설시킴이 없도록 할 것을
도원수에게 아울러 하유하는 것이 어떠하겠습니까?"(임금은 비변
사가) 아뢴 대로 하라고 하였다.

-『선조실록』, 정유년(1597) 4월 25일자

위의 기록과 당시의 교통사정 등을 감안해 본다면 손문욱(여기서
는 이문욱)과 박계생(경상도 관찰사 이용순은 본명이 김계생이라고 말하고
있다.)은 적어도 정유년(1597) 4월 중순 이전에 본국에 귀순할 의지를
경상관찰사에게 전달한 셈이다. 귀순의지를 전하면서 손문욱은 자신
이 도요토미의 양아들일 정도로 대단한 인물이라고 내세워 높은 대
우를 받기를 노리고 있다. 그러나 조선의 비변사는 그의 말이 허황되
고 부실하다고 평가한다. 실제로 글을 잘하고 용맹이 있어 도요토미
가 양아들로 삼았다는 내용과, 반군과 싸워 혼자서 장수 2명과 100여
명을 죽였다는 주장은 누가 봐도 믿기 힘든 내용이다. 이처럼 손문욱
은 처음부터 허풍을 치며 조정에 접근했던 인물이다. 손문욱이 실록
에 두 번째로 등장하기는 그로부터 약 두 달이 지난 정유년 6월의 일
이다. 기록을 인용해 본다.

② 1597년 6월 18일(손문욱의 귀순을 바라는 조선 조정)

사시(巳時, 오전 11시 경)에 상(上, 임금)이 별전에 나아가 대신 및 비변사 유사당상인 영의정 유성룡, 판중추부사 윤두수, 좌의정 김응남, 형조판서 김명원, 병조참판 유영경, 행 대호군 노직을 인견하였는데 동부승지 윤돈, 기사관 송석경, 사변가주서 허적, 기사관 이지완, 기사관 정호익이 입시하였다.(이후 임금과 대신의 문답이 이어진다.)

성룡이 아뢰기를 "상께서는 강화로 피난가게 하고 싶으십니까?" 하니 상이 이르기를 "나는 결정하지 못하겠다. 내전(內殿)을 좋은 곳으로 피난시키고 싶은데 나는 남쪽으로 내려가고 싶을 뿐이다." 하였다. (중략) 윤두수가 아뢰기를 "이문욱이 만약 우리나라 사람이라면 반드시 조국에 돌아오려 할 것입니다. 통사(通事) 박우춘이 한어와 왜어에 능하니 이 사람으로 하여금 불러오게 하면 매우 좋겠습니다." 하였다.

—『선조실록』, 정유년(1597) 6월 18일자

윤두수의 언급으로 미루어 보면 이때 조정에서는 손문욱(이문욱)이 귀순의사를 밝힌 이후 그가 조국의 품에 돌아오기를 간절히 기대하고 있음을 알 수 있다. 4월 중순 이전에 귀순의사를 밝혔지만 두 달이 지나도록 약속(실제로 손문욱이 귀순한 것은 이듬해 9월의 일이다.)을 이행하지 않고 있는 것이다.

귀순이 힘들었을 가능성도 배제할 수 없지만 온천 목욕을 핑계로 군영을 빠져나올 능력이 있었던 점을 감안한다면 귀순을 못하였다기보다는 안 하였다고 보는 것이 옳을 것 같다. 아마도 일본군에 늘러 있는 것이 나은지 조선 측에 넘어오는 것이 나은지를 열심히 주판 알을 튕기고 있지는 않았을까? 어쩌면 귀순 이후에 받을 대우를 놓고 조선 측과 줄다리기를 했을 수도 있다.

손문욱이 조국으로 귀환하기는 이로부터 1년이 훨씬 지난 무술년 (1598) 9월의 일이다. 도요토미 히데요시가 사망하고 일본군의 철수 가 결정된 시점임을 감안할 필요가 있다. 일본군 내 체류와 조선 귀순 을 놓고 오랫동안 저울질을 하던 중 도요토미의 죽음으로 일본의 조 선 정복이 물거품이 되자 조국 품에 안겼다는 말이다. 그의 기회주의 적 성향을 시사받을 수 있다.

③ 1598년 9월 23일(손문욱의 조국 귀순)

전라도 방어사 원신이 치계하였다. "남해의 적에 빌붙은 유학(幼 學) 이문욱이 적의 진중으로부터 나와서 말하기를 '순천의 적군 은 1만 5,000명이고 적 소굴의 형세는 3면이 바다로 둘러있어 1 면만 공격이 가능한데 땅이 질어서 실로 진격하기가 어렵다. 남 해의 왜적은 그 숫자가 800~900명으로 장수는 탐욕스럽고 사나 운데 군사가 잔약하며 거제의 적도 겨우 수백 명이나 이 두 곳의 소굴을 수병으로 공격하면 썩은 가지 꺾는 것처럼 쉬울 것이다' 하였습니다."

–『선조실록』, 무술년(1598) 9월 23일자

처음 경상도 관찰사에게 귀순의지를 밝혔던 손문욱이 실제로 귀 순하기는 전라도 쪽이다. 경상도 쪽에서는 그가 1년 이상 귀순약속을 지키지 않은 신뢰하지 못할 인물임을 잘 알고 있었기 때문에 다른 루

트를 잡았을 수가 있다. 어쨌든 손문욱은 귀순과 동시에 일약 조정의
전폭적인 신뢰를 받는 인물로 급부상한다. 일본군에 대한 정보가 빈
약했던 조선 조정에게 손문욱은 구세주나 다름없었다.

④ 1598년 11월 2일(좌의정의 측근이 된 손문욱)

좌의정 이덕형이 치계하였다. "유제독(劉提督, 유정)이 수군에게
5~6일분의 식량을 지급하여 순천으로 전진할 것을 재촉하였습
니다. (중략) 왕 안찰은 신에게 수군과 함께 속히 남해를 도모하라
고 하므로 신이 손문욱(이번에는 이씨가 아니라 손씨로 성이 바뀐다.)
과 남해에서 나온 사람을 진 도독(진린)에게 보내어 은밀히 모의
하여 처리하게 하였습니다." 비변사에 계하하였다.

-『선조실록』, 무술년(1598) 11월 2일자

1598년 9월 하순에 귀순한(③) 손문욱이 불과 한 달여 만에 도체
찰사인 좌의정 이덕형의 측근으로 활동하고 있음을 보여 주는 기록
이다. 탁월한 생존능력이 엿보인다. 아마도 일본군에 대한 정보력에
다 출세지향적인 성향이 맞아 떨어져 도체찰사 휘하의 막료로 발탁
된 듯하다. 손문욱이 그 다음에 실록에 출현한 것은 '이순신 최후의
바다' 노량에서이다.

⑤ 1598년 11월 27일(이순신 사망 현장에 출현한 손문욱)

좌의정 이덕형이 치계하였다. "금월 19일 사천, 남해, 고성에 있
던 왜적의 배 300여 척이 합세하여 노량도에 도착하자 통제사 이
순신이 수군을 거느리고 곧바로 나아가 맞이하여 싸우고 중국군

사도 합세하여 진격하자 왜적이 대패하여 물에 빠져 죽은 자는 이루 헤아릴 수 없고 왜선 200여 척이 부서져 죽고 부상당한 자가 수천여 명입니다. 왜적의 시체와 부서진 배의 나무판자, 무기 또는 의복 등이 바다를 뒤덮고 떠 있어 물이 흐르지 못하였고 바닷물이 온통 붉었습니다. 통제사 이순신과 가리포첨사 이영남, 낙안군수 방덕룡, 흥양현감 고득장 등 10여 명이 탄환을 맞아 죽었습니다. 남은 적선 100여 척은 남해로 도망쳤고 소굴에 머물러 있던 왜적은 왜선이 대패하는 것을 보고는 소굴을 버리고 왜교로 도망쳤으며 남해의 강 언덕에 옮겨 쌓아 놓았던 식량도 모두 버리고 도망쳤습니다. 소서행장도 왜선이 대패하는 것을 바라보고 먼 바다로 도망쳐 갔습니다."

사신은 논한다. 이순신은 사람됨이 충용하고 재략도 있었으며 기율을 밝히고 군졸을 사랑하니 사람들이 모두 즐겨 따랐다. (중략) 그래서 중국군과 노를 저어 밤새도록 나아가 날이 밝기 전에 노량에 도착하니 과연 많은 왜적이 이르렀다. 불의에 진격하여 한참 혈전을 하던 가운데 순신이 몸소 왜적에게 활을 쏘다가 적의 탄환에 가슴을 맞아[中胸敵丸] 선상(船上)에 쓰러지니 순신의 아들이 울려고 하고 군사들은 당황하였다. 이문욱이 곁에 있다가 울음을 멈추게 하고 옷으로 시체를 가려놓은 다음 북을 치며 진격하니 모든 군사들이 순신은 죽지 않았다고 여겨 용기를 내어 공격하였다. 왜적이 마침내 대패하니 사람들은 모두 "죽은 순신이 산 왜적을 물리쳤다."고 하였다. 부음이 전파되자 호남 일도의 사람들이 모두 통곡하여 노파와 아이들까지도 슬피 울지 않는 자가 없었다. 국가를 위하는 충성과 몸을 잊고 전사한 의리는 비록 옛날의 어진 장수라 하더라도 이보다 더할 수 없다. 조정에서 사람을 잘못 써서 순신으로 하여금 그 재능을 다 펴지 못하게 한 것이 참으로 애석하다. 만약, 순신을 병신년과 정유 연간에 통제사에서 체직시키지 않았더라면 어찌 한산(閑山)의 패전을 가져왔겠으며 양호(兩湖)가 왜적의 소굴이 되겠는가. 아, 애석하다.

-『선조실록』, 무술년(1598) 11월 27일자

즉, 손(이)문욱은 통제사의 좌선(座船, 대장선)에 승선하여 이순신 바로 곁에 있다가 이순신이 쓰러지자 시체를 가린 다음 북을 치며 진격한 인물로 그려져 있다. 그런데 이순신의 『난중일기』나 주변 사람들의 글 어디에서도 손문욱(또는 이문욱)이라는 이름은 나오지 않는다. 통제사의 측근이 아니라는 뜻이다. 일본군에 종사하다가 도요토미가 죽고 난 뒤 조국에 귀순했던 손문욱…… 도체찰사 이덕형의 측근으로 활동하던 손문욱은 대장선에 승선할 이유가 없는 인물이다. 사실 대장선의 승무원은 이순신과 오랫동안 고락을 함께해 온 동지들이다. 단순한 노꾼이 아니라 장교급 이상이라면 철저히 검증된 사람만이 대장선에 승선할 수 있었을 것이다. 그런데 이순신과 전혀 인연이 없던 손문욱이 어떤 이유로 대장선에 타게 되었을까? 일본군 장수들이 탄 배가 어느 배인지, 그들의 얼굴이나 전투습성 등에 대한 지식이 있다는 핑계를 대며 대장선에 태워달라고 요청했을 수 있겠다. 그런 가능성을 감안하더라도 이순신과 교류가 없었던 손문욱이 승선하기 까다로운 대장선에 올라타 있었고, 이순신의 죽음을 가장 먼저 목도하고 '기민하게 대처'할 수 있었다는 사실은 아무래도 자연스럽지가 않다. '인위적인 접근', '의도된 승선'의 냄새를 지울 수 없다.

어쨌든 이순신의 전사를 계기로 손문욱은 본격적인 출세가도를 달리게 된다. 우선 노량해전에서 가장 큰 전공을 세운 인물로 부상하였다.

⑥ 1598년 12월 18일(도원수 장계에 수공자로 보고되는 손문욱)

도원수 권율이 아뢰기를 "통제사 이순신이 전사한 뒤에 손문욱(여기서는 이문욱이 아니라 손문욱이다.) 등이 임기응변으로 잘 처리한 덕택에 죽음을 무릅쓰고 혈전하였습니다. 문욱이 직접 갑판 위에 올라가 적의 형세를 두루 살피며 지휘하여 싸움을 독려하였는데 진 도독이 함몰을 면한 것도 우리 주사(수군)의 공이었습니다. 우치적, 이섬, 우수, 유형, 이언량의 공이 우수하였고 수공(首功)은 이순신이 타고 있던 배였습니다. 다만, 이순신이 군사들에게 약속하기를 '다투어 수급을 베려고 하다 보면 적을 많이 죽일 수 없다고 경계하였으므로 이번 전투에서 수급을 참획한 것이 매우 적었습니다." 하였다.

-『선조실록』, 무술년(1598) 12월 18일자

⑦ 1598년 12월 25일(군공청의 손문욱 극찬)

군공청(軍功廳)이 아뢰기를 "도원수의 장계에 '주사가 승첩을 올린 군공에 대해서 예사로운 전공과 같은 예로 논상하는 것은 불가한 듯하다.' 하였기에 대신들에게 의논하였더니 모두 말하기를 원수의 논리적인 계사를 보고 안팎의 소문을 참작해 보건데 이번의 전공은 다른 전공과 같지 않다. 그리고 손문욱이 군사를 지휘하여 싸움을 독려한 공은 당상직을 초수(超授, 단계를 뛰어넘어 벼슬을 내리는 일)하더라도 아까울 것이 없고 우치적, 이섬, 우수, 유형, 이언량 등도 승서해야 한다고 했습니다. 이 일은 사목 이외의 별규이니 어떻게 처리해야 하겠습니까?" 하였다. (임금이) 전교하기를 "대신 및 비변사 당상은 가자 헌의하도록 하라. 이곳에서는 이런 일에 대해 자세히 알기 어려운 형편인 데다 수전을 치른 사람들 중에는 이들뿐만이 아닐 것이니 원수에게 다시 문의해서 처리하는 것이 온당한 일인 듯싶다." 하였다.

-『선조실록』, 무술년(1598) 12월 25일자

승선 경위조차 불분명한 손문욱은 위에서 본 것처럼 노량해전의 수공자로 지목되었다. 군공청에서 손문욱을 표창하려는 것은 기본적으로 도원수 권율의 장계에 따른 것이다. 그런데 권율은 노량해전 현장에 있지 않았다. 누군가의 보고(또는 지시)에 따라 손문욱을 수공자로 올렸을 것이다. 누구일까? 해답은 없지만 상상은 가능하다.

⑧ 1598년 12월 7일(진린과도 접촉하는 실력자 손문욱)

좌의정 이덕형이 치계하였다. "지난번 진 도독이 수영에 있었는데 그곳에서 왜교까지의 거리는 3식정 미만이었습니다. (중략) 바로 그때 별장 변홍달이 남해에서 나왔는데 그가 말하기를 (중략) 또 말하기를 '패전하여 배를 버리고 도망간 왜적이 대부분 본섬의 산이나 늪지대로 들어갔는데 중국군이 산에 불을 놓아 참획하였으므로 본국인에까지도 화가 미쳐 그곳 백성들이 놀라 숨어버리고 한 사람도 산에서 내려와 안접하는 자가 없었다. 이러한 상황을 손문욱이 진 도독에게 자세히 말하자 도독이 그제서야 영기

(令旗)를 내보내 금지시켰다.' 하였습니다."

⑨ 1598년 12월 17일(일본군 정보통으로 활동하는 손문욱)

군문도감이 아뢰기를 "군문이 진 제독의 품첩으로 인하여 풍신정성(豊臣正成)을 생포하였다는 일을 계달하였습니다. 그런데 지금 손문욱을 만나 수전의 상황을 물으니 문욱이 말하기를 그 당시 정성은 부산을 지키고 있었으며 수전에는 아예 참여하지 않았었다고 하였습니다." 하였다.

－『선조실록』, 무술년(1598) 12월 17일자

위의 두 기록을 보면 손문욱은 이제 진린을 만나 명나라 군대의 횡포를 금지시켜 줄 것을 요청하기도 하고(⑧), 일본군 장수 풍신정성을 생포하였다는 주장이 사실이 아니라는 정보를 제공하는 등(⑨) 종횡무진 '실력'을 발휘하는 거물로 성장해 있다.

그러나 이 같은 손문욱의 행위에 강한 불만을 나타낸 세력이 있었으니 바로 이순신의 부하였던 수군장교들이다.

⑩ 1599년 2월 8일(수군장졸 모두가 손문욱에 분노한다는 보고서)

형조정랑 윤양(尹暘)이 아뢰었다. "신이 주사(舟師, 수군)에게 선유할 일로 통제사가 주둔한 전라도 고금도에 내려가 임금의 말씀을 선포하니 모든 장수가 다 기뻐하며 춤추며 태평시대의 성대한 예우를 받았다 하여 감격해 마지않았습니다. 그리고 소청한 일이 있었는데 그 중에는 '수군이 오래도록 번을 서다가 번을 교대하려 하면 수효가 적어 인원을 채우기 어려우니 조정에서 특별히 조치하여야 보전할 수 있을 것이며, 또 변란 이후 본역(本役, 수군역)을 도피하기 위해 피살되었다 핑계하거나 세력이 있는 집에 투탁하거나 관속이라고 이름을 빌려 다른 고을에 분산해 있거나 반드시 엄충히 추쇄하여 본역으로 돌아오게 해야 한다. 군기(軍器) 등 물자가 계속 접전하느라 분실되어 남은 것이 없는데 그 가운데 총통, 분화통, 각궁은 무엇보다 중요하지만 현재 각 고을이 분탕되어 마련해 내기가 어려우니 별도로 준비하여 충분한 수량을 내려보내 전투에 쓸 수 있도록 해 달라.' 하였습니다.

그리고 '노량의 전공은 모두 이순신이 힘써 싸워 이룬 것으로서 불행히 환을 맞자 군관 송희립 등 30여 인이 상인(喪人)의 입을 막아 곡성(哭聲)을 내지 않고 재촉하여 생시나 다름없이 영각(令角)을 불어 모든 배가 주장(主將)의 죽음을 알지 못하게 함으로써 승세를 이루었다. 저 손문욱은 하찮은 졸개로 우연히 한 배에 탔다가 자기의 공으로 가로챘으므로 온 군사의 마음이 모두 분격해 한다.' 하였습니다." 각 해사(該司)에 말하라고 전교하였다.

–『선조실록』, 기해년(1599) 2월 8일자

형조정랑 윤양의 보고는 대단히 중요한 의미를 지니고 있다. 이순신 최후의 순간에 근처에 있던 사람은 상인(喪人, 여기에서는 아들 이회와 조카 이완 등)과 송희립 등 군관 30여 명이라는 점이다. 손문욱이 이순신의 지휘권을 승계해 전투를 승리로 이끌었다는 조정의 공식보고를 부인하고 있는 셈이다.

더욱이 상인과 휘하 군관들은 물론이고 모든 군사들이 손문욱에 대해 '분격'해 하는 마음을 지니고 있음을 인정하고 있다. 형조정랑이 '수군들이 손문욱에 분격'해 하는 분위기를 완곡하게나마 공식문서에 담아 보고하였다는 것은 현장에서 매우 강력한 반발이 있었음을 시사하고 있다. 어지간한 불만이라면 굳이 공식문서로 보고할 이유가 없다. 형조정랑 윤양은 손문욱이 '다른 장졸들의 전공을 가로챘기 때문에' 분격해 한다고 수위를 낮추어 표현하고 있지만 저간의 사정을 보면 '다른 이유'가 감지된다.

윤양이 조정에 보고하지 않을 수 없을 정도의 강한 반발이라면 단순한 '전공 시비'라고 보기 힘들다. 전공 다툼은 늘 있는 일이니 굳이 장계에 담을 이유도 없다. '이순신 사망 경위' 자체에 대한 의구심과 분노가 수군 장졸 전반에 확산되어 있었음을 암시하는 것은 아닐까? 특히 손문욱이 이순신의 대장선에 승선한 계기를 놓고 휘하 장졸들이 '우연히 한 배에 탔다'고 언급하고 있는 점을 소홀히 해서는 안 된다. 손문욱은 좌선(座船, 통제사의 대장선)의 정규 승무원이 아니었고, 장교들도 그의 승선 경위에 대해 잘 모르고 있었다는 증거가 되기 때문이다. 그의 대장선 합류에는 어떤 흑막이 있다는 의혹(다만, 군사들이 손문욱을 '하찮은 졸개'라고 본 것은 틀렸다. 그의 실체를 몰랐다는 증거가 된다.)을 지울 수가 없다.

손문욱은 이후 중국과 일본을 다니며 외교관으로 입지를 강화한다. 급기야 1604년 6월 사명대사 유정과 함께 일본으로 건너가 조일 국교 정상화의 터전을 다지고 이듬해 조선인 포로 3,000여 명을 쇄환해 오기도 한다. 그의 벼슬은 정3품 절충장군, 당상관에까지 이르렀다. 1598년 12월 25일 군공청이 손문욱을 극찬하면서 "당상직을 초수해도 아까울 것 없다."던 말이 현실이 된 셈이다.

그러나 이후 손문욱에 대한 기록은 '실록'에서 사라진다. 그의 행적은 어디에도 찾아볼 수 없다. 밀양 손씨(密陽孫氏) 문중에서도 그와 관련된 기록은 없다. 손씨 집안이 맞는지도 확신하지 못하고 있다. 사실 이문욱, 손문욱으로 성씨조차 혼란스러우니 족보가 온전할 리도 없을 것이다. 죽었는지, 죽임을 당했는지, 이름을 감추고 어디론가 잠적했는지, 또는 일본으로 망명이라도 했는지……. 정3품 당상관의 훗날 행적이 묘연하니 참으로 수수께끼의 인물이 아닐 수 없다. 그런 손문욱이 이순신 최후의 현장에서 커다란 역할을 하였다는 사실을 유의할 필요가 있다.

홀중비환(忽中飛丸), '갑자기 날아든 탄환에 맞다'

이순신의 최후를 묘사하고 있는 것은 조정의 공식문서인 '실록'과 그의 조카 이분이 쓴 '행록' 등 두 가지이다. 그런데 양자 간에는 확연한 차이가 있다. 먼저 실록의 기록을 다시 인용해 본다.

"불의에 진격하여 한참 혈전을 하던 가운데 순신이 몸소 왜적에게 활을 쏘다가 적의 탄환에 가슴을 맞아(中胸敵丸) 선상(船上)에 쓰러지니 순신의 아들이 울려고 하고 군사들은 당황하였다. 이문욱이 곁에 있다가 울음을 멈추게 하고 옷으로 시체를 가려놓은 다음 북을 치며 진격하니 모든 군사들이 순신은 죽지 않았다고 여겨 용기를 내어 공격하였다. 왜적이 마침내 대패하니 사람들은 모두 '죽은 순신이 산 왜적을 물리쳤다.'고 하였다."

－『선조실록』, 무술년(1598) 11월 27일자

그러나 조카 이분이 쓴 '행록'에는 전혀 다르게 적고 있다.

"무술년 11월 19일(양력 12월 16일). 새벽에 공이 한창 싸움을 독려하고 있었는데, 갑자기 날아든 탄환에 맞았다(忽中飛丸). '싸움이 한창 급하다. 내가 죽었다는 말을 내지 마라(戰方急, 愼勿言我死).' 이 말을 마치자 공은 세상을 떠나시었다. 이때에 공의 맏아들 회와 조카 완이 활을 잡고 곁에 있다가 울음을 참고 서로 말하기를 '일이 이 지경에 이르다니 망극, 망극하구나. 그렇지만 지금 만일 곡성을 내었다가는 온 군중이 놀라고 적들이 또 이 틈을 타서 기세를 올리게 될지도 모른다. 그리고 또 시체를 보전하여 돌아갈 수 없게 될지도 모른다. 그렇다! 전투가 끝나기까지는 참는 수밖에 없다.' 그러고는 곧 시체를 안고 방안으로 들어갔기 때문에 오직 공을 모시고 있던 종 금이(金伊)와 회와 완, 세 사람만 알았을 뿐 비록 친하게 믿고 지냈던 송희립 등도 알지 못하였다. 이들은 그대로 기를 휘두르며 계속 싸움을 독려하였다. 적이 도독의 배를 에워싸서 거의 함몰당하게 되자 여러 장수들은 공의 배에서 지휘, 독전하는 것을 보고 서로 다투어 달려들어 포위 속에서 구원해 내었다. 전투가 끝난 뒤에 도독이 급히 배를 저어 가까이 와서 '통제사! 속히 나오시오. 속히 나오시오!' 하고 외쳤다. 완이 뱃머리에 서서 울면서 '숙부님께서는 돌아가셨습니다.'라고 하였다. 그 말을 듣고 도독은 배 위에서 세 번이나 넘어지더니 큰소리로 통곡하면서 '공은 죽은 후에도 나를 구원해 주셨구나.' 하고는 또다시 가슴을 치면서 한참이나 통곡하였다. 도독의 군사들도 모두 다 고기를 내던지고 먹지 않았다."

노량해전(충무공의 최후) 이 그림은 '충무공 십경도' 가운데 10번째 그림으로, 1598년 11월 19일 새벽 2시경부터 시작된 7년전쟁 마지막 전투인 노량해전에서 이순신은 죽기를 각오하고 부하들을 지휘하게 된다. 노량해전의 승리는 전쟁의 상흔에 망연자실해 하던 백성들에게 희망과 용기를 가져 다주었고, 조선은 수군의 힘이 매우 강한 나라라는 인식을 아시아 각국에 심어 주는 계기가 되었다.

      위 두 가지 기록 가운데 이분의 행록이 더 신뢰도를 얻고 있다. 『충무공 이순신 전서』를 쓴 박기봉은 "이순신이 적의 총탄에 맞아 전사한 직후 그의 전사 사실을 숨기고 지휘를 한 사람이 누구인지에 대해서는 행록의 기록과 이곳 실록의 기록, 그리고 『선조실록』의 다른 곳에서의 기록들이 서로 다른데 아마도 도원수 권율은 잘못된 보고를 하고 있는 것 같다."(『충무공 이순신 전서 4』, p265)고 적고 있다. 박기봉뿐만 아니라 지금까지 연구자들은 모두 비슷한 맥락에서 이해해 왔다. 그 때문에 이순신이 총탄을 맞은 직후 '나의 죽음을 적에게 알리지 말라.'라는 유언을 남겼고 아들 이회와 조카 이완이 울음을 참으며 북을 쳐서 군사들을 격려해 노량대첩을 이루었다는 것이 일반적으로 알려진 이순신의 최후 모습이다.

그러나 실록이 이분의 행록과 차이 나는 사실을 단순히 '잘못된 보고'로 치부하기에는 뭔가 허전하다. 이분의 행록에서 어떤 행간의 의미를 읽을 수 있기 때문이다. 실록과 행록, 양자의 차이를 좀 더 명확히 살펴보자.

조정의 공식기록인 실록에서는 '적의 탄환에 가슴을 맞았다(中胸敵丸)'라고 기록한 반면, 행록에서는 '갑자기 날아든 탄환에 맞았다(忽中飛丸)'라고 적고 있는 것이 다르다. 즉, 실록에서는 탄환을 쏜 주체를 '적=일본군'으로 규정한 반면, 조카의 기록에서는 탄환의 출발점을 명시하지 않은 것이 특징이다. 일반적으로는 일본군이 쏜 것으로 알고 있지만 조카 이분은 분명 '갑자기 날아든 총탄'이라고만 적고 있다. 조카 이분이 '적환(敵丸, 적의 탄환)'이라는 말 대신 굳이 '비환(飛丸, 날아든 탄환)'이라고 쓴 이유는 무엇일까?

이순신 최후의 순간에는 아들 회와 조카 완, 종 금이 등이 지근거리에 있었다. 회와 완의 사촌 형인 분은 그들로부터 숙부 죽음의 내밀한 진상을 정확히 전해 들었을 것이다. 이순신이 쓰러진 직후 손문욱이 현장에 접근했던 것은 사실로 여겨진다. 이분은 사촌동생들에게서 당시 손문욱의 태도와 행동에 대해서도 이야기를 들었을 것이다. 그런 가능성을 감안할 때, 이분이 '적환'에 맞았다는 표현을 애써 피하고 있다는 사실이 예사롭지 않다. 문제의 탄환이 일본군의 것이라는

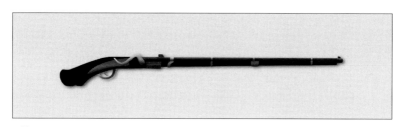
조총

확증을 가지지 못했기 때문으로 판단된다. 좀 더 비약한다면 이순신
을 죽인 탄환이 아군의 것일 가능성도 배제하지 않았다는 의미이다.

계사년(1593) 9월 이후 조선 수군도 조총 제작능력을 갖추었던 만
큼 이순신 함대에도 조총을 다루는 병사가 더러 있었다고 보아야 한
다. 더욱이 일본군 포로가 상당수였으니 그들로부터 노획한 조총도
적지 않았을 것이다. 특히 일본군의 포로가 되어 수년간 일본에서 살
았던 손문욱은 조총을 잘 다루었을 개연성이 다분하다. 이쯤 되면 독
자들은 내가 무슨 얘기를 하고픈지 짐작했을 것이다.

상황을 총정리해 보겠다. ① 이순신을 죽게 만든 총탄에 '비환(飛
丸)'이라는 객관적 표현을 쓴 조카 이분, ② 대장선의 정규 승무원이
아닌 데도 알려지지 않은 경로로 승선하고서는 이순신의 사망을 계
기로 빠른 출세가도를 걷게 되는 손문욱, ③ 손문욱이 우연히 대장
선에 올라탔다가 공을 가로챘다며 수군 장졸들이 분격해 한다는 형
조정랑 윤양의 보고……. 여기에 당대의 국내외 역학관계도 동시에
감안해야 한다. ④ 막강한 삼도수군과 해변 백성들의 이순신에 대
한 절대적인 충성, ⑤ 이순신에 대한 명군 지휘부의 전폭적인 지지,
⑥ 반면 이순신의 역량을 두려워했을 것이 분명한 조선의 왕실과 조

정……. 이들을 한 줄로 꿰어 보면 다음과 같은 결론이 도출된다. "이순신은 전투가 한창이던 상황에서 조정의 사주를 받은 손문욱이라는 인물에게 '저격' 당했을 가능성을 배제할 수 없다." 이것이 이순신의 최후에 대한 필자의 의혹 제기이다.

만약 필자의 의혹이 사실이라면 손문욱은 '조정 핵심과 직통하는 인물'로부터 사주를 받았을 것이다. 노량해전 직후 수공자로 선정된 것은 손문욱의 '배경'이 그만큼 든든하다는 방증이다. 정규 승선인원도 아닌데도 대장선에 탑승하여 이순신 최후의 현장에 재빨리 출현하여 사망 사실을 확인한 다음 아들과 조카들을 다독였다는 손문욱……. 측근이 아니면 지휘탑에 있던 이순신의 사망을 눈치채기가 쉽지 않았을 터인데도 손문욱은 가장 먼저 알고 달려왔으니 예사롭지 않다. 범인이 범죄현장에 나타나 범행의 성공여부를 확인하는 장면과 유사해 보인다면 지나친 상상일까? 손문욱의 공로에 대해 조정의 공식기록은 '이순신의 사망 사실을 감춘 채 군사를 지휘한 공'이라고 했지만 대장선의 장졸들은 이를 부인(앞에서 언급한 형조정랑 윤양의 보고가 그 증거이다.)하고 있다. 조정에서 수공자라며 호들갑을 떨고 있는 손문욱의 '실제 공적'은 분명 다른 데 있다는 말이다.

유성룡의 『징비록』을 보면 이순신을 맞힌 탄환은 두터운 갑옷을 뚫고 가슴에서부터 등을 완전히 관통한 것으로 되어 있다. 당시 조총의 살상력을 감안해 본다면 매우 가까운 거리(예를 들어, 대장선 내부)에서 발사되었다는 증거이다. 유성룡도 이순신의 죽음에 의혹이 들어 탄환이 상체를 완전 관통하였다는 정보를 적어 둔 것은 아닐까?

사물의 형체가 흐릿하던 겨울 새벽녘, 대장선의 전 장졸들이 전투에 여념이 없던 혼란스런 시간……. 어두컴컴한 이물 쪽에서 움직이던(혹은 대장선 바로 옆의 전선에 타고 있던) 몇몇 사내(손문욱, 김계생 외에 그들이 대동했을 장정들을 말한다.) 가운데 한 명이 조총의 총구를 일본군이 아닌 지휘탑 쪽으로 살그머니 돌리는 '맹랑한 장면'이 자꾸만 떠오른다.(노량해전은 이순신으로서는 처음으로 벌인 야간전투이다. 밤을 새워 노량의 적 함대를 공격해 남해도 관음포로 몰아붙인 다음 마지막 일격을 가하던 새벽녘에 최후를 맞는다. 이순신이 꺼리던 야간전투를 감행한 것은 상황이 그만큼 다급하였다는 뜻이다. 이순신은 노량의 일본군을 서둘러 격파한 뒤 그의 피와 땀이 서린 곳, 한산도로 달려가고자 했을 것이다.)

그러나 세상에 완전한 비밀은 없다. 이순신의 아들과 조카, 측근 장수들은 분명 손문욱을 의심했을 것이다. 뚜렷한 증거는 없지만 손문욱의 탑승 경위와 이순신 사망 직후의 행동 등을 찬찬히 생각해 보면 적잖은 의혹이 들었을 것이 틀림없다. 물론 손문욱이 누군가의 사주를 받은 자객임을 어렴풋이 느꼈다 하더라도 죽은 이순신을 살려낼 도리는 없으므로 현실을 받아들이지 않을 수는 없었을 것이다. '진실'을 규명할 방법도 없고 실익도 없는 상황에서 '전사(戰死)'라는 명예를 받아들이는 것은 당연한 선택이다.

그렇다고 해도 분하고 의심스런 심정은 어찌할 수 없다. 거듭 말하지만 조카 이분은 이순신을 죽인 탄환에 대해 결코 적의 탄환(敵丸)이라고 적지 않았다. 이분이 쓴 '날 비(飛)'자 비환(飛丸)은 어쩌면 '아닐 비(非)'자 비환(非丸)을 우회적으로 표현한 것은 아닐까? 즉, 홀중비환(忽中非丸)으로 쓰고 싶었던 것은 아니었을까? "숙부님은 결코 맞아서는 안 될 총탄(非丸)에 맞아 돌아가셨다." 이분은 '홀중비환(忽中飛丸)'이라는 네 글자를 통해 이런 고발을 하고 싶었는지도 모른다.

이순신의 최후와 관련하여 자살설과 은둔설이 있지만 필자는 동의하지 않는다. 이순신은 그렇게 소심한 사람이 아니다. 어려운 상황에서도 언제나 정면 대응하며 타개해 나갔지 결코 회피하지 않았다. 이순신은 적의 총구에 스스로를 무방비 상태로 드러낼 정도로 어리석은 인물도 아니었다.(이순신이 갑옷을 입지 않은 채 노량해전에 임하였다면서 이를 자살설의 근거로 삼는 주장들이 있다. 하지만 이순신이 갑옷을 벗은 채로 적과 싸웠다는 설은 진나라 장수 선진(先軫)의 고사에서 생긴 '면주선등(免胄先登, 용맹한 장수는 갑옷을 벗고 앞서 나간다.)'의 사자성어를 글자 그대로 해석한 데 따른 오해라는 것이 정설로 굳어지고 있다.)

자살설이나 은둔설은 장군을 모독하는 주장에 불과하다. 특히 죽음을 맞던 그 시기, 명나라 황제로부터 수군도독에 임명된 만큼 이순신을 둘러싼 정치적 환경은 자살을 해야 하거나 세상 밖으로 나가 숨어야 할 정도로 비관적이지 않았다.

물론 이순신 최후가 '저격'에 의한 것이 아닐 수 있다. 전사(戰死)라는 상식을 뒤집을 결정적인 증거는 여전히 없다. 그러나 우리가 기억해야 할 것은 그가 배(전함) 안에서 숨졌다는 점이다. '수국의 건국자', '해왕'답게 바다에서 최후를 맞았다는 사실이다.(조선의 지도층 가운데 바다에서 숨을 거둔 사람은 누가 있는가? '바다를 버린 나라' 조선에서 해상은 양반 사대부가 명줄을 놓을 장소가 아니었다. 7년전쟁에서 이순신과 원균, 이억기, 정운 등 여러 영웅들이 해상에서 최후를 맞이하면서 '조선의 바다'는 훗날 문화예술의 소재가 될 수 있는 최소한의 에피소드를 확보할 수 있었다고 하겠다. 7년전쟁이 조선에 준 예기치 못한 선물이라면 담배와 고구마 외에 이런 점이 아닐까?)

이순신의 죽음에는 의심스러운 대목이 적지 않지만 전사이든 저격이든, 인생의 즐거움을 반납한 채 백성과 나라를 위해 개인을 희생하다 끝내는 목숨까지 바친 고독한 삶의 진가는 조금도 훼손되지 않는다.

왕의 승리, 수국의 체제 편입

이순신에 대한 조정의 태도는 사망 전과 사망 후가 판이하게 달라진다. 이순신의 '사망'을 처음 보고받던 날, 선조는 싸늘하기 짝이 없는 반응을 보였다.

> "군문도감이 아뢰기를, 방금 진 도독이 파견한 군관이 들어와서 말하기를 '왜적의 배 100척을 포획했고, 200척을 불태웠으며 500급을 참수하였고, 180여 명을 생포하였다. 물에 빠져 죽은 자는 아직까지 떠오르지 않아 그 숫자를 알 수 없다. 또 이 총병(李總兵=이순신)은 죽은 것이 분명하.'고 하였습니다. '감히 보고합니다.'라고 하니 '알았다'고 전교하였다."
>
> -『선조실록』, 무술년(1598) 11월 24일자

이순신의 사망 소식을 들었을 때 왕의 답변이 '알았다'이다. 가타부타 다른 말이 없으니 사관(史官)은 '알았다'는 한 마디만 적은 것이다. 조선 최고의 무훈을 세운 장수, 풍전등화 같았던 왕조를 지켜낸 제일가는 충신이 죽었는데도 왕이 눈물을 흘리기는커녕 '알았다'는 무미건조한 대답만 하고 있다. 이순신에 대한 선조의 불편한 심기가 그대로 묻어나는 대목이다. 어쩌면 왕은 다른 은밀한 루트를 통해 이순신의 사망 관련 보고를 이미 받았기 때문에 이런 단조로운 반응을 보였을 수도 있다. 계속되는 또 다른 보고에도 임금의 태도는 비슷하다.

"승정원에서 보고하였다. '방금 군문도감의 당하관이 군문의 보
고서를 가지고 와서 문틈으로 말하였습니다. 군문이 지금 명령을
내리기를 유[劉綎] 제독과 동[董一元] 제독은 군사를 거느리고 부
산에 가서 모이도록 하고 진[陳璘] 도독 역시 뒤따라서 부산으로
가도록 하라. 이순신이 전사하였으니 그 후임을 곧 임명해서 지
시를 받고 떠나도록 해야 할 것이다. 누구를 임명할 것인지 내일
날이 밝기 전에 이름을 써 가지고 와서 보고하도록 하라고 하였
다고 합니다.' 임금이 지시하였다. '알았다. 오늘은 밤이 깊었으니
어쩔 수 없다. 내일 아침에 승지가 보고서를 가지고 가서 사례할
것이다. 통제사는 곧 비변사로 하여금 추천하여 임명하도록 할
것이다. 모든 일들은 승정원에서 살펴서 하도록 하라.'고 하였다."

— 『선조실록』, 무술년(1598) 11월 24일자

그러나 엿새가 흘러 11월 30일이 되면 왕의 태도가 크게 바뀌어
이순신에게 극도의 호의를 표시한다.

"승정원에 지시하였다. 이순신에게 벼슬을 추증해 주고 부의도
보내 주고 그의 장사는 관청에서 치러 주도록 하라. 그의 아들은
몇이나 되는가? 거상 기간이 끝난 뒤에 모두 벼슬에 임명해야 할
것이다. 바닷가에다 사당을 세워 주는 것도 좋겠다. 이 문제는 비
변사에서 통의하여 보고하도록 하라. 그 밖에 싸움에서 죽은 장
수들 중에도 추증해 주어야 할 사람이 있을 것이다. 벼슬을 추증

해 주어야 할 사람이 있으면 차차 벼슬을 추증해 주도록 하라."

-『선조실록』, 무술년(1598) 11월 30일자

　살아 있는 이순신은 두렵고도 미운 존재지만 죽은 이순신은 그럴 이유가 없다. 예전의 이순신은 왕에게 잠재적 정적이었지만 이젠 제일가는 충신으로 위상이 달라졌다. 이순신의 사망을 공식 확인한 이후 왕은 그를 '충절'의 표상으로 삼아 증직을 하고 아들들에게도 벼슬을 내려 주고 있다. 임금에 이어 조정의 대소 신료들도 앞다투어 이순신을 칭송하기에 바쁘다.

　"좌의정 이덕형이 장계하였다. (중략) 이순신의 사람됨을 신(이덕형)이 직접 확인해 본 적이 없었고 한 차례 서신을 통한 적 밖에 없었으므로 그가 어떠한 인물인지 알지 못했습니다. 전일에 원균이 그의 처사가 옳지 못하다고 한 말만 듣고 그는 재간은 있어도 진실성과 용감성은 남보다 못할 것이라고 여겼습니다. 그런데 신이 보도에 들어가 해변 주민들의 말을 들어보니 모두가 그를 칭찬하며 한없이 아끼고 추대하였습니다. 또 들건대 그가 금년 4월에 고금도로 들어갔는데 모든 조치를 매우 잘하였으므로 겨우 3~4개월이 지나자 민가와 군량의 수효가 지난해 한산도에 있을 때보다 더 많았다고 합니다. 그제서야 그의 재능이 남보다 뛰어난 줄을 알았습니다. 그리고 유 제독(유정)이 힘껏 싸우는 데 뜻이 없다는 것을 간파한 뒤에는 국가의 대사를 전적으로 수군에 기대하지 않을 수 없었습니다. 그리하여 신이 주사(舟師)에 자주 사람을 보내어 이순신으로 하여금 기밀의 일을 주선하게 하였더니 그는 성의를 다하여 나라에 몸 바칠 것을 죽음으로써 스스로 맹세하였고 영위하고 계획한 일들이 모두가 볼만하였습니다. 따라서 신은 나름대로 생각하기를 국가가 주사의 일에 있어서만은 훌륭한 주장(主將)을 얻어서 우려할 것이 없다고 여겼습니다. 그런데도 불행하게도 그가 전사하였으니 앞으로 주사의 일을 책임지어 조치하도록 하는 데 있어 그만한 사람을 구하기가 어려울 것입니다. 참으로 애통합니다. 부음 보고가 있던 날 군량을 운반하던 인부들이 이순신의 전사 소식을 듣고 무지한 노약자라 할지라도 대부분 눈물을 흘리며 서로 조문하기까지 하였으니 이처럼 사람을 감동시킬 수 있었던 것이 어찌 우연한 것이겠습니까.(이순신 본인의 일기나 친인척의 글이 아니라 조정 대신의 보고서라는 점을 감안하면 이 기록은 매우 객관적이라고 말할 수 있다. 해변 백성들이 이순신을 얼마나 존경하고 따랐는지, 그들에게 이순신이 어떤 존재였는지를 가장 정확하게 묘사한 기사라고 하겠다.)

그리고 군량을 조치하는 등 모든 일에 있어서 요리해야 할 일들이 매우 광범위한데 하루아침에 주관하는 사람이 없다면 필시 죄다 산실될 것입니다. 특별이 새 통제사를 임명하시어 마음을 다해 요리하고 장병들을 위무하여 뿔뿔이 흩어지지 않도록 하소서. 이순신이 나라를 위하여 순국한 일은 옛날의 명장에게도 부끄러울 것이 없었습니다. 조정에서 각별히 표창하소서."

-『선조실록』, 무술년(1598) 12월 7일자

이덕형의 이 장계에서 이순신의 인물됨과 그가 이룩한 공적의 크기를 새삼 확인할 수 있다. 한편으로는 변화무쌍한 세상인심도 실감

364

할 수 있다. 살아 있는 이순신은 부담스럽지만 죽은 이순신의 공적이야말로 마음껏 전파해도 문제가 없기 때문에 이런 보고를 임금과 조정에 보낼 수 있었을 것이다.

노량해전이 끝난 후 조선 조정은 이순신을 제1의 충신으로 추켜세우는 한편, 그가 거느렸던 고금도 기지의 물력(物力)과 수군의 지휘권을 재빠르게 장악한다. 삼도수군에는 이순신을 대체할 인물이 없었다. 이순신의 사망과 함께 그가 세운 '고금도 수국'은 독자성을 상실한 채 한양 조정의 지시대로 움직이는 '보통 군대와 별 볼일 없는 해변'로 전락한다.

노량해전을 수습하자마자 조명 연합수군의 지휘권을 가졌던 명나라 수군도독 진린은 조선 조정에 후임 통제사를 빨리 임명할 것을 요구하며 이순신의 수하인 또 다른 이순신(李純信)을 슬쩍 천거한다. 실록을 인용해 본다.

"진린 제독이 공문을 보냈다. 19일 인시(寅時, 새벽 4시경)부터 사시(巳時, 오전 10시 경)까지 부산, 사천 등지의 적선들과 노량도에서 큰 싸움을 하였습니다. 명나라 장수나 조선 장수들이 힘껏 군령을 집행한 사실에 대해서는 귀국 사람들의 입을 통해 자연히 전달되었을 것이므로 굳이 더 말하지 않겠습니다. 통제사 이순신은 자신이 군사들의 앞장에 나서서 싸우다가 탄환을 맞고 전사하였습니다. 그의 충성에 대하여는 전하가 잘 알고 있을 것이기 때문이 다시 더 말할 필요가 없을 것입니다. 단 이 통제사의 직무는 하루도 비워 두어서는 안 될 것입니다. 내 생각에는 이순신(李純信)을 승진시켜 그 자리에 배치했으면 하는데 귀국의 추천과 일

치할지 모르겠습니다. 깊이 생각해 보고 빨리 결정하여 군사들을
위로해 주기를 간절히 바랍니다. 회답을 기다리면서 전하의 안녕
을 빌어마지 않습니다."

－『선조실록』, 무술년(1598) 11월 25일자

충무공 이순신(李舜臣)과 한글 발음이 똑같은 수군장수 이순신(李
純信)은 전라우수영 시절부터 장군을 섬기며 2인자로 커온 인물이다.
진린과도 사이가 나쁘지 않았던 모양이다. 진린은 당연히 충무공의
부하 가운데서 새로운 수군통제사가 나와야 한다고 믿었다. 그것
이 순리이기도 하다. 그러나 웬만하면 진린의 요청을 들어줄 만한
데도 조선 조정에서는 이를 거부하고 다른 사람을 통제사에 앉힌다.
이시언(李時言)이라는 인물이다. 같은 날짜 실록에 조정의 답변이 실
려 있다.

"회답한 글은 이러하였다. '귀하(진린)는 대국 누선(樓船)의 군사
로써 노량에서 적의 숨통을 조였습니다. (중략) 대저 우리나라에
서 병란을 겪은 지 7여 년만에 처음으로 이런 승리를 거두었으니
기린각에 그릴 일등공신은 귀하가 아니고 누구이겠습니까. 통제
사 이순신은 귀하의 휘하에서 힘껏 싸우다가 탄환을 맞아 갑자기
전사하였으니 무척 애석합니다. 그 직무는 3도의 수군을 통솔하
게 되어 있는 만큼 그 직무를 대신하기가 대단히 어렵습니다. 이
미 충청병사 이시언(李時言)을 그 후임으로 배치하였습니다. 분부
대로 되지 못해 송구한 마음 어디 둘 데 없으나 양해하여 주실 것
을 간절히 바랍니다. 바다에서 한지(寒地) 생활을 하는데 또 날씨

까지 추워졌으니 아무쪼록 귀한 몸조심하시기 바랍니다. 이만 씁
니다.'"

-『선조실록』, 무술년(1598) 11월 25일자

　　명나라 고위 장수의 요청이면 군말 없이 들어주던 조정이 이번에
는 웬일로 고집을 부린다. 미리부터 이시언을 이순신의 후임으로 정
해 놓았다고 강하게 나가는 이유가 궁금하다. 왕이 이순신의 사망을
공식적으로 보고받기는 11월 24일인데 불과 하루 뒤에 충청병사 이
시언을 후임자로 결정하였다고 진린에게 통보하고 있으니 이례적으
로 신속하다. 마치 이순신의 죽음을 미리 알고 대비하였다는 느낌마
저 든다. 이 역시 이순신의 최후가 자연스럽지 않다고 여기게 만드는
대목이다.

　　사실 이시언은 수군 경력이 없어 삼도수군통제사로는 결격사유
에 해당하는 인물이다. 다만, 충청병사로 재직 중이던 1596년 '이몽
학의 난'을 진압하는 데 공을 세움으로써 왕에 대한 충성심을 인정받
은 장수이다. 조정에서 이런 이시언을 진린의 뜻을 꺾어가며 통제사
로 임명한 데는 그만한 이유가 있었을 것이다. 이순신이 먹이고 입히
고 훈련시켜 그의 명령대로 싸운 군대, 즉 이순신의 군대였던 삼도수
군을 다시 조정의 군대, 임금의 군대로 만들겠다는 의도에 다름 아닌
것이다.

　　이시언을 후임 통제사로 삼는다는 방침은 이순신이 죽기 전에 이
미 계획되었을 수도 있다. 어찌되었든 이순신의 죽음과 함께 삼도수
군은 임금의 측근에 의해 장악되었다. 동시에 이순신이 이룩한 '수국'
자체가 온전히 왕의 차지가 되었다. 수국은 군주의 차지가 되면서 그

생명을 다하였다. 이순신의 죽음이 전사인지 저격인지, 자살했는지 은둔했는지보다 더 중요한 사실이 바로 이 점이다.

이순신의 죽음과 함께 서·남해는 다시 왕의 바다가 되었고, 해상의 패권은 조정으로 넘어갔다. 이순신 휘하의 삼도수군이 누려온 광범위한 자치권은 인정받을 수 없게 되었고, 해변의 경제력은 오롯이 조정의 차지가 되었다. 이순신은 목숨을 잃었기에 왕과의 권력게임에서 패배하였다. 선조가 이순신의 사망 소식을 듣고서도 비정한 반응을 보였던 이유는 이렇게 설명된다. 필자가 이순신의 죽음에 권력자의 의지가 개입되었을 개연성을 거론한 까닭도 바로 이 때문이다.

역사에 있어 가정(假定)이란 참으로 헛되고 덧없다. 그러나 만약 이순신이 노량싸움에서 죽지 않았다면? 그 자신이 이룩한 '수국'의 역량을 총동원하여 조선사회를 새로운 체제로 바꾸었을 가능성이 높다. 전주 이씨를 대신하는 덕수 이씨 왕조를 세웠거나, 그렇지 못하였다 해도 강력한 해군력에다 대명 수군도독이라는 직책을 배경으로 군국대사(軍國大事)를 관장할 수 있었을 것이다. 이순신의 수하에는 공리공론에 얽매이지 않은 상쾌한 사나이들이 많았고 이들은 기존 사대부와 유전자가 달랐다. 이순신 군단(軍團)은 조선국을 이전과는 크게 다른 체제로 이끌었을 것이 분명하다. 새로운 조선은 허위허례와 가식, 도그마에 빠진 훈고학의 질곡에서 벗어나 동아시아 지중해를 안방으로 하는 대상공업국으로 성장할 수도 있었을 것이다. 바다의 가치를 알고 무역의 오묘함을 알았던 '이순신의 조선'은 서세동점의 거센 도전에도 적절히 대응할 역량을 지녔을 것이 틀림없다. 그랬다면 섬나라 일본의 식민지로 전락하는 일도 피하지 않았을까?

그러나 역사의 물길이 좋은 쪽으로만 흐르는 법은 없다. 대명 도독에 오른 이순신이 강화된 위상을 배경 삼아 조정과 대결하다가 '참담한 패배'를 겪었을 가능성도 배제할 수 없다. 그랬다면 이순신이 세운 수국은, 장보고 암살 이후 청해진이 해체되고 인근 섬들이 공도화된 것처럼 '해체'의 수순을 밟게 되었을 것이다. 그럴 경우 대전란 하에 자연스럽게 약화된 공도정책과 해금령의 망령이 서·남해변을 다시 덮어 '한국 해양사의 공백기'를 더욱 장기화했을 개연성이 높다. 나쁜 쪽의 가능성까지 감안한다면 이순신의 죽음과 그로 인한 수국의 왕조체제 내 편입을 최악의 결과라고 말하기도 어렵다. 이순신의 조기 사망은 '위대한 상공업국의 탄생 가능성'을 물거품으로 만들기도 했지만, '실패할 수도 있는 반란'을 방지한 결과론적 의미도 있다.

조선 사회는 이순신이라는 위대한 CEO를 7년전쟁의 최후단계에서 잃게 됨으로써 해양국가로 거듭날 수 있는 결정적인 기회를 놓친 것이 분명하다. 하지만 바다로의 진출을 송두리째 봉쇄하는 결과는 피함으로써 훗날(조선조 후기) 최소한으로나마 해상진출을 할 수 있는 여지는 남겨 두었던 것이다.

종전 이후 수국의 터전에 삼도수군통제영 체제가 들어선 것은 이순신의 죽음이 '조국을 위한 전사(戰死)'로 규정되었기에 실현될 수 있었다. 이제는 이순신 사후 그가 이룩한 수국이 어떤 모습으로 계승되는지 살펴볼 차례이다.

11장

수국의 계승-
'해변의 총독부' 삼도수군통제영

흔히 삼도수군통제사와 삼도수군통제영은 동시에 생겨난 것으로 여기는 경우가 많다. 통제사가 머무르는 군영이 곧 통제영이라는 생각에서이다. 그러나 통제사라는 직책은 생겼지만 제도적 의미의 통제영은 한동안 건설되지 않았다. 혼란한 전시에 새 군영을 세울 여유도 없었고 기지를 수시로 옮겨야 했기 때문에 항구적인 군영이 따로 있을 수 없었다. 이순신이 통제사 직위를 제수받았을 때 한산도에 기지를 두고 있었기에 최초의 통제영은 한산도로 볼 수 있을 것이다. 반면 장군의 직위가 전라좌수사 겸 삼도수군통제사였기에 여수의 전라좌수영을 첫 통제영이라고 주장하는 사람도 있다. 이런 논리대로라면 장군이 머물렀던 해남의 전라우수영과 보화도, 고금도 등지가 모두 통제영에 해당될 수도 있다. 그러나 이는 어디까지나 행영(行營), 즉 임시군영일 뿐 항구적인 통제영이라고 보기는 어렵다.

정식 통제영은 7년전쟁이 끝나고 5년의 세월이 흐른 1603년 남해의 요충지 두룡포(현재의 경남 통영시)로 선정되어 이듬해 완공된다. 다시는 일본의 침공을 용납하지 않겠다는 비장한 각오로 전란 직후의 극심한 재정난을 무릅쓰고 국력을 기울여 삼도수군통제영(三道水軍統制營)이라는 대군영(大軍營)을 건설한 것이었다. 조선왕조가 전란 후에 통제영을 세운 것은 이순신이 일으킨 한산수국, 고금도수국을 체제 내로 완벽하게 '포섭'한다는 의미가 있다. 이는 전란의 와중에 통제사 직을 설치한 것 이상의 무게를 지니고 있다고 할 것이다.

종전 후 최대 논쟁-해방 본영(海防 本營)의 위치 선정

7년전쟁을 치른 뒤 조선은 중환자나 다름없었다. 인구가 줄어든 데다 난리통에 호적이 망실되면서 국가의 통치권역 밖으로 숨어버린 백성도 많아 나라의 동원 체계는 크게 약화되었다. 더욱이 토지대장도 상당수 분실, 망실되었다. 전쟁이 끝나고 50년이 지난 시기의 등록된 호구 수는 150만 호, 토지 결수는 54만 결에 지나지 않았으니 조선 초 세종 대의 3분의 1 수준에 불과하였다. 이는 국가의 인구·토지대장에 등록된 수치이므로 실제 인구, 실제 토지 규모와는 거리가 있는 것이었지만 나라의 가용자원이 그만큼 축소되었다는 것을 의미한다. 즉, 동원 가능한 민력(民力)과 세금의 규모가 전쟁 전에 비해 3분의 1수준으로 축소되었고 국가 재정도 그만큼 감축되었다는 의미였다. 아무리 후하게 쳐 주어도 조선의 총체적인 국력은 전쟁 전의 절반 이하로 떨어졌다고 할 것이다.

조선의 처지가 얼마나 한심했는지는 궁궐 사정을 보아도 알 수 있다. 전쟁 직후 의주로 달아났던 선조 임금이 이듬해인 1593년 10월 4일 환도해 보니 궁궐이 모두 불에 타서 거처할 곳이 없었다. 임금은 월산대군(세조의 장손이자 성종의 형)의 옛집에 머무르기로 하고 이름을 정릉동행궁(貞陵洞行宮)이라고 하였다. 훗날의 덕수궁이다. 궁궐에 있어야 할 각 관청은 행궁 근처의 가옥에 정해 두었다가 점차 목책을 세우고 문을 달아 궁궐 모습을 갖춰가기 시작하였다. 1597년에 비로소 궁궐의 담을 둘러쌓았고 10년이 지난 1607년 4월에 북쪽에 별전(別殿)을 세웠다. 선조는 1608년 2월에 승하할 때까지 정릉동행궁에서 옹색하게 살아야 하였다. 광해군도 이 행궁에서 즉위식을 거행하였다. 광해군은 훗날 창덕궁을 복구하여 옮겨감으로써 겨우 임금으로서의 체면치레를 하였다. 궁궐은 나라와 국왕의 권위를 상징하는 만큼 결코 초라해서는 안 되지만 왜란 직후 조정의 주머니 사정으로는 경복궁 복원은 꿈도 꿀 수 없었다. 훗날 대원군이 심혈을 기울여 경복궁을 복원한 것도 무너진 왕실의 권위를 세우기 위함이었다.

이렇게 왕이 살 거처조차 제대로 마련하지 못한 채 하루하루를 연명하다시피 하던 조선왕조가 남해안에 대군영(통제영)을 건설한 것은 기적 같은 일이다. 궁궐은 없어도 되지만 해방책이 없으면 나라가 무너진다는 것을 뼈저리게 경험한 때문일 것이다. 한 체제의 생존본능은 이처럼 강하였다.

왕과 조정에서는 종전 직후부터 7년전쟁의 전 과정을 복기(復碁)하며 일본군의 재침 대책을 강구하였다. 그 결과 전란의 피해를 최소화하기 위해서는 적군이 상륙하기 이전에 바다에서 요격하는 것이 최선이라는 결론을 얻었다. 바보가 아니라면 당연한 귀결이다. 적을 해상에서 격파했어야 옳다는 주장은 이순신, 원균 등이 이미 전쟁 와중에 제기한 바 있었다. 종전 이후 해변의 높은 산봉우리에 요망군(瞭望軍)을 대폭 배치한 것도 이 같은 전략에 따른 것이다. 즉, 시력 좋은 병사들로 하여금 항시 바다를 정찰하게 만들어 적선의 움직임을 사전에 잡아내려는 의도였다. 그런데 해상에서 적군을 요격하려면 수군의 강화가 무엇보다 급선무였다. 종전 직후인 1598년 12월, 비변사는 해군력 강화를 위한 방책을 제시하고 있다.

"비변사가 아뢰었다. 7년간 싸우던 적들이 하루아침에 도망쳤습니다. 적들을 추격하여 섬멸시키지는 못했지만 적의 소굴이 되었던 영남과 호남의 연해 일대가 다시 우리의 소유로 되었으니 국가와 민생의 기쁨이 무엇이 이보다 더 크겠습니까? (중략) 오늘날의 형세는 마치 여러 해 병을 앓는 사람과 같아 병세는 사라졌지만 정혈이 고갈되고 원기가 쇠잔한 상태입니다. (중략) 그러니 앞으로 수년간 백성들을 괴롭히거나 지치게 하는 모든 일을 일절하지 말아야 하고, 부득이 해야 할 일이 있더라도 반드시 민력(民力)이 휴식을 취할 수 있는 시기를 기다린 다음에 해야 할 것입니다. 그러나 방어에 관한 일만은 이와 같이 해야 한다고 핑계하여 힘을 기울이지 않아서는 안 될 것입니다. 적을 방어하자면 무엇보다 주사(舟師)가 가장 시급합니다. (중략) 각 도의 방백으로 하여금 각 읍의 빈약하고 부유한 상황을 조사하여 빈약한 읍은 여러 읍을 아울러 한 척의 배를 만들게 하고 부유한 읍은 단독으로 한 척, 또는 여러 척을 만들게 해야 합니다. 또한 여러 도의 선척을 거두어 모아 전쟁에 쓸 만한 것은 주사에 배속시키고 바닷가에 있는 육군을 모두 수군에 옮겨 속하게 한다면 수군의 성세가 매

우 커질 것입니다. 그리고 현재 고금도에 있는 주사를 요해지(要
害地)로 진영을 옮기게 하는 것이 온당할 듯합니다."

- 『선조실록』, 무술년(1598) 12월 2일자

이처럼 해안마다 전선을 배치하여 적군이 상륙하기 이전에 쳐부순
다면 더할 나위 없이 좋겠지만 조선은 3면이 바다, 적이 언제 어느 해
안으로 쳐들어올 것인지 미리 알고 대처하기란 사실상 불가능하다.

그렇다면 차선책은 적의 공격을 받았을 경우 수군의 전력 상당부
분을 보전하였다가 신속하게 방어전을 벌이는 방법이다. 적의 해상
보급로를 끊는 것이 핵심이라는 점은 7년전쟁 때 이미 경험하였다.
조정에서는 기습공격을 피할 수 있으면서도 적의 침공에 가장 신속
하게 대처할 수 있는 '요해지'에 강력한 수군기지를 건설하는 것으로
그 해답을 찾았다. 두룡포(현재의 통영시)에 삼도수군통제영을 세우기
로 한 것은 이곳이 지닌 지리적 우월성 때문이었다.

일본군의 재침 경
로는 어디일까? 해방
(海防)의 중심은 어디
에 세울 것이냐? 하는
것은 왜란 직후 조선
의 최대 논쟁거리였
다. 임진년 때처럼 부
산으로 침공할 가능성
은 여전하다. 그렇지
만 오도열도(五島列島,

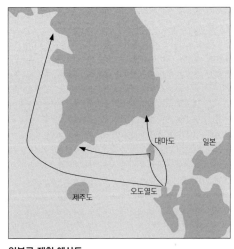

일본군 재침 예상도

대마도 서남쪽, 규슈 서쪽 해상에 위치한 섬)에서 곧바로 호남을 침공할 가능성도 대비해야 하였다.

어쩌면 서해안을 끼고 한양 근처로 곧장 북상해 올 개연성도 배제할 수 없는 상황이었다. 왕까지도 논쟁에 가세하였다. 1599년 8월 12일자 『선조실록』을 인용한다.

"적이 어찌 매양 부산으로만 쳐들어오겠는가. 우리나라 사람들은 크고 작은 일에 대처할 때 오직 전례만을 의거하니 이는 가소로운 일이다. 임진년에 부산으로부터 쳐들어온 것이 과연 전례가 있는 것이었던가? 호남과 충청의 수군을 모두 부산에 모을 경우 적이 이를 탐지하고 오도열도로부터 곧바로 호남으로 돌입하여 군사를 나누어 요새를 점거한 다음 부산의 군사를 차단하고 곧바로 서울로 치달릴 수도 있다. 또 해로로 바람을 타고 물결을 헤치면서 돛을 올리고 서울로 올라오면 충청과 경기의 연해 일대를 누가 방어할 것인가?"

왕은 이듬해 1600년 1월 26일에도 비슷한 의견을 내세웠다.

"우리나라 지형은 연해가 천여 리이니 삼면으로 적의 침입을 받는 나라인 것이다. 적이 우리 군대가 부산에 주둔하고 있는 것을 탐지하여 오도에서 바람을 타고 돛을 올리면 천 리를 일순간에 달려와 곧장 호남을 공격해 아군의 후면으로 돌아 나올 수 있다. 그런 뒤 군대를 나누어 변방 해안의 길을 장악해서 아군을 묶어 둔 다음 해남, 진도 등에 전과 같이 보루를 축조한다면 아군은 적에게 통제당하여 마음대로 싸울 수가 없게 된다. 따라서 호남, 충청에서 황해, 평안도 일대의 연안에 이르기까지 못 가는 곳이 없게 될 것이고, 수로나 육로로 마음대로 횡행하더라도 누가 막을 수 있겠는가. 이렇게 되면 우리의 후방이 먼저 붕괴될 뿐만 아니라 중국의 수군이 와서 구원한다고 하더라도 힘을 합칠 우리 군사가 없으니 구원하고 싶어도 할 수가 없을 것이다. 더욱이 호남에는 섬들이 바둑알을 깔아놓은 것 같아서 적이 곳곳에 복병을 설치하여 요격할 수 있으므로 형세로 보아 부산으로 침공해 올 때보다 더 어려울 것 같다."

왕의 지적이 있고 이틀 뒤인 1600년 1월 28일 좌의정 이항복은 조정(비변사)의 공식 입장을 제시하였다.

"오도(伍島)는 대마도 오른쪽(서쪽)에 있는데 땅도 작고 토지도 척박하며 가구 수는 천 호도 못되고 백성들은 항업(恒業, 농업)이 없어 상업으로 생활하기 때문에 출몰하면서 노략질하는 것이 다른 왜적보다 더욱 극심하다는 것입니다. 평시 우리 변경을 노략질하는 적들의 태반은 이 섬에 사는 자들입니다. 이들이 침략해 오는 길은 둘이 있습니다. 하나는 오도에서 동남풍을 타고 삼도(三島, 거문도)에 이르러 하룻밤을 묵은 뒤 선산도를 지나 곧바로 고금도와 가리포 등처(전남 남해 서부해안)에 도달되는 길이고 또 하나는 대마도에서 동북풍을 타고 연화도(蓮花島, 통영시 욕지면 부속도)와 욕지도 사이에 이르러 하룻밤을 묵은 뒤 곧바로 남해의 미조항과 여수의 방답(防踏, 돌산도) 등처에 도달하는 길입니다.

이는 왜적이 전라도를 침구하는 익숙한 길인데 그 사이의 수로가 매우 멀어서 순풍을 타더라도 아침에 출발해서 저녁에 도착하지 못하고 반드시 바다 가운데 있는 섬들 사이에서 밤을 지내야 합니다. 그러나 연일 좋은 바람이 있을 수는 없기 때문에 바다에 정박하고 있던 적선이 다음날 바람이 좋지 못하면 또다시 순풍을 기다려야 합니다. 그런데 연화도와 욕지도는 바로 경상우수영의 연대(煙臺, 봉수대)와 마주 바라다 보이는 섬으로 (요망군이) 왕래하는 적선 숫자를 분명하게 셀 수 있습니다. 형세가 이러하기 때문에 오도의 적이 삼도와 선산도를 지나서 고금도를 침범할 경우는 늘 기습이 되기 마련이지만 대마도의 왜적이 연화도와 욕지도를 지나 남해 등지를 침범할 경우에는 우리에게 발각이 됩니다. 그러나 대마도에서 부산에 닿을 경우 정동풍을 만나기만 하면 한번 돛을 올려서 금방 도착하게 됩니다.

그런데 왜적이 순풍을 타고 부산을 향하게 되면 부산 수영 쪽에서는 역풍이 되는 데다 몰운대, 해운대 아래에는 파도가 높고 물결이 사나와 배를 운항하기가 불편하여 갑자기 급한 일을 당하게 될 경우 서로 구제하기 어렵습니다. 형세가 이러하기 때문에 지금 적의 계책을 헤아려 보건대 적이 작은 숫자로 노략질을 할 경우에는 호남이 우려스럽습니다. 그러나 적이 대군을 이끌고 평탄한 길을 따라 올 경우에는 그 의도가 우리를 공격해 함몰시키는 데 있는 것이니 영남이야말로 적을 맞는 문호가 되는 것입니다. (중략) 이에 의거해서 말한다면 수군의 대진(大陣)을 부산에 설치한 다음 남은 병력을 나누어 견내량 입구를 지키고 고금도의 전면에 웅거하게 하여야 바야흐로 좋은 계책이 될 것입니다."

결국 이항복이 아뢴 의정부(비변사)의 의견은 적이 대군을 한꺼번에 몰고 나올 경우에는 부산을 정면에서 공격할 것이고 소소한 해적질을 하려면 호남으로 쳐들어올 것이니 부산에 대규모 수군기지를 건설하고 경상도 견내량과 전라도 고금도 전방에도 수군기지를 두어야 한다는 것이었다.

그러나 이항복은 자가당착을 범하고 있으니 적의 대군이 순풍을 타고 부산을 침공할 경우 대책이 별로 없다고 하면서도 부산에 대진을 건설해야 한다는 논리이기 때문이다. 방어 대책이 없는 곳에 대군진을 세워 무슨 효과가 있겠는가? 부산이 적의 공격을 받아 무너질 수밖에 없다면 부산에서 멀지 않은 안전지대에 군영을 건설해 두었다가 비상시에 구원을 하게 하는 것이 이치에 맞다.

수년간의 논란 끝에 국초 이래로 해방의 최고 요충지이자 7년전쟁 이전까지 최대의 수군기지였던 경상우수영(당시에는 거제도 남쪽 오아포에 있었다.)을 강화하기로 결론이 났다. 경상우수영은 지리적으로도 해방 본영이 되기에 충분하였다. 일본의 침공에 대비한다고 할 때 너무 멀지도 않고 가깝지도 않았을 뿐만 아니라 입지조건 역시 양호하였기 때문이다. 당시에는 통제사가 전라좌수영에 머물고 있었는데 부산에서 너무 멀다고 보아 경상우수영으로 옮기도록 의견이 모아졌다. 앞에서 든 이항복의 장계에도 그 내용이 나온다.

"지금 전라순찰사 한효순이 통제사 이하 각 장수들과 상의해 경도(鯨島, 여수 앞바다에 위치한 섬)에 1진을 설치하고 고금도에 1진을 설치하려 하고 있는데 비변사에서는 통제사가 멀리 경도에 가 있게 되면 부산-거제도로 오는 적에 대해 성원하는 형세를 이루기 어려울 뿐 아니라 달려가 구원하려 해도 기회를 잃게 될 것이니 경상우도 근처로 나아가 주둔하는 것이 온당할 것 같다 하였습니다."

-『선조실록』, 1600년 1월 28일자

즉, 의정부(비변사)의 총의는 부산이 침공 당했을 때 가까운 곳에서 발진하는 대규모 수군기지가 있어야 하며, 통제사를 경상우도에 주둔하게 해야 한다는 생각을 가지고 있었음을 알 수 있다. 이는 곧 실행에 옮겨진다.

두룡포에 통제영을 건설하다

1598년 11월 19일 노량해전에서 통제사 이순신이 사망한 이후 이시언이 전라좌수사 겸 삼도수군통제사로 재임하고 있었다. 이순신의 죽음, 전쟁의 종식과 함께 고금도 수국체제는 해체되고 평상시의 진관체제로 전환된 셈이었다. 이런 상황에서 1601년 5월 3일 조정에서는 이시언을 경상우수사로, 배흥립을 전라좌수사로 각각 임명하였다. 전라좌수사 겸 통제사 이시언이 경상우수사로 발령이 난다는 것은 무엇을 뜻하는가? 바로 경상우수사가 통제사직을 겸임하게 되었음을 의미한다. 조선 수군의 중심을 경상우수영에 둔다는 비변사의 결론에 의해서이다.

경상우수사가 통제사를 겸임하게 되면서 경상우수영을 강화하는 문제도 자연스럽게 등장하였다. 당초 거제도 오아포 가배량에 있던 경상우수영이 임진왜란을 겪으면서 불타 버리자 조정에서는 해방의

경상우수영 이동 거제 가배량(구영)→고성 춘원포→두룡포

중심지로 삼을 새로운 경상우수영 터를 물색하였는데 두룡포가 최적지로 떠올랐다. 다음은 『선조실록』 1604년 7월 25일자 경상도 관찰사 이시발의 장계이다.

> "구영(舊營, 옛 경상우수영)과 고성을 버리고 따로 중간의 합당한 곳을 찾으려면 두룡포 이외에는 달리 그럴 듯한 곳이 없습니다."

이시발의 장계로 미루어 보아 새로운 경상우수영은 거제 구영과 고성의 중간 정도에 위치해야 한다는 것이 조정의 집약된 의견이었고 현지에서 두룡포를 선정했음을 알 수 있다.

아마도 거제도는 일찌감치 왜적에게 점령되었던 것이 방어상 불리하다는 인상을 가지도록 만들었던 것으로 여겨진다. 또 섬이다 보니 육지와의 교통이 불편한 것도 감점요인이었을 것이다. 급하면 말을 타고 내지로 달려야 할 때가 많았지만 섬이라는 것이 그리 녹록지

두룡포기사비

않았던 것이다. 반면 고성은 내만 깊숙이 들어가 앉은 탓에 전라도를 비롯해서 타 지역으로 재빨리 출동하는 데 불리하다. 그러므로 경상 우수영은 거제와 고성의 중간 정도에 위치하는 것이 옳아 보인다. 당 시 수군 지휘부가 현지를 답사하고 얻은 결론이었으리라.(그런데 이시 발의 장계가 실록에 실린 1604년 7월에는 경상우수영 겸 통제영이 이미 건 설되고 있던 중이었다. 제6대 통제사로 취임한 이경준(李慶濬)이 1603년부 터 통제영 창건에 착수하여 이듬해인 1604년 두룡포로 영을 옮겼다는 기 록에서 알 수 있다. 이 때문에 이시발의 장계는 이미 결정된 사항의 우수성 을 강조하는 차원에서 보고한 것으로 이해된다.)

두룡포에 통제영을 설치한 이유에 대해서는 두룡포기사비(頭龍浦 記事碑)에 잘 설명되어 있다. 두룡포기사비는 인조 3년(1625년) 제19 대 통제사 구인후가 세웠는데 구인후는 이경준 통제사의 보좌관을 역임했고 그의 신임을 크게 받았던 인물이다. 통제영 건설에 참여한 바 있었던 구인후는 존경하는 상관 이경준이 통제영을 건설한 업적을 길이 전하고자 하는 뜻에서 기사비를 세웠다. 구인후는 당시 창원 대도호부사(昌原大都護府使) 박홍미(朴弘美)에게 부탁하여 비문을 지었다. 다음은 비문 중에서 두룡포에 통제영을 설치한 이유를 적은 부분이다.

"통제영은 처음에 한산섬에 있었는데 한쪽으로 치우쳐 있고 멀어서 고성(현 통영시 광도면 춘원포로 당시에는 고성현에 속하였다.)으로 옮겼다. 배를 숨기기에는 편하였으나 갑자기 당하는 변을 막는 데는 불편하였다. 통제사로 오는 사람들이 우선 편한 것만 생각하여 능히 고치지 않고 두었는데, 공(이경준)이 통제사가 됨에 이를 자신의 임무로 생각하고 마땅한 땅을 살펴서 진영을 두룡포로 옮기었다.

서쪽으로는 착량(鑿梁, 판데목)을 의거하고 동쪽으로는 견내량을 끌어안고 있으며 남쪽으로는 큰 바다와 통하고 북쪽으로는 육지와 이어져 있어 깊숙하면서도 구석지지 않고 얕으면서도 노출되지 않아 진실로 수륙의 형세가 뛰어난 곳이요, 국방의 요충지이다. 동쪽에서 쳐들어와 남해안과 서해안으로 진출하려는 왜적들이 이곳을 지나 제멋대로 날뛰지 못하게 하여 바다가 조용해진 지 수십 년이 넘었다. 옛날 조적(祖狄)이 초성(醮城)에 진영을 옮기니 후조(後趙)가 감히 가까이 오지 못했고, 유익(庾翼)이 면구(沔口)에 진영을 옮기니 북로(北虜)가 감히 엿보지 못하였다. 지리의 험난함은 비록 하늘이 베푸는 것이지만 반드시 사람을 만나야만 비로소 국방의 요충이 되는 것이므로 이는 예나 이제나 같은 이치이다.

두룡포 부근 지도   **통영시 강구안 전경**

지금 이 두룡포가 옳은 사람을 만나지 못하였다면 한낱 소금기가 많아 농사도 지을 수 없는 바닷가 어촌, 여우와 토끼가 뛰놀던 잡 초우거진 언덕에 불과했을 것이다. 이미 몇 천만년 동안 몇 천 사 람들이 겪어 오다가 비로소 공(公)의 손에서야 이 일이 이루어졌 다. 하늘이 이 요새를 설치하고서 때를 기다렸고 또 그 사람을 기 다렸던 것이니, 이것이 어찌 우연이겠는가. 충무공 이순신 장군이 앞서 적을 파하여 나라를 다시 일으킨 업적을 세웠고 공이 뒷날 진영을 설치하여 만세토록 이로움을 주었으니 전후 두 이씨(李氏, 충무공과 이경준 통제사)의 출현이 때를 맞추었다고 말할 만하다.”

두룡포(현재는 통영시 강구안)는 서로는 착량, 동으로 견내량이라는 좁은 수로로 보호되고 있고 남으로는 대양(大洋)에 임해 있으면서도 섬이 아닌 육지이기 때문에 교통이 편리하다는 점이 삼도수군통제영 을 설치한 배경이라는 설명이다. ‘깊숙하지만 구석지지 않고 얕으면 서도 노출되지 않는 땅’이어서 일본의 침공에 대비할 때 최적의 군사

판데목 옛 사진

적 요충지라는 것이다.

실제로 두룡포는 고성반도의 남단에 위치해 있어 바다로 삐죽이 밀고 내려온 해상교통의 중심지이다. 그럼에도 불구하고 거제도와 미륵도, 한산도, 사량도 등의 섬에 의해 겹겹이 보호되고 있다. 동으로 견내량, 서로는 착량, 남으로는 한산도 앞바다를 굳게 지키기만 해도 적 함대의 침공을 충분히 제어할 수 있다.

두룡포 동쪽 견내량 좁은 수로의 중요성은 임진왜란 때 이미 입증되었다. 이순신이 한산도에서 웅거하며 견내량을 틀어쥐고 있는 동안 일본 수군은 거제 서쪽을 결코 넘보지 못했으니 이곳이야말로 해상의 문경새재(조령, 鳥嶺)였던 것이다.

통영의 서쪽에 위치한 착량은 통영 시내와 미륵도 사이를 가로지르는 통영운하의 옛말이다. 임진왜란 이전만 하더라도 이곳은 밀물이 되면 바다가 되고 썰물이 되면 육지로 이어지는 가느다란 여울목이었다. 당연히 바다가 얕았으므로 밀물 때도 작은 어선 외에 큰 전함이 지나다니기는 어려웠을 것으로 여겨진다. 당포해전에서 패배해

해저터널 전경

통영운하 야경

쫓긴 왜군이 이 여울목으로 왔을 때는 썰물이었는지 배로 넘어가기가 어려웠던 모양이다. 그러자 왜군들은 여울목을 삽으로 파내고 배를 통과시켰다고 한다. 그때부터 이 지역은 바닥을 판 여울목이라는 뜻으로 '판데목'으로 불렸고, 한자어로는 착량(훗날 주민들이 썰물 때도 배가 다닐 수 있도록 본격적으로 굴착을 했고 그 위에는 다리를 놓아 인마가 통행하도록 조치를 하였다.)이라 적었다.(1932년 일본인들은 자신들 조상의 고통을 생각해서인지 이곳에 더 큰 운하(국내에서는 최초의 운하이다.)를 팠고, 바다 밑에는 해저터널을 건설하였다.)

동쪽의 견내량과 서쪽의 착량이라는 두 개의 좁은 수로는 물때를 잘 아는 아군에게는 요긴한 길목이지만 현지 정보에 어두운 적군에게는 결정적인 장애물이 되었다. 두룡포는 견내량이라는 천연의 해협과 착량이라는 인공적인 '협수로(狹水路)'가 지근거리에 위치함으로 인해 그 활용도가 더욱 높아졌다고 하겠다. 결론적으로 볼 때 두룡포는 부산이나 전라도 지역이 적의 공격을 받게 될 때 재빨리 구원할 수 있는 해상교통의 요지이면서도 적 함대의 침공을 사전에 인지하고 충분히 차단할 수 있는 안전지대라는 점에서 조선의 해방을 책임질 통제영의 터전으로 선택되었던 것이다.

통제사 '해상 총독(海上總督)'으로 격상되다

두룡포에 경상우수영을 건설한 이후 선조 40년(1607년) 5월 6일 조정에서는 통제사의 격을 한층 높였다. 즉, 이때까지는 경상우수사를 본직으로 삼고 통제사를 겸하게 하였으나 이날부터는 통제사를 본임으로 하되 경상우수사를 겸하게 하여 직위(이 조치로 인해 두룡포의 '경상우수영'은 비로소 그 이름이 '삼도수군통제영'으로 격상된다.)를 높인 것이다. 수사를 본직으로 했을 경우 각 도의 관찰사들이 절제를 하려 들었기 때문에 서로 다툴 소지가 있었다.

당시 관찰사는 한 도(道)의 수장으로서 행정권과 사법권뿐만 아니라 병마절도사와 수군절도사의 군권도 함께 지닌 막강한 권력자였다. 관찰사는 문관 출신으로 훗날 판서와 정승 등 중앙정계의 실력자로 승진할 유력한 후보자들이었기에 무관 출신 수군절도사가 맞서기에는 어려운 상대였다. 조정에서는 해방의 총책임자인 삼도수군통제사의 위상을 보장해 주기 위한 목적에서 통제사를 본임으로 한 것이다. 지금껏 통제사는 경상우수사이면서 삼도수군이 연합작전을 펼칠 때 지휘권을 가지는 정도였지만 이제는 그 관할범위가 경상우도를 넘어 삼도의 해변 전체를 관장하게 되었다. 여타 수군절도사의 상관이라는 위상을 확실히 하는 한편 삼남 각 도의 관찰사와 대등한(실제로는 우위) 위치에서 해방(海防) 업무를 관장할 수 있었다. 이 조치로 해서 통제사는 삼남 해변을 '통치'하는 사실상의 총독이 되었고, 삼도수군통제영(7년전쟁이라는 비상시국에서 이순신이 삼도 연해고을을 수군 전속으로 돌렸던 것과 유사한 조치이다.)은 해변의 총독부로 기능하게 되었다고 판단된다.

이후 역대 통제사들은 통제영이 소속된 경상도의 관찰사는 물론이고 전라, 충청도 관찰사 등과도 긴장관계를 유지하며 자신의 위치를 다져 나간다. 특히 경상도와 전라도는 조선 8도 가운데 첫 번째와 두 번째로 인구가 많은 큰 지역이었기 때문에 관찰사의 위상이 당당했지만 통제사에게는 통하지 않았다. 실록에 나오는 몇몇 사례들을 살펴보자.

> "사간원이 아뢰었다. '통제사는 순찰사(관찰사)와 함께 공문을 통함에 있어 서로 대등하게 하는 규례가 있긴 하지만 통제사는 수군을 맡아 다스리고 순찰사는 전적으로 한 도를 다스리는 자리로 임무가 매우 중합니다. 따라서 통제사는 순찰사에 대해서 그 차이가 참으로 현격한데도 (통제사) 김예직은 일의 체모를 알지 못하고 망령되이 자신을 높이고 크게 여겼습니다. 당초 공무를 처리하는 장소에서 있었던 긴요하지 않은 일로 인하여 엎치락뒤치락 서로 격동시키다가 태연히 장계를 올리기까지 하였습니다. 무

인들의 거만한 습속을 징계하지 않을 수 없으니 파직하도록 명하소서.' 왕이 천천히 결정하겠다고 답하였다."

－광해군 12년(1620) 7월 11일자

사간원은 문신들이 주도하는 기관이다. 통제사 김예직이 경상도 순찰사(관찰사)와 다툰 일을 조정에 보고한 것을 두고 사간원의 관리들은 무관이 같은 직급의 문관을 우습게 여겼다며 흥분하고 있는 것이다. 이 에피소드를 통해 통제사가 경상감사를 오히려 얕잡아보고 있었음을 알 수 있다. 통제사는 전라감사와도 긴장 관계에 있었다. 한 전라도 관찰사의 장계가 실록에 실려 있다.

"전라감사 이성구가 치계하기를 '통제사 이항이 거친 면포(綿布)를 각 읍에 나누어 보내 억지로 정조(正租, 벼)를 사들이게 하고 있는데 (중략) 면포 한 필의 값이 정조 10두인데 거친 면포 한 필 값을 무려 20두씩이나 억지로 매기고 있으니 백성들이 어떻게 견디어 내겠습니까. 신은 통제사와 대등한 관계이기 때문에 금단할 수 없어 어쩔 수 없이 치계하오니 묘당으로 하여금 억제케 하여 백성의 원망이 없도록 하소서' 하였다."

－『인조실록』, 6년(1628) 9월 17일자

통제사의 횡포가 심하지만 전라감사로서는 제지할 방법이 없으니 조정에서 해결해 달라고 하소연하고 있는 것이다. 통제사와 감사가 한 자리에 있다면 누가 상석에 앉아야 할까? 이에 대한 답도 실록에 나온다.

"경상감사 홍방과 통제사 구굉이 좌석배치를 놓고 다투다가 해결을 보지 못하자 마침내 조정에 품달하였는데, 조정이 옛 관례에 따라 감사는 동벽(東壁)에 통제사는 서벽(西壁)에 앉게 하였다."

－『인조실록』, 7년(1629) 9월 1일자

통제영이 경상도 경내에 위치한 관계로 통제사와 경상감사가 어떤 행사장에서 함께 자리할 사정이 있었는데 누가 윗자리에 앉을 것인가를 놓고 신경전을 벌이다가 해결을 보지 못하자 조정의 판단을 의뢰한 것이다. 이는 통제사와 관찰사의 위상이 걸린 민감한 문제여서 비상한 관심을 모았다. 그러나 어느 한쪽의 손을 들어줄 수는 없는 일, 동반(東班, 문신)인 관찰사는 동쪽 벽에 앉게 하고, 서반(西班, 무신)인 통제사는 서쪽 벽에 앉게 함으로써 상호 대등한 관계임을 확인해 준 것이다.

통제사는 관찰사와 대등한 위상을 확보했지만 그 영역이 삼남에 걸쳐 있었기에 실제 '끗발'은 관찰사를 능가하고 있었다. 삼남의 해변 고을들은 관찰사를 수장으로 하는 일반 행정체제보다 통제사를 정점으로 하는 '통제영 군정체제'의 영향을 더 강하게 받고 있었기 때문이다. 통제사는 군권뿐만 아니라 해변 일대의 행정권과 사법권, 징세권도 장악하고 있었다. 통제사가 해군사령관 수준을 넘어 '해상 총독'으로 군림하였다는 말이 과언이 아님을 뜻한다.

삼남 해변의 군권과 행정권, 사법권, 재정권을 틀어쥔 통제사는 조정의 천 리 바깥에서 근무했던 만큼 별다른 견제 없이 그 힘을 삼도 해변고을에 행사할 수 있었다. 특히 해변에는 퇴임한 고관이나 위세 높은 양반 사대부도 거의 없었기에 더욱 그러하였다. 또 연해의 풍부한 물산이 통제영으로 집중되었고 이무(易貿, 국내 무역)를 통해 경제적 실리도 쏠쏠하였다. 그래서 통제사를 한번 역임하면 3대가 먹을 재산을 형성하는 것은 물론이고 후속 인사를 위한 '정치 자금'도 충분히 마련할 수 있었다. 따라서 재임 중 불미한 사건이 생긴 경우를 제외하고는 통제사를 역임하면 경영대장(京營大將)이나 판서 정도는 확보할 수 있었다.

통제사가 다스리는 해변의 통치구조는 삼도수군의 편제 그대로였다. 통제사를 중심으로 해서 동래 땅에 경상좌수사, 여수에 전라좌수사, 해남에 전라우수사, 보령에 충청수사가 각각 버티고 있었다. 통제사의 직할 군영인 경상우수영을 중영으로 해서 전라좌수영은 전영, 경상좌수영은 좌영, 전라우수영은 우영, 충청수영이 후영으로 5영 체제를 이루었다. 각 수사들은 휘하에 첨사와 만호들을 지휘하고 있었고 통제사 스스로도 경상우수사가 되어 관내의 여러 포구들을 직할하였다.

'3만 6,009장졸, 548함대'의 병권을 쥐다

통영시에서는 매년 여름마다 세병관을 중심으로 시내 전역에서 한산대첩 행사가 열리는 데 이때 군점(軍點)을 실시한다. 군점이란, 병사와 무기체제 태세를 점검하는 행사이다. 과거 통제영 시절부터 내려온 중요한 절차이다. 이 군점 행사를 보면 점고를 해야 할 통제사 휘하의 삼도수군은 '3만 6,009장졸에 548척의 함선'으로 되어 있다. 군점이 격식화되어 전해질 시절의 통제영 휘하의 실병력과 전선숫자를 뜻한다. 그러나 전선과 병졸의 숫자는 유동적이었으니 1770년에는 통제영 휘하 삼도수군전선은 584척으로 늘었다.

그렇다면 3만 6,009장졸과 548척의 전선이 지닌 의미는 어느 정도일까? 조선 수군 전력의 90%였고 전체 조선 국방력의 4분의 1 이상이었을 것으로 여겨진다. 차근차근 살펴보자.

우선 전체 수군에서 삼도수군이 차지하는 비중부터 살펴보자. 총 군함의 숫자를 본다면 삼도수군이 대체로 75%를 점한다(『통영시지』, 2018, p366). 즉, 1746년의 경우 전국의 전선 776척 가운데 삼도전선은 583척이었고, 1770년에는 전체 800척 가운데 584척, 1808년에는 전체 780척 가운데 568척이었다. 그러나 단순 숫자가 중요한 것이 아니다. 예나 지금이나 해군은 전선의 규모가 중요하다. 큰 전투함과 작은 전투함의 공격력은 비교가 되지 않는다. 어른과 아이의 싸움을 생각하면 이해가 빠를 것이다. 조선 수군의 주력전투함은 판옥선과 거북선이었다. 그런데 이 주력전투함 대부분이 삼도수군 휘하에 있었다. 1770년의 경우 판옥전선은 전국 83척 가운데 77척이, 거북선은 40척 가운데 39척이 삼도수군 휘하에 있었다. 다른 해에도 사정은 비슷하였다. 또 병선(兵船)과 사후선(伺候船) 등 중소 규모 전투함도 삼도수군이 주로 보유하였다. 경기수영과 황해수영 등 나머지 수영에서는 방선(防船)이 조금 있었을 뿐이고 제대로 된 전투함이라 보기 힘든 기타선이 주를 이루었다. 이 때문에 삼도수군을 제외한 나머지 각 도의 수군 전력은 보잘것이 없었다. 조선 수군의 90% 이상이 삼도수군이었다는 말은 결코 과장이 아니다.

또 이만한 전력은 조선 전체 국방력의 25% 이상이었다고 추정된다. 당시 조선 사회에서 동원 대상 군졸의 숫자는 100만 명에 가까웠다지만 이는 서류상 병사일 뿐, 실제 수자리에 나선 병사의 숫자는 그리 많지 않았다. 대개 베를 내는 것으로 수자리를 대신하였다. 이를 '방군수포제(防軍收布制)'라고 한다. 그런 만큼 조선 후기의 실제 병력은 10만 명을 웃돌지 않았을 것으로 추정되고 있다. 이런 상황에서 통제영 산하의 실병력이 3만 6,000에 이른다는 것은 결코 작은 숫자가 아니다. 여기에 군선을 548척 이상 확보하고 있으니 같은 숫자의 육군에 비해 전력의 크기는 몇 배 월등하다고 할 것이다. 대포를 활용한 조선 수군의 전투력은 7년전쟁 때 이미 입증된 바 있다.

조선 후기 주적(主敵)은 남쪽의 일본과 북쪽의 청나라였으므로 편의상 각기 절반의 전력으로 대비하였다고 치자. 이 중 남쪽의 적 일본에 대해서는 수군이 절반 이상의 역할을 담당할 수밖에 없었고 그 수군은 통제사의 지휘를 받는 경상-전라-충청의 삼도수군이 주력이었다. 그런 만큼 통제영 산하의 수군 전력이 조선 전체 전력의 4분의 1이상이라는 것은 과장이 아니며 실제로는 그 이상이었을 것이다.(당시 최대 주적은 섬나라 일본이었기 때문에 삼도수군의 비중은 현재 해군에 비해 크게 컸고, 통제영의 위상도 지금의 해군본부와 비교할 바 없이 높았다. 그러나 조선 말기로 접어들면서 강화도 등 경기만의 비중이 강화되는 반면, 삼도수군의 비중과 위상은 점점 하락된 것이 사실이다.)

경상-전라-충청 3도 각 해변 포구에 흩어져 있는 3만 6,009장졸과 548척의 전선을 통합, 절제할 수 있는 군권이야말로 통제사 권력의 본질이었다. 당시 조선의 어떤 장수들도 이만한 휘하 병력을 거느리지 못하였다. 또 임진왜란 때 입증된 것이지만 전선으로 무장한 수군의 힘은 같은 수의 육군보다 훨씬 강력한 존재였다. 물론 훈련대장이나 어영대장 등 중앙 5군영의 대장들의 위상이 통제사보다 더 높았지만 휘하 병력의 숫자에서는 비교가 될 수 없었다. 만약 통제사가 휘하 병력을 몰아 서해를 거쳐 한양으로 진격한다면 이를 저지할 무력은 사실상 없었다. 따라서 통제사의 병권을 누가 장악하느냐는 정치적으로도 민감한 사안이었다. 1623년 인조반정 당시 반정군 핵심세력들은 진도군수로 가 있던 구인후를 서울로 불러올리는 대신 서둘러 삼도수군통제사로 임명해 기존의 통제사 원수신(원수신은 광해군 후궁의 아버지로서 임금의 최측근 인물이었다.)을 체포하고 통제영을 장악하게 하였다. 이는 통제사의 병권이 지닌 정치적 비중을 실감케 해준 대표적인 사례이다.

통곤(統閫)으로 불렸던 통제사는 말 그대로 '곤외(閫外, 대궐의 바깥, 즉 변방을 뜻함.)의 무장'이었지만 휘하의 막강한 병력을 지휘할 수 있는 힘, 즉 군권 자체만으로도 그 충분한 위상을 보장받았던 것이다. 3만 6,009장졸과 548함대를 거느린 삼도수군통제사는 군사력 측면에서 가히 임금 다음가는 인물이었다. 삼남 해변은 통제사의 군령이 떨치는 지역이었고, 그 때문에 삼도수군통제사는 해변의 총독이었던 것이다. 이순신의 '수국'이 체제 내로 편입된 모습은 이러하였다.

수국의 후신격인 삼도수군통제영은 일본의 재침에 대비해 창건됐지만 1895년 폐영 때까지 조일 간의 전쟁은 다시 일어나지 않았다. 그러므로 통제영은 일본군의 재침 방지를 위한 역할은 100% 완수했지만, 전란이 없었기 때문에 그 가치를 입증하지는 못한 셈이다. '제2의 충무공'을 꿈꾼 통제사들 역시 전공을 세울 기회를 잡지 못하였다. 그렇다고 해서 '수국'의 전통을 이어받은 통제영 300년이 결코 무의미한 시기는 아니었다. 오히려 한국 해양사(海洋史)에 큰 보람을 가져다준 기간이라고 말할 수 있다.

한일(韓日) 관계사에서 17세기 초부터 19세기 중엽까지의 200여

조선통신사선 재현선 2018년 10월 26일 문화재청 국립해양문화재연구소는 한·일 교류의 상징물인 조선통신사선을 실물 크기로 처음 재현하여 진수식을 개최하였다. 이 배는 과거 운행되었던 조선통신사선 중에서도 정사(正使, 사신의 우두머리)가 타고 간 '정사기선'을 재현한 것으로, 구조와 형태를 최대한 원형에 가깝게 제작하였다. 재현선의 규모는 길이 34m, 너비 9.3m, 높이 3.0m, 돛대높이 22m, 총 톤수 149톤으로 총 72명이 승선할 수 있다.

년은 가장 모범적인 시기라고 할 수 있다. 전쟁과 노략질은 사라졌고 대신 통신사(通信使)라는 이름으로 사절단이 대한해협을 오가며 평화와 선린의 역사를 구축했던 기간이기 때문이다. 양국이 대등한 관계에서 상호 교류의 역사를 일구어냈다는 것은 오늘날의 한일 관계보다도 더 바람직했다고 평가할 수 있을 것이다.

그런데 균형 잡힌 조일 관계의 이면에 통제영 체제로 대표되는 조선의 굳센 해방(海防)의지가 있었다는 사실은 간과되고 있다. 7년전쟁 이후 강화된 조선의 삼도수군에 대해서는 일본 측이 두려워할 정도였다.(『효종실록』 3년(1652) 7월 19일자를 보면 "통영의 토병(土兵) 서일립 등 10여 인이 고기를 잡으러 바다로 들어갔다가 바람에 표류하여 일본국 지기도(智奇島)를 거쳐 장기도(長崎島, 나가사키)에 정박하였다. 임진년에 잡혀간 우리나라 사람이 그곳에 많이 살았는데 앞다투어 보러 와서 울며 본국의 일을 묻고 이어서 말하기를 '지난 을해년(1635)에 왜인들이 조선 군사가 국경을 침범하려는 것으로 오인하고 우리들이 내응할까 의심하여 모두 가두었다가 병자년(1636) 통신사의 행차 때에 비로소 그렇지 않다는 사실을 알고서야 풀어주었다."는 기사가 나온다. 일본 측이 조선의 복수전을 내심 두려워했다는 증거가 된다.)

한마디로 조선의 강한 해방 의지와 능력이 있었기에 대등한 조일 관계를 이끌어 냈다는 말이다. 그렇기 때문에 통제영 300년은 보람찬 역사라고 말할 수 있을 것이다. 이순신의 수국을 계승한 통제영 체제의 최대 성과이자 영광은 일본과의 관계에서 국격을 당당히 유지할 수 있도록 뒷받침한 점을 들고 싶다. 조선 후기에 더욱 강화된 대일 자존심은 식민지 시대 독립운동을 전개할 수 있었던 정신적 자산이 됐다는 점에서 그 의의는 작지 않다.(통제영에 관한 자세한 내용은 필자가 쓴 『바다 지킨 용의 도시 삼도수군통제영』을 참조하기 바란다.)

이순신 수국 프로젝트의
현재적 의미

이 땅의 양반 사대부들이 바다를 버린 지 200년이 흘렀을 즈음, 7년전쟁이 터지고 이순신의 한산수국이 등장한 것은 조선의 명줄을 늘려 주었을 뿐만 아니라 소멸지경에 몰렸던 '해양 DNA'를 다시 일깨워 준 계기가 되었다. 공도정책과 해금정책을 사실상 폐기하게 만드는 효과가 있었기 때문이다. 그러나 수국의 존재기간이 너무 짧았던 탓에 그 힘을 국가의 온전한 정책으로 투사(投射)할 수가 없었고, 그나마 이순신 사후 물거품으로 사라졌다. 조선의 해양문화는 왕조가 멸망하기까지 삼도수군통제영이라는 작은 불씨에 의존한 채 위태롭게 이어져왔을 뿐 제대로 발양되지 못하였다. 한마디로 조선의 해변은 왕조의 처음부터 끝까지 사대부가 살만 한 땅이 못된다고 낙인찍힌 채 500년 동안 움츠러든 셈이다. 실학자로 분류되는 조선 후기의 이중환마저 그의 책 『택리지(擇里志)』에서 바다 가까운 고을들은 사대부가 살만 한 곳이 못된다고 적고 있을 정도이므로 다른 선비들은 말할 것도 없다. 해변을 기피하고 천시하는 풍조였기에 조선은 19세기 후반부터 서세동점의 물결에 시달려야 했고 20세기 초입에 들어서는 서구 해양문명을 먼저 습득한 섬나라 일본의 식민지로 전락하는 고통을 겪었다. 19세기의 개화는 곧 개항(開港, 항구 개방)을 통한 해양화에 다름 아니었지만 바다를 닫아걸었던 조선 체제로서는 이에 능동적으로 대처할 시스템이 마련되지 않았고, 인재 또한 부족하였다. 조선왕조가 망하고 일본의 식민지로 전락한 것은 해양 포기가 초래한 민족사적 비극으로 규정할 수 있다.

그러나 일제로부터의 해방은 한반도의 해양문화가 수백 년 만에 부활하는 계기가 되었다. 38선으로 남북이 분단되면서 남한은 사실상 대륙과 단절된 섬나라로 바뀌었다. 북방대륙으로의 진출이 막혔기에 대한민국은 남방해양을 통해 국력을 키워나가는 전략을 채택하지 않을 수 없었다. 이순신이 살아남기 위해 '수국 프로젝트'를 실천했듯이 대한민국은 체제의 생존을 위해서라도 미국, 유럽, 일본 등 해양세력과 손잡고 대외지향형 산업을 발전시켜야 하였다. 자유민주주의와 시장경제, 과학과 합리정신이라는 구미 해양문명권의 선물도 바다를 통해 전수받았다. 바다의 가치를 알고 바다를 중시하는 사고도 함께 들어왔다.

대한민국의 해양화는 박정희 정권 때 최고조로 진행되었다. 그 시절의 '조국 근대화'는 곧 해양화를 의미하였다. 덕분에 오늘날 해군력과 해양산업 등을 총괄한 대한민국의 해양력은 세계 10위권을 오르내릴 정도로 발전하였다. 특히 조선공업이 일본을 제치고 세계 1위에 오른 것은 수국을 세운 이순신 장군도 만족할 만한 성적표이다. 세계

통영국제음악당

6위의 해운업을 비롯해 수산업과 해상플랜트 건설 등에서도 세계 최고 수준에 도달하였다. 21세기의 대한민국은 분명 선진 해양국가로 다시 섰다.

그런데 대한민국의 성공적인 해양화에는 이순신이라는 '상징'이 커다란 역할을 했음을 잊어서는 안 된다. 고(故) 정주영 현대회장이 울산의 모래사장에 대규모 조선소를 건설하기 위해 투자자를 설득하는 과정에서 (당시) 500원짜리 지폐에 그려져 있던 거북선 그림을 활용한 것은 작은 사례이다. 많은 사람들이 '해양적인 것'을 즐기고 더나아가 '해양'에 인생을 걸 수 있는 '어떤 자부심'을 이순신은 제공해주었다. 대한민국은 이런 점에서도 이순신에게 커다란 '빚'을 지고 있는 셈이다. 만약 이순신이라는 거대한 상징이, 해양의 수호신적 존재가 없었다고 한다면 우리의 해양화는 적잖은 장애가 있었을 것이다.

이제, 21세기의 해양화는 인프라의 구축이나 물적 토대의 강화만을 의미하지 않는다. 지금까지의 해양화가 하드웨어적인 데 맞춰졌

부산 동백섬 누리마루

다면 앞으로는 정신적·문화적 영역으로 확산되어야 한다. 구체적으로는 바다와 섬, 해변을 '고급문화의 중심지'로 바꾸어 나가야 한다는 말이다. 해양문화의 고급화에 성공한 일본 사례는 벤치마킹 대상이 된다. 날 생선을 저며 초밥 위에 얹어 먹는 '스시'는 일본을 대표하는 글로벌 문화상품으로 발전했고, 일본식 '사시미'는 전 세계적으로 '성공한 사람들의 상징적 식단'으로 통하고 있지 않은가?

물론 대한민국의 바다에서도 커다란 변화가 일고 있다. 구미 해양국가의 전유물처럼 여겨졌던 요트와 보트, 윈드서핑, 해상크루즈 문화가 빠르게 확산되어 가고 있다. '바다의 자가용'이라 할 요트 계류시설이 곳곳에서 생겨나고 있고 국제 요트대회도 등장하였다. 세계적인 음악가들의 선율이 해풍(海風)과 어우러지는 통영국제음악제가 성과를 내면서 호주 시드니항의 오페라하우스에 버금가는 명성을 쌓아가고 있다. 고급 해양문화가 힘찬 돛을 펼쳐 나가고 있는 셈이다.

바다와 섬의 이미지도 부쩍 개선되었다. 2005년 부산 해운대 동

거제 외도 전경

백섬에서 치른 에이펙정상회담은 수백 년간 천덕꾸러기 취급을 받았던 한반도의 '섬'이 화려하게 부상한 상징적인 사건으로 기록할 수 있을 것이다.

보잘것없는 작은 섬도 '우아함', '고상함', '화려함', '권위' 등의 이미지를 가실 수 있음을 입증했기 때문이다. 같은 맥락에서 거제 외도(外島)를 주목한다. 바다 가운데 외로운 섬에다 희귀한 아열대 식물들로 그림 같은 정원을 가꾸었는가 하면, 유럽풍의 아름다운 조각공원도 꾸며놓았다. 버려진 섬이 새로운 이상향으로 재탄생한 것이다. 오랫동안 천대받은 유형(流刑)의 땅, 해변과 섬 지역이 고급 레저문화의 중심지로 부상하고 있음을 잘 보여 주고 있는 곳이 바로 외도가 아닐까 싶다.

400

책의 말미에서 고급 해양문화의 양생(養生)을 강조하는 이유는 바다로의 진출을 꺼리고 바다에 종사하는 사람들을 천시했던 조선조의 악습을 이젠 말끔히 지워버리자는 바람에서이다. 해양대국이 된 오늘날에도 바다와 가깝거나 해상과 관련된 일들을 얕잡아 보는 악풍은 온전히 사라지지 않고 있는 것이 사실이다. 시대착오적인 해양 천시 풍조를 없애고 해양문화의 고급화, 해양적인 것의 가치를 회복하는 일, 그럼으로써 경제위기를 극복할 또 하나의 방책을 제시하는 일이야말로 이순신이 '수국'을 세운 뜻을 이 시대에 되살리는 길이다. 대한민국의 해양화가 정신적·문화적 측면으로까지 고양되기 위해서도 '이순신이라는 표상'은 여전히 유효하다. 필자가 부족한 글을 세상에 내놓는 이유도 이와 무관하지 않다.

바다를 버린 나라
조선

포상팔국에서 삼별초까지
-한반도 해상 왕국의 전설

서기 209년, 신라 제10대 왕 내해이사금(奈解尼師今) 14년에 지금의 경상남도 해안을 피로 물들인 사건이 일어났다. 바로 가라(加羅, 가야)와 포상팔국(浦上八國)의 전쟁이다.

"7월에 포상(浦上)의 팔국(八國)이 모의하여 가라를 침략하려고 꾀하니 가라의 왕자가 (신라에) 와서 구원을 청하였다. 왕이 태자 우로(于老)와 이벌찬 이음(利音)에게 명하여 6부(六部)의 병을 이끌고 가서 구원케 하여 팔국의 장군을 쳐 죽이고 그들이 노략한 (가라인) 6,000명을 빼앗아 돌려보내 주었다."

—『삼국사기』 신라본기 내해이사금조

또 『삼국사기』 열전 물계자(물계자는 포상팔국과의 두 차례 전역에서 큰 공을 세웠지만 신라 왕실로부터 인정받지 못하자 산으로 들어가 숨어 버린 장수이다.)전(勿稽子傳)에는 209년의 1차 전역(戰役)에 이어 212년의 2차 전역 기사가 실려 있다.

> "골포(骨浦)와 칠포(漆浦), 고사포(古史浦) 등 삼국 사람들이 (신라로) 와서 갈화성(竭火城, 현재 울산)을 공격하니 왕이 직접 병사를 거느리고 나가 구원하여 삼국의 군사를 크게 파(破)하였다."
>
> ─『삼국사기』 신라본기 내해이사금조

신라와 (금관)가야는 익히 알려져 있지만 포상팔국이라는 수수께끼의 나라들은 어떤 세력인가? 골포는 지금의 마산 시내, 칠포는 마산 진동, 고사포는 진해로 비정된다. 나머지 포상팔국의 국명과 관련하여 삼국유사 물계자전에 보라(保羅, 미상), 고자(古自, 지금의 고성), 사물(史勿, 지금의 사천) 등이 추가로 전해진다. 대체적으로 현재의 경남 해안지방과 전남 해안 일부가 포상팔국의 영역으로 추정되고 있다.

앞의 두 기록을 종합해 보면 당시의 전쟁 양상이 대강 그려진다. 1차 전역은 포상팔국의 군대가 초반에 가야를 압도해서 6,000명의 가야인을 포로로 잡을 정도로 기세를 올렸지만 신라가 가야의 지원 요청을 받고 참전하면서 결국은 신라·가야 연합군의 승리로 끝난다. 3년 뒤

포상팔국 영역 지도

에 일어난 2차 전역은 포상팔국 가운데 핵심이라고 할 삼국이 연합하여 신라에 복수전을 펴는 형국이다. 전쟁은 아마도 해상에서부터 시작되었을 것이다. 신라, 가야가 적을 포상국(浦上國)으로 표현하였다는 것은 함대를 이끌고 쳐들어왔기 때문일 것이다. 특히 2차 전역은 마산과 진해 일대에 있던 골포국과 칠포국 등이 신라의 갈화성(울산)을 공격하였다는 점에서 해상으로 곧장 전선을 몰아 공격했을 것이 확실시 된다. 육로로 공격하려면 낙동강이라는 천연의 장애물을 건너야 하는데다 친(親)신라국인 가야의 눈을 피하기 어렵다. 2차 전쟁도 제법 격렬했던 모양으로, 신라의 임금이 직접 참전했던 점을 감안할 때 이를 미루어 짐작할 수 있다.

3세기 초 '포상팔국의 전쟁'을 언급한 이유는 1800년 전 한반도 남해안에 함대를 동원하여 대규모 전쟁(포로가 6,000명이라면 참전한 군대의 병력은 몇 배 더 컸다고 보아야 한다.)을 수행할 수 있는 해상왕국이 상당수(금관가야+최소 8개국=최소 9개국) 존재하였음을 설명하기 위해서이다.

크고 작은 하천변에 아담한 성읍국가(城邑國家)가 들어서며 한반도 중남부에 새로운 역사시대가 열리던 무렵, 서·남해 섬들과 해변 포구에도 아름다운 소국들이 점점이 형성되었다. 온화한 기후에다 해안평야의 높은 농업생산력, 풍부한 수산자원과 원활한 해상교통에 힘입어 서·남해 해안지대는 최고의 선진지대로 자라났고, 적잖은 부를 쌓아 올렸을 것으로 짐작되고 있다.

남한에서 명도전(明刀錢)과 화천(貨泉) 등의 고대 중국 화폐가 발견되는 지역은 전남 해남과 제주도, 경남 사천과 창원, 김해 등 하나같이 해안지대이다. 수천 리 바다를 건너온 중국, 일본 열도의 상인들과 화폐를 매개로 수준 높은 교역을 하거나 스스로 수평선 넘어 머나먼 이역을 여행해 본 사나이들의 고향이다. "변진에서 중국과 낙랑, 왜, 옥저, 동예 등에 철을 수출하였다."는 기록이 전하지만 이밖에도 말린 어류와 해조류, 소금, 보석류, 비단, 약재 등이 주요 수출입 물품이었을 것으로 짐작된다. 해변인들이 남긴 유물만 보아도 당시로서는 최첨단 문물을 소비하며 살았음을 알 수 있다. 화폐 외에도 중국식 청동거울과 붓 등이 발견된다. 특히 붓은 해변의 소국에도 문자를 이해하는 교양계층이 형성되어 있었다는 강력한 증거이다.

이들 해변 소국들이 바로 포상국이다. 이를 그리스식으로 표기한다면 해상 폴리스(Polis)쯤 될 것이다. 그러나 이들 포상국은 신라의 승전사에 단편적으로 그려져 있을 뿐 상세한 기록이 없어 그 모습을 온전히 짐작하기 힘들다. 신라 측인 내해이사금, 태자 우로, 이벌찬이음, 물계자 등의 활동상은 기록되어 있지만 상대편 포상국의 임금과 장수들 이름은 전해지지 않는다. 정치적으로 패배했기 때문이다. 소설가 이병주는 말하였다. "승자의 기록은 햇빛을 받아 역사로 남지만 패자의 기록은 달빛을 받아 신화와 전설이 된다."

내륙에서 흥기한 세력에 밀려 끝내는 정치적 변방으로 몰락한 포상국들은 지신의 기록을 남기지 못하였다. 포상국의 역사는 '한반도 해상왕국의 전설'이 되어 『삼국사기』 등에 단편적으로 전해지고 있을 뿐이다.

일찍이 대륙과 접촉하면서 국가체계를 이룩한 북방의 고조선, 부여, 고구려 등을 제외하고 백제와 신라, 가야의 첫 출발 역시 평범한 포상국이었다. 바닷가 미추홀에 나라를 세운 백제 비류왕, 배에 실려 고기 잡는 해변에 당도한 신라 탈해왕 이야기를 떠올려 보면 이해하기가 쉽다.(하지만 백제와 신라는 훗날 넓은 배후지를 정복하며 내륙국가로 성장하게 된다.)

그 중에서도 김해에 터를 잡은 금관가야는 철(鐵) 등의 해외무역을 주요 경제 기반으로 하고 있었던 대표적인 해양국가였다. 특히 수로왕이 왕비를 맞이하는 기록은 가야가 해상왕국이었음을 증명하는 결정적인 증거이다.

"어느 날 수로왕은 신하들에게 경주(輕舟)와 준마(駿馬)를 갖추어 망산도(望山島, 섬 이름으로 미루어 볼 때 김해 앞바다의 해상 교통상황을 관측, 통제하던 장소라고 여겨진다.)로 보냈는데 서남쪽에서부터 배 한 척이 다가왔다. 붉은 돛과 깃발을 단 상선이었다. 신하들이 불을 밝혀 신호를 보내니 배가 무사히 닻을 내렸다. 배에 타고 있던 사람은 아유타국의 공주로 수로왕을 찾아 (국제) 혼인길에 나선 허황옥과 그 시종들이었다. 임금을 만난 왕후는 인도 아유타국의 공주로서 왕에게 시집을 오게 되었노라고 자신을 소개하였다. 허황옥이 결혼 패물로 들고 온 물품들로는 비단옷과 천, 금은, 주옥, 유리그릇 등 헤아릴 수 없었으며 타고 온 배를 돌려보내면서 뱃사공 15명에게 각각 쌀 10석과 베 30필을 주었다."

설령 『삼국유사』의 이 설화가 온전한 역사 기록은 아니라고 하더라도 가야가 해상왕국임을 강력히 시사하고 있다. 허황옥이 타고 온 배는 사공만 최소 15명에 쌀 150석(15명×10석)과 베 450필을 적재할 수 있는 대형 상선이었다. 또 가야의 궁궐은 바다에서 멀지 않은 곳에 자리 잡고 있었으며 배가 드나드는 항구가 잘 발달되어 있고 봉횃불을 올려 배를 맞이하였다는 점에서 접안을 위한 신호체계도 갖추고 있었음을 알 수 있다. 항해 관련 내용이 마치 그리스·로마 신화와 유사하다. 한마디로 금관가야는 대형 국제무역선이 드나들던 나라로써 해상으로의 접근성이 매우 뛰어났다는 사실을 위 기록에서 짐작할 수 있다.

어쨌든 서·남해 해변과 섬에서 생겨난 포상국들은 그 규모가 크지는 않았지만 드넓은 외부세계와의 교류 덕분에 수준 높은 문화생활을 영위하였던 것이다. 사실 포상국에게 규모는 결정적으로 중요한 변수는 아니다. 그리스의 델로스 섬은 면적 3.6㎢(가로, 세로 각각 2㎞에도 못 미치는 크기이다.) 에 불과한 작은 섬이었지만 아테네를 맹주로 하는 '델로스 동맹'의 본거지이자 국제 무역도시로 번영하지 않았던가?

중세 유럽의 해상무역을 주름잡았던 도시국가 베네치아 역시 식민지를 제외한 본토의 인구는 최전성기에도 20만 명에 미치지 못하였다는 것이 정설이다. 역사 기록이 갖추어져 있지 않아 그 실체를 인식하기가 쉽지 않지만, 한반도 서·남해안에 자리 잡은 여러 포상국들은 낙랑군과 대방군, 중국 본토, 일본 열도 등과 활발히 교류하면서 부(富)를 쌓고 문명을 발전시켜 나갔을 것이다.

그러나 서기 200~300년대를 전후하여 한반도 내륙에서 백제와 신라 등 강력한 중앙집권적 고대국가가 흥기하면서 해상왕국들은 점차 하위 행정단위로 전락되기 시작한다. 올망졸망한 포상국들이 교역에 주력하느라 규모를 키우는 데 무심했던 것이 내륙세력에게 패배한 주요한 원인으로 짐작된다. 좁은 영역에 적은 인구만을 포괄하고 있던 포상국들은 내륙에서 힘을 키운 백제, 신라의 공격에 각개격

파당하고 만다. 포상국끼리 연합하였다면 내륙의 침공에 맞설 수도 있었겠지만 이들은 하나로 통일되기 어려운 한계를 가지고 있었다. 역사 발전 수준이 고만고만했던 탓도 있었지만 당시의 조선기술로서는 특정 포상국이 전 해변지역을 통합할 정도의 강력한 함대를 보유하기 어려웠다.

앞서 언급한 가야와 포상팔국의 전쟁은 이 같은 사정을 암시한다. 포상국 가운데 대형(大兄)이었던 김해의 금관가야가 남해안을 통일하려는 의지를 나타내자 위협을 느낀 8개의 포상국이 힘을 합쳐 대항한 것으로 보인다. 물론 금관가야의 국력은 개개의 포상국보다 우세하였을 것이다. 하지만 여러 포상국을 한꺼번에 때려눕힐 정도의 월등한 힘을 갖추지는 못하였기에 해변 일대를 통합하는 데 성공하지 못하였다고 여겨진다. 이웃 포상국들을 묶어 고대국가로 성장하는 데 실패한 금관가야는 결국 532년 신라(법흥왕)에 항복하게 된다. 금관가야의 신라 투항이야말로 한반도의 해상세력이 내륙세력에 압도를 당하여 정치적 변방으로 격하되는 가장 상징적인 사건으로 볼 수 있지 않을까 싶다.

호남지역의 해상소국들도 하나둘씩 백제의 '지방(地方)'으로 편입된다. 전남 해남으로 비정되는 신미국(新彌國)과 인근의 20여 소국은 중국에 사신을 파견하는 등 활발한 해상활동을 보여 주었지만 근초고왕 이후 기마대로 무장한 백제군에게 정복당했을 것으로 여겨진다.

백제군에 저항하였을 포상국의 왕족 등은 어떻게 되었을까? 순순히 운명을 받아들였는지 아니면 배를 타고 일본 열도 등지로 피했는지 알 길이 없다. 이들 역시 정치적 패배자였기에 자신의 역사 기록을

411

남기지 못한 채 신화 속으로 사라졌다. 제주도의 탐라국도 끝내는 백제 동성왕에게 항복하였다.(육지에서 멀리 떨어진 데다 규모까지 컸던 탐라는 그나마 고려시대까지 일정한 자치권을 유지하였다. 하지만 결국은 중앙 정부의 행정단위로 편입된다.)

중앙집권적 내륙국가의 하부 행정단위로 통합되어 갔지만 신라와 고려조까지만 해도 해변은 많은 인구가 거주하는 선진지대였다. 신라시대의 경우 거제도 섬 안에 3개의 현이 있었고, 전남 신안군 다도해 지역에도 백제·신라시대에는 3개 이상의 고을이 존재했던 것으로 확인되고 있다. 섬에 고을이 여러 개였다는 것은 그만큼 많은 인구가 거주하였다는 증거이다. 중국과 일본은 물론이고 동남아 등지로 이어지는 해상무역이 여전히 활발하였고, 조정에서도 해변을 특별히 홀대하지는 않았기 때문이다. 송악의 무역상 왕건이 고려 태조로 등극한 사정을 보더라도 해변은 풍부한 물력을 기반으로 정치·경제적 엘리트를 공급하는 지역이었던 것으로 여겨진다.

그러나 바깥세상과 연결되는 접점에 자리 잡은 해변은 외부로 향하는 원심력의 최전선에 위치하고 있게 마련이다. 내륙 정부의 구심력이 약해질 때마다 해상에는 언제나 '독립'을 꿈꾸는 무리가 들끓었다. 중앙의 통제에서 벗어나 수평선 너머 세상과 자유로이 교류하고픈 '항해 본능'의 발로였다.

신라시대 장보고의 청해진과 고려의 삼별초 정권은 금관가야의 멸망과 함께 사라졌던 '한반도의 해상왕국'이 잠시 부활한 것에 다름 아니었다. 828년 출범한 완도의 청해진은 1만 명의 수군을 거느린 해상의 군사·교통·물류의 중심지로서 한·중·일 삼국을 잇는 동아시아 해상질서를 장악하였다. 그리고는 당과 신라, 일본, 남양을 잇는 해상

무역으로 조정을 능가하는 부력(富力)을 쌓아 올렸고 군진의 명성을 널리 떨쳤다. 마침내 강력한 경제력과 군사력을 바탕으로 청해진 대사(大使) 장보고는 중앙정치에까지 관여하기에 이른다. 하지만 청해진은 결과가 아름답지 못해 내륙조정의 사주를 받은 측근 염장(閻長)에 의해 장보고가 암살되면서(841년) 힘을 잃고 비틀대다가 마침내 해체된다(851년).

이후 해상왕국의 전통은 400여 년 동안 단절되었다가 고려 말 삼별초 무인정권에서 다시 꽃을 피운다. 1270년 배중손이 몽골과의 화의에 반대하여 승화 후 온(溫)을 황제로 추대, 진도 용장성에 도읍을 정한 삼별초 정권은 호남과 영남의 섬과 해안지방, 그리고 제주도를 사실상 통치한 '해상왕국'이었다. 삼별초는 전라도의 장흥과 나주, 보성 등지는 물론이고 경상도의 합포(合浦, 마산)와 동래, 김해, 밀양, 남해, 창선, 거제까지 공격하며 세력을 떨쳤다. 삼별초는 특히 해상의 조운로(漕運路)를 마비시킴으로써 개경정권의 목줄을 눌렀다.

진도 정권은 '고려국왕'의 이름으로 일본에 사신을 파견하여 항몽

삼별초 세력도

(抗蒙)을 위한 국제연대를 모색하기도 하였다. 진도의 삼별초는 이듬해 고려와 몽골 연합군에 의해 붕괴되지만 김통정 지휘 하에 제주도로 기지를 옮겨 2년간을 더 활동하였다. 삼별초와 고려 조정의 대결은 해상세력과 내륙세력의 힘겨루기라는 측면도 없지 않았다. 하지만 몽골이라는 초대형 대륙세력과 내륙조정의 연합군에 의해 삼별초군단이 무너지면서 해상세력의 파워는 결정적으로 약화된다.

공도정책(空島政策)과 해금령(海禁令)

'삼별초 학습효과'는 고려 조정과 그 뒤를 이은 조선왕조로 하여금 해상세력을 철저하고 교묘하게 탄압하도록 만들었다. 그 결과 삼별초 소멸 이후 '해상왕국'은커녕 '해상세력'으로 부를 만한 집단은 더 이상 이 땅에 존재할 수 없었다. 약간의 자치권을 지녔던 제주도마저 조선조에 접어들면서 내륙(중앙) 정부의 완벽한 통제 하에 들어갔다. 삼별초 토벌 이후 고려와 조선 조정은 일관되게 해상세력을 거세해 나갔다.

해상세력이 약화된 대표적인 계기는 '공도정책(空島政策)'과 '해금령(海禁令)'의 시행이었다. 먼저 공도정책이란, 글자 그대로 섬을 비우는 정책이다. 즉, 섬에 사람이 살지 못하도록 하는 방책을 말한다. 원양 항해술이 발달되지 못한데다 심한 폭풍우에는 배가 버티기 힘들었던 시절, 점점이 떠 있는 섬은 바다의 피난처였다. 아무리 사나운 폭풍이 일어도 섬 기슭에 배를 대면 안전할 수 있었다. 섬 앞의 얕은 바다는 육지의 문전옥답처럼 물고기가 지천이었고, 조개류와 해조류도 풍성하여 사람들이 배를 곯지 않을 수 있었다. 덕분에 서·남해 수천 개의 섬마다 아득한 선사시대부터 바다에 의지하는 사람들이 삶을 꾸려왔다. 그러나 나라의 중심을 내륙에 둔 역대 왕조의 입장에서 섬은 종종 '왕화(王化)'를 거부하는 불온지대로 간주되었다.

공도정책의 단초는 장보고가 암살된 이후 신라조정에서 청해진 사람들을 김제로 강제 이주한 데서 찾을 수 있다. 하지만 이는 청해진 세력을 약화시키려는, 국토 일부분에 한정된 정책이었다. 삼별초 세력을 평정하는 과정에서 이루어진 고려의 공도정책도 같은 맥락이다. 고려 조정에서는 진도와 그 일대 서·남해변의 섬들에 대해 공도령(空島令)을 내렸다. 이때의 공도정책 역시 삼별초 군단과 해변주민을 분리하여 삼별초 세력을 약화·토벌하기 위한 국지적인 방편이었다.

공도정책이 본격화되는 결정적 계기는 왜구의 창궐이다. 거제도가 고려 원종 12년(1271) 왜구의 습격을 받게 되자 조정에서는 거제도민들을 육지 깊숙한 거창군 가조현과 진주목 영선현 등지로 이주

415

시켰다. 이때는 삼별초가 활동하던 시기여서 삼별초와의 연계도 끊을 목적에서 섬사람들을 내륙 깊숙이 몰아넣은 것으로 보인다. 거제도민의 후예들은 조선 태종 14년(1414)이 되어서야 일부가 귀향해서는 거제(巨濟)의 제(濟)와 거창(居昌)의 창(昌)을 합쳐 제창현(濟昌縣)을 세웠다가 그 이듬해 거제라는 옛 지명을 다시 회복하였다. 거제섬을 떠난 지 무려 143년만의 귀향이요, 144년만의 고을이름 찾기이다. 거제도 사람들의 이야기는 마치 유대인들의 가나안땅 복귀를 연상시켜 준다. 140여 년의 세월을 되짚어 기어코 조상의 땅을 되찾아 들었을 때에는 분명 내륙에서 살기 어려웠던 사정이 있었을 것이지만, 그 사연 역시 아득한 전설로 사라져 찾을 도리가 없다.

전라도 진도는 1350년 왜구가 노략질을 처음 시작한 곳 가운데 하나이다. 고려 조정에서는 진도 사람들을 영암군 시종면으로 옮겨 살게 하였다. 진도 사람들은 세종 19년(1437)까지 80년 동안 섬을 비워 두고 영암 땅에서 더부살이를 해야만 하였다. 거제나 진도 같이 그 자체로 고을을 형성할 수 있었던 큰 섬은 그나마 세월이 지나면서 섬 주민의 후손들이 복귀할 수 있었지만 규모가 작은 섬들은 사정이 더욱 열악하였다. 전남 신안의 압해도와 장산도, 흑산도 등 섬 주민들은 나주 근처로 집단 이주할 수밖에 없었다. 압해도 주민들은 나주 남쪽 40리, 장산도 사람들은 나주 남쪽 20리 지점에 옹기종기 모여 살았고, 흑산도 사람들은 나주 인근 남포(南浦)에 살면서 영산현을 이루었다고 한다.

경남 통영의 욕지도를 보면 신석기 유적이 발견될 정도로 오래 전부터 사람들이 살았지만 조선시대 접어들면서 무인도로 변하였다. 조선 후기 고종 임금 시절인 1888년에 다시 섬을 개척하기 시작하여 유인도로 바뀌었으니 공도의 세월이 꽤나 길었던 셈이다.

조선왕조의 공도정책은 1403년(태종 3년) 시작되었다가 7년전쟁을 계기로 크게 완화되었지만 480년의 세월이 흐른 1882년(고종 19년)에야 공식적으로 폐기된다.(조선 전기의 공도정책은 일부 섬에 국한되었던 고려 때와 달리 삼남 전역으로 확대되었다는 점에서 그 파장이 훨씬 컸다. 거제와 남해, 진도 등 몇몇 큰 섬을 제외하고는 대부분의 섬이 금단의 땅으로 비워질 만큼 철저하였다.)

공도정책은 왜구의 침탈을 받은 백성들을 보호한다는 명분에서 이루어졌지만 실제로는 '불온한' 섬 주민들을 탄압하는 차원에서 진행되었다는 데 문제가 있다. 특히 조선 정부는 섬사람들이 왜구의 앞잡이가 될 가능성을 무엇보다 경계하였다. 왜구와 섬사람이 손잡는 것을 막겠다며 빗으로 쓸 듯이 섬사람들을 육지로 몰아냈다. 가왜(假倭)가 생겨난 것이 이런 생각을 부추긴 요인이 되었다. 가왜란, 왜구가 아니면서 왜구 복장을 하고 해변을 침탈하는 해적을 말하는데 조선뿐만 아니라 명나라 해안에서도 많이 발견되었다. 왜구의 명성이 높아 왜구만 보면 관군이건 민병이건 모두 달아나니 지방의 해적들이 왜구를 사칭하고 나선 것이었다. 유명한 도적, 강도의 이름에 편승하여 재미를 보려는 범죄 집단은 언제나 생기는 법이다. 어떤 때는 왜구가 하나라면 가왜는 열이라고 할 정도로 많았다고 한다. 가왜의 존재는 조정이 섬과 해변 백성들을 의심하고 불온시하게 만든 중요한 근거가 되었다. 왜구의 향도(앞잡이)가 되거나 가왜가 되어 노략질을 할 가능성이 다분하다고 본 것이다. 『문헌비고』의 울릉도 사실(鬱陵島事實)이라는 대목에 이런 말이 나온다.

"본래는 우산국이었는데 신라 때 쳐서 빼앗았다. 뒷날에 그들이 왜인들을 끌어들여 도적질을 할까 두려워서 주민들을 모두 육지로 몰아내고 그 땅을 비워 두었다(本于山國 新羅取之 後 恐導倭爲寇 刷出居民 空其地)."

여기에 공도정책의 이유가 고스란히 적시되어 있다. 울릉도 섬사람을 육지로 잡아들인 것은 '그들이 왜인을 끌어들여 도적질을 할까 두려워서'였기 때문이다. 섬사람들이 왜구의 침탈을 받고 앞잡이 노릇하는 것을 방지하기 위한 처사에서 섬을 비웠다는 말이다. 공도의 시기는 뒷날[後]이라고 되어 있지만 조선 초로 보아야 한다. 울릉도는 신라시대에 벌써 우산국이라는 이름을 역사에 올릴 정도로 상당수의 주민이 살았던 섬이다. 울릉도는 930년 고려 조정에 조공을 바치고 있었고, 1018년 여진족 해적의 침탈을 받아 주민들이 육지로 일시 피하기도 하였다. 곡절이야 있었지만 고려 때까지는 분명 유인도였다. 그런데 조선왕조가 들어서자마자 울릉도 주민들은 섬을 떠나야만 했다. 태종은 1416년 김인우(金麟雨)를 보내 도망한 사람을 잡아오고 세종 20년(1438년)에도 남호(南顥)를 보내 김환(金丸) 등 70여 명을 잡아온 것으로 『증보문헌비고』는 기록하고 있다. 섬 주민을 육지로 잡아오는 것을 '쇄환(刷還)'이라고 하였다. 쇄환이란, 외국에서 유랑중인 포로를 본국으로 송환해 오거나 도망간 노비를 찾아서 주인에게 돌려주던 일을 말한다. '본래 살아야 할 곳으로 돌려보내는 일'을 쇄환이라고 지칭하니, 섬은 사람 살 곳이 되지 못하므로 육지로 내보내야 한다는 의미를 담고 있다고 하겠다.

태종과 세종 시절 울릉도민의 쇄환정책은 '명재상'이라는 황희 정승이 주창하였다. 그러고는 울릉도에 대한 기억을 잊어버려 성종 때가 되면 동해 가운데 삼봉도(三峰島)라는 섬이 있다고 하니 찾아보라고 소동을 벌인 바도 있다.

사실 약탈을 직업으로 하면서 바람처럼 왔다가 사라지는 왜구를 소탕하기 위한 대책으로 섬을 비우는 정책은 어리석기 짝이 없다. 섬은 육지의 울타리에 해당되는 만큼 섬의 방비를 굳게 하여 왜구를 물리치는 것이 옳다. 그런데도 섬을 비워 울타리를 없애니 왜구들은 아무런 저항 없이 섬을 장악해서는 내륙을 침공하는 근거지로 삼았던 것이다. 왜구들이 빈 섬의 뒤편에 배를 대고 숨어 있다가 수시로 육지를 공격해대니 방어하기가 더 어려웠던 것이다. 실제로 공도정책 실시 이후 서·남해의 많은 섬들이 왜구의 소굴로 변질되어 오히려 왜구의 내륙침탈을 더욱 쉽게 해주었다. 공도정책은 철저히 실패한 정책이었다.

육지의 해변도 공도정책의 영향권에서 벗어날 수 없었다. 섬을 비우니 육지의 연안이 왜구의 최일선에 놓이게 되었던 탓이다. 다시 말해 공도정책은 섬만 비운 것이 아니라 해안에 가까운 육지까지 왜구의 침탈을 받는 몹쓸 땅으로 만들어버린 셈이었다.

더욱이 공도정책이 순조롭게 진행될 리도 만무하였다. 나름대로 이주대책을 세우고 철거를 진행하는 요즘의 도시재개발만 해도 엄청난 저항이 뒤따른다. 하물며 그 시절에야 어떠하였으랴? 조정에서 생계대책을 세워줄 리 만무하고, 오히려 파견된 관리, 군사들이 섬 주민의 작은 세간이나마 빼돌리기 십상이었을 것이다. 다시 들어가 살지 못하도록 집은 불태우고 어장은 파괴하였을 것이 분명하다. 뭍으로 타고 나갈 배를 제외하고는 작은 뗏목까지 침몰시켰을 것이다. 삶의 터전을 빼앗긴 섬사람들의 울부짖음 속에 허망한 공도정책이 집행되었다. 육지로 나간들 농토가 없는 이들이 어떻게 살아갔을까? 유리걸식을 하다 굶어 죽거나 남의 집 종살이나 머슴살이, 그도 아니라면 도적이 되지 않았을까?

실제로 살 길이 막막한 일부는 '쇄환'을 거부한 채 섬과 해변으로 숨어들어 어로와 해적질 등으로 생계를 이어갔다. 이들이 곧 포작(鮑作, 포작은 우리말로 '보자기'라고 불렸다. 7년전쟁 때는 수군의 격군이나 전투원으로 많이 징발되었다. 이순신의 『난중일기』에도 보자기와 관련된 내용이 많다.)으로, 주거가 일정하지 않은 호구제 바깥의 해변민들이었다. 제 나라 백성의 생계를 빼앗았으니 참으로 무책임하고 비겁한 정부가 아닐 수 없다. 그러나 수많은 섬 주민들의 피와 눈물의 기록은 후대에 전해지지 않고 있다. 실록 등의 공식 문서에는 '어느 섬의 백성 몇 명을 육지로 쇄환하였다는' 건조한 표현만 나올 뿐, 섬사람들의 고통과 반발에 대한 기록은 찾기 힘들다. 조선 지식층의 직무유기라고 하겠다. 섬사람들 자신이 남긴 기록도 없으니, 고단한 삶의 와중에 한문 소양을 갖춘 지식층이 형성되지 못했던 탓으로 여겨진다. 기록이 없다보니 공도정책 집행과정의 비인간적인 기억은 영영 망실되었다.

물론 거제도와 남해도, 진도 등과 같은 큰 섬들은 공도화되지 않았고, 작은 섬들도 한때 비워졌다가 훗날 소수의 주민들이 몰래 숨어 사는 경우가 없지 않았지만 공도정책의 기조는 7년전쟁 때까지 유지되었다. 그 결과 해상 교통의 요지이자 육지 방비의 전초기지라 할 서·남해 섬들 대부분이 오랜 세월 빈 땅으로 버려져 있었다.

공도정책과 '동전의 앞뒷면'을 이루는 해금정책(海禁政策)도 해상세력의 몰락을 재촉한 주요 배경이었다. 전통시대 해변의 양대 경제

기반은 해외무역과 어업이었다. 그런데 조선왕조는 출범하자마자 해외무역을 금지함으로써 한 축을 잘라버렸다. 해금령(海禁令)은 해변이 지닌 경제·지리적 우월성을 없애버린 악성 정책이다. 외국 무역선의 접근을 차단하고 국내 상인의 해외 진출을 막아버리니 고려조까지 제법 번창했던 해변경제는 위축이 불가피하였다.

고려시대 개경의 벽란도(碧瀾渡)에는 중국과 일본은 물론이고 아라비아 상인까지 드나들며 각종 물화를 교환하였다. 일본과 가까운 합포(合浦, 마산), 금주(金州, 김해)에서도 무역을 하였다. 또 이들 거점 무역항과 연계하여 물화를 수집하고 유통하는 작은 항구와 포구는 곳곳에 자리 잡고 있었을 것이다. 예를 들어, 전남 강진에서 생산한 청자를 국내 상인이 수집하여 벽란도로 이송하면 해외무역상이 사들여 중국 등지로 수출하는 구조였으니 말이다. 벽란도와 합포 등지에는 무역 거상이 버티고 있었고, 작은 항구에는 올망졸망한 객주들이 터전을 이루고 있었기 때문에 고려의 경제는 꽤나 활기를 띠었던 것으로 알려지고 있다. 그런데 조선조 들어 해금령으로 거상들이 몰락하자 그들에 납품하던 소규모 상인이나 객주들도 더불어 약화되지 않을 수 없었고, 해변경제는 활력을 잃고 말았다. 실학자 박제가는 "고려 때는 매년 송나라 상선이 찾아왔으나 조선조 들어서는 400년 동안 중국 배가 한 척도 오지 않았다."고 탄식하였다.

물론 조선의 해금정책은 외부 강요로 시작된 측면이 없지 않다. 1371년 명 태조 주원장이 해금령을 내려 항구를 봉쇄하자 무역국가 고려는 최대시장을 상실하면서 경제력이 그만큼 약화되었다. 뒤이어 들어선 조선으로서는 해외무역이 불가능해진 만큼 자급자족형 경제체제를 건설할 수밖에 없었을 것이다. 사실 조선의 해금정책은 '해외

무역의 금지'를 의미했을 뿐 근해어업까지 막은 것은 아니었다. 그런 만큼 어선이든 무역선이든 바다에 아예 배를 못 띄우도록 한 명나라의 해금령보다는 다소 온건한 셈이었다.

그런데 해외무역 금지에서 더 나아가 국내 상공업까지 억압하는 이데올로기가 생겨나고 해양 천시 풍조로 인해 어업마저 위축되면서 해상의 양대 경제축이 모두 부러지게 되었다. 그 결과 삼남 해변은 사람이 살기 힘든 황폐한 땅으로 변모하게 된다.

기말이반본(棄末而反本)-이데올로기가 된 해양 천시

해외무역의 길이 막혔지만 열심히 물고기를 잡으면 해변민의 삶이 윤택해질 수 있었을까? 그럴 수도 없었다. 조선왕조의 건국이념은 농자천하지대본(農者天下之大本)이라는 말로 요약되는 농본주의(農本主義) 때문이다. 이는 기말이반본(棄末而反本)이라는 구호로 표현되었는데, "말업(末業, 상업과 공업)을 버리고 본업(本業, 농사)으로 돌아간다."는 뜻이다. 기말이반본이란, 유학 사상에서 이상(理想)으로 여긴 농경국가 주나라의 '정전제(井田制) 경제운용 시스템'을 현실 조선사회에서 구현하겠다는 슬로건이다.

그러나 중국 대륙의 한복판에 자리 잡았던 내륙국 주나라와 삼면이 바다로 둘러싸인 조선은 지리적 환경부터 다르다. 농경 위주 대륙국의 국가 경영 철학을 '절반의 섬'(半島)에 적용한 것 자체가 무리였다. 내륙의 농업지대에서는 그런대로 '기말이반본'이 실현될 수도 있었지만 농사지을 땅이 부족했던 해변에서는 애당초 통할 수가 없는 구호였다. 그럼에도 불구하고 기말이반본은 조선사회의 기본질서인

사농공상(士農工商)의 틀을 유지하기 위한 필수 이론이 되었다. 백성들이 '쉽게 돈을 버는' 상공업에 빠져드는 것은 사회 안녕을 해치는 병리현상으로 간주되었고, 농사를 지으며 땅을 굳건히 지키도록 하는 것이 체제 유지를 위한 최선의 방안으로 여겨졌다.

조선왕조의 설계자들은 '말업'인 상공업이 흥하는 것을 막고 백성들이 '본업'인 농사에 열중하도록 하기 위해서는 해금, 즉 외국과의 무역금지 정책이 굳건히 유지되어야 한다고 판단하였다. 조선의 국시, 국정의 최우선 과제는 충효의 유교이념이 구현되는 '예의지국(禮儀之國)'을 세우는 것이었지 국부민강(國富民强)에 있지 않았다. 백성들이 굶어 죽지 않을 정도의 양식과 얼어 죽지 않을 정도의 옷과 집만 있으면 경제는 충분하다고 여겼다. 나라가 비록 가난하더라도 '유교적 도덕률'이 제대로 작동하는 편이, 부강하지만 법도가 땅에 떨어진 사회보다 더 낫다는 것이 양반 사대부들의 신념이었다.(부유함과 안락 생활을 배격하고 '도덕률'을 강조한다는 점에서 조선조 유학자들과 최근 이슬람 원리주의자들이 많이 닮았다는 생각이 든다.)

빗물이 새는 방안에서 궁상을 떠는 청백리를 최고의 관리라고 칭송한 데서 보듯 양반들마저 금욕생활을 권장받았다. 그러므로 일반 백성이 상공업을 일으켜 재산을 모으고 큰 집에서 좋은 옷을 입고 사는 꼴은 도대체 용납할 수 없는 체제였다. 경제적 윤택의 결과물인 사치와 부호(富豪)함은 지탄의 대상이 될 정도였다.(조선의 지배층 가운데서도 상공업이 농사보다 국부 창출에 유리하다는 점을 인식한 '개인'은 적지 않다. 하지만 백성을 윤택하게 하거나 재정수입을 늘리고자 상공업을 적극 육성하려는 '국가정책'이 시행된 적은 없다. 조선의 국가목표는 나라와 백성을 부유하게 만드는 데 있지 않았기 때문이다. 국가에서 그 규모조차 파악하지 않았던 만큼 조선조에서 상공업은 상당 부분 음성적 지하경제로 기능한 셈이었다. 다만, 조선 후기가 되면 상공업이 제법 흥성하고 양민 가운데서도 부자라면 양반 못지않게 행세를 하는 등 전기와는 분위기가 다소 달라지는 것이 사실이다.)

이런 풍토에서 '농사를 짓지 않고도 막대한 부를 창출하는 상공업'은 억제되어야 할 말업으로 치부될 수밖에 없었고, 특히 바다 바깥 세상과의 교역은 강력히 단속되었다. 중국이 더 강경한 '해금'을 시행하고 있었던 것도 조선의 해상교역 봉쇄가 성공할 수 있는 외적 조건이 되었다. 조선의 지배층(양반 사대부)는 해금정책이 국내의 상업을 억압하고 백성과 물자의 빠른 흐름을 차단함으로써 농본사회의 안정성을 높여 주고 조정의 통제를 쉽게 해 준다고 믿었다. 한마디로 조선에서 '큰 바다에 배를 띄워 사무역(私貿易)을 하는 일'은 사회 안녕을 해치는 반역행위에 다름 아니었던 것이다.

사농공상의 질서, 기말이반본의 구호는 해외무역은 물론이고 어업까지도 억압하였다. 농본주의 국가에서 '어업'의 설자리는 너무나 협소하였다. 어업도 '먹을거리'를 생산하는 만큼 농업의 일종으로 볼 수 있겠지만 조선의 지도부는 그렇게 인정하지 않았다. 정확히 말한다면 '어(漁)'는 고려의 대상조차 되지 못하였다. 조선의 유학자들이 바이블로 삼았던 유교 경전 어디에도 어업의 가치를 다룬 대목이 없었기 때문이다. 공자와 맹자, 주희 등 옛 선현(先賢, 대부분이 바다로부터 수백 ㎞ 이상 떨어진 중국 내륙에 살던 인물이다.)의 말씀을 금과옥조로 삼던 시절, 해상에서의 고기잡이는 선현들이 전혀 언급하지 않는 분야이므로 사뭇 낯설고 불온하게 느껴졌을 것이다.

어업은 특히 말업인 상공업과 밀접했기 때문에 그 가치가 더욱 추락하였다. 고기잡이는 자급자족이 불가능하다. 물고기는 주식(主食)이 될 수 없고 반드시 쌀과 보리, 채소, 의류 등 육지의 산물과 바꿔야 한다. 어로행위란, 본질적으로 교환을 전제로 한다는 점에서 '상(商)'과 밀접할 수밖에 없고 고기잡이를 위한 배와 각종 어구들도 필요하므로 '공(工)'과도 친숙하게 마련이다.

상공업과 한통속이 되기 마련인 어업은 결코 본업, 즉 농업으로 대접받을 수 없는 노릇이었다. 가뜩이나 해외무역의 단절로 해변경제가 위축된 데다 '기말이반본' 차원에서 어업마저 홀대하니 해변민들의 입지는 크게 좁아졌다. 여기에 왜구까지 창궐하자 조선의 해변은 철저히 버려진 땅으로 변하였다.

조선 사회에서 양반도 생계가 어려우면 농사를 지을 수 있었지만 상공업에 종사할 수는 없었다. 마찬가지로 어업도 사대부의 직업이 될 수는 없었다. 심산유곡에 은거하면서 책 읽는 선비를 산림처사(山林處士), 약칭 '산림'이라고 칭송하며 떠받들었던 데에서 보듯이 양반 사대부라면 가능한 해변에서 멀리 떨어진 산중에 살도록 권장받았다. 은둔생활이 미덕인 시대이었으므로, 조선의 사대부라면 배를 타고 바다로 나가 물고기를 잡거나 외국과 무역할 생각은 꿈에도 가지지 말아야 하였다.

공도정책과 해금정책은 적어도 7년전쟁 시기까지는 흔들림 없이 강력히 추진되었는데, 이는 한반도 주변 해역에 왜구가 들끓고 있었기 때문이다. 바다를 포기하고 섬과 해변을 금단의 땅으로 삼게 되면서 삼국과 고려시대에 이르기까지 세계 최고 수준을 이룩했던 한반도 해양문화는 철저히 쇠퇴의 늪에 빠져 들어갔다.

중국으로 가는 사신 행렬만 하더라도 삼국시대와 통일신라, 고려

시대까지는 모두 해로를 이용했지만 조선조 들어서는 육로를 이용하였다. 해상로는 배를 이용하여 많은 물자를 싣고 갈 수 있는 데다 시간적으로도 육로보다 훨씬 빠르다. 해로를 이용하면 한반도에서 산둥반도 등 중국 쪽 대안까지는 불과 2~3일이면 당도할 수 있다. 반면 육로를 이용하게 되면 최소 두 달은 잡아야 하니 비교가 되지 않는다. 하지만 '바다 기피증'과 '바다 공포증'이 고질화된 조선조의 관리들은 많은 시간과 경비에도 불구하고 굳이 육로만을 고집하였다.

조선은 왜 대마도를 지키지 못했나?

'해금의 나라' 조선에서 바다로 진출한 (예외적인) 사례가 전혀 없지는 않다. '대마도 정벌'이 그 대표적인 예이다. 왜구에 시달리다 못한 조선에서 해적들의 소굴 대마도를 들이친 것이다. 세종 1년(1418년) 삼군도체찰사 이종무가 병선 227척에 군사 1만 7,285명을 이끌고 대마도에 상륙하여 도주 종정성(宗貞盛)의 항복을 받았다. 조정에서는 대마도를 경상도의 지휘하에 두었다. 그러나 대마도를 항구적인 영토로 편입시키지는 않았고 결국은 일본에 넘겨주게 되었다.

조선이 어렵사리 정복한 대마도를 끝내 지키지 못한 이유는 무엇일까? 국력이 모자란 탓이었을까? 그렇지 않다. 세종~성종 시절 조선은 전성기를 구가하고 있었던 반면 일본은 전국시대로 빠져들고 있었기 때문에 대마도에 신경 쓸 겨를이 없었다.

조선이 대마도를 확보하지 못한 근본 배경은 자체 특성에서 찾아야 한다. 조선왕조 입장에서 대마도는 '평온한 농본사회의 질서를 해칠 수 있는 위험한 땅'으로 간주되었을 것이다. 사방으로 배를 몰아 해상무역을 하거나 어업으로 먹고 사는 대마도인의 삶의 방식은 조선이 지향하는 '기말이반본', 즉 '농경 위주 경제 질서'와 크게 배치되었다. 해금의 나라, 공도(空島)의 나라에서 볼 때 대마도라는 섬은 특이하고 불온한 땅이다. 한마디로 잘못 삼켰다가는 '조선이라는 전신(全身)'을 상하게 할 수도 있는 '독약'과도 같은 존재가 대마도였기 때문에 영토로 편입시킬 매력이 적었던 것이다. 내륙지향적인 조선 지도부는 대마도가 지닌 경제적, 전략적 가치를 알지 못했고, 공도정책과 해금정책을 희생시켜가면서까지 섬을 지킬 생각이 별로 없었다. 사물의 가치는 그것을 알아보는 사람에게만 의미가 있는 법이다.

"해변은 2등 백성의 땅"

조정이 바다를 포기하고 왜구의 소굴로 인정해 버리니 해변과 해변 사람을 홀대하는 풍조마저 조선 사회에 만연하게 되었다. 해변천시 풍조는 전형적인 '피해자 죽이기'라는 점에서 악성(惡性) 이데올로기였다. 왜구의 최대 피해자는 섬과 해변에 사는 백성들이었다. 하지만 조선 사회는 그들을 구원하고 동정하기보다 왜구의 앞잡이라는 죄목을 씌워 저주하였다. "왜구가 들끓는 갯가에 왜 사느냐? 바다 근처에 사는 무리들은 언제든지 왜구와 손잡을 수 있는 놈들 아니냐?" 대충 이런 논리였다. 가해자(왜구)를 벌하기보다 피해자(해변 백성들)에게 잘못을 뒤집어씌우는 것은 '뒤틀린 사회'의 병리적 특징이다. 해변에 사는 사람조차 하대하는 풍조는 분명 망국병이었지만, 바다를 두려워하고 바다 일을 천시하면서 그 증세가 깊어만 갔다. 7년전쟁을 계기로 해변과 섬에 다시 인구가 몰려들기 시작했지만 한번 고착화된 해변 홀대 습성은 쉽게 사라지지 않고 조선이 망하기까지 오랜 세월동안 지속되었다.(해양문화가 흥성한 현대 한국에서도 섬과 해변, 뱃사람을 하대시하는 악습이 온전히 사라지지는 않은 듯하다.)

　이런 상황에서 양반 사대부나 부자들이 해변에 즐겨 거주할 이유가 없었다. 다시 말해 해변에서는 엘리트가 성장할 수 없게 되었다는 이야기이다. 조선이 건국된 이후 영남을 중심으로 사림파(士林派)가 형성된다. 유교와 유학이 사회의 지배이념이 된 만큼 사림파는 조선의 지도부를 이루게 된다. 그렇지만 영남 70개 고을에서 사림의 인물을 골고루 배출한 것은 아니었다. 영남 사림파의 중심지는 안동과 선산, 진주, 합천 등으로, 모두 내륙이다. 길재(선산), 김종직(밀양), 정여창(함양), 김굉필(현풍), 김일손(청도), 이언적(경주), 이황(안동), 조식(합천), 최영경(진주) 등의 대표적인 사림 인재도 모두 내륙 출신이다. 해읍(海邑) 가운데 동래나 하동, 고성, 영해, 연일 등에서도 사림의 인물을 더러 길러 냈지만 내륙에 비해서는 미약하였다.

　더욱이 사림의 선비로서 배를 타고 어업에 종사했거나 무역을 했던 사람은 단언컨대 단 한 명도 없(을 것이)다. 이런 사정은 영남뿐만 아니라 호남, 충청 등 전국적으로 공통된 현상이었다. 엘리트가 나오지 않는 땅, 인재를 키울 수 없는 지역은 2등 백성의 땅이다. 조선 시대의 해변은 버려진 땅이라 해도 과언이 아니었으므로 사회과학 용어로 '내부 식민지'라 부를 만하였다. 이 같은 사정은 7년전쟁이 일어나기까지 200년 동안 변함없이 이어지고 있었다. 조선은 '바다를 버린 나라'였다.

참고문헌

· 가다노 쯔기오, 『이순신과 히데요시』, 윤봉석 역, 서울: 미다스북스, 2004.
· 강항, 『간양록—조선선비 왜국 포로가 되다』, 김찬순 역, 서울: 보리, 2006.
· 고광민 외 공저, 『조선시대 소금생산방식』, 서울: 신서원, 2006.
· 김종대, 『여해 이순신』, 서울: 예담, 2008.
· 김주식, 『조선시대 수군』, 서울: 신서원, 2000.
· 박기봉 편역, 『충무공 이순신 전서』, 서울: 비봉, 2006.
· 박혜일 외 공저, 『이순신의 일기』, 서울: 서울대학교출판부, 1998.
· 이순신, 『난중일기』, 송찬섭 역, 서울: 서해문집, 2005.
· 이순신, 『난중일기』, 신동호 역, 서울: 일신서적, 1995.
· 이순신, 『난중일기』, 최두환 역, 서울: 학민사, 1997.
· 이순신역사연구회, 『이순신과 임진왜란』, 서울: 비봉출판사, 2005.
· 전성호, 『조선시대 호남의 회계문화』, 서울: 다홀미디어, 2007.
· 통영시사편찬위원회, 『통영시지』, 통영: 통영시청, 2018.
· 한명기, 『임진왜란과 한중관계』, 서울: 역사비평사, 2001.

· 「견내량파왜병장(見乃梁破倭兵狀)」, 임진년(1592) 7월 15일자.
· 「답지평현덕승서(答指平玄德升書)」, 계사년(1593) 7월 16일자.
· 「봉진지지장(封進紙地狀)」, 임진년(1592) 9월 18일자.
· 『삼국사기』.
· 『선조수정실록』, 임진년(1592) 6월자.

· 『선조실록』, 갑오년(1594) 6월 18일~8월 21일자 / 계사년(1593) / 무술년(1598) / 병신
  년(1596) / 을미년(1595) / 정유년(1597) 10월 20일자.
· 「옥포파왜병장(玉浦破倭兵狀)」, 계사년(1593) 5월 10일자.
· 『인조실록』, 6년(1628) 9월 17일자 / 7년(1629) 9월 1일자.
· 「장송전곡장(裝送戰穀狀)」, 임진년(1592) 9월 25일자.
· 『효종실록』, 3년(1652) 7월 19일자.

그림과 사진, 도움주신 분들

견내량과 당포지도 – 조창배 님

조선식 노 – 조창배 님

견내량 해류 흐름도 – 조창배 님

한산해전도(틀린 것과 올바른 해전도) – 조창배 님

돌산도 지도 – 조창배 님

제승당 과녁 – 손효돈 님(대구 효경산부인과의원 원장)

원균 출동과 패전 관련 지도 – 조창배 님

고금도 부근 지도 – 조창배 님

현충사의 정려와 편액 – 문화재청 현충사관리소

팔사품 – 통영충렬사

십경도의 노량해전도 – 문화재청 현충사관리소

조총 – 조창배 님

통영 옛지도 – 서울대학교 규장각

통제영지 – 통영시

제승당 전경 – 통영시

제승당 – 통영시

한산정 활터 – 통영시

이 책을 만드는 데 도움을 주신 모든 분들께 감사드립니다.